COLLECTION
DES MÉMOIRES
RELATIFS
A LA RÉVOLUTION FRANÇAISE.

MÉMOIRES
DE

Mme LA MARQUISE DE BONCHAMPS,

ET DE

Mme LA MARQUISE DE LA ROCHEJAQUELEIN.

IMPRIMERIE DE J. TASTU, RUE DE VAUGIRARD, N° 36.

MÉMOIRES

DE MADAME

LA MARQUISE DE BONCHAMPS,

RÉDIGÉS

PAR Mme LA COMTESSE DE GENLIS;

SUIVIS

DES PIECES JUSTIFICATIVES.

Quiconque est zélé pour la loi, et veut demeurer ferme dans l'alliance du Seigneur, me suive.

(*Machabées*, L. I, c. 2, v. 27.)

Souvenez-vous des œuvres qu'ont faites vos ancêtres chacun dans leur temps, et vous recevrez une grande gloire et un nom éternel.

(*Machabées*, L. I, c. 2, v. 51.)

PARIS.

BAUDOUIN FRÈRES, LIBRAIRES-ÉDITEURS,

RUE DE VAUGIRARD, N° 36.

1823.

AVIS IMPORTANT

DES LIBRAIRES-ÉDITEURS.

Nous publions à la fois dans ce volume et les Mémoires *inédits* de madame la marquise de Bonchamps, veuve de l'un des guerriers qui ont le plus illustré la cause royale, et les Mémoires de madame la marquise de La Rochejaquelein, dont le premier mari, M. de Lescure, combattit avec tant d'éclat pour la même cause. Cette double publication répond aux hommes qui voudraient nous contester le mérite d'une exacte impartialité, ainsi qu'à ceux qui semblaient s'annoncer comme seuls propriétaires de plusieurs écrits précédemment publiés sur la révolution. Nous concevons fort bien que le succès toujours croissant d'une Collection qui compte déjà plus de deux mille souscripteurs, puisse exciter quelque rivalité : quant à la concurrence, nous n'en redoutons aucune; mais pour prémunir nos souscripteurs contre l'inconvénient d'acheter des ouvrages qui, depuis long-temps imprimés, ne sont ni du même format, ni du même caractère que le nôtre, nous les prévenons que nos mesures sont prises pour donner dans cette Collection tous les Mémoires, soit déjà connus, soit inédits, qui peuvent avoir un véritable intérêt pour l'Histoire. A quelques sacrifices que nous soyons entraînés dans cette vue, nous croyons les devoir à l'importance de l'entreprise dont nous nous occupons, ainsi qu'à l'accueil bienveillant qu'elle a reçu du public.

AVERTISSEMENT

DE

MADAME LA COMTESSE DE GENLIS.

Ces Mémoires furent entièrement terminés et donnés à M. le comte Arthur de Bouillé sur la fin du mois d'octobre 1821. Je croyois qu'ils seroient livrés sur-le-champ à l'impression, et j'avois quitté, pour les finir promptement, l'ouvrage intitulé *les Dîners du Baron d'Holbach*. M. de Bouillé eut en effet l'intention, comme il me l'avoit dit, de faire paroître ces Mémoires au mois de décembre prochain de cette même année 1821 ; mais il fut obligé de partir pour l'Auvergne ; il comptoit n'y rester que trois semaines; des affaires importantes le forcèrent d'y passer dix-huit mois, et les Mémoires restèrent dans son porte-feuille ; leur rédaction précipitée m'avoit extrêmement fatiguée, car elle exigeoit un travail sans relâche, et j'avois cru devoir lire tous les ouvrages historiques relatifs à la Vendée. J'eus une fièvre cérébrale : à peine convalescente, j'achevai *les Dîners du Baron d'Holbach*. J'avais conservé un double de ma préface, que je lus à quelques amis ; et comme il n'étoit plus question de l'impression des Mémoires, ils me conseillèrent d'insérer le petit morceau sur le royalisme dans *les Dîners du Baron*, ce que j'ai fait, et ce qui tient tout au plus deux pages (1). J'ai pensé qu'en faveur du sujet, on pouvoit se permettre cette petite et seule répétition.

---

(1) Ces deux pages se trouvent sous une autre forme (en dialogue) dans *les Dîners*.

MÉMOIRES

DE

Mme LA MARQUISE

DE LA ROCHEJAQUELEIN,

ÉCRITS PAR ELLE-MÊME,

ET RÉDIGÉS PAR M. DE BARANTE.

PARIS.
BAUDOUIN FRÈRES, LIBRAIRES-ÉDITEURS,
RUE DE VAUGIRARD, N° 36.

1823.

IMPRIMERIE DE J. TASTU,
RUE DE VAUGIRARD, N° 36.

A MES ENFANS.

C'est à cause de vous, mes chers enfans, que j'ai eu le courage d'achever ces Mémoires, commencés long-temps avant votre naissance, et vingt fois abandonnés. Je me suis fait un triste plaisir de vous raconter les détails glorieux de la vie et de la mort de vos parens. D'autres livres auraient pu vous faire connaître les principales actions par lesquelles ils se sont distingués; mais j'ai pensé qu'un récit simple, écrit par votre mère, vous inspirerait un sentiment plus tendre et plus filial pour leur honorable mémoire. J'ai regardé aussi comme un devoir, de rendre hommage à leurs braves compagnons d'armes. Mais combien de traits m'ont échappé! Je n'ai eu aucune note. L'impression vive que tant d'événemens ont faite sur moi, a été ma seule ressource. Loin donc d'avoir pu écrire l'*Histoire complète de la Vendée*, je n'ai pas même raconté tout ce qui s'est passé pendant le temps où j'ai vu la guerre civile. Mille oublis me donnent des regrets. Je n'ai pu et n'ai voulu écrire que ce dont je me rappelais parfaitement; et c'est seulement par ignorance, que je passe souvent sous silence ou ne fais qu'indiquer des faits, des actions ou des personnes qui mériteraient à tous égards des éloges. Mon cœur ne sera satisfait que si d'autres, mieux instruits, leur rendent la justice qui leur est due. Je n'ai pu bien savoir que ce qui regardait mes parens et mes amis : je me suis donc bornée à rapporter, avec une exacte vérité tout ce dont je conserve le souvenir, et suivant les impressions que j'en ai reçues dans le temps.

Mon ouvrage achevé, j'ai eu l'occasion de le faire lire à quelques personnes de notre armée, en qui j'ai confiance ; elles ont relevé des erreurs, ajouté des faits qui pouvaient entrer dans mon cadre. Il fallait donc rédiger l'ouvrage pour insérer ces notes dans le texte, qui d'ailleurs était surchargé de détails inutiles, et dont le style était diffus et incorrect. Je l'ai confié à M. Prosper de Barante. Son amitié l'a fait consentir à se charger de le corriger, en y conservant la grande simplicité qui seule convient à la vérité. La description du pays, dans le troisième chapitre, est toute de lui.

Donnissan de La Rochejaquelein.

Ce 1er août 1811.

MÉMOIRES

DE MADAME LA MARQUISE

DE LA ROCHEJAQUELEIN.

CHAPITRE PREMIER.

Ma naissance. — Coalition du Poitou. — Mon mariage. — Ordre de rester à Paris. — Époque qui précéda le 10 août 1792.

Je suis née à Versailles, le 25 octobre 1772, fille unique du marquis de Donnissan, gentilhomme d'honneur de *Monsieur* (aujourd'hui Louis XVIII). Ma mère, fille du duc de Civrac, était dame d'atours de madame Victoire : les bontés de cette princesse, j'ose presque dire son amitié, l'avaient rendue la protectrice de toute notre famille. J'ai l'honneur d'être sa filleule et celle du roi.

J'ai toujours été élevée dans le château de Versailles, jusqu'au 6 octobre 1789, époque où je partis dans la voiture de Mesdames qui suivaient le cortége du malheureux Louis XVI qu'on entraînait à Paris : elles obtinrent de s'arrêter à Bellevue, sous la garde des troupes parisiennes.

Les premiers malheurs de la révolution affectaient vivement ma mère, qui n'en prévoyait que trop les horribles suites. Elle pria madame Victoire de lui permettre d'aller passer quelque temps dans ses terres, en Médoc. Mon père obtint l'agrément de Mesdames, et nous partimes à la fin d'octobre.

J'avais été destinée, dans mon enfance, à épouser M. le marquis de Lescure, né en octobre 1766. Il était fils d'une sœur de ma mère, morte en couches. Son père, mort en 1784, lui avait laissé 800,000 fr. de dettes, ce qui rompit mon mariage. La plus grande partie de sa fortune était alors entre les mains de la comtesse de Lescure, sa grand'mère. Les gens d'affaires l'engagèrent à répudier la succession de son père. Il eut la délicatesse, ainsi que la comtesse de Lescure, de répondre de tout; et ils mirent une telle économie dans leur dépense, qu'à l'âge de vingt-quatre ans, M. de Lescure n'avait plus que 200,000 fr. de dettes, et la certitude de 80,000 fr. de rente. Mes parens renouèrent un mariage que nous avions tous également désiré.

M. de Lescure était entré à l'École militaire à l'âge de treize ans, et en sortit à seize. Parmi les jeunes gens de son âge, il n'y en avait point de plus instruit, de plus vertueux, de plus parfait; il était en même temps si modeste, qu'il était comme honteux de son propre mérite, et s'étudiait à le cacher. Il était timide et gauche; au premier aspect, ses manières et sa toilette antique le rendaient peu agréable, quoiqu'il fût très-bien de taille et de figure. Il était né avec des passions fort vives : cependant, au milieu de l'exemple général, ayant sous les yeux un père très-dérangé dans ses mœurs, il avait une conduite parfaitement régulière. Sa grande dévotion le préservait de la contagion, et l'isolait au milieu de la cour et du monde. Il communiait tous les quinze jours. L'habitude de résister sans relâche à ses penchans et aux séductions extérieures, l'avait rendu sauvage; ses idées étaient arrêtées fortement dans son esprit, et quelquefois il s'y montrait attaché avec obstination. Cependant il était d'une douceur parfaite; jamais il n'a eu un mouvement de colère, pas même de brusquerie. Son humeur était toujours égale, et son sang-froid inaltérable. Il passait son temps à lire, à étudier, à méditer, par goût et non par vanité, car il ne cherchait pas à jouir de ce qu'il savait. J'en veux citer un exemple.

Un jour il était chez la duchesse de Civrac, notre grand'mère, et, suivant son habitude, au lieu de se mêler à la conversation, il avait pris un livre. Ma grand'mère lui en fit le reproche, lui disant que puisque le livre était si intéressant, il n'avait qu'à le lire tout haut. Il obéit. Au bout d'une demi-heure, quelqu'un s'étant approché de lui, s'écria : « Mais » c'est de l'anglais ! Comment ne le disiez-vous pas? » Il répondit d'un air déconcerté : « Ma bonne maman » ne sait pas l'anglais; il fallait bien que je le lusse » en français. »

Son père était au fond un excellent homme; il

s'était malheureusement livré au libertinage et au jeu : il avait pour compagnon de ses débauches l'ancien gouverneur de son fils; mais celui-ci avait quelque chose de si grave et de si doux, qu'ils venaient lui avouer leurs fautes, chercher auprès de lui des conseils et des consolations. Malgré ce changement de rôle, il conserva toujours à son père un respectueux amour.

M. de Lescure vint chez mes parens au mois de juin 1791. Il était alors d'une coalition qui s'était formée en Poitou; elle était fort importante, et aurait pu disposer de trente mille hommes. Presque tous les gentilshommes du pays y étaient entrés, et l'on pouvait compter sur une grande partie des habitans de la province, comme la suite l'a bien prouvé. Il y avait deux régimens gagnés, dont l'un formait la garnison de La Rochelle, et l'autre était à Poitiers. A un jour donné, on devait supposer des ordres ; les régimens se seraient réunis ; et, de concert avec tous les gentilshommes, on aurait opéré une jonction avec une autre coalition qui devait s'emparer de la route de Lyon, et attendre les princes alors en Savoie. La fuite du roi et son arrestation déconcertèrent tous ces projets.

M. de Lescure, apprenant le départ du roi, nous quitta pour se rendre à son poste, et revint peu de jours après, parce que la noblesse du Poitou, voyant que le but de la coalition était manqué, prit le parti d'émigrer comme les autres. Cette résolution n'était pas calculée, car tous les gentilshommes s'étaient entendus entre eux pour cette coalition. Loin d'être persécutés dans leurs terres, beaucoup s'étaient faits commandans de la garde nationale dans leurs paroisses, et tous les jours les paysans venaient leur demander à s'armer contre les patriotes. Les princes connaissaient cet état de choses, et n'étaient pas d'avis que les Poitevins coalisés émigrassent; mais les jeunes gens voulurent absolument suivre le torrent. On leur représentait vivement qu'il fallait rester où l'on pouvait être utile, et qu'ayant le bonheur d'habiter une province fidèle, il ne fallait pas s'en éloigner : ils n'écoutaient rien, et ne voulurent pas même attendre le retour de deux personnes qui étaient allées prendre les ordres définitifs des princes. Ainsi toute cette coalition du Poitou fut dissoute. On émigra en foule ; et ceux qui étaient d'un avis différent, se trouvèrent forcés d'imiter les autres. M. de Lescure partit de Gascogne avec le comte de Lorges, notre cousin-germain. Ils coururent des risques en sortant de France; on les arrêta aux frontières. Il fallut prendre pour guides des contrebandiers, et s'en aller à pied par des routes détournées.

M. de Lescure, le lendemain de son arrivée à Tournay, apprit que sa grand'mère avait eu une attaque d'apoplexie et touchait à son dernier moment. Il demanda aux chefs des émigrés la permission de revenir pour quelque temps en Poitou : elle lui fut accordée. Il arriva auprès de madame de Lescure ; et voyant que son état donnait encore quelque espoir et pouvait se prolonger, il songea à rejoindre les émigrés; mais il voulut auparavant me revoir et passer vingt-quatre heures avec nous.

Lorsque M. de Lescure avait voulu émigrer, ma mère, afin de régler l'époque de mon mariage, avait consulté à ce sujet M. le comte de Mercy-Argentau, ancien ambassadeur d'Autriche en France, et qui était son ami. Il était dans la confiance du prince de Kaunitz, et connaissait mieux que personne les dispositions du cabinet de Vienne. Il répondit qu'il n'y avait aucun préparatif de guerre; que les puissances ne se détermineraient à ce parti que si elles y étaient forcées, et que M. de Lescure pouvait très-bien passer tout l'hiver en France. Il était déjà parti quand cette réponse y arriva.

Madame de Chastellux, ma tante, qui avait suivi Mesdames à Rome, avait envoyé la dispense du pape, nécessaire pour mon mariage : elle portait qu'il ne pourrait être célébré que par un prêtre qui eût refusé le serment, ou qui l'eût rétracté. Ce fut, je crois, la première fois que le pape fit connaître son opinion sur cette question. Plusieurs prêtres des environs, en l'apprenant, rétractèrent le serment qu'ils avaient prêté. Il se trouvait aussi que, par un fort grand hasard, nous avions dans notre paroisse un prêtre insermenté, l'abbé Queyriaux. Le nouvel évêque constitutionnel avait d'abord envoyé un autre curé; mais c'était un prêtre allemand qui, ne pouvant se faire entendre à des paysans du Médoc, se retira. La paroisse, se trouvant sans curé, on fit demander un autre à l'évêque. Comme c'était un franc incrédule, qui n'attachait pas d'importance aux diversités d'opinions religieuses, il dit aux habitans d'engager l'ancien curé à retourner provisoirement dans sa paroisse. Il y était souvent insulté par les mauvais sujets; mais il supportait sa situation avec piété et courage.

Toutes ces circonstances, et plus encore les sentimens mutuels de M. de Lescure et les miens, avaient déterminé ma mère à conclure mon mariage. M. de Lescure apprit en arrivant que nos bans étaient publiés; il vit la lettre de M. de Mercy, et resta. Trois jours après, nous fûmes mariés; ce fut le 27 octobre. J'avais alors dix-neuf ans, et M. de Lescure en avait vingt-cinq. Il apprit, trois semaines après, que sa grand'mère avait eu une nouvelle attaque. Je me rendis auprès d'elle avec lui.

Elle passa deux mois entre la vie et la mort, des vomissemens continuels, de fréquentes rechutes d'apoplexie, et un cancer ouvert. Elle articulait à peine quelques mots pour prier Dieu et pour remercier des soins qu'on prenait d'elle. Jamais on n'a vu mourir avec un courage si angélique. Les titres étaient supprimés; on ne pouvait plus en graver sur son tombeau. Les paysans y firent écrire : Ci git la Mère des Pauvres. Cela valait bien les autres épitaphes.

M. de Lescure la regretta vivement. Onze ans

avant sa mort, elle avait fait un testament tel que sa position d'alors le lui permettait. Il était chargé d'une grande quantité de legs. Si elle eût pu y songer, les dettes que son petit-fils avait à payer, les effets de la révolution sur sa fortune, auraient assurément changé ses intentions. Le testament manquait des formalités nécessaires, il n'était pas obligatoire : mais M. de Lescure s'y conforma avec scrupule de point en point; il ne voulut pas même que les domestiques qui depuis avaient bien mérité d'elle, et qui n'étaient pas compris sur le testament, se crussent oubliés; il leur fit à tous des dons au nom de sa grand'mère, comme si elle les eût ordonnés.

Au mois de février 1792, nous prîmes la résolution de partir pour émigrer. M. Bernard de Marigny nous accompagnait. C'était un parent et un ami de M. de Lescure; il était officier de marine et chevalier de Saint-Louis; il s'était distingué dans son état. C'était un fort bel homme, d'une taille élevée et d'une grande force de corps; il était gai, spirituel, loyal et brave. Jamais je n'ai vu personne aussi obligeant; il était toujours prêt à faire ce qui était agréable aux autres; au point que je me souviens que, comme il avait quelque connaissance de parler de lui, que j'ai voulu le faire connaître. Il avait alors quarante-deux ans.

Nous arrivâmes à Paris. Quelques accidens survenus à ma voiture nous forcèrent de nous y arrêter pour plusieurs jours, avant de continuer notre route. Je ne pus être présentée au roi. Depuis que S. M. était à Paris, toutes les présentations avaient été suspendues.

J'allai aux Tuileries, chez madame la princesse de Lamballe; c'était la plus intime amie de ma mère. Elle me reçut comme si j'avais été sa fille. Le lendemain, M. de Lescure alla aux Tuileries. La reine daigna lui dire : « J'ai su que vous aviez amené » Victorine; elle ne peut faire sa cour, mais je veux » la voir; qu'elle se trouve demain à midi chez la » princesse de Lamballe. »

M. de Lescure me rapporta cet ordre flatteur, et je me rendis chez madame la princesse de Lamballe. La reine arriva; elle m'embrassa. Nous entrâmes toutes les trois dans un cabinet. Après quelques mots pleins de bonté, S. M. me dit : « Et vous, » Victorine, que comptez-vous faire? J'imagine » bien que vous êtes venue ici pour émigrer. » Je répondis que c'était l'intention de M. de Lescure; mais qu'il resterait à Paris, s'il croyait pouvoir y être plus utile à S.M. Alors la reine réfléchit quelque temps, et me dit d'un ton fort sérieux : « C'est un » bon sujet, il n'a pas d'ambition; qu'il reste. » Je répondis à la reine que ses ordres étaient des lois. Elle me parla ensuite de ses enfans. « Il y a long-

» temps que vous ne les avez vus. Venez demain,
» à six heures, chez madame de Tourzel; j'y mène-
» rai ma fille. » Car alors elle trouvait de la consolation à soigner elle-même l'éducation de madame Royale, et madame de Tourzel n'était plus chargée, dans l'intérieur, que de M. le dauphin.

Après le départ de la reine, madame la princesse de Lamballe me témoigna combien elle jouissait de l'accueil que j'avais reçu. Je lui dis que j'en sentais tout le prix, et que certainement M. de Lescure resterait. Elle me recommanda le plus grand secret sur ce qui m'avait été dit.

Le lendemain, j'allai chez madame de Tourzel. La reine entra avec madame Royale. Elle vint à moi, et daigna me dire tout bas, en me serrant fortement la main : « Victorine, j'espère que vous res-
» terez. » Je répondis que oui. Elle me serra de nouveau la main, alla causer avec mesdames de Lamballe et de Tourzel; et avec une attention et une bonté angéliques, elle éleva la voix, au milieu de la conversation, pour dire : « Victorine nous
» reste. » Depuis lors, M. de Lescure alla aux Tuileries tous les jours de cour, et chaque fois la reine daignait lui adresser la parole.

Cependant j'avoue que bientôt je ne fus plus tranquille. On émigrait en foule; on blâmait M. de Lescure de ne point partir; il me semblait que sa réputation en souffrirait, s'il ne suivait le mouvement général. En arrivant à Paris, il avait annoncé le dessein d'émigrer, et il se trouvait qu'il avait changé de résolution, précisément deux jours après le décret qui confisquait les biens des émigrés. Cette circonstance me semblait affreuse. Il recevait de nos amis et de nos parens les lettres les plus pressantes. Dans mon inquiétude, je priai madame de Lamballe de parler de nouveau à la reine. S. M. la chargea de me répéter mot pour mot sa réponse: « Je n'ai rien à dire de nouveau à M. de Lescure ; » c'est à lui de consulter sa conscience, son de- » voir, son honneur; mais il doit songer que les » défenseurs du trône sont toujours à leur place, » quand ils sont auprès du roi. » Alors je fus rassurée, bien certaine que les princes approuveraient ceux qui restaient pour défendre le roi. C'était la même cause, et ils étaient en relation continuelle.

Dès que M. de Lescure sut la réponse de la reine, il n'hésita pas. « Je serais vil à mes yeux, » me dit-il, si je pouvais balancer un instant entre » ma réputation et mon devoir. Je dois avant » tout obéir au roi : peut-être aurai-je à en souffrir, » mais du moins je n'aurai pas de reproches à me » faire. J'estime trop les émigrés, pour ne pas » croire que chacun d'eux se conduirait comme » moi, s'il était à ma place. J'espère que je pour- » rai prouver que si je reste, ce n'est ni par » crainte, ni par avarice, et que j'aurai à me » battre ici autant qu'eux là-bas. Si je n'en ai pas » l'occasion, si mes ordres restent inconnus du » public, j'aurai sacrifié au roi jusqu'à l'hon-

» neur ; mais je n'aurai fait que mon devoir. »

Deux mois après, M. de Calvimont Saint-Martial vint de Coblentz passer quelques jours à Paris. J'obtins la permission de faire dire par lui à mon oncle le duc de Lorges que M. de Lescure avait des ordres particuliers.

M. de Marigny voyant que M. de Lescure ne partait pas, et qu'il était sans cesse au château, lui dit que, sans demander aucune confidence, il l'estimait trop pour ne pas suivre son sort.

Nous répondîmes de lui à madame de Lamballe, et elle obtint qu'on lui donnât aussi l'ordre de rester : elle en chargea M. de Lescure ; mais le secret le plus absolu était toujours recommandé, dans la crainte que des propos indiscrets ne donnassent de l'inquiétude à l'Assemblée nationale.

Nous habitions l'hôtel de Diesbach, rue des Saussayes. La vie que nous menions était fort retirée ; je ne recevais personne à cause de ma jeunesse. M. de Lescure était souvent aux Tuileries : dès qu'il craignait quelque mouvement, il y passait la journée.

Au 20 juin je fus fort effrayée. J'allais chez madame la princesse de Lamballe ; j'étais seule en voiture, et en deuil de cour à cause de la mort de l'impératrice, ce qui avait déjà exposé quelques personnes aux insultes du peuple. J'arrivai sur le Carrousel au milieu de la foule ; mon cocher ne put avancer. Je voyais la populace désarmer et maltraiter les gardes du roi; les portes des Tuileries étaient fermées; on ne pouvait entrer : je pris le parti de me retirer sans avoir été remarquée.

Tout l'été se passa à peu près de même. M. de Lescure était toujours aux Tuileries, ou dans les lieux publics, même parmi le peuple, en se déguisant, pour mieux juger de la situation des esprits. Pour moi, je fuyais le monde; je n'allais guère que chez madame la princesse de Lamballe. Je voyais toutes ses inquiétudes, tous ses chagrins : jamais il n'y eut personne de plus courageusement dévoué à la reine. Elle avait fait le sacrifice de sa vie. Peu de temps avant le 10 août, elle me disait : « Plus le » danger augmente, plus je me sens de force. Je » suis prête à mourir; je ne crains rien. » Elle n'avait pas une pensée qui ne fût pour le roi et la reine. Son beau-père, M. le duc de Penthièvre, l'adorait; elle lui avait prodigué les plus tendres soins, et il mourut du chagrin qu'il ressentit de la fin cruelle de sa belle-fille.

Vers le 25 juillet, madame de Lamballe m'annonça que le baron de Vioménil, aujourd'hui maréchal de France, était arrivé de Coblentz, et qu'il devait commander les gentilshommes restés près du roi. Il entra chez elle au moment même : alors elle lui dit que M. de Lescure avait reçu des ordres, et le lui recommanda.

Le 29 juillet, mon père, ma mère et quelques autres personnes de ma famille, arrivèrent à Paris, fuyant le Médoc, à cause des scènes qui venaient de se passer à Bordeaux, où deux prêtres avaient été massacrés.

Nous fûmes témoins, le 8 août, d'une horrible aventure qui se passa dans la rue même que nous habitions. En face de notre hôtel logeait un prêtre qui faisait le commerce des cuirs. Il avait soulevé le peuple contre lui dans son quartier, en disant un jour « que les assignats feraient augmenter le prix » des souliers, et que bientôt on les paierait 22 fr. » Depuis ce moment on l'accusait d'être accapareur. Il arriva une voiture de cuirs pour lui. Un homme de la garde nationale, une femme et quelques enfans arrêtèrent cette charrette, en criant : *A la lanterne!* Le prêtre descend pour les apaiser; il ne peut réussir. On veut à toute force conduire ces cuirs à la section qui était quelques portes plus haut : il y consent, et s'y rend aussi. Nous étions allés nous promener aux Champs-Élysées. En rentrant nous vimes la rue pleine de monde; mais le tumulte n'était pas très-grand. A peine fûmes-nous dans l'hôtel, que les cris commencèrent. Le prêtre était à la section : le peuple voulait qu'on le livrât. Quelques administrateurs désiraient le sauver; d'autres s'y opposaient. Nous craignîmes que le désordre ne s'augmentât de plus en plus, et nous prîmes le parti d'abandonner l'hôtel. Nous descendîmes, et traversâmes la foule. A quelques pas plus loin on cassait les vitres d'un limonadier qu'on accusait d'aristocratie. Cependant on ne nous dit rien. Un instant après, le malheureux prêtre fut jeté par la fenêtre, et le peuple le mit en pièces.

Le 9 août, M. de Grémion, Suisse, officier de la garde constitutionnelle du roi, vint dans notre hôtel pour occuper un logement que M. Diesbach avait réservé. Il arriva le soir; et, par un heureux hasard, les voisins ne s'en aperçurent pas.

On commençait à dire qu'il y aurait du mouvement le lendemain. M. de Lescure s'apprêtait à aller passer la nuit au château, lorsqu'il vit arriver M. de Montmorin, gouverneur de Fontainebleau, major du régiment de Flandre, que le roi honorait d'une confiance particulière bien méritée par ses vertus. Il était resté à Paris par son ordre. « Il est inutile,
» dit-il, d'aller au château ce soir; j'en viens. Le
» roi sait positivement qu'on ne cherchera à l'atta-
» quer que le 12. Il y aura du bruit cette nuit; on
» s'y attend; mais ce sera du côté de l'Arsenal. Le
» peuple veut y prendre de la poudre, et cinq
» mille hommes de la garde nationale sont com-
» mandés pour s'y opposer. Ainsi, ne vous inquié-
» tez pas, quelque chose que vous entendiez. Le
» château est en sûreté : j'y retourne, uniquement
» parce que je soupe chez madame de Tourzel. »

Cet avis nous fit partager la sécurité que de perfides renseignemens avaient inspirée à la cour.

CHAPITRE II.

Le 10 août. — Fuite de Paris.

Vers minuit, nous commençâmes à entendre marcher dans les rues et frapper doucement aux portes. Nous regardâmes par les fenêtres : c'était le bataillon de la section qu'on rassemblait à petit bruit. Nous pensâmes qu'il s'agissait de l'Arsenal.

Entre deux et trois heures du matin, le tocsin commença à sonner dans notre quartier. M. de Lescure, ne pouvant résister à son inquiétude, s'arma et partit avec M. de Marigny pour voir si le peuple ne se portait pas vers les Tuileries. Mon père et M. de Grémion, étant arrivés trop récemment, n'avaient point encore de cartes pour entrer au château. Ils furent forcés de demeurer; mais les cartes mêmes ne purent servir. M. de Lescure et M. de Marigny essayèrent de pénétrer par toutes les issues qu'ils connaissaient fort bien. Des piquets de la garde nationale défendaient l'entrée de chaque porte, et empêchaient les défenseurs du roi de parvenir auprès de lui. M. de Lescure, après avoir tourné autour des Tuileries, après avoir vu massacrer M. Suleau, rentra pour se déguiser en homme du peuple; mais à peine était-il dans l'hôtel, que la canonnade commença. Alors le désespoir s'empara de lui; il ne se consolait pas de n'avoir pu pénétrer au château. Nous entendîmes d'abord crier : *Au secours ! voilà les Suisses ! nous sommes perdus !* Le bataillon de la section revint sur ses pas, et fut rejoint par trois mille hommes armés de piques toutes neuves, qui arrivaient du fond du faubourg. Nous crûmes, pendant une minute, que le roi avait le dessus. Bientôt les cris de *vive la nation ! vivent les sans-culottes !* succédèrent à ceux que nous avions d'abord entendus. Nous restâmes abattus, entre la vie et la mort.

M. de Marigny avait été séparé de M. de Lescure. Le peuple l'avait enveloppé et entraîné au milieu de la foule qui attaquait le château. Au commencement de l'attaque, une femme fut blessée à côté de lui; il la prit dans ses bras, et l'emportant, il échappa au malheur affreux de combattre malgré lui contre le roi qu'il venait défendre. Il fut impossible à d'autres d'éviter cette contrainte. M. de Montmorin arriva à notre hôtel, après avoir échappé à un grand danger. Il se sauvait, suivi par quatre hommes de la garde nationale qui venaient de se battre, et qui étaient ivres de carnage. Il entra chez un épicier, et lui demanda un verre d'eau-de-vie. Les quatre gardes entrent aussi comme des furieux. L'épicier se doute sur-le-champ que M. de Montmorin sort du château; et, prenant un air de connaissance, il lui dit : « Eh bien ! mon cousin, » vous ne vous attendiez pas, en arrivant de la

» campagne, à voir la fin du tyran. Allons, buvez
» à la santé de ces braves camarades et de la na-
» tion. » Ce fut ainsi que cet honnête homme le
sauva sans le connaître ; mais ce fut pour bien
peu de temps il fut massacré le 2 septembre.

Plusieurs autres personnes vinrent aussi nous demander asile. Nous passâmes la journée dans de cruelles transes. On massacrait les Suisses aux environs, et notre hôtel portait pour inscription, au-dessus de la porte : *Hôtel de Diesbach*. Beaucoup de passans la remarquaient. On disait aussi, dans le quartier, que M. de Lescure était chevalier du poignard : c'était le nom que le peuple avait donné aux défenseurs secrets du roi. Heureusement, on ignorait l'arrivée de M. de Grémion ; d'ailleurs nous étions assez aimés dans la rue, parce que nous avions soin de faire prendre toutes les fournitures de la maison dans les boutiques voisines.

Nous attendions le soir avec impatience pour fuir de l'hôtel. Chacun se déguisa, et l'on convint d'aller séparément se réfugier rue de l'Université, faubourg Saint-Germain, chez une ancienne femme de chambre. Mon père et ma mère sortirent ensemble, et arrivèrent sans accident. Je partis avec M. de Lescure. J'exigeai qu'il quittât ses pistolets ; je craignis que cela ne le fît reconnaître pour un chevalier du poignard ; il y consentit par pitié pour mes instantes prières : j'étais alors grosse de sept mois.

Nous suivîmes l'allée de Marigny, et de-là nous

entrâmes dans les Champs-Élysées. L'obscurité et le silence y régnaient. Seulement on entendait, dans le lointain, des coups de fusil du côté des Tuileries ; les allées étaient désertes. Tout-à-coup nous distinguâmes la voix d'une femme qui venait vers nous, en demandant du secours : elle était poursuivie par un homme qui menaçait de la tuer ; elle s'élança vers M. de Lescure, saisit son bras, en lui disant : « Monsieur, défendez-moi ! » Il était fort embarrassé, sans armes, et retenu par deux femmes qui s'attachaient à lui, et qui étaient presque évanouies. Il voulut vainement se dégager pour aller à cet homme, qui nous couchait en joue, en disant : « J'ai tué des aristocrates aujourd'hui, ce sera cela » de plus. » Il était complétement ivre. M. de Lescure lui demanda ce qu'il voulait à cette femme : « Je lui demande le chemin des Tuileries, pour » aller tuer des Suisses. » En effet, il n'avait pas eu d'abord l'intention de lui faire du mal : mais elle s'était troublée, avait pris la fuite sans lui répondre, et il la poursuivait. M. de Lescure, avec son admirable sang-froid, lui dit : « Vous avez raison, j'y vais » aussi. » Alors cet homme se mit à causer avec lui ; mais de temps en temps il nous couchait en joue, disant qu'il nous soupçonnait d'être des aristocrates, et qu'il voulait au moins tuer cette femme. M. de Lescure voulait se jeter sur lui, mais il ne le pouvait pas, cette femme et moi nous nous cramponions à ses bras de plus en plus, sans savoir ce que nous faisions. Enfin il persuada à cet homme que nous allions aux Tuileries : alors il voulut nous accompagner ; mais M. de Lescure lui dit : « J'ai » là ma femme qui est près d'accoucher ; c'est » une poltronne ; je vais la mener chez sa sœur, » et puis je viendrai te rejoindre. » Ils se donnèrent rendez-vous, et il nous laissa.

Je voulus absolument quitter les allées, et marcher dans le grand chemin qui sépare les Champs-Élysées. Jamais je n'oublierai le spectacle qui se présenta à mes yeux. A droite et à gauche étaient les Champs-Élysées, où plus de mille personnes avaient été massacrées pendant le jour. La plus profonde obscurité y régnait. En face on voyait les flammes s'élever au-dessus des Tuileries ; on entendait la fusillade et les cris de la populace. Derrière nous, les bâtimens de la barrière étaient aussi en feu. Nous voulûmes entrer dans les allées de la droite, et les traverser pour aller gagner le pont Louis XV. J'entendis du bruit, des gens qui criaient et qui juraient : je n'osai passer de ce côté. La peur me saisit, et j'entrainai M. de Lescure tout-à-fait à gauche, le long des jardins du faubourg Saint-Honoré. Nous arrivâmes sur la place Louis XV ; nous allions la traverser, lorsque nous vîmes une troupe qui débouchait des Tuileries par le pont-tournant, en faisant des décharges de mousqueterie ; nous prîmes alors la rue Royale, puis la rue Saint-Honoré ; nous traversâmes la foule de tous ces hommes armés de piques, qui poussaient des hurlemens féroces : la plupart étaient ivres. J'avais tellement perdu la tête, que je m'en allais criant, sans savoir ce que je disais : « *Vivent les sans-culottes !* » *illuminez ! cassez les vitres !* » et répétant machinalement les vociférations que j'entendais. M. de Lescure ne pouvait me calmer, ni empêcher mes cris. Enfin nous arrivâmes au Louvre, qui était sombre et solitaire; nous passâmes au Pont-Neuf, et de-là sur le quai.

Le plus morne silence régnait de ce côté de la Seine, tandis qu'on voyait sur l'autre rive les flammes des Tuileries qui jetaient une sombre lueur sur tous les objets, et qu'on entendait le bruit du canon, la fusillade, les cris de la multitude : c'était un contraste frappant. La rivière semblait séparer deux régions différentes. J'étais épuisée de fatigue, et ne pus aller jusqu'au lieu où ma mère était retirée ; je m'arrêtai dans une petite rue du faubourg Saint-Germain, chez une ancienne femme de charge de M. de Lescure. J'y trouvai deux de mes braves domestiques. Ils étaient venus cacher mes diamans et des effets précieux qu'ils avaient emportés au péril de leur vie ; car le peuple massacrait tous ceux qui pillaient dans les maisons, ou qui en avaient l'apparence. Ils m'apprirent que ma mère était sauvée. Je les chargeai d'aller la rassurer sur mon sort; mais ils ne purent aller l'avertir ; elle passa la nuit dans les angoisses, tandis que mon père courait la ville pour tâcher de découvrir ce que j'étais devenue ; ils n'apprirent de mes nouvelles que le lendemain matin.

Nous sûmes, par deux ou trois femmes qui

étaient restées dans l'hôtel Diesbach, que toute la nuit on avait massacré des Suisses dans notre rue. Agathe, ma femme de chambre, avait eu un homme tué à ses côtés pendant qu'elle revenait de porter à un garde-suisse, qui était caché, des habits pour se déguiser. Le lendemain il y eut encore du carnage. M. de Lescure, malgré mes prières, voulut aller savoir des nouvelles de ses amis. Il vit égorger deux hommes près de lui.

Nous demeurâmes huit jours dans nos asiles ; mais ma mère et moi, nous venions réciproquement nous voir, déguisées en femmes du peuple. Un jour je revenais de chez elle, M. Lescure me donnait le bras ; nous passâmes devant un corps-de-garde ; un volontaire, assis à la porte, dit à ses camarades : « On voit passer des chevaliers du poignard : ils » sont déguisés ; mais on les reconnaît bien. » Je contins mon émotion : en rentrant je tombai sans connaissance.

On nous dit que les administrateurs de la section du Roule étaient assez bons ; cependant nous n'osâmes pas rentrer à l'hôtel Diesbach ; nous allâmes nous loger à l'hôtel garni de l'Université. Ce fut là que ma mère, déjà accablée par tant de malheurs, apprit, par les cris publics, que madame de Lamballe avait été transférée à la Force : elle fut saisie d'une fièvre inflammatoire.

Quand elle fut un peu mieux, nous songeâmes à sortir de Paris. Chaque jour on faisait de nombreuses arrestations, et nous attendions notre tour, craignant de l'avancer encore en demandant les passe-ports qui nous étaient nécessaires pour partir.

Dieu nous envoya un libérateur. M. Thomassin, qui avait été gouverneur de M. de Lescure, se dévoua pour nous, et résolut de nous sauver ou de périr; c'était un homme rempli d'esprit et de ressources, grand ferrailleur et très-hardi. Quoique fort attaché à M. de Lescure, il s'était un peu mêlé au parti révolutionnaire; et tel que je viens de le peindre, il lui avait été facile d'acquérir de la faveur et de l'influence : il était commissaire de police et capitaine dans la section de Saint-Magloire. Il se fit donner une commission pour aller acheter des fourrages; ensuite il nous mena lui-même à la section : il était en habit d'uniforme, avec des épaulettes. Pendant qu'avec toute la jactance d'un héros des sections de Paris, il tenait des discours à l'ordre du jour, un honnête secrétaire nous expédia nos passe-ports, sans qu'on fît attention à nous. M. Thomassin fit ensuite toutes les autres démarches prescrites pour que tout fût parfaitement en règle.

Le lendemain pensa nous être funeste. M. de Lescure voulut, avec l'aide de M. Thomassin, obtenir deux autres passe-ports; l'un pour M. Henri de La Rochejaquelein, son cousin et son ami : il était officier dans la garde constitutionnelle du roi; lorsqu'elle avait été licenciée, les officiers avaient reçu, de la bouche de S. M., l'ordre de ne pas émigrer et de rester auprès de lui. Le second passe-port était pour M. Charles d'Autichamp : il avait aussi fait partie de la garde du roi; c'était l'ami de M. de La Rochejaquelein; il avait alors vingt-trois ans, une belle et noble figure, et une réputation distinguée parmi les officiers. Ces deux messieurs étaient au château le 10 août, et avaient échappé comme par miracle. M. d'Autichamp avait tué deux hommes au moment où ils allaient le massacrer. Depuis le 10 août ces messieurs ne savaient comment se dérober aux dangers qu'ils couraient à chaque instant dans Paris.

M. de Lescure chercha à employer pour eux les moyens qui nous avaient réussi; mais il fallait deux témoins qui vinssent signer leurs passe-ports. Il s'adressa à ce limonadier dont le peuple avait cassé les vitres le 8 août. Celui-ci se prêta obligeamment à ce qui lui était demandé, et promit même d'amener un second témoin. M. de Lescure, ses deux amis, les témoins, et M. Thomassin toujours dans son équipage militaire, se rendirent à notre section. M. de Lescure déclara que ces messieurs logeaient chez lui; des passe-ports leur furent promis; mais on les pria d'attendre un instant, pendant qu'on expédiait d'autres personnes.

Dans cet intervalle, le second témoin jeta les yeux sur un papier affiché dans la salle; c'était un nouveau décret qui condamnait aux fers les faux témoins pour les passe-ports. Cet homme, effrayé, s'approche du secrétaire, lui annonce qu'il se récuse, et que ces messieurs lui sont inconnus. Comme il avait fait cette déclaration à voix basse, le secrétaire seul l'avait entendu. Cet honnête homme dit alors tout bas à M. de Lescure : « Vous êtes perdus ! » sauvez-vous ! » Puis, affectant un ton d'humeur, il lui dit tout haut qu'on n'avait pas le temps de les expédier, et de passer dans un autre moment. Ces messieurs échappèrent ainsi à ce danger.

Enfin nous nous mîmes en route pour le Poitou, le 25 août, mon père, ma mère et moi, tous fort mal vêtus ; nous montâmes en voiture avec M. Thomassin, qui avait son grand uniforme. M. de Lescure courait à cheval avec un seul domestique.

Arrivés à la barrière, nous montrons nos passe-ports. On nous dit qu'il en faut un aussi pour les chevaux de poste, avec leur signalement, et qu'il faut aller le demander à la section de Saint-Sulpice. M. Thomassin descend, reconnaît le capitaine du poste pour un de ses camarades ; il obtient de lui que nous passerons de suite. Il y avait devant nous une autre voiture arrêtée par la même raison, et à qui le capitaine refusait la même faveur ; cette voiture prend le parti de retourner à la section. Notre postillon, qui était un homme méchant et ivre, retourne aussi, et suit au grand galop la première chaise de poste, malgré les cris de M. Thomassin, qui était remonté avec nous. Nous arrivons à la section ; le peuple s'attroupe, entoure la voiture, en criant : *A la lanterne ! à l'Abbaye ! ce sont des aristocrates qui se sauvent !*

M. Thomassin descend, entre à la section, montre nos passe-ports, étale tous ses brevets. Les commissaires se souviennent de l'avoir vu en diverses occasions; il les embrasse, et obtient le laissez-passer. Pendant ce temps, le tumulte et les clameurs augmentaient autour de la voiture, et lorsque M. Thomassin sortit, la populace sembla vouloir s'opposer à notre départ. Alors M. Thomassin se mit à haranguer du haut du perron de la section; il exposa tous ses titres, déploya encore ses brevets, dit que nous étions ses parens, et que nous allions acheter des fourrages pour l'armée; puis, s'abandonnant à un enthousiasme de commande, il exhorta tous les jeunes gens à voler à la défense de la patrie, et leur jura que, sa mission remplie, il irait se mettre à leur tête pour combattre avec eux. « Oui, mes camarades, s'écria-t-il en finissant, » répétez tous avec moi : *Vive la nation!* » Pendant que la populace toute émue applaudit, M. Thomassin se jette dans la voiture, ordonne au postillon de partir, et nous reprenons la route d'Orléans.

Ce postillon nous mit encore dans un grand péril. A une lieue de Paris, nous rencontrâmes un détachement de Marseillais : c'était l'avant-garde des troupes qui allaient à Orléans chercher les prisonniers qu'elles massacrèrent ensuite à Versailles. Le postillon s'avise de traverser toute la largeur de la route, pour aller accrocher ces soldats; il en culbute deux ou trois. Dans l'instant, toute la troupe nous couche en joue; M. Thomassin se montre par la portière : « Mes camarades, leur dit-il, tuez ce

» coquin-là. *Vive la nation!* » En voyant l'uniforme et les manières de M. Thomassin, ils s'apaisent.

Sur toute la route, nous trouvâmes des colonnes de soldats qui se rendaient aux armées; ils étaient insolens, arrêtaient et insultaient les voitures; mais notre capitaine parisien, en se montrant et en criant *vive la nation!* nous délivrait de tout accident.

Le soir, nous arrivâmes à Orléans. A la barrière, on nous demanda nos passe-ports : il y avait là beaucoup de monde. On s'informa, avec empressement et inquiétude, s'il était vrai qu'on vînt chercher les prisonniers : on nous dit que c'étaient d'honnêtes gens; que la ville leur était dévouée, et les défendrait si on voulait leur faire du mal. Je fus bien touchée des sentimens de ce bon peuple, et cette scène sera toujours présente à mon souvenir.

Après Beaugency, on nous arrêta dans un village où l'on nous demanda nos passe-ports. Dès qu'on sut qu'il y avait dans la voiture un capitaine de la garde nationale de Paris, on le pria de descendre, et de passer en revue cinquante volontaires du village, qui allaient partir pour l'armée. Aussitôt, M. Thomassin met pied à terre, tire gravement son épée, passe en revue ces jeunes gens, leur fait un discours patriotique, remonte ensuite avec nous, et nous partons aux cris de *vive la nation!*

Il nous arriva dix aventures à peu près semblables:

l'uniforme parisien avait alors une grande puissance. L'assurance avec laquelle M. Thomassin jouait son rôle, inspirait encore plus de respect pour lui. Il était comme un général d'armée, et, grâce à lui, nous traversâmes une route couverte de quarante mille volontaires, sans être arrêtés ni même insultés.

A Tours, nous apprimes qu'il y avait du trouble à Bressuire, précisément dans la ville auprès de laquelle est située la terre de Clisson, où nous allions nous réfugier. Nous nous arrêtâmes dans le faubourg de Tours; mais M. de Lescure continua sa route pour entrer en Poitou.

CHAPITRE III.

Description du Bocage. — Mœurs des habitans. — Premiers effets de la révolution. — Insurrection du mois d'août 1792. — Époque qui précéda la guerre de la Vendée.

Nous passâmes deux jours assez tranquillement dans le faubourg; il y avait cependant un peu de tumulte dans la ville. Le peuple promenait, sur des ânes, de pauvres femmes qui ne voulaient point aller à la messe des prêtres constitutionnels.

M. de Lescure nous envoya un courrier aussitôt qu'il sut des détails sur ce qui s'était passé en Poitou; il nous mandait que tout y était calmé, et que nous pouvions continuer notre route. Nous suivimes le chemin de Saumur.

Dans un village que nous traversâmes, nous trouvâmes un paysan en faction ; il arrêta la voiture, et voulut non-seulement voir nos passe-ports, mais ouvrir nos malles. Nos femmes, qui avaient les clefs, n'étaient pas avec nous, et nous étions fort embarrassés. Les gens du village commençaient à s'attrouper. M. Thomassin fit demander l'officier du poste, lui montra nos passe-ports, se plaignit de l'indiscipline des soldats, et lui ordonna de mettre la sentinelle en prison. L'officier s'excusa en s'inclinant avec respect.

Nous arrivâmes à Thouars. Cette ville avait embrassé avec chaleur le parti populaire. L'insurrection de quelques cantons voisins, contre lesquels la garde nationale avait marché, augmentait encore l'effervescence des esprits; cependant on nous laissa passer après avoir fouillé et bouleversé toutes nos malles, au point qu'on ouvrit des pots de confitures pour y chercher de la poudre à canon. Enfin nous parvînmes à Clisson.

Le château de Clissson est situé dans cette partie du Poitou, qu'on nomme le *pays de Bocage*, et que, depuis la guerre civile, on a pris l'habitude d'appeler du nom glorieux de *Vendée*.

Le Bocage comprend une partie du Poitou, de l'Anjou et du comté Nantais, et fait aujourd'hui partie de quatre départemens : Loire-Inférieure, Maine-et-Loire, Deux-Sèvres et Vendée. On peut regarder comme ses limites, la Loire au nord, de Nantes à Angers ; au couchant, Paimbœuf, Pornic et leurs territoires marécageux ; ensuite l'Océan depuis Bourgneuf jusqu'à Saint-Gilles ; des autres côtés, une ligne qui partirait un peu au-dessus des Sables, et passerait entre Luçon et la Roche-sur-Yon (1), entre Fontenay et la Châtaigneraie, puis à Parthenay, Thouars, Vihiers, Touarcé, Brissac, et viendrait aboutir à la Loire, un peu au-dessus

---

(1) Aujourd'hui Bourbon-Vendée.

des ponts de Cé. La guerre s'est étendue au-delà de ces limites, mais par des incursions seulement. Le pays de l'insurrection, la vraie Vendée, est renfermé dans cet espace.

Ce pays diffère, par son aspect, et plus encore par les mœurs de ses habitans, de la plupart des provinces de France. Il est formé de collines en général assez peu élevées, qui ne se rattachent à aucune chaîne de montagnes; les vallées sont étroites et peu profondes; de fort petits ruisseaux y coulent dans des directions variées : les uns se dirigent vers la Loire, quelques-uns vers la mer ; d'autres se réunissent en débouchant dans la plaine et forment de petites rivières. Il y a partout beaucoup de rochers de granit. On conçoit qu'un terrain qui n'offre ni chaînes de montagnes, ni rivières, ni vallées étendues, ni même une pente générale, doit être comme une sorte de labyrinthe ; rarement on trouve des hauteurs assez élevées au-dessus des autres coteaux pour servir de point d'observation et commander le pays. Cependant en approchant de Nantes, le long de la Sèvre, la contrée prend un aspect qui a quelque chose de plus grand ; les collines sont plus hautes et plus escarpées ; cette rivière est rapide et profondément encaissée ; elle roule à travers les masses de rochers, dans des vallons resserrés. Le Bocage n'est plus seulement agreste ; il offre là un coup-d'œil pittoresque et sauvage. Au contraire, en tirant plus à l'est, dans les cantons qui sont voisins des bords de la Loire, le pays est plus ouvert, les pentes mieux ménagées, et les vallées forment d'assez vastes plaines.

Le Bocage, comme l'indique son nom, est couvert d'arbres; on y voit peu de grandes forêts; mais chaque champ, chaque prairie est entourée d'une haie vive qui s'appuie sur des arbres plantés irrégulièrement et fort rapprochés; ils n'ont point un tronc élevé ni de vastes rameaux; tous les cinq ans, on coupe leurs branchages, et on laisse nue une tige de douze ou quinze pieds. Ces enceintes ne renferment jamais un grand espace. Le terrain est fort divisé; il est peu fertile en grains; souvent des champs assez étendus restent long-temps incultes, ils se couvrent alors de grands genêts ou d'ajoncs épineux; toutes les vallées, et même les dernières pentes des coteaux, sont couvertes de prairies. Vue d'un point élevé, la contrée parait toute verte; seulement au temps des moissons, des carreaux jaunes se montrent de distance en distance entre les haies. Quelquefois les arbres laissent voir le toit aplati et couvert de tuiles rouges de quelques bâtimens, ou la pointe d'un clocher qui s'élève au-dessus des branches. Presque toujours cet horizon de verdure est très-borné; quelquefois il s'étend à trois ou quatre lieues.

Dans la partie du Bocage qui est située en Anjou, la vue est plus vaste et plus riante; les cultures sont plus variées, les villes et les villages plus rapprochés. C'est surtout le Bocage du Poitou que j'ai voulu faire connaître.

Une seule grande route, qui va de Nantes à la Rochelle, traverse ce pays; cette route, et celle qui conduit de Tours à Bordeaux par Poitiers, laissent entre elles un intervalle de plus de trente lieues, où l'on ne trouve que des routes de traverse. Les chemins du Bocage sont tous comme creusés entre deux haies; ils sont étroits, et quelquefois les arbres, joignant leurs branches, les couvrent d'une espèce de berceau; ils sont bourbeux en hiver et raboteux en été. Souvent, quand ils suivent le penchant d'une colline, ils servent en même temps de lit à un ruisseau; ailleurs ils sont taillés dans le rocher et gravissent sur les hauteurs par des degrés irréguliers : tous ces chemins offrent un aspect du même genre. Au bout de chaque champ on trouve un carrefour qui laisse le voyageur dans l'incertitude sur la direction qu'il doit prendre et que rien ne peut lui indiquer. Les habitans eux-mêmes s'égarent fréquemment, lorsqu'ils veulent aller à deux ou trois lieues de leur séjour.

Il n'y a point de grandes villes dans le Bocage. Des bourgs de deux à trois mille ames sont dispersés sur cette surface. Les villages sont peu nombreux et distans les uns des autres; on ne voit pas même de grands corps de ferme. Le territoire est divisé en métairies : chacune renferme un ménage et quelques valets. Il est rare qu'une métairie rapporte au propriétaire plus de 600 fr. de rente. Le terrain qui en dépend est vaste, mais produit peu : la vente des bestiaux forme le principal revenu, et c'est surtout à les soigner que s'occupent les métayers.

Les châteaux étaient bâtis et meublés sans magnificence; on ne voyait, en général, ni grands parcs, ni beaux jardins. Les gentilshommes y vivaient sans faste, et même avec une simplicité extrême. Quand leur rang ou leur fortune les avait pour un peu de temps appelés hors de leur province, ils ne rapportaient pas dans le Bocage les mœurs et le ton de Paris; leur plus grand luxe était la bonne chère, et leur seul amusement était la chasse. De tout temps les gentilshommes poitevins ont été de célèbres chasseurs : cet exercice et le genre de vie qu'ils menaient les accoutumaient à supporter la fatigue, et à se passer facilement de toutes les recherches auxquelles les gens riches attachent communément du goût et même de l'importance. Les femmes voyageaient à cheval, en litière ou dans des voitures à bœufs.

Les rapports mutuels des seigneurs et de leurs paysans ne ressemblaient pas non plus à ce qu'on voyait, en général, dans le reste de la France; il régnait entre eux une sorte d'union peut-être inconnue ailleurs. Les propriétaires du Bocage y affermaient peu leurs terres; ils partagent les productions avec le métayer qui les cultive : chaque jour ils ont ainsi des intérêts communs, et des relations qui supposent la confiance et la bonne foi. Comme les domaines sont très-divisés, et qu'une terre un peu considérable renfermait vingt-cinq ou trente métairies, le seigneur avait ainsi des communications habituelles avec les paysans qui habitaient autour de son château; il les traitait paternellement, les visitait souvent dans leurs métairies, causait avec eux de leur position, du soin de leur bétail, prenait part à des accidens et à des malheurs qui lui portaient aussi préjudice; il allait aux noces de leurs enfans et buvait avec les convives. Le dimanche, on dansait dans la cour du château, et les dames se mettaient de la partie. Quand on chassait le sanglier, le loup, le curé avertissait les paysans au prône; chacun prenait son fusil et se rendait avec joie au lieu assigné; les chasseurs postaient les tireurs, qui se conformaient strictement à tout ce qu'on leur ordonnait. Dans la suite, on les menait au combat de la même manière et avec la même docilité.

Ces heureuses habitudes, se joignant à un bon naturel, font des habitans du Bocage un excellent peuple : ils sont doux, pieux, hospitaliers, charitables, pleins de courage et de gaieté; les mœurs y sont pures; ils ont beaucoup de probité. Jamais on n'entend parler d'un crime, rarement d'un procès. Ils étaient dévoués à leurs seigneurs, avec un respect mêlé de familiarité. Leur caractère, qui a quelque chose de sauvage, de timide et de méfiant, leur inspirait encore beaucoup plus d'attachement pour ceux qui depuis si long-temps avaient obtenu leur confiance.

Les habitans des villes et les petits propriétaires

n'avaient pas pour la noblesse les mêmes sentimens. Cependant, comme ils étaient toujours reçus avec bienveillance et simplicité quand ils venaient dans les châteaux; comme beaucoup d'entre eux devaient de la reconnaissance à des voisins plus puissans qu'eux, ils avaient aussi de l'affection et du respect pour les principales familles du pays. Quelques-uns ont embrassé avec chaleur les opinions révolutionnaires, mais sans aucune animosité particulière. Les horreurs qui ont été commises ne doivent pas leur être attribuées, et souvent ils s'y sont opposés avec force.

En 1789, dès que la révolution fut commencée, les villes se montrèrent favorables à tout ce qui se faisait. Les gens de la plaine surtout s'empressèrent de prendre part au nouveau mouvement; il y eut même de ce côté-là des châteaux attaqués et brûlés. Au contraire, les habitans du Bocage virent avec crainte et chagrin tous ces changemens, qui ne pouvaient que troubler leur bonheur, loin d'y ajouter. Lorsqu'on forma des gardes nationales, le seigneur fut prié, dans chaque paroisse, de la commander. Quand il fallut nommer des maires, ce fut encore le seigneur qui fut choisi. On ordonna d'enlever des églises les bancs seigneuriaux; l'ordre ne fut point exécuté. Enfin, chaque jour les paysans se montraient plus mécontens du nouvel ordre de choses, et plus dévoués aux gentilshommes.

Le serment des prêtres vint accroître encore le mécontentement. Quand les gens du Bocage virent qu'on leur ôtait des curés auxquels ils étaient accoutumés, qui connaissaient leurs mœurs et leur patois, qui presque tous étaient tirés du pays même, qui s'étaient fait vénérer par leur charité, et qu'on les remplaçait par des étrangers, ils ne voulurent plus aller à la messe de la paroisse. Les prêtres assermentés furent insultés ou abandonnés. Le nouveau curé des Échaubroignes fut obligé de s'en retourner, sans avoir pu obtenir même du feu pour allumer les cierges ; et cet accord universel régnait dans une paroisse de quatre mille habitans. Les anciens prêtres se cachaient et disaient la messe dans les bois. On essaya dans quelques endroits des mesures de rigueur ; il y eut des soulèvemens partiels et des émeutes assez vives. La gendarmerie éprouva quelquefois de la résistance, et les paysans commencèrent à montrer de la constance et du courage. Un malheureux homme du Bas-Poitou se battit long-temps avec une fourche contre les gendarmes. Il avait reçu vingt-deux coups de sabre. On lui criait : « Rends-toi. » Il répondait : « Ren-» dez-moi mon Dieu, » et il expira ainsi.

L'insurrection du mois d'août 1792 fut plus considérable. Après le 10 août, les mesures devinrent plus sévères ; on poursuivit, on persécuta avec plus d'acharnement les prêtres insermentés ; on ferma quelques chapelles. Plusieurs des nouveaux administrateurs se montrèrent de plus en plus durs et insolens envers un peuple habitué à la douceur et à la justice. Tous ces motifs, et la nouvelle des premiers succès des puissances coalisées, achevèrent d'allumer les esprits. Les paysans se rassemblèrent armés de fusils, de faulx, de fourches, pour entendre la messe dans la campagne et défendre leur curé, si l'on venait pour l'enlever. Une circonstance particulière mit tout ce peuple en mouvement. Un nommé Delouche, maire de Bressuire, eut une querelle avec quelques autres fonctionnaires, et fut chassé de la ville où il avait voulu proclamer la loi martiale. Alors il s'en alla à Moncoutant. Là, il détermina les paysans à marcher. Plus de quarante paroisses se réunirent. Un gentilhomme, M. Baudry d'Asson, et Delouche, étaient les chefs de cette multitude. Trois autres gentilshommes, MM. de Calais, de Richeteau et de Feu, prirent aussi parti dans cette troupe. Tous les autres seigneurs du pays qui n'avaient point émigré, étaient encore à Paris. Cette expédition fut dirigée avec une profonde ignorance. M. Baudry ne manquait pas de courage ; mais il n'avait aucune capacité, et il était hors d'état de commander dix hommes. Il mena à la boucherie les malheureux paysans. On hésita si l'on marcherait d'abord sur Châtillon ou sur Bressuire. Enfin, contre l'avis de M. Delouche, on décida qu'on irait attaquer Châtillon, où siégeait le district. On y entra sans résistance. Le district s'était retiré à Bressuire. On brûla tous ses papiers, puis on marcha sur cette dernière ville. Sans un orage affreux qui dispersa la troupe des insurgés, Bressuire eût été pris, suivant toute apparence; ce retard donna le temps aux gardes nationales de la plaine d'arriver au secours de la ville, qui en demandait depuis plusieurs jours. Les paysans attaquèrent le lendemain. Les gardes nationales, qui étaient dans leur première ferveur de patriotisme, montrèrent assez de courage; mais il ne fut pas long-temps nécessaire. Le combat fut court, et les révoltés se dispersèrent presque sur-le-champ. Une centaine de pauvres paysans furent tués en criant: *Vive le roi!* On en prit cinq cents. Delouche se sauva, et depuis fut arrêté à Nantes; M. de Richeteau fut atteint et fusillé à Thouars, sans jugement. M. Baudry parvint à se cacher et à se dérober aux poursuites pendant six mois. Il reparut ensuite dans la guerre de la Vendée, où il a péri.

La victoire des gardes nationales fut souillée par des atrocités. Malgré l'indignation de la plupart des habitans de Bressuire, et les efforts de quelques hommes de bien, il y eut des prisonniers massacrés de sang-froid. M. Duchâtel, de Thouars, qui depuis, à la Convention, montra tant de courage dans le procès du roi, fit ce qu'il put pour sauver ces malheureux; on en égorgea un dans ses bras, et il fut blessé en voulant le préserver. MM. de Feu et de Richeteau, qui, à la suite de quelques pourparlers, avaient la veille consenti à rester en otage, furent aussi massacrés. Des gardes nationales de la plaine retournèrent dans leurs foyers, emportant comme trophées, au bout de leurs baïonnettes, des nez, des oreilles et des lambeaux de chair humaine.

La commission qui fut chargée, à Niort, de juger les prisonniers, montra beaucoup de douceur et d'humanité; elle ne prononça aucune condamnation; tout fut rejeté sur les morts ou les absens.

Ce fut peu de jours après ces tristes événemens, que nous arrivâmes à Clisson. La paroisse de Boismé, où est situé le château, n'avait point pris part à la révolte. Comme elle touche presque à la plaine, les esprits y étaient moins ardens; d'ailleurs ils avaient conservé leurs prêtres. Le curé et le vicaire avaient prêté le serment, en protestant contre tout ce qui pourrait s'y trouver de contraire à la religion catholique, apostolique et romaine. Ils continuaient à reconnaître l'ancien évêque, et n'obéissaient point au constitutionnel. Le district, qui connaissait le danger d'irriter les paysans sur cet article, fermait les yeux sur cette irrégularité, tellement que le vicaire, ayant écrit au district qu'il rétractait même cette espèce de serment, n'en avait reçu aucune réponse.

Bientôt après notre arrivée, nous apprimes les massacres de septembre. Nous voulûmes cacher à ma mère la mort de madame de Lamballe; mais elle s'en douta, et nous interrogea : notre silence lui confirma ce malheur. Elle tomba sans connaissance, et demeura trois semaines dans un état affreux. Nous parvinmes à lui dérober la nouvelle de l'assassinat de quelques autres personnes, surtout celui de M. de Montmorin, gouverneur de Fontainebleau, le meilleur ami de toute notre famille, massacré à l'Abbaye. M. de Montmorin, le ministre, périt le même jour.

Ce fut alors qu'on chassa les religieuses de leurs couvens. Ma mère avait été élevée à Angoulême, par sa tante, abbesse de Saint-Auxonne, sœur du duc de Civrac; elle avait pour elle beaucoup de reconnaissance et d'attachement. Nous envoyâmes M. Thomassin la chercher, pour qu'elle vînt habiter avec nous; nous lui offrîmes de donner aussi asile à plusieurs autres religieuses; mais elle vint seule.

M. Henri de La Rochejaquelein était enfin parvenu à s'échapper de Paris; toute sa famille avait émigré; il se trouvait seul au château de la Durbellière, dans la paroisse de Saint-Aubin de Baubigné, une de celles qui s'étaient révoltées. Cette circonstance, l'isolement où il se trouvait, sa qualité d'officier de la garde du roi, pouvaient faire craindre qu'on ne prît quelque mesure contre lui. M. de Lescure l'engagea à venir à Clisson, où il ne paraissait pas qu'on dût avoir la moindre inquiétude. J'étais près d'accoucher. Le château était habité par des femmes et des personnes âgées. M. de Lescure n'était pas de caractère à montrer une imprudence inutile : d'ailleurs il était fort aimé; on le regardait comme un homme uniquement livré à la piété et à l'étude. Nous vivions assez tranquilles.

Henri de La Rochejaquelein avait alors vingt ans. C'était un jeune homme assez timide, et qui avait peu vécu dans le monde; ses manières et son langage laconique étaient remarquables par la simplicité et le naturel; il avait une physionomie douce et noble; ses yeux, malgré son air timide, paraissaient vifs et animés; depuis, son regard devint fier et ardent. Il avait une taille élevée et svelte, des cheveux blonds, un visage un peu allongé, et une tournure plutôt anglaise que française. Il excellait dans tous les exercices du corps, surtout à monter à cheval.

Nous avions beaucoup d'autres hôtes à Clisson : M. d'Auzon, vieillard infirme et respectable, proche parent de M. de Lescure, et qui lui servait de père; M. Desessarts, notre voisin, gentilhomme que la famille de Lescure avait toujours aimé, et qui, depuis beaucoup d'années, habitait le château avec ses enfans. Il avait un fils, officier de marine, émigré, et un autre qui était destiné à l'état ecclésiastique, et à qui M. de Lescure était fort attaché. Ce jeune homme n'était point encore engagé dans les ordres; cependant on lui avait demandé le serment. Il l'avait refusé, et, depuis ce moment, il était forcé d'habiter Poitiers, par mesure de surveillance. Le père et les fils étaient spirituels et aimables, ainsi que mademoiselle Desessarts. Il y avait aussi à Clisson un chevalier de ***, qui était un peu de nos parens. La révolution l'avait ruiné, et il s'était réfugié chez nous : c'était un homme de cinquante ans, petit, gros, bon, sot et poltron. Dans sa jeunesse, il avait été destiné à être abbé, et alors il était fort libertin; depuis il était entré au service, et il était devenu bigot jusqu'au ridicule. M. de Marigny ne nous avait point quittés.

Telle était la société nombreuse qui habitait Clisson : on se tenait renfermé de peur de se compromettre; on ne faisait ni on ne recevait aucune visite. Les domestiques étaient nombreux et presque tous très-sûrs, dévoués à nous et à nos opinions. Le maître-d'hôtel et le valet de chambre, chirurgien de feu madame de Lescure, étaient cependant très-révolutionnaires; mais M. de Lescure les gardait par respect pour les volontés de sa grand'mère, à laquelle ils avaient prodigué des soins, et qui l'avait demandé en mourant.

Le 31 octobre au soir, j'accouchai d'une fille. Dans un autre temps, j'aurais voulu la nourrir : mais je prévoyais que tôt ou tard la révolution nous atteindrait, et je voulais qu'il me fût possible de suivre M. de Lescure partout, soit en prison, s'il était pris, soit à la guerre, où il avait résolu de prendre part, si elle venait à éclater. Je pris donc une nourrice pour ma fille.

Le roi périt. MM. de La Rochejaquelein, de Lescure et autres avaient chargé quelques amis de les avertir, si l'on préparait un mouvement ou du moins un coup de main pour le sauver. Rien ne fut essayé. On se figure aisément quelle profonde douleur nous éprouvâmes tous en apprenant cet attentat. Pendant plusieurs jours, ce ne fut que des larmes dans tout le château.

Après le fort de l'hiver, ma mère pensa à retourner en Médoc. Elle voulait m'emmener avec elle ; mais je me refusai à quitter M. de Lescure, et lui-même n'aurait pas consenti à s'éloigner du Poitou.

Il prévoyait que tôt ou tard les paysans, que l'on continuait à vexer sans ménagement, finiraient par se révolter ; et il voulait faire la guerre avec eux. Mon père aurait eu aussi du regret de manquer cette occasion. D'un autre côté, ce voyage n'était pas sans danger : dans ce malheureux temps, il y avait plus de risque à changer de demeure qu'à se tenir tranquille. Au milieu de ces irrésolutions, la guerre éclata.

Me voici à cette époque à jamais célèbre. On voit que cette guerre n'a pas été, comme on l'a dit, excitée par les nobles et par les prêtres. De malheureux paysans, blessés dans tout ce qui leur était cher, soumis à un joug que le bonheur dont ils jouissaient auparavant rendaient plus pesant, n'ont pas pu le supporter, se sont révoltés, et ont pris pour chefs et pour guides des hommes en qui ils avaient mis leur confiance et leur affection. Les gentilshommes et les curés, proscrits et persécutés, et qui d'ailleurs étaient ennemis de la cause qu'attaquaient les paysans, ont marché avec eux, et ont soutenu leur courage, mais n'ont point commencé la guerre ; car aucune personne raisonnable ne pouvait supposer qu'une poignée de pauvres gens sans armes et sans argent, parviendrait à vaincre les forces de la France entière. On s'est battu par opinion, par sentiment, par désespoir, et non par calcul. On n'avait ni but, ni même une espérance positive, et les premiers succès ont passé l'attente qu'on avait d'abord conçue. Il n'y a eu ni plan, ni complots, ni secrètes intelligences. Tout le peuple s'est levé à la fois, parce qu'un premier exemple a trouvé tous les esprits disposés à la révolte. Les chefs des diverses insurrections ne se connaissaient même pas. Pour ce qui regarde M. de Lescure et nos parens, je puis affirmer qu'ils n'ont fait aucune démarche qui pût amener la guerre; ils la prévoyaient, la désiraient même, mais c'était une idée vague et éloignée. S'ils eussent provoqué la révolte par quelque sourde menée, s'ils eussent activement travaillé à exciter les paysans, je le saurais, et assurément il n'y aurait pas lieu de le cacher. La suite du récit va montrer comment ils se trouvèrent conduits à prendre parti dans l'insurrection. Je crois pouvoir affirmer que, dans toute la Vendée, les choses se sont passées à peu près de la même sorte.

CHAPITRE IV.

Commencement de la guerre. — Départ de M. de La Rochejaquelein.
— Notre arrestation.

Je ne pourrais point donner de détails complets sur les premiers commencemens de la guerre de la Vendée; je n'en ai pas été témoin, et même je ne les ai jamais sus d'une manière très-précise, que pour quelques points; je raconterai seulement de quelle manière elle arriva successivement jusqu'à nous.

Le recrutement des trois cent mille hommes fut la cause d'un soulèvement presque général dans le Bocage. Ce mouvement prit d'abord de l'importance sur deux points assez éloignés, Challans, dans le Bas-Poitou, et Saint-Florent, en Anjou, sur les bords de la Loire. Il n'y eut aucun concert entre ces deux révoltes; on fut même très-long-temps sans savoir dans un de ces cantons ce qui se passait dans l'autre.

A Saint-Florent, le tirage avait été indiqué pour le 10 mars; les jeunes gens s'y rendirent dans le dessein presque arrêté de ne point obéir. Quand on les vit mal disposés, on voulut les haranguer; leur résistance augmentant toujours, on en vint aux menaces; et enfin la mutinerie se déclarant de plus en plus, le commandant républicain fit braquer une pièce de canon devant le district; un instant après, elle fut tirée sur les jeunes gens : personne ne fut tué. Ils s'élancèrent sur la pièce; on la leur abandonna; les gendarmes et les administrateurs se dispersèrent en fuyant; le district fut pillé, les papiers brûlés, la caisse distribuée. Le reste du jour se passa en réjouissances : puis les jeunes gens retournèrent chez eux sans trop savoir ce qu'ils deviendraient, et comment ils échapperaient à la terrible vengeance des républicains.

Jacques Cathelineau, du village du Pin-en-Mauges, voiturier colporteur de laines, père de cinq enfans en bas âge, était un des hommes les plus respectés de tous les paysans du canton : il était à pétrir le pain de son ménage, lorsqu'il entendit raconter ce qui venait de se passer; aussitôt il prit la résolution de se mettre à la tête de ses compatriotes, et de ne pas les laisser en proie à toutes les rigueurs qui menaçaient le pays. Sa femme le supplia de ne pas songer à ce projet; il n'écouta rien. Essuyant ses bras, il remit un habit, alla sur-le-champ rassembler les habitans, et leur parla avec force du châtiment que tout le pays allait subir, si l'on ne se déterminait pas à se révolter ouvertement. Cathelineau était fort aimé de tout le monde : c'était un homme sage et pieux. Le courage et la chaleur qu'il mit dans ses exhortations entraînèrent les jeunes gens. Aussitôt une vingtaine s'arment et promettent de marcher avec lui; ils partent sur-le-champ ; le nombre s'accroît : ils arrivent au village de la Poitevinière. Cathelineau fait sonner le tocsin, rassemble les habitans, leur répète ce qu'il a persuadé à leurs voisins; bientôt sa troupe est de plus de cent hommes. Alors il se détermine à aller attaquer un poste républicain de quatre-vingts hommes, qui était placé à Jallais avec une pièce de canon ; on marche en recrutant sans cesse sur la route. Le poste est enlevé. On y fait des prisonniers; on s'empare de la pièce, que les paysans surnomment *le Missionnaire ;* on prend aussi des armes et des chevaux.

Encouragé par ce premier succès, Cathelineau entreprend le même jour d'attaquer Chemillé, où se trouvaient deux cents républicains et trois pièces de canon. Les révoltés étaient déjà plus de quatre cents ; ils essuient une première décharge, fondent sur leurs ennemis, et emportent un avantage prompt et complet.

En même temps, deux autres rassemblemens s'étaient formés dans les environs. Un jeune homme, nommé Foret, du village de Chanzeaux, paysan un peu plus instruit et intelligent que ses camarades, qui venait de rentrer en France après avoir suivi un émigré, avait paru exercer assez d'influence sur les jeunes gens à Saint-Florent. Les gendarmes vinrent pour l'arrêter le lendemain; il s'y attendait : dès qu'il les vit approcher, il en tua un d'un coup de fusil; les autres s'enfuirent. Foret courut à l'église;

sonna le tocsin, rassembla les habitans, leur prêcha la révolte, et leva une forte troupe dans tous les villages voisins. Stofflet, garde-chasse de M. de Maulevrier, en fit autant de son côté; et le 14 mars au matin, ces deux troupes vinrent se joindre à celle de Cathelineau. Le jour même on se porta sur Chollet qui est la ville la plus considérable du pays; on eut à combattre cinq cents républicains qui avaient du canon. Le combat ne fut pas plus incertain ni plus long qu'à Chemillé; mais le résultat était plus important. Chollet était un chef-lieu de district; on y trouva des munitions, de l'argent et des armes.

Le temps de Pâques approchait; les paysans croyaient en avoir assez fait pour être craints; ils voulurent retourner chez eux: l'armée fut entièrement dissoute; tout rentra dans l'ordre accoutumé. Une colonne républicaine envoyée d'Angers parcourut le pays, ne trouva pas de résistance, mais n'osa pas exercer de vengeances. Après les Pâques, on songea à faire une nouvelle révolte et à chasser encore les républicains : mais les paysans voulurent se donner des chefs plus importans; ils allèrent dans les châteaux demander au peu de gentilshommes qui étaient restés de se mettre à leur tête. M. d'Elbée était tranquillement auprès de sa femme qui venait d'accoucher, et il n'avait pris aucune part à la première insurrection. M. de Bonchamps, qui était avec lui l'homme le plus considéré du canton, fut entraîné de la même façon.

L'insurrection du Bas-Poitou commença le 12 mars, à peu près en même temps que celle de l'Anjou; elle fut plus générale. De Fontenay à Nantes, presque aucune paroisse ne se soumit au recrutement, et il se forma sur-le-champ un grand nombre de rassemblemens qui résistèrent ouvertement aux républicains; les plus importans furent ceux de Challans et de Machecoul. Un nommé Gaston, perruquier, commanda le premier. Il avait tué un officier, avait revêtu son uniforme, et s'était donné quelque importance. Après s'être emparé de Challans, il marcha sur Saint-Gervais, et il y fut tué. Des rapports mal rédigés, de faux récits, firent de ce Gaston le commandant de Longwy qui avait ouvert ses portes aux princes, en 1792. Pendant long-temps la France entière crut que tous les insurgés de la Vendée étaient commandés par ce général Gaston, tandis qu'en Poitou sa prompte mort faisait qu'on ignorait jusqu'à son nom.

Les révoltés du district de Machecoul eurent encore de plus grands succès; mais ils en usèrent pour faire des atrocités, et c'est le seul point de l'insurrection où il s'en soit commis. Peu après le soulèvement, on alla chercher M. de Charrette dans son château, pour le mettre à la tête de ces deux troupes qui devinrent bientôt l'armée la plus considérable du Bas-Poitou. Il avait jusqu'à ce moment vécu tranquille et très-soumis. Les révoltés, qui le firent leur chef, étaient fort indisciplinés et difficiles à commander; il eût sans doute inutilement essayé de s'opposer à leurs cruautés; il ne les approuva point, mais songea, dit-on, qu'il pouvait compter plus entièrement sur des hommes qui n'auraient ni grâce à espérer, ni arrangement à faire. En peu de temps, il fut le principal chef de cette partie; cependant cinq ou six petites troupes conservèrent des commandans particuliers.

Une autre armée se forma également le 12 mars, du côté de Chantonnay. Dès les premiers jours elle fut commandée par des gentilshommes, M. de Verteuil, MM. de Béjarry et quelques autres. Ce fut de ce côté, dans le département de la Vendée, que les révoltés obtinrent d'abord les avantages les plus marqués; et de-là est venu le nom de *Vendéens,* donné aux insurgés. Ils battirent un général républicain; les Herbiers, Chantonnay, le Pont-Charron, tombèrent en leur pouvoir. Au bout de quelques jours, ils se donnèrent pour chef M. de Royrand, qui était un ancien militaire fort respecté.

Pendant tous ces mouvemens, nous étions à Clisson parfaitement tranquilles, sans nous douter de rien. On était alors tellement dans l'inaction et la stupeur, qu'on ne savait en aucune façon ce qui se passait à quelques lieues plus loin. M. Thomassin était allé dans une terre de M. de Lescure, auprès des Sables; en revenant, il traversa le bourg des Herbiers, et trouva que tout y était fort calme.

Il n'y avait pas plus de deux heures qu'il en était sorti continuant sa route, qu'il vit arriver derrière lui beaucoup de personnes qui s'enfuyaient au grand galop, et qui lui dirent que les Herbiers venaient d'être pris par dix mille Anglais débarqués sur la côte; il les crut fous, et poursuivit son chemin. En arrivant à Bressuire, il fut arrêté par plusieurs personnes, qui le questionnèrent avec inquiétude, et lui firent part de toutes leurs alarmes. La ville était en rumeur; deux cents volontaires étaient sous les armes; on ne savait que croire des bruits qui commençaient à circuler. M. Thomassin, qui avait continué à jouer à Bressuire son rôle de brave capitaine patriote, et qui portait toujours son uniforme de Paris, avait inspiré de la confiance aux autorités. Il se moqua de toutes leurs craintes, leur conta en riant qu'il venait des bords de la mer et des Herbiers, et leur dit qu'il se chargeait de défendre la ville contre toute attaque : ils le prirent au mot, et exigèrent sa parole qu'il reviendrait le soir même.

En effet, après être venu nous rendre compte de tout ce qui se disait, il retourna à Bressuire, nous laissant inquiets et étonnés. Le lendemain il nous fit dire qu'il était vrai que les Herbiers et quelques autres bourgs venaient d'être pris; que l'on ne savait pas encore si c'était par des rebelles ou par des troupes débarquées. Un débarquement paraissait peu probable; de tels succès, obtenus par des paysans mutinés, n'étaient pas vraisemblables non plus.

Cependant d'heure en heure on venait nous faire des récits absurdes et contradictoires. M. de La Rochejaquelein prit le parti d'envoyer un domestique chez sa tante, mademoiselle de La Rochejaquelein, qui demeurait à Saint-Aubin-de-Baubigné, dont les Herbiers sont éloignés de quatre ou cinq lieues seulement. Il écrivit une lettre insignifiante, et le domestique fut chargé de nous rapporter de vive voix quelques nouvelles.

M. le chevalier de ***, qui était ami et parent de mademoiselle de La Rochejaquelein, donna aussi au domestique, sans nous le dire, une lettre pour elle. Il lui envoyait une douzaine de sacrés cœurs qu'il avait peints sur du papier, et sa lettre contenait cette phrase : « Je vous envoie une petite provision de » sacrés cœurs que j'ai dessinés à votre intention. Vous » savez que les personnes qui ont foi à cette dévo- » tion, réussissent dans toutes leurs entreprises. »

Le domestique fut arrêté à Bressuire ; on ouvrit les lettres. Comme on disait que les révoltés avaient pour signe de ralliement un sacré cœur cousu à leur habit, la lettre du chevalier de *** produisit un terrible effet. Le lendemain, à sept heures du matin, nos gens nous réveillèrent pour nous apprendre que le château était cerné par deux cents volontaires, et que vingt gendarmes étaient dans la cour. Nous crûmes que l'on venait arrêter M. de La Rochejaquelein ; nous le fîmes cacher ; puis M. de Lescure alla demander aux gendarmes de quoi il était question. Ils répondirent que le district exigeait que le chevalier de *** fût livré ainsi que les chevaux, équipages, armes et munitions qui se trouvaient dans le château. M. de Lescure se mit à rire, et leur dit qu'apparemment on prenait sa maison pour une place forte, commandée par le chevalier; qu'il y avait sûrement du malentendu dans l'ordre du district; que le chevalier était un homme paisible et infirme qu'on ferait mourir de peur si on l'arrêtait; qu'il répondait de lui; qu'au reste il allait donner des chevaux, des fourrages et des fusils, parce qu'il pensait qu'on pouvait en avoir besoin.

Le brigadier des gendarmes prit alors M. de Lescure à part, et lui dit qu'il pensait comme nous; qu'il voyait bien que la contre-révolution allait se faire; que les révoltés ou les troupes débarquées avaient entièrement défait les patriotes à Montaigu. Il ajouta qu'il fallait, en attendant, tâcher de contenter le district au meilleur marché possible, et qu'il demandait en grâce à M. de Lescure de rendre un jour témoignage pour lui, afin qu'il conservât sa place. Mon mari écouta toutes ces confidences, sans y rien répondre : il se douta que ce gendarme était un patriote peureux. Nous en fûmes donc quittes pour quelques mauvais chevaux.

Deux jours après M. Thomassin arriva. L'insurrection faisait à chaque instant des progrès : Bressuire était menacé; le district et les autorités s'étaient retirés à Thouars; M. Thomassin avait trouvé moyen de s'évader. Il nous apprit la cause de l'expédition des gendarmes et l'histoire des sacrés cœurs. On avait d'abord voulu envoyer mettre le feu au château : il était parvenu à apaiser cette première fureur.

Nous passâmes la journée dans la joie, attendant toujours l'armée des royalistes. Les paroisses des environs de Bressuire avaient été désarmées après l'affaire du mois d'août ; les plus ardens parmi les paysans avaient été tués ou réduits à se cacher. Ainsi tout notre canton était contraint d'attendre, pour se soulever, qu'on vînt à son aide.

Le lendemain nous sûmes que les rebelles avaient été repoussés, et que les autorités venaient de rentrer à Bressuire. Cette triste nouvelle nous consterna : c'était le signal de notre perte. Il fallait que M. de Lescure prît un parti. Toutes les gardes nationales des environs étaient convoquées pour aller défendre Bressuire. Il était, depuis quatre ans, commandant de sa paroisse ; le château renfermait plus de vingt-cinq hommes en état de porter les armes, et sûrement l'ordre de marcher contre les rebelles ne pouvait tarder d'arriver. Nous aurions bien voulu aller les joindre ; mais nous ignorions jusqu'aux lieux où ils pouvaient être, et il n'y avait pas moyen de s'échapper.

On se rassembla pour décider là-dessus. Henri de La Rochejaquelein, qui était le plus jeune, parla le premier : il dit vivement que jamais il ne prendrait les armes contre les paysans ou les émigrés, et qu'il valait mieux périr. M. de Lescure parla ensuite, et exposa qu'il serait honteux d'aller se battre contre ses amis. Chacun fut de cet avis ; et dans ce triste moment personne n'eut l'idée de proposer un conseil timide. Ma mère leur dit alors : « Messieurs, » vous avez tous la même opinion : plutôt mourir » que de se déshonorer. J'approuve ce courage : » voilà qui est résolu. » Elle prononça ces mots avec fermeté, et s'asseyant dans un fauteuil : « Eh » bien! dit-elle, il faut donc mourir? » M. Thomassin répondit : « Non, Madame; j'irai demain » matin à Bressuire, et j'essaierai de vous sauver; » mais peut-être suis-je devenu suspect aux pa- » triotes pour les avoir quittés; il est possible » qu'ils m'arrêtent. N'importe; je suis décidé à m'ex- » poser pour mes amis. » Nous le remerciâmes tous.

M. Thomassin partit. Chacun fit alors ses dispositions. Je renvoyai ma petite fille au village avec sa nourrice; puis ma mère, ma tante l'abbesse et moi, nous allâmes nous cacher dans une métairie. Ces messieurs restèrent préparés à tout, après avoir exigé que nous ne demeurassions pas avec eux. Nous restâmes pendant quatre heures dans cette métairie, à genoux et en prières, fondant en larmes. Enfin M. Thomassin nous envoya dire qu'il avait été assez bien reçu, qu'on n'avait rien décidé contre nous; que jusqu'à présent tout se bornait à quelques propos. Le domestique de Henri était toujours en prison : on avait parlé de le fusiller.

Nous passâmes une semaine dans l'anxiété. Nos domestiques ne pouvaient entrer dans la ville sans un laissez-passer; on les fouillait avec soin; M. Thomassin ne pouvait nous écrire.

M. de Lescure et Henri avaient entrepris de m'apprendre à monter à cheval. J'avais une grande frayeur; et même quand un domestique tenait mon cheval par la bride, et que ces deux messieurs marchaient à mes côtés, je pleurais de peur; mais mon mari disait que, dans un temps pareil, il était bon de s'aguerrir. Peu à peu j'étais devenue moins craintive, et je faisais au pas quelques promenades autour du château. Un matin, nous étions à cheval tous les trois, Henri, M. de Lescure et moi; de loin nous vîmes arriver des gendarmes; nous forçâmes Henri à gagner au galop quelque métairie. Les gendarmes demandèrent encore des chevaux, et spécialement ceux de M. de La Rochejaquelein. Il en avait encore un à l'écurie; M. de Lescure essaya de le sauver. Les gendarmes lui dirent que M. de La Rochejaquelein était beaucoup plus suspect que lui. « Je ne sais pas pourquoi, répondit-il;
» c'est mon cousin et mon ami, et nous pensons
» absolument de même. » Les gendarmes demandèrent où il était; on leur répondit : A la promenade. Ils emmenèrent le cheval, sans rien dire de plus.

Cependant nous apprenions tous les jours de nouvelles arrestations; tout ce qui restait de gentilshommes, la plupart vieux et infirmes, étaient mis en prison; les femmes n'étaient pas épargnées : nous attendions notre tour. L'ordre de tirer la milice arriva sur ces entrefaites; Henri était de la classe du tirage. Nos inquiétudes et nos angoisses redoublaient, lorsqu'il arriva un exprès que mademoiselle de La Rochejaquelein envoyait pour savoir des nouvelles de son neveu. Ce commissionnaire était un jeune paysan; il nous donna de grands détails sur l'armée royaliste. Châtillon était pris; toutes les paroisses des environs se joignaient aux révoltés. Le jeune homme finit par dire à Henri : « Monsieur, on dit que vous irez dimanche tirer la » milice à Boismé : c'est-il bien possible, pendant » que vos paysans se battent pour ne pas tirer? » Venez avec nous, Monsieur; tout le pays vous » désire et vous obéira. »

Henri lui répondit sans hésiter qu'il allait le suivre. Le paysan lui dit qu'il faudrait prendre des chemins détournés, et faire au moins neuf lieues à travers les champs pour échapper aux patrouilles des *bleus*. C'était le nom que les paysans donnaient aux troupes républicaines.

M. de Lescure voulait suivre son cousin : nous nous y opposâmes. Henri lui représenta que leur situation n'était pas la même; qu'il n'était pas forcé de tirer la milice; que ses paysans n'étaient pas révoltés; qu'il ne pouvait quitter Clisson sans compromettre le sort d'une famille nombreuse; qu'on ne savait pas encore au juste ce que c'était que l'insurrection. « Je vais aller examiner les choses » de plus près, lui dit-il; je verrai si cette guerre » a quelque apparence de raison. Mon départ ne

» sera pas remarqué ; et si vraiment il y a quelque
» chose à faire pour la cause, alors il sera temps
» de vous décider; maintenant il y aurait de la fo-
» lie. » Nous joignîmes nos prières à ces représentations; M. de Lescure céda, après avoir résisté
long-temps. Mademoiselle Desessarts voulut ensuite empêcher Henri de partir, et lui dit que très-
certainement il compromettrait son cousin et tous
les habitans de Clisson, et que c'était nous envoyer
tous en prison. Henri répondit qu'il n'avait rien à
opposer à de pareilles objections, et qu'il serait au
désespoir d'attirer la persécution sur nous. M. de
Lescure lui dit alors : « L'honneur et ton opinion
» t'ont fait résoudre d'aller te mettre à la tête de tes
» paysans, suis ton dessein; je suis déjà assez affligé
» de ne pouvoir te suivre : certainement la crainte
» d'être mis en prison ne me portera pas à t'empê-
» cher de faire ton devoir. — Eh bien! je viendrai
» te délivrer, » s'écria Henri en se jetant dans ses
bras, et en prenant tout-à-coup cet air fier et martial, ce regard d'aigle, que depuis il ne quitta plus.
M. de Lescure pria que l'on ne fît plus aucune représentation sur le départ de Henri, qui était irrévocablement décidé.

Après cette scène touchante, le chevalier de ***
nous dit qu'il voulait aussi partir avec Henri pour
aller se joindre aux royalistes. Depuis l'histoire de
sa lettre décachetée, la peur le faisait extravaguer.
Après lui avoir fait quelques objections, nous le
priâmes de remarquer que M. de Lescure avait ré-

pondu de lui, par écrit, au district, et qu'il était indigne de le compromettre ainsi. Le chevalier de *** se mit à pleurer, dit qu'on voulait sa mort, qu'on le forçait de résister à la volonté de Dieu, qui lui avait inspiré le désir et donné les moyens de se sauver; puis il alla demander, à mains jointes, à M. de Lescure la permission de s'enfuir. Mon mari la lui donna par pitié et par dégoût. Alors nous nous inquiétâmes pour Henri. Le chevalier de *** avait cinquante ans; il était gros et lourd; nous lui dîmes qu'il retarderait la marche de son compagnon de voyage; qu'il ne pourrait faire neuf lieues dans une nuit, en sautant les fossés et les haies; qu'il serait cause de la perte de Henri, et le ferait tomber dans quelque patrouille. « Quand il entendra du » bruit, il se sauvera et me laissera là.—Me croyez-» vous aussi poltron que vous? répondit Henri; » abandonnerai-je quelqu'un qui est avec moi? Si » nous sommes surpris, je me défendrai, et nous » périrons ou nous nous sauverons ensemble. » Le chevalier de *** se mit à lui baiser les mains, en répétant : « Il me défendra! il me défendra! »

Le soir, quand les domestiques furent couchés, Henri, armé d'un gros bâton et d'une paire de pistolets, partit avec son domestique, le chevalier de *** et le guide.

Le dimanche fixé pour la milice arriva: nos gens se rendirent au bourg; nous étions à déjeuner : tout d'un coup nous entendons crier : *Pistolets en mains!* et nous vîmes vingt gendarmes entrer au galop dans la cour; le château était cerné; nous descendîmes sur-le-champ; nous allâmes au-devant des gendarmes. Ils nous lurent un ordre du district, portant que M. et madame de Lescure, M. d'Auzon et toutes autres personnes suspectes qui pourraient se trouver à Clisson, seraient arrêtés. Ma mère déclara tout de suite qu'elle me suivrait en prison; mon père assura qu'il ne voulait pas non plus nous abandonner; ils persistèrent dans ce généreux dessein, malgré nos instances. M. de Marigny dit aussi qu'il était résolu à partager le sort de M. de Lescure.

Les gendarmes avaient toujours leurs pistolets à la main; il y en avait deux à mes côtés, qui me suivaient pas à pas; je leur demandai de me laisser monter dans ma chambre pour m'habiller, en leur faisant remarquer que si j'avais voulu j'aurais bien pu, à leur arrivée, essayer de fuir ou de me cacher : j'obtins avec peine qu'ils restassent à ma porte. M. d'Auzon représenta qu'il était fort malade : on lui permit de rester.

Quand les gendarmes virent que nous les recevions fort honnêtement, que le château était habité par des femmes et des vieillards, que tous nos gens étaient allés tirer la milice, ils commencèrent à s'adoucir. Un mot de ma mère les attendrit beaucoup; je la pressais de ne pas me suivre; un gendarme lui dit alors : « De toutes façons il aurait fallu que » madame vînt; l'ordre comprend toutes les per- » sonnes suspectes. — Vous voulez donc m'ôter le

» plaisir de me sacrifier pour ma fille ! » répondit-elle. Peu à peu les gendarmes nous prirent en amitié, et finirent par nous raconter que l'ordre était donné depuis dix jours; mais qu'on n'avait pas cru pouvoir se fier aux gendarmes du pays qui avaient montré de la répugnance à se charger de cette expédition. On avait attendu l'arrivée des brigades étrangères qui se rassemblaient contre les rebelles. Ils étaient arrivés la veille de Vierzon en Berri; ils ajoutèrent qu'ils étaient bien affligés d'avoir à arrêter des gens si aimés dans le pays, et qu'ils feraient pour nous tout ce qui dépendrait d'eux. Cette bonne volonté, qu'ils nous montrèrent de plus en plus, ne fut point achetée; nous ne songeâmes seulement pas à leur offrir de l'argent.

On attela des bœufs à la voiture, et nous partîmes tous les cinq, escortés par les gendarmes. En sortant de la cour, le chef leur dit : « Citoyens, » j'espère que vous vous empresserez de rendre » témoignage de la soumission avec laquelle on a » obéi, et de l'accueil que nous avons reçu. » Quand nous arrivâmes à la porte de Bressuire, beaucoup de volontaires et de peuple se mirent à crier : *A l'aristocrate!* Les gendarmes leur imposèrent silence, disant qu'on serait bien heureux si tous les citoyens étaient aussi bons que nous.

La plupart des personnes arrêtées avaient été conduites au château de la Forêt-sur-Sèvre (1),

---

(1) Il appartenait autrefois au fameux Duplessis-Mornay, dont on y voyait encore le tombeau. C'était un château assez fort.

qu'on avait converti en prison. Les gendarmes nous avaient dit qu'on n'était pas sans inquiétude sur la sûreté de ces prisonniers; qu'on craignait un massacre. Ils nous avaient promis de s'efforcer de nous faire rester à Bressuire. Ils demandèrent instamment au district qu'on nous laissât retourner à Clisson avec des gardes : cela fut refusé. Alors ils sollicitèrent que du moins on nous donnât la ville pour prison. Un officier municipal, fort honnête homme, qui était notre épicier, s'offrit à nous garder chez lui : on y consentit.

M. de Lescure se rendit au district; il était tellement respecté dans le pays, que les administrateurs furent interdits; ils s'excusèrent de l'avoir arrêté. Ils alléguèrent que l'ordre était donné autant pour sa propre sûreté, qu'à cause des soupçons qu'on pouvait avoir; qu'il ne pouvait se plaindre, puisqu'on ne s'était déterminé à cette mesure que bien après l'arrestation de tous les autres nobles. Mon mari leur parla avec assurance, demanda s'il y avait quelque reproche positif à lui faire, et réclama pour qu'on lui fît son procès s'il y avait lieu. On ne lui dit rien du chevalier de *** ni de M. de La Rochejaquelein : c'étaient là les seuls points sur lesquels il pouvait donner prise.

M. et mademoiselle Desessarts s'étant déguisés en gens de service, ne furent point arrêtés; mon père et ma mère auraient donc pu en faire autant.

CHAPITRE V.

Retraite de l'armée d'Anjou. — Avantage remporté aux Aubiers par M. de La Rochejaquelein. — L'armée d'Anjou répare ses pertes. — Massacres à Bressuire. — Les républicains abandonnent la ville. — Arrivée de M. de La Rochejaquelein à Clisson.

Nous nous établîmes tous les cinq dans deux petites chambres chez l'officier municipal. Il nous recommanda de ne pas nous montrer à la fenêtre, de ne pas descendre; en un mot de nous faire oublier le plus possible. Il est probable que cette précaution nous sauva la vie.

Nous apprîmes que M. Thomassin avait été arrêté quelques jours auparavant, et conduit au château de la Forêt.

Deux jours après, la troupe qui était à Bressuire partit pour aller attaquer les rebelles aux Aubiers. Deux mille cinq cents hommes défilèrent sous nos fenêtres, chantant en cœur *la Marseillaise* pendant que le tambour battait. Je n'ai rien entendu de plus terrible et de plus imposant : ces hommes avaient l'air courageux et animé.

Le lendemain le bruit se répandit qu'on avait battu les brigands, et que M. de La Rochejaquelein était assiégé dans son château de la Durbellière. Nous passâmes une cruelle journée ; mais sur le soir on vit tout-à-coup les braves de la veille arriver en désordre, criant : « Citoyens, au secours ! » les brigands nous suivent ! illuminez ! illu- » minez ! » La frayeur était si grande, que le général Quétineau, qui commandait, ne put jamais établir une sentinelle à la porte de la ville. Nous commençâmes à espérer et à attendre les royalistes.

Henri, après nous avoir quittés, était arrivé à Saint-Aubin, chez sa tante : son voyage avait été périlleux et pénible. Il laissa le chevalier de ***, et se dirigea, avec plusieurs jeunes gens des environs de Châtillon, du côté de l'armée des rebelles de l'Anjou : elle était alors vers Chollet et Chemillé. Il arriva pour être témoin d'une défaite qui fit reculer les insurgés jusqu'à Tiffauges. MM. de Bonchamps et d'Elbée, qui depuis quelques jours étaient à la tête de l'armée ; Cathelineau, Stofflet et tous les autres chefs, s'accordèrent à lui dire que tout était perdu : on n'avait pas deux livres de poudre ; l'armée allait se dissoudre. Henri, pénétré de douleur, s'en revint seul à Saint-Aubin. Il arriva le jour même où les bleus, sortis de Bressuire, étaient venus jusqu'aux Aubiers, et avaient dissipé un petit rassemblement qui avait voulu résister un instant. Il n'y avait encore aucun chef, aucun point de réunion dans ces cantons. Les paysans, dont les paroisses n'étaient pas occupées par les républicains, arboraient le drapeau blanc et s'en allaient joindre l'armée d'Anjou.

Henri ne supposait pas qu'il eût rien à faire. Les paysans, apprenant qu'il était arrivé, vinrent le trouver en foule, le suppliant de se mettre à leur tête; ils l'assurèrent que cela ranimerait tout le pays, et que le lendemain il aurait dix mille hommes à ses ordres. Il ne balança pas, et se déclara leur chef. Dans la nuit, les paroisses des Aubiers, de Nueil, de Saint-Aubin, des Échaubroignes, des Cerqueux, d'Izernay, etc., envoyèrent leurs hommes, et le nombre promis se trouva à peu près complet : mais les pauvres gens n'avaient pour armes que des bâtons, des faulx, des broches; il n'y avait pas en tout deux cents fusils, encore c'étaient de mauvais fusils de chasse. Henri avait découvert soixante livres de poudre chez un maçon qui en avait fait emplète pour faire sauter des rochers : ce fut un trésor.

M. de La Rochejaquelein parut le matin à la tête des paysans, et leur dit ces propres paroles : « Mes » amis, si mon père était ici, vous auriez confiance » en lui. Pour moi, je ne suis qu'un enfant; mais » par mon courage je me montrerai digne de vous » commander. Si j'avance, suivez-moi; si je recule, » tuez-moi; si je meurs, vengez-moi. » On lui répondit par de grandes acclamations.

Avant de partir il demanda à déjeuner; pendant que les paysans allaient chercher du pain blanc pour leur général, il prit un morceau de leur pain bis, et se mit à le manger de bon cœur avec eux. Cette simplicité, qui n'avait rien d'affecté, les toucha beaucoup sans qu'il s'en doutât.

Malgré tout leur zèle, ces braves gens étaient un peu effrayés : la plupart n'avaient pas vu le feu ; d'autres venaient d'être témoins d'une défaite ; presque tous se voyaient sans armes. Cependant la troupe arriva jusqu'aux Aubiers que les bleus occupaient depuis la veille. Les paysans se répandirent autour du village, marchant derrière les haies en silence. Henri, avec une douzaine de bons tireurs, se glissa dans un jardin assez près de l'endroit où étaient les républicains. Caché derrière la haie, il commença à tirer; les paysans lui approchaient à mesure des fusils chargés. Comme il était grand chasseur et fort adroit, presque tous ses coups portaient. Il en tira près de deux cents, ainsi qu'un garde-chasse qui était auprès de lui.

Les républicains, impatientés de perdre ainsi du monde, sans voir leurs ennemis, et sans être attaqués en ligne, firent un mouvement pour se mettre en bataille sur une hauteur qui se trouvait derrière eux. Henri profita du moment, et se mit à crier : « Mes amis, les voilà qui s'enfuient ! » Les paysans se le persuadèrent. Aussitôt ils sautèrent de toutes parts par-dessus les haies, en criant : *Vive le Roi!* Les échos augmentaient le bruit. Les bleus, surpris d'une attaque si imprévue et si étrange, n'achevèrent pas leur mouvement et prirent la fuite en désordre, abandonnant deux petites pièces de canon, leur seule artillerie. Les Vendéens les poursuivirent jusqu'à une demi-lieue de Bressuire. Il y en eut soixante-dix de tués et beaucoup de blessés.

Telle était à peu près, et surtout dans les commencemens de la guerre, la manière de combattre des Vendéens. Toute la tactique consistait à se répandre en silence derrière les haies, tout autour de la troupe des bleus; on tirait ensuite des coups de fusil de tous côtés; et, à la moindre hésitation, au premier mouvement des républicains, on s'élançait sur eux avec de grands cris. Les paysans couraient d'abord sur les canons; les plus forts et les plus agiles étaient d'avance destinés à s'emparer promptement de l'artillerie, *pour l'empêcher de faire du mal,* comme ils disaient entre eux. Ils se criaient l'un à l'autre: « Tu es le plus fort, saute à cheval sur » le canon. » Dans ces attaques, les chefs s'élançaient toujours les premiers; cela était essentiel pour donner du courage aux soldats qui étaient souvent un peu intimidés au commencement de l'action.

Cette manière de faire la guerre paraîtra sans doute singulière; mais elle est appropriée au pays. D'ailleurs il faut songer que les soldats ne savaient pas faire l'exercice, et qu'à peine distinguaient-ils leur main droite de leur main gauche. Les officiers n'étaient guère plus habiles. Les commandans et les généraux n'avaient aucune pratique de l'art militaire; c'étaient des jeunes gens, des séminaristes, des bourgeois, des paysans. Cependant ce sont eux qui, d'abord avec leur courage et leur enthousiasme, puis avec des talens qu'une prompte expérience développa, firent trembler la république, conquirent une partie de la France, obtinrent une honorable paix, et défendirent leur cause avec plus de succès et de gloire que toutes les puissances coalisées.

Quelques détails feront mieux connaître les succès des Vendéens. Il y avait toujours une prodigieuse différence entre leur perte et celle des républicains. Les paysans, dispersés derrière les haies, n'offraient jamais un front où le feu des ennemis pût faire un grand ravage. Les troupes de ligne tiraient, sans viser, à hauteur d'homme, suivant leur habitude; les paysans ajustaient et perdaient peu de coups : aussi tombait-il habituellement au moins cinq hommes d'un côté, tandis que de l'autre on en perdait un seul. Lorsque les bleus étaient rangés sur un terrain un peu plus découvert, les paysans se hâtaient encore plus de les ébranler, en s'élançant vivement sur eux. Leur premier effort se dirigeait toujours sur les canons. Sitôt que la lumière leur annonçait une décharge, ils se jetaient à terre pour l'éviter, se relevaient aussitôt, couraient en avant pendant qu'on rechargeait les pièces, se baissaient encore pendant l'explosion, et, de cette façon, ils arrivaient sur la batterie et attaquaient les canonniers corps à corps.

Les défaites étaient terribles pour les républicains. Quand ils fuyaient dispersés, ils s'égaraient dans le labyrinthe des chemins du Bocage, où rien ne pouvait diriger leur retraite; ils tombaient par petits détachemens entre les mains des paysans; ils se trouvaient, sans le savoir, auprès d'un village, sans pouvoir résister aux habitans. Lorsque nos gens, au contraire, n'avaient pas réussi à ébranler la colonne ennemie, et qu'elle parvenait à les repousser, ils se dissipaient sans qu'on pût les atteindre. Ils sautaient les haies, prenaient de petits sentiers détournés, et retournaient chez eux dans l'espoir de se réunir encore deux ou trois jours après, et d'être plus heureux. Ils ne se décourageaient pas, et répétaient en s'en allant : « *Vive le roi! quand même.* »

Mais la grande et principale cause des premiers succès de la Vendée, c'étaient le courage et le dévouement des royalistes. Les troupes républicaines furent d'abord composées de volontaires, nouveaux dans le métier des armes, de gardes nationales étrangères aux habitudes militaires. L'enthousiasme ne suppléait pas à l'habileté et à l'expérience, comme parmi nos braves paysans. Ce n'étaient pas leur propre volonté, ni le désir de défendre leur religion, leurs enfans et leurs chefs, qui avaient rassemblé les soldats de la république; des réquisitions et des mesures de terreur avaient formé à la hâte des bataillons qui se battaient souvent avec répugnance. Leurs généraux inhabiles étaient sans cesse contrariés par des administrateurs ou des commissaires. On les destituait sans motifs, comme on les avait nommés sans mérite. L'absurdité et l'ineptie présidaient à tous leurs conseils, autant que l'injustice et la cruauté.

Après le combat des Aubiers, nous comptions que les rebelles allaient poursuivre leurs succès, et arriver à Bressuire; mais Henri songea qu'avant tout il fallait tirer l'armée d'Anjou de la position désespérée où il l'avait laissée. Il courut toute la nuit pour aller retrouver MM. de Bonchamps, d'Elbée, Cathelineau, etc. Il leur fit amener les canons et les munitions dont il s'était emparé, et leur conduisit aussi des renforts. Les paroisses d'Anjou commencèrent à se rassembler et à reprendre une nouvelle ardeur. L'armée se reforma, attaqua les bleus, les battit partout. Chollet, Chemillé, Vihiers, tout le pays qu'on avait abandonné, furent repris sans éprouver beaucoup de pertes. M. de Bonchamps fut légèrement blessé dans une de ces affaires.

Dans les jours qui suivirent la déroute des Aubiers, l'agitation et l'inquiétude continuèrent à régner dans Bressuire et dans la troupe républicaine. Quatre cents Marseillais arrivèrent pour la renforcer. Ils commencèrent à crier qu'avant tout il fallait massacrer les prisonniers. Ils se portèrent à la prison; et, malgré les ordres du général Quétineau et la résistance de toutes les autorités, ils saisirent onze malheureux paysans qu'on avait pris dans leurs lits quelques jours auparavant, parce qu'on leur soupçonnait des intelligences avec les rebelles. Ces pauvres gens passèrent sous nos fenêtres; on les conduisit hors de la ville; on fit ranger l'armée en bataille. Le commandant des Marseillais demanda si quelques personnes de bonne volonté désiraient se joindre à ses soldats pour cette exécution : elle faisait horreur à tous les habitans du pays; mais quelques gens de Saint-Jean-d'Angély se réunirent aux Marseillais. Le maire de Bressuire essaya encore de défendre les victimes : on le saisit et on l'emporta. Les paysans furent hachés à coups de sabres; ils reçurent la mort à genoux, priant Dieu, et répétant : *Vive le roi* (1)!

Nous attendions une mort semblable; il paraissait impossible de l'éviter : mais heureusement les Marseillais ignoraient notre réclusion, et les patriotes de Bressuire et du pays n'étaient pas capables de la leur apprendre; malgré différence d'opinions, ils avaient pour nous de l'estime et de l'attachement. Notre hôte était rempli de zèle et d'inquiétude sur notre sort. Deux ou trois jours après, il nous amena un nommé Lassalle, commissaire du département : c'était un jeune homme fat et bavard; il nous montra de l'intérêt dans ses

---

(1) Quant aux prisonniers de la Forêt, on les emmena à Niort par Parthenay quelques jours après; de-là ils furent conduits à Angoulême où aucun n'a péri. Après une détention de vingt-deux mois, M. Thomassin revint me trouver. Il resta chez moi jusqu'à sa mort, arrivée en 1804. Son esprit s'était tout-à-fait dérangé.

paroles; il nous dit que la guerre avait rendu nécessaire l'arrestation des nobles; que ce n'était pas lui qui avait voulu nous appliquer cette mesure; que cependant il eût été singulier de voir en liberté des personnes naturellement suspectes; qu'au reste la guerre allait finir; qu'on allait raser les haies et les bois, décimer les habitans, envoyer le reste dans l'intérieur de la France, et repeupler le pays avec des colonies patriotes. « Il est fâcheux, disait-
» il, d'en venir à ce parti; mais on y est forcé par
» le fanatisme des paysans, qui, du reste, sont de
» braves gens, *car jamais, dans ce pays, aucun*
» *métayer n'a trompé son maître* (1). C'est un fils
» de M. de La Rochejaquelein qui les commandait
» aux Aubiers. Vous le connaissez, demanda-t-il
» à M. de Lescure? — Oui. — Il est même votre
» parent? — Cela est vrai. » Je tremblais de frayeur pendant ce dialogue; mais l'air simple et le sang-froid de M. de Lescure ne laissèrent rien soupçonner à Lassalle; d'ailleurs il arrivait de Niort, et ne savait pas que Henri eût habité Clisson. La ville et l'armée étaient tellement préoccupées par la frayeur, que personne ne songeait à nous. La confusion, qui régnait dans toutes les démarches et dans tous les esprits, nous sauva comme par miracle. A

---

(1) Éloge mérité, aveu remarquable dans la bouche d'un ennemi! Encore aujourd'hui, les fédérés propriétaires sont sûrs de n'être pas trompés par leurs métayers, qui se sont pourtant battus contre eux à chaque guerre.

chaque instant il arrivait des troupes. Quelquefois des terreurs paniques saisissaient tous les habitans : c'étaient là nos momens de jouissance. Nous espérions alors que la ville allait être prise, et nous écartions l'idée du danger que nous ferait courir l'attaque. M. de Lescure n'avait pas d'autre idée que cette délivrance; il l'attendait pour se joindre à l'armée royaliste, et voulait même prévenir ce moment en s'échappant de Bressuire. Il ne supportait pas la pensée de ne pouvoir combattre; et assurément, si l'on nous eût transférés à Niort, comme on en parlait, il se serait fait tuer plutôt que d'être ainsi emmené, et de perdre l'espoir qu'il avait dans la promesse de Henri.

Ce fut pendant cette crise que nous vîmes arriver l'abbé Desessarts. Il avait été compromis à Poitiers, par la découverte d'une correspondance avec un émigré. Le représentant du peuple lui donna à choisir entre la mort ou l'enrôlement dans un bataillon. Il revêtit l'uniforme, et fut envoyé à Bressuire. Il venait nous voir secrètement, et se concertait avec mon mari sur les moyens d'aller rejoindre les Vendéens. Nous les décidâmes pourtant à ne hasarder ainsi leur vie et la nôtre, que si on nous transférait à Niort.

Toutes les nuits il y avait de nouvelles arrestations dans la ville. Les bourgeois suspectés d'aristocratie, les patriotes douteux, étaient emprisonnés. On ne tarda guère à faire subir le même sort au généreux maire qui s'était opposé au massacre.

Au milieu de cette rigueur toujours croissante, la Providence continuait à nous préserver. Pendant que chaque jour contribuait à augmenter nos craintes, une nouvelle circonstance vint surtout les redoubler. Ma mère reçut, par la poste, une lettre d'un prêtre émigré en Espagne; il lui mandait, d'une manière mal déguisée, que la guerre venait d'être déclarée, que la contre-révolution était infaillible, et qu'elle devait être contente. Le lendemain, on commença à ouvrir nos lettres et à nous les remettre décachetées. Nous tremblions d'en voir arriver de semblables à celle de ce prêtre, et nous n'étions pas même bien assurés que celle-là n'eût pas été lue.

Cependant on continuait à faire des efforts pour le recrutement dans les paroisses qui ne s'étaient pas encore soulevées; loin de réussir, on ne faisait qu'augmenter le nombre des révoltés. Les paysans étaient inébranlables dans leur résolution à cet égard; rien ne pouvait les obliger à se soumettre au tirage. Je citerai deux exemples qui eurent lieu pendant les derniers momens de notre séjour à Bressuire.

La petite paroisse de Beaulieu fut avertie du jour où l'on devait faire le tirage. La troupe s'y rendit et n'y trouva pas un homme : il n'y avait plus que des femmes dans le village. On leur signifia que, si le lendemain les hommes n'étaient pas rentrés, on viendrait y mettre le feu. Le lendemain on y retourna : les maisons étaient désertes;

on ne vit ni femmes ni enfans : tout le village fut brûlé. Après cette terrible exécution, on somma de la même manière la paroisse de Saint-Sauveur. Malgré l'exemple de Beaulieu, tous les habitans disparurent. Le maire seul resta avec quelques femmes, pour tâcher de sauver le village. On l'arrêta, et on allait mettre le feu, quand on apprit que les royalistes étaient près de Bressuire.

Le 1er mai 1793, la rumeur et le désordre s'accrurent dans la ville; le bruit se répandit que les brigands étaient venus attaquer Argenton-le-Château. Le soir, on sut qu'ils avaient réussi et qu'ils se dirigeaient sur Bressuire dont ils n'étaient pas éloignés de trois lieues. On mit toutes les troupes sous les armes ; mais elles étaient frappées de terreur : jamais le général Quétineau ne put obtenir que la cavalerie fît une reconnaissance. Quelques cavaliers s'avancèrent un peu, et revinrent précipitamment, disant qu'ils avaient vu de loin une colonne ennemie. Quétineau se porta de ce côté : c'était un paysan qui labourait son champ avec huit bœufs.

La nuit se passa ainsi, la frayeur des républicains s'accroissant de moment en moment. La crainte d'être massacrés ou emmenés, nous tenait dans des transes continuelles ; enfin, au point du jour, les troupes commencèrent à défiler sans bruit. Le général Quétineau, voyant les dispositions de ses soldats, s'était déterminé à faire sa retraite sur Thouars. Il avait cinq mille hommes ; mais il ne pouvait compter sur eux pour défendre Bressuire, dont la vieille enceinte tombait en ruine. Le château est dans une assez belle position ; mais il était aussi fort dégradé ; depuis que Duguesclin l'avait emporté d'assaut sur les Anglais, il n'avait pas été réparé.

Cette retraite ne se fit pas avec ordre. Pour qu'elle ne fût pas retardée par les bagages, Quétineau ordonna à chaque soldat de prendre quatre boulets dans son sac. Cela était inexécutable; aussi presque tout fut-il laissé à Bressuire. On avait d'abord oublié la caisse militaire; on envoya un détachement pour la chercher. On oublia aussi presque tous les drapeaux. Un grand nombre de Marseillais désertèrent. La plus grande partie des habitans suivit le général Quétineau ou se dirigea sur les villes voisines.

Pendant toute cette retraite, nous attendions notre sort ; nous ne pouvions croire qu'on nous oubliât complétement. Nous avions fermé nos volets. Chaque fois que nous apercevions une compagnie faire halte devant la porte, nous imaginions qu'on allait nous prendre. Enfin peu à peu la ville resta comme déserte sans qu'on songeât à nous, et nous restâmes libres.

Notre hôte vint alors nous prier de lui donner asile à Clisson; il craignait que la ville ne fût mise à feu et à sang par les royalistes, pour venger le massacre des prisonniers, qui deux fois avaient été égorgés à Bressuire, au mois de septembre 1792, et puis dernièrement par les Marseillais. Il dit à M. de Lescure que les brigands aimaient les nobles et respectaient leurs châteaux. Beaucoup d'autres habitans de la ville nous firent la même demande. M. de Lescure répondit qu'il verrait avec plaisir tous ceux qui viendraient chez lui ; mais qu'il ne concevait pas l'avantage qu'on pouvait espérer en choisissant cette retraite. Il envoya à Clisson pour qu'on amenât des charrettes, afin d'y charger les effets des personnes à qui il accordait l'hospitalité.

A onze heures, nous fûmes avertis que la ville était enfin complétement évacuée et presque abandonnée : nous descendîmes ; nous traversâmes les rues ; on n'y voyait plus que quelques femmes qui se lamentaient. Quand nous eûmes passé la porte, M. de Lescure et moi prîmes notre course par des sentiers détournés ; laissant derrière nous mes parens qui marchaient plus doucement, nous arrivâmes seuls à Clisson. On ne pouvait concevoir notre délivrance ; personne ne pouvait en croire ses yeux. Nous retrouvâmes à Clisson MM. Desessarts, d'Auzon, ma tante l'abbesse, etc. L'abbé Desessarts, qui n'avait jamais été que tonsuré, et s'est toujours appelé depuis le Chevalier, était parvenu à déserter ; il vint nous rejoindre le même jour. Le château se remplit aussi des fugitifs de Bressuire.

Vers le milieu du jour, on répandit la nouvelle que les royalistes avaient changé de direction, et ne marchaient plus sur Bressuire. M. de Lescure se décida sur-le-champ. Il envoya avertir dans les paroisses voisines, donna un lieu de rendez-vous aux paysans, et leur fit dire qu'ils y trouveraient des chefs. De son côté, il se détermina à partir; quand il serait quatre heures, pour Châtillon, afin d'y prendre de la poudre et quelque renfort, et amener ces secours au lieu du rendez-vous, assez tôt pour pouvoir occuper Bressuire avant que les bleus y revinssent.

Nous commençâmes à faire tous les préparatifs. M. de Lescure n'avait communiqué ses projets qu'à M. de Marigny, au chevalier Desessarts et à moi. Mes parens avaient bien les mêmes sentimens que nous, mais non pas la même ardeur de jeunesse. Nous nous cachâmes d'eux; nous redoutions les réflexions et les conseils raisonnables; nous nous enfermâmes tous les quatre dans une chambre, au milieu d'un château rempli de patriotes réfugiés. Les messieurs se mirent à apprêter des armes, et moi je faisais des cocardes blanches.

Sur les quatre heures, M. de Lescure vint dire à ma mère que toutes les dispositions étaient faites pour que les femmes partissent escortées et se rendissent à Châtillon. Elle demanda : « Mais si les » patriotes reviennent à Bressuire, qu'allons-nous » devenir? — Demain, au point du jour, dit M. de » Lescure, je serai maître de Bressuire. Quarante » paroisses se révoltent cette nuit par mes ordres. » Ma mère se trouva mal, en s'écriant : « Nous sommes » perdus ! » Elle lui représenta qu'il n'avait pas

calculé cette démarche avec prudence et sang-
froid ; qu'il ignorait la position des armées royalistes et républicaines ; que probablement on allait
arriver de Parthenay pour nous arrêter ; que les
paroisses se soulèveraient sans doute, mais sans
apparence de succès, si elles étaient livrées à elles-
mêmes. M. de Lescure n'écouta point ces observations ; il avait trop souffert de rester détenu et oisif,
et d'avoir différé à se jeter dans la révolte, à cause
de nos premières instances. Il avait vu la frayeur
des troupes républicaines ; elle lui donnait de l'espoir. Il se croyait certain de pouvoir mettre sa famille en sûreté, et ne pensait pas l'exposer à tant
de dangers. Si, pour entreprendre une insurrection, on calculait les espérances de succès, jamais
on ne la commencerait ; quand une fois elle est entamée, il faut bien la soutenir. La raison et le courage portent à continuer une résistance devenue
nécessaire ; mais ce n'est qu'avec une audace irré-
fléchie, un dévouement entier à ses opinions, un
enthousiasme d'autant plus noble qu'il est plus
aveugle, que l'on commence de telles entreprises.

MM. de Lescure et de Marigny partirent, montés
sur d'excellens chevaux. A peine étaient-ils sortis ;
que je vis arriver un patriote de Bressuire, qui se
glissait tout tremblant dans le château, en répétant : « Ils y sont ! ils y sont ! — Quoi ? lui dis-je.
» — Les brigands sont à Bressuire » repartit-il.
Je le laissai s'affliger avec les autres gens de la ville,
et je fis courir tout de suite après M. de Lescure. Il

revint au bout d'un quart-d'heure, et me trouva causant avec tous les patriotes effrayés. Au moment même, un des métayers qui était allé chercher leurs meubles, arriva de Bressuire et conta que les brigands avaient pris ses bœufs, et qu'apprenant qu'ils étaient à M. de Lescure, ils avaient dit qu'ils les rendraient sur un billet de sa main. « Je vois que
» vous aviez raison, dit en souriant M. de Lescure
» aux gens de Bressuire, il paraît que les brigands
» aiment les nobles. Je vais aller chercher mes
» bœufs, et sauver vos effets : restez ici sans in-
» quiétude. »

Après ce second départ, moins inquiétant que le premier, je songeais, ne connaissant pas encore l'extrême bonté des insurgés, que s'il en arrivait sans que M. de La Rochejaquelein fût à leur tête, il se pourrait bien qu'ils fussent mécontens de trouver le château rempli de patriotes. Pour éviter tout accident, j'engageai d'abord tous ces réfugiés à quitter leur cocarde, leur disant qu'il fallait ne prendre le signe d'aucune opinion, puisque nous ne voulions pas nous défendre. Ensuite je les plaçai tous dans une aile du château, en les engageant à s'y tenir tranquilles. Mon père et ma mère étaient auprès de ma tante qui était malade. J'avais ordonné à tous mes gens de ne pas sortir; je craignais qu'ils ne fissent quelque imprudence; de façon que j'étais seule dans la cour, par agitation plutôt que par courage. Au bout de quelques minutes

j'entendis le galop de plusieurs chevaux, et des cris de *vive le roi*. C'était M. de Lescure et M. de Marigny qui revenaient avec Henri de La Rochejaquelein : ils l'avaient trouvé en chemin avec trois autres cavaliers. A ce cri de *vive le roi*, tout le monde sortit du château. Henri se jeta dans nos bras, en pleurant et s'écriant : « Je vous ai donc délivrés! »
Pendant cette joie et cette émotion, les patriotes de Bressuire ouvrirent doucement leurs portes, et virent, à leur grande surprise, que c'était nous et tous les gens de la maison qui répétions : *Vive le roi!* Ils se jetèrent à nos pieds. M. de Lescure conta toute leur histoire à Henri qui dit qu'en effet l'asile était bien choisi, et qu'ils avaient sagement fait de se mettre à l'abri des brigands dans leur propre château. Nous voulûmes ensuite qu'il embrassât quelques-unes des femmes, pour les réconcilier avec ces brigands qu'elles regardaient comme des espèces de monstres. Nous étions tous dans l'ivresse.

Henri nous donna quelques détails sur l'armée; il nous parla surtout de la valeur et de l'enthousiasme des paysans. Nous sûmes qu'il y avait plusieurs corps de rebelles commandés par des chefs différens; que presque tous avaient des succès, mais qu'il n'y avait point de relations habituelles entre eux; que M. de Charrette était un des principaux; qu'il venait de surprendre l'île de Noirmoutier. Nous lui demandâmes de quelle manière on se procurait des munitions. Il nous raconta comment, à l'attaque d'Argenton, chaque canon n'avait que trois coups à tirer; mais on y avait trouvé de la poudre; on avait alors douze gargousses par chaque pièce : jamais on n'avait été si riche. Ces détails, qui auraient dû paraître effrayans, nous comblaient de joie. Ma mère disait qu'il n'y avait pas à hésiter, et que le devoir de tout gentilhomme était de prendre les armes. Les traits de bravoure de tous ces paysans, que nous rapportait Henri, nous remplissaient d'admiration; moi surtout, je me livrais à l'espérance avec une vivacité d'enfant.

Henri nous présenta un jeune homme qui était venu avec lui, M. Forestier : c'était le fils d'un cordonnier de la Pommeraye-sur-Loire. Il avait été élevé par les soins de M. de Dommagné, et l'avait suivi depuis le commencement de l'insurrection; il était âgé de dix-sept ans et avait une figure charmante : il venait de finir ses études. Henri nous dit que c'était un des officiers de la cavalerie vendéenne, qu'il était d'une rare bravoure, et que les chefs et les soldats l'aimaient beaucoup.

M. de Lescure, Henri de La Rochejaquelein et M. Forestier repartirent bientôt après pour Bressuire. M. de Lescure était empressé d'aller se réunir aux généraux et faire connaissance avec eux. Il fut convenu que mon père, MM. de Marigny et Desessarts, iraient aussi le lendemain joindre l'armée;

ma mère et moi, les femmes et les vieillards, devions en même temps quitter Clisson pour aller nous établir au château de la Boulaye, qui appartenait à M. d'Auzon : il était situé dans la paroisse de Mallièvre, entre les Herbiers et Châtillon, au centre du pays insurgé.

CHAPITRE VI.

Les Vendéens occupent Bressuire. — Tableau de l'armée royaliste.

Au point du jour, je reçus un billet de M. de Lescure; il me mandait qu'il allait arriver avec Henri, à la tête de quatre-vingts cavaliers : on fit des préparatifs pour les recevoir. Ils amenèrent avec eux le chevalier de Beauvolliers : c'était un grand jeune homme de dix-huit ans, que l'on avait enrôlé par force à Loudun, dans les gendarmes, et qu'on avait envoyé à Bressuire. Il avait, la veille, trouvé le moyen de quitter son corps; et aussitôt qu'il vit la ville complétement évacuée, il se mit au galop pour aller en porter la nouvelle aux rebelles qui arrivaient. Son habit de gendarme le fit mal recevoir des premiers cavaliers qu'il rencontra : cependant un officier paysan, qui se trouvait là, prit un peu plus de confiance en lui. M. de Beauvolliers lui proposa de venir abattre l'arbre de la liberté à Bressuire. Le paysan lui répondit : « Allons; mais » s'il y a du monde dans la ville, et que nous soyons » surpris, je te brûle la cervelle. » M. de Beauvolliers se montra toujours plein de bravoure et de douceur. Il devint aide-de-camp et intime ami de M. de Lescure.

Tous les autres cavaliers qui vinrent avec ces messieurs n'avaient pas assurément une tournure militaire ni distinguée; leurs chevaux étaient de toute taille et de toute couleur; on voyait beaucoup de bâts au lieu de selles, de cordes au lieu d'étriers, de sabots au lieu de bottes; nos cavaliers avaient des habits de toutes les façons, des pistolets à la ceinture, des fusils et des sabres attachés avec des ficelles; les uns avaient des cocardes blanches, d'autres en avaient de noires ou de vertes; tous portaient un sacré cœur cousu à leur habit et un chapelet à la boutonnière; ils avaient attaché à la queue de leurs chevaux des cocardes tricolores et des épaulettes enlevées à des bleus : les officiers étaient un peu mieux équipés que les soldats, et n'avaient pas de marques distinctives.

Toute cette troupe venait pour se montrer aux portes de Parthenay, et y donner une fausse alarme, afin de cacher la marche de l'armée qui devait s'avancer sur Thouars.

Les soldats se mirent à déjeuner. Les paysans des paroisses voisines arrivaient de toute part pour se joindre à eux. Des femmes venaient, la hache à la main, après avoir coupé les arbres de la liberté. Le château était plein de gens qui mangeaient, qui buvaient, en chantant et en criant *vive le roi*.

Pendant ce temps-là, M. de Lescure racontait qu'à Bressuire on l'avait reçu à bras ouverts, qu'on l'avait traité comme chef de toutes les paroisses de son canton, qu'on l'avait fait entrer dans le conseil de guerre, qu'on attendait avec impatience mon père, MM. de Marigny et Desessarts : trouver des officiers était un grand bonheur, car l'armée en manquait.

Au milieu de cette conversation, nous entendîmes un tumulte violent dans la cour. Les Vendéens avaient attaché leurs chevaux, et, suivant leur usage, n'avaient pas placé de sentinelle; trois habitans de Bressuire, dont les femmes s'étaient réfugiées à Clisson, arrivèrent pour les chercher et les emmener à Parthenay : ils étaient en uniforme de garde nationale, bien armés et à cheval. Voyant tant de chevaux dans la cour, ils crurent, sans y trop regarder, qu'un détachement de Parthenay était venu pour nous enlever; ils trouvent un petit domestique âgé de quinze ans, et lui disent: « Bonjour, citoyen. » Cet enfant répondit en criant: « Il n'y a pas de citoyens ici : *vive le roi!* aux armes! voilà les bleus! » Aussitôt tous les cavaliers sortent comme des furieux, le sabre à la main. Mon père et moi étions par hasard dans la cour; nous courûmes les premiers, et nous nous jetâmes devant ces trois hommes qu'on allait massacrer : nous essayâmes d'expliquer aux paysans que ces gens ne venaient pas faire de mal, qu'ils voulaient emmener leurs femmes; elles étaient là à genoux, suppliant et demandant grâce. Les paysans ne voulaient rien entendre; M. de La Rochejaquelein se mit à leur parler. Pendant ce temps, nous fîmes entrer les trois hommes; ils quittèrent leurs habits, prirent une cocarde blanche. Pour calmer les cavaliers, ils furent obligés de cracher sur la cocarde tricolore, et de crier *vive le roi!*

Vers midi, M. de Lescure et Henri partirent pour Parthenay, et nous pour Bressuire, en accordant aux patriotes réfugiés la permission de rester à Clisson tant qu'ils s'y croiraient plus en sûreté qu'ailleurs : tous étaient des gens honnêtes et paisibles.

Nous nous mîmes en voiture, et des domestiques armés nous escortaient. Quand nous fûmes près de la ville, nous commençâmes à voir des Vendéens. Ils surent qui nous étions, et se mirent à crier *vive le roi!* Nous le répétions avec eux, en pleurant d'attendrissement. J'en aperçus une cinquantaine à genoux au pied d'un calvaire; rien ne pouvait les distraire de leurs prières.

La ville était occupée par environ vingt mille hommes : il y en avait six mille tout au plus armés de fusils ; le reste portait des faulx emmanchées à l'envers, armes dont l'aspect est effrayant; des lames de couteau, des faucilles plantées dans un bâton, des broches, ou bien de grosses massues de bois noueux ; tous ces paysans étaient dans l'ivresse de la joie : ils se croyaient invincibles. Les rues étaient pleines ; on sonnait toutes les cloches. On avait fait un feu, sur la place, avec l'arbre de la liberté et les papiers des administrations.

Mon père, M. de Marigny et le chevalier Desessarts allèrent trouver les généraux ; je me mis à me promener dans la ville avec mes femmes. Les paysans me demandaient si j'étais de Bressuire; je leur disais comment la veille j'y étais prisonnière, et comment ils m'avaient délivrée : ils étaient tout heureux d'avoir sauvé une dame noble. Ils me contaient que les émigrés allaient venir à leur secours, pour rétablir le roi et la religion. Ils voulurent ensuite me mener vers Marie-Jeanne : c'était une pièce de canon de douze; elle venait du château de Richelieu, où le cardinal l'avait fait placer autrefois avec cinq autres; elle était d'un très-beau travail, chargée d'ornemens et d'inscriptions à la gloire de Louis XIII et du cardinal. Les républicains avaient pris ce canon à Richelieu, et il leur avait été enlevé au premier combat de Chollet. Les paysans, je ne sais pourquoi, lui avaient donné ce nom de Marie-Jeanne; ils y attachaient une idée miraculeuse, et croyaient qu'elle était un gage certain de victoire. Je trouvai ce canon sur la place : il était orné de fleurs et de rubans, et les paysans l'embrassaient. Ils m'invitèrent à l'embrasser aussi, ce que je fis volontiers : il y avait là treize autres pièces de divers calibres.

Sur le soir, je fus bien surprise et édifiée de voir tous les soldats qui logeaient dans la même maison que nous, se mettre à genoux, répétant le chapelet qu'un d'entre eux disait tout haut. J'appris qu'ils ne manquaient jamais à cette dévotion trois fois par jour.

Leur bravoure et leur enthousiasme n'avaient pas détruit leur douceur naturelle; leur amour et leur respect pour la religion, bien qu'assez peu éclairés, augmentaient ce sentiment. Dans les premiers mois de la guerre, avant que les atrocités des républicains eussent inspiré quelque faible désir de vengeances et de représailles, l'armée vendéenne était aussi touchante par ses vertus qu'admirable par son courage; aucun des désordres qui accompagnent les guerres, ne souillait la victoire des royalistes. On entrait de vive force dans les villes sans les piller; on ne maltraitait pas les vaincus; on n'exigeait d'eux ni rançon ni contribution; du moins les habitans du pays ne se rendaient jamais coupables de ces excès. Quelques déserteurs, de jeunes Bretons, qui avaient passé la Loire pour se dérober au recrutement, et qui ne pouvaient tirer de chez eux aucun moyen de subsistance, n'étaient pas toujours aussi irréprochables; mais on les punissait. Dans les divisions du Bas-Poitou et du Comté Nantais, les choses ne se passaient pas toujours ainsi; la guerre s'y est faite quelquefois, mais bien rarement, d'une manière cruelle; l'ordre n'y régnait pas toujours.

Dans cette journée, que je passai à Bressuire, je pus apercevoir ce caractère des soldats vendéens : ils détestaient cette ville, à cause des massacres que les troupes y avaient commis; et, pour assouvir leur colère, ils ne songeaient pas à faire le moindre mal à un habitant dans sa personne ou dans sa maison; ils se bornaient à démolir les murs extérieurs de Bressuire.

Dans la maison où j'étais logée, et même dans la chambre où j'étais descendue, il y avait beaucoup de soldats; je les entendis s'affliger de ne pas avoir de tabac; je leur demandai s'il n'y en avait pas dans la ville. « On en vend bien; mais nous » n'avons pas d'argent, » répondirent-ils. Alors j'en fis acheter, que je leur donnai. Deux cavaliers prirent dispute dans la rue, sous nos fenêtres; un d'eux tira son sabre et toucha l'autre légèrement : celui-ci allait riposter; mon père, qui était tout auprès, lui retint le bras en lui disant : « Jésus-Christ » a pardonné à ses bourreaux, et un soldat de » l'armée catholique veut tuer son camarade! » Cet homme embrassa l'autre sur-le-champ. Au reste, je n'ai jamais entendu parler de duel dans notre armée : la guerre était si active et si périlleuse, que personne ne songeait à montrer son courage autrement que contre l'ennemi.

L'armée qui occupait Bressuire était composée d'Angevins, et de Poitevins des paroisses qui touchent l'Anjou. Les paroisses que M. de Lescure fit soulever s'y réunirent, et on la nommait *la grande armée*. D'ordinaire elle avait environ vingt mille hommes; pour les expéditions importantes, on la portait facilement au double. C'est elle qui avait le plus d'ennemis à combattre, et qui a eu le plus de succès; presque toujours elle agissait de concert avec la division de M. de Bonchamps, qui pouvait même être regardée comme en faisant partie : cette division était formée de paroisses qui touchent la Loire du côté de Saint-Florent; les Bretons qui avaient passé la rivière, s'y étaient joints; elle comptait dix ou douze mille hommes, et elle avait à se défendre plus spécialement contre les troupes républicaines qui occupaient Angers.

M. de Charrette commandait dans le Marais et sur les côtes; il avait vingt mille hommes dans les plus fortes réunions; il avait affaire aux garnisons de Nantes et des Sables. Dans le même canton, trois ou quatre petits rassemblemens, commandés par MM. de la Cathelinière, Couëtus, Jolly et Savin, agissaient souvent avec M. de Charrette.

M. de Royran occupait Montaigu et les cantons adjacens; sa division était de douze mille hommes; il n'avait à combattre que les troupes stationnées à Luçon.

Entre Nantes et Montaigu, MM. de Lyrot et d'Isigny avaient trois ou quatre mille hommes; ils avaient à se défendre du côté de Nantes.

On voit que la grande armée appuyait ses derrières sur ces divisions; mais elle avait à se soutenir sur une ligne bien étendue; elle était à découvert au nord, à l'est et au midi. Les républicains pouvaient venir l'attaquer de Fontenay, de Parthenay, d'Airvault, de Thouars, de Vihiers, de Doué et de Brissac; aussi a-t-elle successivement attaqué et occupé toutes ces villes, soit en repoussant ses ennemis, soit en allant les chercher. Je vais faire connaître les chefs qui la commandaient. Il n'y avait eu encore aucune nomination de généraux ; les soldats suivaient ceux en qui ils avaient confiance, et ceux-ci s'entendaient fort bien entre eux, sans qu'il fût question de grades ni de subordination officielle.

M. de Bonchamps, chef de l'armée d'Anjou, était un homme de trente-deux ans : il avait fait la guerre dans l'Inde avec distinction, comme capitaine d'infanterie, sous M. de Suffren. Il avait une réputation de valeur et de talent que je n'ai jamais entendu contester une seule fois ; il était reconnu pour le plus habile des généraux ; sa troupe passait pour mieux exercée que les autres ; il n'avait aucune ambition, aucune prétention ; son caractère était doux et facile ; il était fort aimé dans la grande armée, et on lui accordait une entière confiance. Mais il était malheureux dans les combats : il a paru rarement au feu sans être blessé, et son armée était ainsi souvent privée de sa présence ; c'est aussi pour cette cause que je n'ai jamais été à portée de le voir. Il comptait dans sa division d'excellens officiers : MM. de Fleuriot, anciens militaires, qui le remplaçaient en son absence ; MM. Soyer, MM. Martin, M. de Scépeaux, beau-frère de M. de Bonchamps, etc., tous fort braves et fort dévoués.

Dans la grande armée, le principal chef était, en ce moment, M. d'Elbée ; il commandait plus particulièrement les gens des environs de Chollet et de

Beaupréau. C'était un ancien sous-lieutenant d'infanterie, retiré depuis quelques années; il avait alors quarante ans; il était de petite taille, n'avait jamais vécu à Paris, ni dans le monde; il était extrêmement dévot, enthousiaste, d'un courage extraordinaire et calme; c'était son principal mérite. Son amour-propre se blessait facilement; il s'emportait sans propos, quoiqu'il fût d'une politesse cérémonieuse; il avait un peu d'ambition, mais bornée comme toutes ses vues. Dans les combats il ne savait qu'aller en avant, en disant : « Mes » enfans, la Providence nous donnera la victoire. » Sa dévotion était très-réelle; mais comme il voyait que c'était un moyen de s'attacher les paysans et de les animer, il y mettait beaucoup d'affectation et un ton de charlatanisme que l'on trouvait souvent ridicule. Il portait sous son habit de pieuses images; il faisait des sermons et des exhortations aux soldats, et surtout il parlait toujours de la Providence, au point que les paysans, bien qu'ils l'aimassent beaucoup et qu'ils respectassent tout ce qui tenait à la religion, l'avaient, sans y entendre malice, surnommé *le général la Providence*. Malgré ces petits ridicules, M. d'Elbée était au fond un homme si estimable et si vertueux, que tout le monde avait pour lui de l'attachement et de la déférence.

Stofflet était à la tête des paroisses du côté de Maulevrier. Il était Alsacien, et avait servi dans un régiment suisse. Lors de la révolte, il était garde-chasse au château de Maulevrier; il avait alors quarante ans; il était grand et robuste. Les soldats ne l'aimaient pas, parce qu'il était dur et brutal; mais ils lui obéissaient mieux qu'à personne, et cela le rendait fort utile. Les généraux avaient grande confiance en lui; il était actif, intelligent et brave. Depuis, il a montré une ambition sans bornes et sans raison, qui lui a donné de grands torts, et qui a beaucoup contribué à perdre l'armée. Alors il était, comme tout le monde, dévoué à faire le mieux possible, sans songer à lui.

Cathelineau commandait les gens du Pin-en-Mauge et des environs. C'était, comme je l'ai dit, un simple paysan qui avait fait quelque temps le métier de colporteur pour le commerce des laines. Jamais on n'a vu un homme plus doux, plus modeste et meilleur. On avait pour lui d'autant plus d'égards, qu'il se mettait toujours à la dernière place. Il avait une intelligence extraordinaire, une éloquence entraînante, des talens naturels pour faire la guerre et diriger les soldats : il était âgé de trente-quatre ans. Les paysans l'adoraient et lui portaient le plus grand respect. Il avait depuis long-temps une grande réputation de piété et de régularité, tellement que les soldats l'appelaient *le Saint d'Anjou*, et se plaçaient, quand ils le pouvaient, auprès de lui dans les combats, pensant qu'on ne pouvait être blessé à côté d'un si saint homme. Quand M. de Lescure fut à l'armée, il fut aussi surnommé *le Saint du Poitou*, et l'on avait pour lui, comme pour Cathelineau, une sorte de vénération religieuse.

M. de La Rochejaquelein était chef des paroisses qui sont autour de Châtillon. Il avait un courage ardent et téméraire, qui le faisait surnommer *l'intrépide*. Dans les combats, il avait le coup-d'œil juste, et prenait des résolutions promptes et habiles. Il inspirait beaucoup d'ardeur et d'assurance aux soldats. On lui reprochait de s'exposer sans aucune nécessité, de se laisser emporter trop loin, d'aller faire le coup de sabre avec les ennemis. Dans les déroutes des républicains, il les poursuivait sans aucune prudence personnelle. On l'exhortait aussi à s'occuper davantage des discussions du conseil de guerre. En effet, il les trouvait souvent oiseuses et inutiles; et après avoir dit son avis, il lui arrivait parfois de s'endormir; mais il répondait à tous les reproches : « Pourquoi veut-on que je sois un gé-
» néral? Je ne veux être qu'un hussard, pour avoir
» le plaisir de me battre. » Malgré ce goût pour les combats, il était cependant rempli de douceur et d'humanité. Le combat fini, nul n'avait plus d'égards et de pitié pour les vaincus. Souvent, en faisant un prisonnier, il lui offrait auparavant de se battre corps à corps contre lui.

M. de Lescure avait une bravoure qui ne ressemblait pas à celle de son cousin; elle ne l'écartait jamais de son sang-froid accoutumé, et même, lorsqu'il se montrait téméraire, il ne cessait pas d'être grave et réfléchi. Il était l'officier le plus instruit de l'armée. Toujours il avait eu du goût pour les études militaires, et s'y était livré avec zèle. Il avait lu tous les livres de tactique. Lui seul entendait quelque chose à la fortification ; et quand on attaquait les retranchemens des républicains, ses conseils étaient nécessaires à tout le monde. Il était aimé et respecté; mais on lui trouvait de l'obstination dans les conseils. Pour son humanité, elle avait quelque chose d'angélique et de merveilleux. Dans une guerre où les généraux étaient soldats, et combattaient sans cesse corps à corps, pas un homme n'a reçu la mort de la main de M. de Lescure ; jamais il n'a laissé périr ou maltraiter un prisonnier, tant qu'il a pu s'y opposer, même dans un temps où les massacres effroyables des républicains entraînaient les plus doux de nos officiers à user quelquefois de représailles. Un jour, un homme tira sur lui à bout portant; il écarta le fusil, et dit : « Emmenez ce prisonnier. » Les paysans indignés le massacrèrent derrière lui. Il se retourna, et s'emporta avec une colère que jamais on ne lui avait vue. C'est la seule fois, m'a-t-il dit, qu'il avait proféré un jurement. Le nombre de gens à qui il a sauvé la vie est prodigieux : aussi sa mémoire est-elle chérie et vénérée de tous les partis dans la Vendée. De tous ceux qui se sont illustrés dans cette guerre, aucun n'a acquis une gloire plus pure.

MM. de La Rochejaquelein et de Lescure étaient unis comme deux frères; leurs noms allaient toujours ensemble ; leur amitié était célèbre dans l'armée. Avec un caractère différent, ils avaient la même simplicité, la même douceur, la même absence d'ambition et de vanité. Henri disait : « Si » nous rétablissons le roi sur le trône, il m'accor- » dera bien un régiment de hussards. » M. de Lescure ne formait pas des souhaits moins modestes.

Mon père n'eut point d'abord de commandement particulier, bien qu'il eût le grade de maréchal-de-camp, et qu'il eût fait cinq campagnes en Allemagne. Étranger au pays, il ne se souciait pas d'être général en chef, ne désirant être à l'armée que pour faire son devoir. Il était fort respecté dans le conseil, mais était peu communicatif. Il ne partageait pas les illusions de quelques chefs, et prévoyait l'issue déplorable de la guerre. Il aimait si peu à se faire valoir, qu'à son arrivée à Bressuire, M. d'Elbée lui ayant dit, avec un air de protection, qu'il ne laisserait pas ignorer au roi ceux qui mériteraient des récompenses, et qu'il se promettait d'obtenir quelque faveur par le moyen d'un de ses parens, écuyer du prince de Condé, il se garda bien de lui apprendre qu'il avait lui-même passé sa vie à la cour. Il ne lui vint pas dans la pensée de tourner en ridicule les promesses si provinciales de M. d'Elbée, et répondit qu'il ne désirait rien que l'honneur de servir le roi.

M. de Marigny fut nommé général de l'artillerie. Il s'entendait parfaitement à cette partie de l'art militaire : pendant la guerre contre l'Angleterre, il avait pris part à plusieurs débarquemens, et il avait plus d'expérience que la plupart des officiers ; mais il s'échauffait au point de perdre complétement la tête ; aussi a-t-il nui quelquefois aux succès de l'armée, à laquelle cependant ses talens ont bien plus souvent servi. Il faut encore attribuer à cette espèce d'égarement et de vertige, sa dureté et son inhumanité envers les vaincus. Presque jamais il n'en épargnait aucun, quelques représentations qu'on pût lui faire ; il était fortement persuadé que cela était utile au parti. Au milieu de ses cruautés il continuait à se montrer, avec ses camarades et ses soldats, l'homme le meilleur et le plus affable ; aussi était-il fort aimé ; on ne pouvait s'empêcher de lui être très-attaché.

M. de Dommagné était général de cavalerie : c'était un brave et honnête homme.

On considérait encore comme général M. de Boisy. Sa mauvaise santé était cause qu'on le voyait rarement à l'armée, et qu'il y était peu utile. M. Duhoux d'Hautrive, beau-frère de M. d'Elbée, et chevalier de Saint-Louis, fort honnête homme, n'était pas non plus en évidence.

Beaucoup d'officiers, et même tous ceux qui montraient quelques talens, n'avaient pas une place ni une autorité bien déterminées. Ils combattaient aux postes où ils étaient le plus nécessaires, et faisaient ce dont on les chargeait. Les principaux étaient alors MM. Forestier, Tonnelay, Forêt, Villeneuve du Cazeau, les frères de Cathelineau, le chevalier Duhoux, le chevalier Desessarts, MM. Guignard, Odaly, les frères Cadi, Bourasseau, etc., les uns gentilshommes, les autres bourgeois, d'autres paysans. A ces officiers s'en joignirent successivement beaucoup d'autres. Tout ancien militaire, tout gentilhomme ou tout homme un peu instruit, toute personne à qui les paysans montraient de la confiance, tout soldat qui faisait voir de la bravoure et de l'intelligence, se trouvait officier comme de droit. Les généraux le chargeaient de commander, et il faisait de son mieux.

On pourra croire qu'un état-major ainsi formé, et où tout semble laissé au hasard, devait être le théâtre de beaucoup de dissensions et de malentendus; mais l'absence de toute règle précise venait de ce qu'elle eût été superflue et même nuisible. Chacun était sûr de soi et des autres; il ne fallait pas prescrire de devoir à des gens qui faisaient toujours le plus qu'il leur était possible. Tous voulaient le même but, et s'y étaient entièrement et sincèrement dévoués. Il n'y avait ni ambition, ni vanité, ou du moins elles étaient muettes. On se battait tous les jours ou à peu près : il ne restait pas de temps pour se disputer, pour soutenir des prétentions, pour les étaler en conversation. Si quelques-uns avaient des espérances, elles étaient si menaient la même vie, étaient presque vêtus des mêmes habits, et parlaient des mêmes choses qui étaient communes à tous. Cette égalité n'avait rien d'affecté; elle était réelle par le fait; elle l'était de cœur aussi pour tout honnête gentilhomme qui avait du sens. Les différences d'opinions politiques étaient aussi effacées. Plusieurs chefs ou officiers avaient eu originairement une nuance diverse dans la révolution, et avaient plus ou moins tard commencé à la détester; mais jamais il n'était question d'amour-propre, d'aristocratie. On prouvait assez son zèle actuel, pour qu'on ne mît pas de vanité à sa date.

Tels ont été, à peu d'exceptions près, dans le commencement de la guerre, le caractère des chefs et le tableau de l'état-major. La formation et la discipline de l'armée présentaient aussi un spectacle bien différent de celui que les autres guerres offrent ordinairement.

L'armée n'était jamais assemblée plus de trois ou quatre jours. La bataille une fois gagnée ou perdue, l'expédition ayant réussi ou manqué, rien ne pouvait retenir les paysans, ils retournaient dans leurs foyers. Les chefs restaient seuls avec quelques centaines d'hommes déserteurs et étrangers qui n'avaient pas de famille à aller retrouver; mais dès qu'on voulait tenter une nouvelle entreprise, l'armée était bientôt reformée. On envoyait dans toutes les paroisses, le tocsin était sonné, tous les paysans arrivaient. Alors on lisait une réquisition con-

que en ces termes : « Au saint nom de Dieu, de
» par le roi, telle paroisse est invitée à envoyer
» le plus d'hommes possible en tel lieu, tel jour,
» à telle heure : on apportera des vivres. » Le chef
dans le commandement duquel la paroisse était
comprise, signait la réquisition ; elle était obéie
avec empressement ; c'était à qui partirait parmi
les paysans. Chaque soldat apportait du pain avec
lui, et les généraux avaient soin aussi d'en faire
faire une certaine quantité. La viande était distribuée aux soldats. Le blé et les bœufs nécessaires
pour les vivres étaient requis par les généraux, et
l'on avait soin de faire supporter cette charge par
les gentilshommes, les grands propriétaires et les
terres d'émigrés : mais il n'était pas toujours besoin
de recourir à une réquisition ; il y avait beaucoup
d'empressement à fournir volontairement ; les villages se cotisaient pour envoyer des charretées de
pain sur le passage de l'armée : les paysannes disaient leur chapelet à genoux, se tenaient sur la
route et offraient des vivres aux soldats. Les gens
riches donnaient autant qu'il leur était possible.
Comme d'ailleurs les rassemblemens duraient peu,
on n'a jamais manqué de vivres.

L'armée n'avait donc ni chariots ni bagages : on
pense bien qu'il n'était pas question de tentes.
Pour les hôpitaux, ils étaient réglés avec un soin
particulier ; tous les blessés royalistes et républicains étaient transportés à Saint-Laurent-sur-Sèvre.
La communauté des sœurs de la Sagesse, qui sont

une espèce de sœurs grises, avait là son chef-lieu. Les pauvres sœurs, renvoyées de partout, s'y étaient réfugiées en grand nombre; elles étaient plus de cent. Dans le même bourg, les missionnaires du Saint-Esprit s'étaient aussi consacrés aux mêmes fonctions. Il y avait des chirurgiens qui suivaient l'armée; d'autres dirigeaient de petits hôpitaux en différens lieux.

Quand l'armée était assemblée, on la partageait en différentes colonnes, pour attaquer sur les différens points déterminés d'avance par les généraux. On disait : M. un tel va par ce chemin ; qui veut le suivre? Les soldats qui le connaissaient, marchaient à sa suite. Seulement, lorsqu'il y en avait assez dans une bande, on ne laissait plus les autres s'y joindre ; on les faisait aller d'un autre côté. Les chefs, arrivés au point d'attaque, formaient de la même façon les compagnies de leurs officiers. Jamais on ne disait aux soldats : A droite, à gauche. On leur criait : Allez vers cette maison, vers ce gros arbre ; puis on commençait l'attaque. Les paysans ne manquaient guère à dire leurs prières avant d'entrer en combat, et presque tous faisaient un signe de croix à chaque coup qu'ils allaient tirer.

Du reste, il était impossible, même à prix d'argent, de les placer en sentinelle, ou de leur faire faire une patrouille. Les officiers étaient obligés de se charger de ce soin, quand il était nécessaire.

On avait quelques drapeaux, que l'on portait dans les affaires importantes et préparées d'avance ;

mais quand la victoire était gagnée, les paysans mettaient drapeaux et tambours sur une charrette, et revenaient comme une foule joyeuse.

Dès que le combat était entamé, et que la mousqueterie et l'artillerie se faisaient entendre, les femmes, les enfans, tout ce qui restait d'habitans, allaient dans les églises se mettre en prières, ou se prosternaient dans les champs pour demander le succès de nos armes. De façon que, dans toute la Vendée à la fois, il n'y avait plus qu'une même pensée et qu'un même vœu; chacun attendait, en priant Dieu, l'issue d'une bataille d'où dépendait le sort de tous.

Tel est le tableau qu'offrit l'armée vendéenne pendant les premiers mois de la guerre. Peut-être, en voyant combien peu le calcul, l'ordre, la prudence, ont contribué à ses succès, paraîtront-ils plus surprenans encore. Communément on a supposé à l'insurrection un tout autre caractère; on a cru qu'elle avait été préparée par de vastes trames, que les chefs étaient d'habiles politiques dont les paysans étaient les aveugles instrumens, et qui avaient travaillé pour l'exécution de grands desseins arrêtés d'avance. Il est facile de voir combien ces pompeuses explications sont éloignées de la vérité. La guerre a été plutôt défensive qu'offensive : jamais aucun plan n'a pu être concerté pour arriver à un résultat plus élevé que la sûreté du pays. Après les grands succès, l'espérance de contribuer puissamment à la contre-révolution se présenta assurément à tous les Vendéens, mais sans pouvoir influer sur leur marche. Au reste, dans les courts instans où l'on put se livrer à cet heureux espoir, les prétentions des insurgés ne cessèrent point d'être modestes et mesurées. J'ignore quels rêves d'ambition ont pu former dans la suite quelques-uns des chefs; mais le vœu de l'armée, des bons paysans et de leurs officiers, se réduisait à peu de chose.

Ils désiraient que ce nom de *Vendée,* qui leur avait été donné par hasard, fût conservé à une province formée de tout le Bocage, et administrée séparément. Depuis long-temps les hommes sensés s'affligeaient de voir une contrée, unie par les mœurs, l'industrie et la nature du sol, séparée en trois parties dépendant de trois provinces différentes, dont l'administration avait constamment négligé le Bocage (1).

Ils auraient sollicité le roi d'honorer une fois de sa présence ce pays sauvage et reculé ;

De permettre qu'en mémoire de la guerre, le drapeau blanc flottât toujours sur le clocher de chaque paroisse, et qu'un corps de Vendéens fût admis dans la garde du roi.

On aurait aussi réclamé l'exécution d'anciens projets pour l'ouverture des routes et la navigation des rivières.

---

(1) La séparation actuelle en quatre départemens a les mêmes inconvéniens pour le pays.

Tels étaient les désirs modestes de nos bons paysans qui ne voulaient du reste demander ni diminutions d'impôts, ni exemptions de milice, ni priviléges particuliers.

J'ai été bien aise de montrer, en racontant nos espérances et nos vœux, combien la guerre de la Vendée portait un caractère de simplicité, de raison et de zèle, différente en cela de presque toutes les insurrections, où l'on trouve rarement cette pureté de motifs.

Nous partîmes de Bressuire le 4 mai au matin. A un quart de lieue de Châtillon, nous trouvâmes un grand nombre de gens de la ville qui venaient au-devant de nous, sous les armes; ils crièrent beaucoup : «*Vivent le roi, la noblesse et les prêtres!*» Ils nous demandèrent où était M. de Lescure; et quand on sut qu'il était à l'armée, les transports redoublèrent. A Châtillon, un conseil qui venait d'être établi nous harangua et nous fit accepter une garde d'honneur. Nous continuâmes notre route : au bout d'un moment nous congédiâmes la garde en lui donnant trente louis, et le soir nous arrivâmes au château de la Boulaye. Nous nous y établîmes, ma mère, ma tante, M. d'Auzon, M. Desessarts, sa fille et moi.

CHAPITRE VII.

Prise de Thouars, de Parthenay et de la Châtaigneraye.—Défaite de Fontenay. — Prise de Fontenay.

Comme je n'étais point sur le théâtre de la guerre, et que les combats étaient très-multipliés, je ne saurai pas les raconter tous en détail; il y en a même que je pourrai omettre, soit que je n'en aie pas eu une connaissance précise, soit que j'en aie perdu le souvenir.

La prise de Thouars est un des principaux faits de la guerre; il a été surtout important pour moi. C'était la première fois que M. de Lescure paraissait au combat : il s'y fit une telle réputation de bravoure, qu'il acquit tout d'un coup une grande influence dans l'armée.

Le général Quétineau entra à Thouars le 3 mai; il ne pensait pas qu'on vînt l'y attaquer, et ne prit aucune précaution. Le 4 au soir, il fut averti que les Vendéens marchaient sur la ville; alors il se hâta de prendre quelques mesures.

Thouars est situé sur une hauteur; la rivière du Thoué l'entoure presque entièrement; tous les chemins qui y conduisent aboutissent à cette rivière, hormis la route de Saumur et celle de Poitiers.

Pour arriver à Thouars, les Vendéens avaient le Thoué à passer; c'est une rivière profondément encaissée, et que des digues de moulins rendent presque partout impraticable à gué.

Le passage pouvait être tenté sur quatre points : au pont de Saint-Jean, qui touche la ville; mon père et M. de Marigny furent chargés de cette attaque: au port du Bac-du-Château; ce furent MM. d'Elbée, Cathelineau et Stofflet : à un pont qui est à une demi-lieue de la ville, près du village de Vrine; c'est là que se dirigèrent MM. de La Rochejaquelein et de Lescure : enfin à un gué plus loin de Thouars, et qu'on nomme Gué-aux-Riches; M. de Bonchamps y fut destiné. Le général Quétineau avait envoyé du monde pour défendre ces quatre points; mais il y eut du désordre et de la précipitation dans les dispositions qu'il fit.

MM. de Lescure, de La Rochejaquelein et de Bonchamps devaient commencer l'attaque. Il était convenu que, deux heures après, les autres divisions entameraient aussi l'action. Il y eut des retards; elles n'arrivèrent qu'au bout de cinq heures, et la fausse attaque devint l'attaque principale.

A cinq heures du matin, la colonne commandée par MM. de Lescure et de La Rochejaquelein déboucha du village de Ligron, qui est situé sur une hauteur en face du pont de Vrine. Les bataillons de la Nièvre et du Var défendaient le pont; ils y avaient placé une barricade formée avec du fumier et une charrette ; ils avaient aussi de l'artillerie en bonne position.

Pendant six heures on se canonna, et l'on fit aussi un feu de mousqueterie, qui eut peu d'effet à cause de la trop grande distance. Sur les onze heures, les Vendéens étaient près de manquer de poudre : M. de La Rochejaquelein courut en chercher, et laissa le commandement à M. de Lescure seul. Mon mari s'aperçut, un instant après, que les républicains commençaient à s'ébranler, et ne faisaient plus aussi ferme contenance. Alors il saisit un fusil à baïonnette, cria aux soldats de le suivre, descendit rapidement la hauteur, et arriva jusque sur le pont au milieu des balles et de la mitraille. Aucun paysan n'avait osé le suivre : il retourne, les appelle, les exhorte, leur donne encore l'exemple, et revient sur le pont ; mais il reste encore seul à cette seconde fois : ses habits étaient percés de balles. Enfin il essaie un troisième effort. Dans cet instant, M. de La Rochejaquelein et Forêt arrivent et volent au secours de M. de Lescure, qui n'avait pu décider qu'un seul paysan à marcher en avant ; tous les quatre traversent le pont ; M. de Lescure saute le retranchement : le soldat est blessé ; mais Henri et Forêt passent aussi. Cependant les paysans accouraient en foule pour les secourir, et le passage fut forcé.

Un instant après, M. de Bonchamps réussit à passer le Gué-aux-Riches ; il était défendu par la garde nationale d'Airvaux. Ces braves gens, ignorant qu'ils étaient coupés et que le pont de Vrine était pris, refusèrent de se rendre, et périrent tous avec un grand courage. On a attribué ce trait à ceux que l'on nommait *Marseillais*, qui en étaient incapables, et qui, dans toute la guerre, se sont montrés aussi lâches que féroces.

Dès que les républicains opposés à M. de Lescure virent que le pont était emporté, ils s'enfuirent en désordre vers la ville. Une trentaine de cavaliers les poursuivirent jusque sous les murs; mais ils revinrent ensuite prendre poste en avant du pont, pour protéger le passage de toute l'armée : quand elle eut défilé, ce poste avancé se replia. Les républicains, encouragés par ce mouvement qu'ils prenaient pour une fuite, avancèrent sur les Vendéens : on les laissa arriver, et une vive décharge de mousqueterie et d'artillerie les mit une seconde fois en déroute; ils se retirèrent précipitamment dans la ville. Les Vendéens les suivirent de près; mais les portes furent fermées. Alors on voulut tenter un assaut. La ville est enceinte d'un vieux mur sans fossés : les paysans se mirent à la démolir à coups de piques, mais ce moyen n'était pas prompt pour faire une brèche. On n'avait pas d'échelles. M. de La Rochejaquelein monta sur les épaules du brave Toussaint Texier, de la paroisse de Courlay, et atteignit ainsi la cime du mur à un endroit où il était dégradé. Il tira quelques coups de fusil; puis, avec ses mains, il arracha des pierres. Enfin on parvint ainsi à faire une sorte de brèche, et l'on se précipita dans la ville. Pendant ce temps, les deux autres divisions avaient passé la rivière et commencé leur attaque. Le général Quétineau vit bien qu'il ne pouvait se défendre ; mais craignant de se compromettre en capitulant, il proposa aux administrateurs du district d'arborer le drapeau blanc, et d'aller, par une députation, déclarer qu'ils se soumettaient. Ils hésitèrent longtemps ; tous étaient fort prononcés dans leur opinion républicaine, et ils avaient une grande crainte de se trouver entre les mains de *brigands*. Quétineau leur démontra qu'on ne pouvait songer à résister. Alors un d'entre eux s'écria avec désespoir : « Eh bien ! si j'avais un pistolet, je me brûlerais » la cervelle ! » Quétineau, avec un grand sang-froid, en prend un à sa ceinture et le lui présente : le pauvre administrateur se résigna alors à capituler. On alla au-devant de l'armée, du côté de M. d'Elbée, faire acte de soumission : ce fut précisément au même instant que MM. de La Rochejaquelein et de Lescure entraient d'assaut dans la ville.

Malgré cette circonstance, il n'y eut aucun désordre ; pas un habitant ne fut maltraité, pas une maison ne fut pillée. Les paysans coururent d'abord aux églises sonner les cloches et prier Dieu. Ils brûlèrent l'arbre de la liberté et les papiers des administrations, ce qui, je ne sais pourquoi, leur faisait toujours un fort grand amusement ; puis on les logea chez les particuliers. Ils s'y montrèrent fort doux et tranquilles, exigeant seulement du vin en abondance.

Tous les gens en fonctions de Thouars eurent d'abord beaucoup de frayeur, et craignaient de mauvais traitemens ; ils se mirent sous la protection des chefs, et ne les quittaient pas de peur d'être assaillis par les paysans. MM. de Lescure et de La Rochejaquelein, qui étaient du pays, les mirent sous leur protection. En entrant dans la ville, deux ou trois s'étaient attachés aux pans de leurs habits, pour trouver ainsi une sauvegarde plus assurée.

On ne fit pas de grâce cependant aux prêtres sermentés ; ils furent mis en prison, et on les emmena lorsqu'on quitta la ville, ainsi que deux cents hommes pris les armes à la main au pont de Vrine avant la capitulation ; mais on ne leur fit aucun mal. Tous les chefs vendéens furent loger ensemble dans la maison où était déjà le général Quétineau.

M. de Lescure, qui l'avait connu autrefois grenadier, et qui le savait honnête homme, l'amena dans sa chambre. Quétineau lui dit : « Monsieur, » j'ai bien vu vos volets fermés quand j'ai quitté » Bressuire : vous avez cru qu'on vous oubliait ; » mais ce n'est pas par défaut de mémoire que je » vous ai laissé la liberté. » M. de Lescure lui témoigna toute sa reconnaissance, et ajouta : « Vous » êtes libre ; vous pouvez partir, mais je vous engage » à rester avec nous. Vous êtes d'une autre opi-

» nion : ainsi vous ne combattrez pas ; mais vous
» serez prisonnier sur parole, et tout le monde vous
» traitera bien. Si vous retournez avec les républi-
» cains, ils ne vous pardonneront pas cette capitu-
» lation, qui pourtant était indispensable : c'est un
» asile que je vous offre contre leur vengeance. »
Quétineau lui répondit : « Monsieur, si je m'en
» vais avec vous, je passerai pour un traître ; il pa-
» raîtra certain que j'ai livré la ville ; et cependant je
» n'ai fait autre chose que de conseiller une capi-
» tulation au moment où j'ai vu la ville prise d'as-
» saut. Je prouverai que j'ai fait mon devoir. Je
» serais déshonoré, si l'on pouvait me supposer des
» intelligences avec l'ennemi. » Ce brave homme
demeura inébranlable dans sa résolution; d'autres
personnes renouvelèrent inutilement auprès de lui
les propositions que M. de Lescure lui avait faites.
Cette bonne foi et ce dévouement à sa cause lui
concilièrent l'estime de tous nos chefs; il ne s'a-
baissa à aucune supplication, et garda toujours un
ton fort convenable. Stofflet, qui n'avait point dans
ses procédés autant de délicatesse que ces messieurs, fut d'abord assez grossier envers le général
Quétineau; il voulait lui faire quitter sa cocarde.
Une dispute allait s'engager, lorsque les autres
chefs vinrent faire cesser les propos de Stofflet.

Les paysans aussi étaient fort éloignés de concevoir comment on pouvait avoir des égards pour
un général républicain, et ils étaient bien surpris

généraux. Les gens de la division de M. de Bonchamps, apprenant que Quétineau et lui couchaient dans la même chambre, en prirent surtout une grande alarme : ils vinrent en foule demander à M. de Bonchamps de ne pas y consentir, et lui montrèrent des craintes. Il fut très-fâché de cette espèce d'insulte pour Quétineau, et reçut fort mal leurs instances. Ils les renouvelèrent plusieurs fois dans la soirée; enfin, voyant qu'il n'en tenait aucun compte, ils s'introduisirent dans la maison dès qu'il fut couché, et passèrent la nuit dans l'escalier et devant la porte de la chambre pour garder leur général. Son garde-chasse même, lorsqu'il crut son maître endormi, ouvrit doucement la porte, et s'alla coucher au pied du lit. Le lendemain, en se réveillant, M. de Bonchamps gronda ces braves gens des preuves d'attachement que, dans leur défiance mal entendue, ils venaient de lui donner.

L'armée vendéenne fit à Thouars quelques recrues : plusieurs soldats prirent parti avec nous; mais on y gagna surtout de fort bons officiers, qui depuis se distinguèrent. On remarqua principalement M. de La Ville de Beaugé. Il avait combattu contre les Vendéens dans la garde nationale de Thouars; il abandonna un parti où on l'avait enrôlé de force; il devint, peu de mois après, un des principaux officiers royalistes. Il était plein de bravoure, de talens, de patience, de simplicité, et d'un zèle infatigable. Il s'employait à tout, et toujours utilement; le plus souvent il commandait l'artillerie. Il avait alors vingt-sept ans. Il s'attacha d'amitié à MM. de Lescure et de La Rochejaquelein, qui lui donnèrent toute leur confiance.

MM. Daniaud-Dupérat et le chevalier Piet de Beaurepaire, âgés de dix-huit ans, célèbres à l'armée par leur bravoure, devinrent deux de nos meilleurs officiers. M. Herbold avait étudié pour être prêtre, mais n'était point dans les ordres; on l'avait mis par force dans un bataillon : ses vertus, sa piété, sa modestie, son zèle et son courage, le rendirent cher à tous les Vendéens. M. de Beauvolliers l'aîné, frère du chevalier, était un homme actif et zélé; il était surtout excellent pour tout ce qui demandait de l'ordre et du soin.

MM. de la Marsonnière et de Sanglier, également dévoués, étaient âgés; ils se mirent dans l'artillerie, et le premier rendit souvent de grands services.

Le chevalier de Mondyon, qui était un enfant de quatorze ans, se joignit aussi à l'armée. Il arrivait de Paris où il s'était échappé de sa pension, et avait fabriqué un faux passe-port pour venir, dans la Vendée, se battre pour le roi. Il avait une figure charmante, un courage ardent et beaucoup de vivacité dans l'esprit.

M. de Langerie était plus jeune encore ; il n'avait pas treize ans. On ne voulait pas d'abord lui laisser prendre une part active à la guerre; mais on ne put l'en empêcher. A la première affaire, il eut un cheval tué sous lui; on le fit alors aide-de-camp du chevalier de ***, qui commandait Châtillon; il déserta de ce poste où il n'avait rien à faire; il se procura un cheval, et revint à l'armée.

M. Renou était arrivé de Loudun avant la bataille de Thouars; il s'y distingua par la plus rare valeur, comme à toutes les affaires qui ont eu lieu depuis; il avait environ trente ans.

Après avoir passé deux jours à Thouars, on marcha sur Parthenay : les républicains l'avaient évacué. Le chevalier de Marsanges, émigré, et cinq dragons, ses camarades, quittèrent l'armée républicaine et arrivèrent ce jour-là dans la nôtre. Les généraux voyaient toujours ces déserteurs avec plaisir ; les paysans avaient de grandes défiances, et s'imaginaient que les transfuges étaient des espions.

On se dirigea ensuite sur la Châtaigneraie. La ville était défendue par trois ou quatre mille républicains : ce fut là que tous les nouveaux Vendéens eurent leurs preuves à faire. M. de Lescure, pour essayer M. de Beaugé, le mit à la tête de deux cents paysans, dans un poste difficile à garder; il parvint à s'y maintenir avec beaucoup de courage et de sang-froid. Le petit chevalier de Mondyon fut blessé, ainsi que le chevalier de Beauvolliers et M. Dupérat. Les six dragons qui avaient rejoint à Parthenay, et qui avaient vu la défiance des Vendéens, voulurent la dissiper; ils combattirent avec une témérité extraordinaire : il y en eut un de tué; alors les paysans se mirent à crier : « Assez, dragons, assez ; vous êtes de braves gens. »

La Châtaigneraie fut emportée après quelque résistance ; M. de Bonchamps y entra le premier. Les conseils de mon père contribuèrent beaucoup à ce succès.

Il y avait déjà plusieurs jours que les paysans étaient sous les armes ; ils avaient une grande envie de retourner chez eux ; on ne pouvait plus les retenir ; ils commirent quelques désordres à la Châtaigneraie. Le lendemain, 16 mai, il ne s'en trouva plus que sept mille ; à grand'peine on en rassembla trois mille de plus, et l'on alla attaquer Fontenay.

MM. de Lescure et de La Rochejaquelein commandaient l'aile gauche ; ils eurent d'abord de l'avantage, et parvinrent dans les faubourgs de la ville après avoir repoussé les républicains : mais pendant ce temps-là l'aile droite et le centre furent mis en pleine déroute. Les paysans étaient découragés ; les dispositions furent mal faites ; on entassa l'artillerie dans un chemin où elle ne put être d'aucun avantage ; M. d'Elbée fut blessé à la cuisse ; M. de la Marsonnière fut enveloppé et pris avec plus de deux cents hommes : on crut que tout était perdu. Cependant MM. de Lescure et de La Rochejaquelein parvinrent à n'être point coupés ; ils firent leur retraite en bon ordre et sauvèrent même leurs canons (1).

---

(1) C'est ce jour-là que quatre-vingts paysans qui faisaient partie de l'aile gauche, s'étant emparés, près de Fontenay, d'un poste important qu'on les chargea de garder, ne s'aperçurent pas de la défaite des leurs. Avertis par hasard, ils retournent sur le champ

Après cette affaire, on se trouva dans une mauvaise situation : toute l'artillerie était perdue ; Marie-Jeanne avait été prise ; il ne restait plus que six pièces de canon ; on n'avait plus de poudre ; chaque soldat avait tout au plus une cartouche ; un général

---

de bataille qu'ils trouvent désert, et où ils aperçoivent toute l'artillerie vendéenne abandonnée. Incertains du parti qu'ils avaient à suivre, mais ne désespérant pas de voir leur armée reprendre le dessus, ils eurent le courage de rester pour défendre le précieux matériel qu'elle avait perdu. Lorsque les bleus revinrent de la poursuite, ils eurent à se battre contre cette poignée de braves gens qui se firent tous hacher sur leurs canons. Pierre Bibard seul, couvert de vingt-six blessures, fut emmené prisonnier. Comme il était bien vêtu (*car il était riche alors !*), on le prit pour un chef d'importance. Déposé et gardé à vue dans un grenier, il y resta presque nu et en butte aux plus mauvais traitemens. Huit jours après, les Vendéens se présentèrent de nouveau devant Fontenay. Dès que l'attaque eut commencé, le soldat républicain qui surveillait le malheureux Bibard, se mit à l'accabler de menaces et d'invectives, et, tournant sans cesse contre lui sa baïonnette, jurait de le tuer si la ville était prise. Cependant, inquiet et regardant à diverses reprises par la fenêtre, il oublia un instant son fusil. Le prisonnier presque mourant, se traîna vers l'arme, la saisit, et contraignit son farouche geôlier à se retirer. Après la prise de la ville, ce méchant homme, confronté avec Bibard, attendait en tremblant l'arrêt de mort qui devait suivre des plaintes trop fondées sur la conduite inhumaine et brutale dont il se sentait coupable. Mais le brave Bibard, déposant tout ressentiment, loin d'accabler son ennemi par le récit de ses torts, demanda et obtint qu'on le mît en liberté, puis lui dit à voix basse : « Souviens-toi que je t'ai pardonné pour l'amour de Jésus-Christ. » Les blessures de Bibard ne se sont jamais entièrement guéries ; quand une se ferme, il s'en ouvre une autre. Malgré cela, il a constamment continué à servir dans toutes les guerres de la Vendée, et à s'y distinguer. Il demeure aujourd'hui à la Tessouale.

était blessé ; les paysans n'avaient plus leur première assurance. Les chefs ne perdirent pas courage ; ils prirent promptement leur parti, affectèrent beaucoup de gaieté, et répétèrent aux soldats qu'on allait bientôt avoir une revanche.

On engagea les prêtres à relever le zèle du peuple par des prédications. Ils répétèrent que Dieu avait permis ce malheur en punition du dégât qu'on avait fait dans quelques maisons à la Châtaigneraie.

Une circonstance imprévue contribua plus que toute autre chose à ranimer les paysans.

Pendant que l'armée était à Thouars, les soldats trouvèrent dans une maison un homme en habit de volontaire, qui leur raconta qu'il était prêtre, qu'on l'avait mis de force dans un bataillon républicain à Poitiers. Il demanda à parler à M. de Villeneuve du Cazeau qui avait été son camarade de collége. M. de Villeneuve le reconnut en effet pour M. l'abbé Guyot de Folleville. Mais bientôt après il ajouta qu'il était évêque d'Agra, et que des évêques insermentés l'avaient sacré, en secret, à Saint-Germain. M. de Villeneuve fit part sur-le-champ de tout ce récit à M. Pierre Jagault, bénédictin, dont les lumières et la prudence étaient fort estimées. Tous deux proposèrent à l'évêque d'Agra de se joindre à l'armée. Il hésita beaucoup, allégua sa mauvaise santé ; enfin ils parvinrent à le déterminer, et l'amenèrent à l'état-major. Personne n'imagina de douter de ce qu'il racontait. M. de Villeneuve le reconnaissait ; il donnait encore pour garans, M. Brin, curé de Saint-Laurent-sur-Sèvre, prêtre fort respecté, et les sœurs de la Sagesse. Il annonçait que le pape avait nommé quatre vicaires apostoliques pour la France, et qu'il était chargé des diocèses de l'ouest. Il avait une belle figure, un air de douceur et de componction, des manières distinguées. Les généraux virent avec un grand plaisir un ecclésiastique d'un rang élevé et d'une belle représentation, venir contribuer au succès de leur cause, par des moyens qui pouvaient avoir beaucoup d'effet. Son arrivée ne fit pas encore grand bruit à Thouars. Il fut convenu qu'il se rendrait à Châtillon, et que là il serait reçu comme évêque.

Ce fut ainsi qu'arriva dans la Vendée cet évêque d'Agra, qui a joué un si grand rôle et qui est devenu si célèbre dans l'histoire de la guerre. Ce qu'il y a de plus singulier, c'est que cet homme trompa toute l'armée vendéenne, sans qu'on puisse deviner quels étaient son but et ses projets. Tout ce qu'il avait raconté était faux. L'abbé Guyot de Folleville avait d'abord, à ce qu'il paraît, prêté serment; il avait quitté Paris quelque temps avant la guerre de la Vendée, et était venu se réfugier à Poitiers, chez une de ses parentes. Ses manières, son air de douceur et de dévotion, lui avaient donné un grand succès dans la société de Poitiers. Toutes les ames pieuses, toutes les religieuses, qui avaient quitté leur couvent, avaient un grand empressement pour l'abbé de Folleville. Ce fut alors qu'il s'imagina, pour se donner plus de considération et d'importance, de confier à ces bonnes ames qu'il était évêque d'Agra, etc. C'est ainsi que les missionnaires et les sœurs de Saint-Laurent avaient appris son existence, par leurs dévotes correspondances de Poitiers. Je crois qu'une vanité assez ridicule fut son seul motif. Quand il fut introduit à l'armée, il continua son mensonge, que personne ne put dévoiler, et qu'il n'y avait pas de raison pour soupçonner : c'est la seule explication que l'on puisse donner de la singulière conduite de cet abbé. Assurément il ne nous trahissait pas; il a péri pour notre cause, et jamais il n'y a rien eu d'équivoque dans ses démarches. D'un autre côté, on ne peut pas supposer que cette imposture lui ait été suggérée par le dessein ambitieux de se faire le premier personnage de la Vendée, ou bien encore pour exercer plus d'empire sur le peuple en prenant un caractère plus éminent. L'évêque d'Agra avait de l'usage du monde, mais fort peu d'esprit; en outre, il n'a jamais montré ni talent, ni énergie, ni force de résolution : d'ailleurs, si son roman avait été calculé pour la guerre civile, pourquoi l'aurait-il débité à Poitiers avant de savoir s'il y aurait une guerre dans la Vendée? Ce qu'il y a d'extraordinaire, c'est que l'abbé de Folleville ait été conduit à devenir un aussi grand personnage en faisant un conte ridicule, dicté par un sot orgueil.

On a supposé que les généraux étaient complices de cette supercherie, et qu'elle avait été inventée par eux pour avoir plus d'influence sur les paysans.

Aucun des chefs de la Vendée n'était capable de se jouer ainsi de la religion; si quelqu'un avait proposé un pareil projet, il aurait éprouvé une vive opposition de tous les autres; et, pour tromper l'armée, il aurait fallu un consentement unanime et un secret impénétrable dans tout l'état-major, puisque à cette époque, il n'y avait point de général en chef. On crut, sans beaucoup de réflexion, avec la bonne foi et la loyauté qui caractérisaient les Vendéens, un récit qui était vraisemblable, et qui, une fois admis, devint fort utile à la cause.

Ce fut surtout après la déroute de Fontenay, qu'on recueillit un grand avantage de la présence du prétendu évêque d'Agra. Il arriva à Châtillon le jour même de la défaite; toutes les cloches furent sonnées; on se porta en foule sur ses pas; il distribua des bénédictions; il officia pontificalement: les paysans étaient ivres de joie, le bonheur d'avoir un évêque parmi eux leur rendit toute leur ardeur, et ils ne songèrent plus au revers qu'ils venaient d'éprouver.

On rassembla de nouveau l'armée; la division de M. de Bonchamps, qui était retournée en Anjou après la prise de la Châtaigneraie, se joignit à la grande armée. On marcha encore une fois sur cette ville que les républicains avaient occupée de nouveau; ils l'évacuèrent sans résistance; on y coucha. Le lendemain 24 mai, vers midi, on arriva devant Fontenay. Les républicains, au nombre de dix mille, étaient au-devant de la ville avec une artillerie nombreuse.

Avant l'attaque, on fit donner l'absolution aux soldats. Les généraux leur disaient : « Allons, mes » enfans, il n'y a pas de poudre; il faut encore » prendre les canons avec des bâtons; il faut ravoir » Marie-Jeanne : c'est à qui courra le mieux. » Les soldats de M. de Lescure qui commandait l'aile gauche, hésitaient beaucoup à le suivre; il s'avança seul à trente pas devant eux pour les animer, s'arrêta et cria : *Vive le roi !* Une batterie de six pièces fit sur lui un feu de mitraille : ses habits furent percés, son éperon fut emporté, sa botte droite déchirée; mais il ne fut pas blessé. « Vous voyez, mes » amis, leur cria-t-il sur-le-champ, les bleus ne » savent pas tirer. » Les paysans se décidèrent; ils prirent leur course : M. de Lescure, pour rester à leur tête, fut obligé de mettre son cheval au grand trot. Dans ce moment, ils aperçurent une grande croix de mission; aussitôt ils se jetèrent tous à genoux, quoique à la portée du canon. M. de Beaugé voulut les faire marcher. Laissez-les prier Dieu, lui dit tranquillement M. de Lescure (1). Ils se relevèrent et se mirent à courir de nouveau. Pendant ce temps-là, M. de La Rochejaquelein s'était mis à la tête de la cavalerie avec M. de Dommaigné; ils

---

(1) Ce trait est le sujet qu'a choisi M. Robert-Lefebvre, premier peintre du cabinet du roi, pour le portrait de M. de Lescure, commandé par Sa Majesté.

chargèrent avec succès celle des républicains ; et au lieu de la poursuivre, ils tombèrent sur le flanc de l'aile gauche et l'enfoncèrent : ce fut là ce qui acheva de décider l'affaire. Les républicains avaient tenu une heure ou à peu près ; un bataillon de la Gironde fit seul une très-belle résistance ; le reste s'enfuit en désordre vers la ville.

M. de Lescure arriva le premier à la porte de Fontenay avec son aile gauche ; il entra dans la ville ; les paysans n'osaient pas le suivre. MM. de Bonchamps et Forêt aperçurent de loin le danger qu'il courait, et s'élancèrent pour le secourir. Tous les trois eurent la témérité de s'enfoncer dans les rues ; elles étaient pleines de bleus qui fuyaient en désordre, et qui se jetaient à genoux, en criant : *Grâce !* Ces messieurs leur disaient : « Bas les armes ! on ne vous fera pas » de mal. *Vive le roi !* » Quand ils furent sur la place, ils se séparèrent ; chacun prit une rue différente. A peine M. de Bonchamps eut-il quitté M. de Lescure, qu'un bleu, après avoir jeté son fusil, le reprit et tira sur lui : la balle lui perça le bras et les chairs auprès de la poitrine. Ses paysans, qui le suivaient à quelque distance, accoururent en fureur, et toute résistance cessa.

M. de Lescure avait tourné dans la rue des prisons ; il les fit ouvrir de par le roi ; et aussitôt M. de la Marsonnière et tous les Vendéens qui avaient été faits prisonniers s'élancèrent vers lui : tous voulaient embrasser leur libérateur. Ils devaient être jugés le lendemain, et leur sort n'était pas douteux.

Pendant tout le combat, ils avaient cru qu'on allait les massacrer, et s'étaient barricadés pour se défendre; c'était aussi la crainte de M. de Lescure, et c'était pour cela qu'il s'était hâté d'entrer dans la ville et de se porter à la prison. Il les quitta sur-le-champ pour continuer à poursuivre l'ennemi.

Forêt avait suivi la grande rue, et, après avoir traversé la ville, il se trouva sur la route qui mène à Niort; il voulait absolument reprendre Marie-Jeanne. Les bleus attachaient autant d'importance à la conserver que nos gens à la ravoir. Forêt rencontra la pièce à une lieue de la ville; elle était gardée par des fantassins; quelques gendarmes étaient plus loin. Forêt s'avança si imprudemment, qu'il se trouva au milieu d'eux; heureusement il était monté sur un cheval qu'il avait pris quelques jours auparavant à un gendarme, et il avait conservé la selle et l'équipage : ils le prirent pour un des leurs, et lui dirent : « Camarade, il y a 25,000 fr. pour ceux qui sauveront Marie-Jeanne, elle est engagée : allons la défendre. » Forêt fait le brave, dit qu'il veut être le premier. Quand il est à la tête de la bande, et qu'il est arrivé près de la pièce, il se retourne, tue les deux gendarmes qui étaient auprès de lui; les paysans qui s'étaient avancés le reconnaissent, redoublent d'efforts, et, après un combat qui coûta quelques hommes, Marie-Jeanne fut reprise et ramenée en grand triomphe.

Ce combat, le plus brillant qu'eussent encore livré les Vendéens, leur procura quarante pièces de canon, beaucoup de fusils, une grande quantité de poudre et de munitions de toute espèce. On prit aussi deux caisses remplies d'assignats qui n'étaient pas à l'effigie du roi. La première fut pillée par les soldats, mais ils faisaient si peu de cas de cette nouvelle monnaie de papier, qu'ils les brûlèrent, les déchirèrent; plusieurs d'entre eux s'amusaient à s'en faire des papillotes. La seconde caisse, qui contenait 900,000 fr. ou environ, fut préservée par les généraux, et, pour pouvoir la rendre utile aux besoins de l'armée, on écrivit sur les revers, *bon au nom du roi*, avec la signature des membres du conseil supérieur qui fut formé à cette époque. Cette mesure inspira de la confiance pour ces assignats.

On fut embarrassé de la résolution qu'on adopterait à l'égard des soldats républicains qui avaient été faits prisonniers, au nombre de deux ou trois mille. Il n'était pas encore établi chez les bleus que les Vendéens devaient être fusillés dès qu'ils seraient pris; ainsi il ne pouvait pas être question de représailles. D'ailleurs on avait dit à ces gens-là : « Rendez-vous, on ne vous fera pas de mal. » On ne pouvait pas les garder en si grand nombre, puisqu'on n'occupait pas de place forte, et qu'on n'avait aucun moyen de police. En les renvoyant sur parole de ne servir ni contre nous, ni contre les puissances coalisées, il était à peu près sûr qu'ils violeraient cette promesse. Mon père proposa de leur couper les cheveux, pour pouvoir les reconnaître et les punir s'ils étaient repris une seconde fois : on prit aussi le même parti pour le petit nombre qu'on voulut garder. Cette précaution fut un grand sujet de divertissement pour l'armée vendéenne (1).

On se promettait de grands avantages de ce renvoi des prisonniers tondus. On espérait qu'ils serviraient de preuve, dans toute la France, des succès et de la modération des Vendéens; qu'ils seraient forcés de convenir et de raconter que les rebelles, au lieu d'être des brigands, comme on les appelait, étaient des royalistes pleins de loyauté, de courage et de clémence. On ménagea aussi avec soin les acquéreurs de biens nationaux, en se bornant à leur annoncer que leurs acquisitions seraient annulées ; plusieurs avaient déjà pris parti avec nous. Le chevalier Desessarts rédigea une proclamation qui fut signée de tout le conseil de guerre, et qui a été fort connue. On la fit imprimer à plusieurs milliers d'exemplaires qu'on distribua aux bleus que l'on renvoyait.

Toutes ces mesures ne produisirent pas l'effet qu'on en avait attendu. Les opinions révolutionnaires étaient plus répandues et plus fortes que nous ne le pensions, et il n'y avait pas de moyens, dans les autres provinces, de s'entendre pour secouer leur joug. On n'y trouvait pas cette union et cette parfaite communauté de sentimens entre les paysans et les classes supérieures : la révolte ne fit

---

(1) A cette époque, on ne connaissait pas encore en France l'usage de porter les cheveux à la Titus.

aucun progrès. Les insurrections de Lyon et du midi n'eurent jamais de correspondance avec nous, et furent déterminées par des opinions d'une autre nature.

CHAPITRE VIII.

Formation du conseil supérieur. — Victoire de Vihiers, de Doué,
de Montreuil. — Prise de Saumur.

Après la prise de Fontenay, les uns proposèrent de marcher sur les Sables, d'autres sur Niort, et ce dernier parti était, je crois, préférable à l'autre, qui portait l'armée beaucoup trop loin du pays insurgé. On fit beaucoup d'objections à l'un et à l'autre projet. Pendant ce temps-là la matinée s'écoula, et les paysans, qui étaient fatigués et qui ne recevaient pas d'ordres, commencèrent à retourner dans leurs villages où ils avaient grande envie d'aller raconter leur victoire de Fontenay. Quand on vit qu'il n'y avait pas moyen de les retenir, il fallut différer de nouvelles tentatives.

Cependant le gain d'une pareille bataille, et la prise d'une ville comme Fontenay, chef-lieu d'un département, donnèrent à l'insurrection de la Vendée une consistance qu'elle n'avait pas eue jusqu'alors. Les chefs n'ayant pas en ce moment d'occupations militaires, voulurent donner quelque régularité à toutes leurs opérations, et mettre un peu plus d'ordre dans toutes les choses auxquelles nos succès étaient dûs.

On créa un conseil supérieur d'administration, dont le siége fut fixé à Châtillon. L'évêque d'Agra en fut le président; M. Desessarts père, vice-président; M. Carrière, avocat de Fontenay, qui venait de prendre parti parmi les royalistes, fut choisi pour procureur du roi près le conseil; et M. Pierre Jagault, bénédictin, pour secrétaire général. Parmi les membres du conseil, on distinguait M. de La Rochefoucauld qui en était le doyen; MM. le Maignan, Bourasseau de la Renolière et Body. Les autres membres étaient, excepté deux ecclésiastiques, des hommes de loi et quelques gentilshommes que leur âge ou leur santé empêchaient de porter les armes. Un de ceux qui se distinguèrent le plus tôt dans le conseil supérieur, et celui qui parvint à acquérir le plus d'influence dans l'armée, fut l'abbé Bernier, curé de la paroisse de Saint-Laud, à Angers.

De toutes les personnes qui se sont mêlées des affaires pendant la guerre civile, aucune peut-être n'avait plus d'esprit que l'abbé Bernier. Il avait une admirable facilité à écrire et à parler; il prêchait toujours d'abondance. Je l'ai souvent entendu parler deux heures de suite, avec une force et un éclat qui entraînaient et qui séduisaient tout le monde; il y avait toujours de l'à-propos dans ce qu'il disait; ses textes étaient bien choisis et ramenés heureusement; jamais il n'hésitait, et, bien que son élo-

quence n'eût rien de fougueux, il paraissait inspiré.
Son extérieur et ses manières répondaient à ses
paroles ; le son de sa voix était doux et pénétrant ;
ses gestes avaient de la simplicité ; il était infatigable ; son zèle était toujours renaissant, et jamais il ne
perdait courage. Ces avantages étaient accompagnés
d'un air de modestie et de simple dévouement, qui
le rendait plus séduisant encore. Il donnait de bons
conseils aux généraux, et savait se prêter à l'esprit
militaire, sans déroger à son caractère ecclésiastique ; il dominait au conseil supérieur par la
promptitude de son esprit et de ses rédactions ; il
était encore plus cher aux soldats par ses prédications et son ardeur pour la religion.

Aussi, en peu de temps, l'abbé Bernier prit un
ascendant universel, et il n'était question que de
lui. Peu à peu on le jugea autrement ; on entrevit un
but d'ambition dans toute sa conduite. Dès qu'il eut
acquis de la domination, on s'aperçut combien il y
tenait, et combien il craignait de la voir diminuer
en quelque chose ; on découvrit qu'il semait la discorde partout, et qu'il flattait les uns aux dépens des
autres, pour plaire davantage et gouverner plus
sûrement. Le respect et l'estime qu'on avait pour
lui allaient toujours en s'affaiblissant, et après la
guerre, les Vendéens lui reprochaient, à tort ou avec
raison, des désordres de mœurs, une ame intéressée,
une ambition effrénée, et même des crimes qui ne
laissent pas d'avoir quelque probabilité ; mais le prestige fut long-temps à se dissiper, et l'on ne cessa ja-

mais d'avoir pour son esprit et sa capacité une très-haute considération et une sorte de crainte : il en imposait par-là à ceux qui l'aimaient le moins.

Parmi les ecclésiastiques du conseil supérieur, M. Pierre Jagault était aussi très-remarquable par ses talens. Il n'avait ni ambition ni vanité; il donnait de bons conseils, sans chercher, comme l'abbé Bernier, à gouverner l'armée; il l'égalait par sa facilité à parler et à écrire. Il prêchait rarement, à cause de la faiblesse de sa poitrine; mais toutes les fois qu'il est monté en chaire, il a obtenu beaucoup de succès.

M. Brin, membre du conseil supérieur, curé de Saint-Laurent, était, depuis long-temps, célèbre dans le pays, à cause de sa haute piété, de son zèle et de ses vertus.

Les généraux chargèrent le conseil supérieur de tout ce qui avait rapport à l'administration du pays.

On forma dans chaque paroisse un conseil qui devait veiller à l'exécution des ordres du conseil supérieur. On ordonna aussi que, dans les paroisses où il n'y avait pas encore de chef militaire, les paysans en nommeraient un qui présiderait au départ des hommes demandés, annoncerait aux généraux sur combien de gens ils devaient compter, les commanderait au combat, et distribuerait les vivres à ses soldats. On prit aussi des mesures pour donner quelques vêtemens et des souliers aux soldats pauvres qui en manquaient; on forma des magasins; enfin on songea à se donner plus de moyens, en ayant un peu d'ordre et de prévoyance.

Il fallait aussi nommer un trésorier-général de l'armée, qui devait être en même temps intendant des vivres, de concert avec le conseil supérieur. On pria M. de Beauvolliers l'aîné d'accepter ces fonctions dont il était plus capable que tout autre. Le bien de l'armée le détermina à ne pas refuser, quoiqu'il trouvât fâcheux d'être presque toujours éloigné du combat. On lui conserva sa place au conseil de guerre; et comme il était le seul des chefs qui eût un domicile fixe, les demandes de tout genre lui étaient presque toujours portées. Il eut plusieurs personnes employées sous lui : les unes chargées de la distribution, d'autres attachées à l'armée, qui examinaient les besoins, et qui entrant dans les villes prises, tâchaient d'en tirer des ressources.

La résidence de toutes ces administrations fut établie à Châtillon, qui était à cette époque le centre des mouvemens de l'armée.

Ce fut à régler toutes ces choses que s'occupèrent les généraux pendant les trois jours qu'ils passèrent à Fontenay après la bataille. La ville était sans défense, dans un pays de plaine, où les opinions étaient favorables en général à la révolution. On abandonna Fontenay sans y avoir fait aucun mal; on relâcha même trois administrateurs du département qu'on avait d'abord arrêtés.

A peine l'armée était-elle rentrée dans le Bocage, qu'on apprit que des hussards républicains s'étaient montrés à Argenton-le-Château. MM. de Lescure et de La Rochejaquelein reçurent cette nouvelle au château de la Boulaye. Ils expédièrent sur-le-champ des courriers, et indiquèrent un rassemblement aux Aubiers. En arrivant, ils surent que ces hussards étaient retournés à Vihiers, où était l'avant-garde d'une grande armée républicaine qui venait de se former à Saumur.

La Convention commençait à regarder l'insurrection de la Vendée comme très-redoutable; et cette fois on voulait déployer contre les rebelles des forces imposantes. Des bataillons avaient été formés à Paris, en y incorporant des soldats tirés de l'armée du Nord. Une cavalerie nombreuse et aguerrie fut envoyée aussi. Toutes ces mesures furent prises avec une rapidité inconcevable. Les troupes et les canons voyagèrent en poste, en bateaux, et vinrent en cinq jours de Paris à Saumur. Quarante mille hommes, dont la moitié était composée de troupes de ligne, occupaient en ce moment Saumur, Montreuil, Thouars, Doué et Vihiers.

M. Stofflet fut le premier qui attaqua. Il partit de Chollet avec soixante-dix cavaliers, et il entra à Vihiers sans résistance. La cavalerie républicaine se replia. Il écrivit sur-le-champ à MM. de Lescure et de La Rochejaquelein qu'il les attendait. Ces messieurs se mirent en marche sans inquiétude.

Pendant ce temps-là, les bleus étaient revenus attaquer M. Stofflet avec deux mille hommes. Il fut forcé de se retirer précipitamment, et n'eut pas le temps de faire avertir M. de Lescure. Les républicains ayant appris qu'une colonne vendéenne s'avançait, recommandèrent aux habitans de la ville, qui étaient tous patriotes, de ne point paraître, et de laisser croire aux rebelles que la ville était encore occupée par un de leurs détachemens ; puis ils allèrent s'embusquer sur une hauteur voisine. MM. de Lescure, de La Rochejaquelein et Desessarts, arrivèrent avec trois ou quatre mille hommes, et s'engagèrent dans la ville sans se douter de rien. Après l'avoir traversée, ils aperçurent sur la hauteur des hommes postés derrière des broussailles : ils crurent que c'était la troupe de Stofflet, et s'avancèrent pour aller le joindre. Les paysans suivaient négligemment, quand tout-à-coup une batterie masquée fit sur eux un feu de mitraille. Le cheval de M. de Lescure fut blessé, les branches des arbres furent brisées tout autour de lui et des deux autres chefs, sans les toucher. Les paysans ne furent pas intimidés, ils s'élancèrent sur les bleus, qui, effrayés de cette attaque, tandis qu'ils s'attendaient à une fuite, abandonnèrent leurs canons et s'enfuirent en pleine déroute vers Doué.

Toute la grande armée et les chefs se rassemblèrent sur-le-champ à Vihiers, excepté MM. de Bonchamps et d'Elbée, qui n'étaient pas encore guéris de leurs blessures. On marcha sur Doué. Une bataille assez marquante fut livrée près de la ville que les républicains abandonnèrent. Les paysans les poursuivaient vivement sur la route de Saumur, et seraient arrivés sur cette ville ; mais le feu de deux redoutes placées sur la hauteur de Bournan, les força à s'arrêter et à revenir à Doué. Ce jour-là deux hussards, au milieu de l'action, quittèrent leurs rangs pour venir dans notre armée : l'un des deux était M. de Boispréau qui s'est distingué depuis.

Il fut résolu d'aller attaquer Saumur. Mon père et M. de Beauvolliers firent remarquer qu'il y avait de l'inconvénient à suivre la route directe; qu'il valait bien mieux se porter sur Montreuil-Bellay, couper la communication de Thouars à Saumur, et faire une attaque par un côté qui était sûrement moins bien défendu. Cet avis fut adopté : on alla occuper Montreuil. Il était probable que la troupe qui était à Thouars se porterait au secours de Saumur : en effet, sur les huit heures, cinq ou six mille hommes, commandés par le général Salomon, arrivèrent à la porte de Montreuil sans se douter que notre armée s'en fût emparée. Mon père avait fait placer une batterie derrière la porte : on la démasqua tout-à-coup, et les bleus reçurent une décharge très-meurtrière. En même temps, la division Bonchamps, qui était postée dans les jardins auprès de la ville, les attaqua par le flanc. La déroute fut bientôt complète et sanglante. Les bleus reprirent en désordre le chemin de Thouars, abandonnant leurs canons et leurs bagages : ils ne s'arrêtèrent même pas à Thouars, tant ils étaient épouvantés. Cette affaire fut meurtrière pour notre armée : dans l'obscurité de la nuit, nos gens tirèrent sur la division Bonchamps lorsqu'elle déboucha par le flanc.

Après cette affaire, M. de La Rochejaquelein proposa d'envoyer des détachemens de cavalerie sur la route de Saumur pour inquiéter les républicains, les tenir sur pied toute la nuit, afin d'attaquer le lendemain dans la journée. Cela fut résolu ainsi, et il se chargea lui-même de l'exécution; mais les paysans, encouragés par leur succès, suivirent en foule le petit nombre d'hommes qu'il voulait emmener. En un moment, toute l'armée se trouva sur la route, criant : *Vive le roi! nous allons à Saumur.* Les chefs ne pouvant arrêter ce mouvement, se déterminèrent à attaquer tout de suite, et se mirent au galop pour rejoindre la tête de l'armée. M. de Lescure se chargea de commander la gauche, et d'arriver par le pont Fouchard, en tournant les redoutes qui étaient placées à l'embranchement des routes de Montreuil et de Doué. M. de La Rochejaquelein suivit la rivière le long des prairies de Varin. MM. de Fleuriot, Stofflet et Desessarts, à la tête de la division Bonchamps, passèrent par les hauteurs au-dessus de Thoué, se dirigeant sur le château de Saumur.

Les trois attaques furent commencées à peu près en même temps, le 10 juin au matin : c'était M. de Lescure qui était chargé de celle qui offrait le plus de difficultés. La manière dont tout s'était engagé, contre le projet des généraux, ajoutait au désordre habituel des opérations : cependant on tourna les redoutes, et le pont fut passé; mais une balle ayant tout-à-coup frappé M. de Lescure au bras, les paysans l'apercevant couvert de sang, commencèrent à lâcher pied : heureusement l'os n'avait pas été atteint. M. de Lescure fit serrer son bras avec des mouchoirs, cria à ses soldats que ce n'était rien, et voulut les ramener. Une charge de cuirassiers républicains acheva de les effrayer. Quand ils virent que leurs balles ne blessaient pas, rien ne put les retenir. M. de Dommaigné voulut résister à la tête de la cavalerie vendéenne : il fut renversé par un coup de mitraille, et sa troupe fut culbutée. La déroute devint complète, et tous les gens de M. de Lescure prirent, en fuyant, la route de l'abbaye de Saint-Florent, le long du Thoué. Un heureux hasard ramena la fortune. Deux caissons versèrent sur le pont Fouchard, et arrêtèrent les cuirassiers : alors M. de Lescure parvint à ramener les soldats. Le brave Loiseau, de la paroisse de Trémentine, qui avait tué trois cavaliers en défendant M. de Dommaigné, et qui avait fini par être blessé et abattu, se releva et se mit à la tête des fantassins. Ils passèrent leurs fusils à travers les roues des caissons, visant aux chevaux et aux yeux des cuirassiers ; M. de Marigny plaça de l'artillerie de manière à les foudroyer : ainsi le combat fut rétabli à l'avantage des Vendéens.

Pendant ce temps-là, M. de La Rochejaquelein avait attaqué le camp républicain qui était placé dans les prairies de Varin ; il avait laissé M. de Beaugé, à la tête de sept cents hommes, pour garder le pont de Saint-Just, et avait tourné le camp pour y entrer par derrière. Mon père amena à M. de Beaugé un renfort d'environ six cents hommes : se trouvant en état d'attaquer, on assaillit le camp de front. Le fossé fut franchi; un mur qui était au-delà fut abattu, et le poste fut emporté. M. de La Rochejaquelein y entrait en même temps de l'autre côté. Il avait jeté son chapeau par-dessus les retranchemens, en criant : « Qui va me le » chercher? » et s'était élancé le premier. Il fut bien vite imité par un grand nombre de braves paysans. Les deux assauts se donnèrent précisément dans le même instant, et les Vendéens eurent encore là le malheur de tirer les uns sur les autres.

Henri voulut profiter sur-le-champ de cet avantage. Accompagné de M. de Beaugé, ils poursuivirent les républicains sans regarder si on les suivait; ils entrent dans la ville au galop. Un bataillon qui descendait du château les voit arriver, jette ses armes et rentre au château. Ces deux messieurs continuent leur route, passant sur les fusils, dont la rue était jonchée, et que les pieds de leurs chevaux faisaient partir. Après avoir traversé la ville, ils voient toute l'armée des bleus fuyant en désordre sur le grand pont de la Loire; ils se portent derrière la salle de spectacle; et là, Henri se met à tirer sur les fuyards, tandis que M. de Beaugé chargeait les fusils et les lui donnait. Ils étaient seuls; cependant personne n'eut l'idée de revenir sur eux, excepté un dragon qui vint, à bout portant, leur tirer un coup de pistolet, et les manqua; Henri l'abattit d'un coup de sabre, et prit les cartouches qu'il avait dans sa giberne. Les batteries du château tirèrent sur eux. M. de Beaugé fut blessé d'une forte contusion et jeté par terre; M. de La Rochejaquelein le releva, le mit à cheval. Ils trouvèrent plusieurs pièces abandonnées, et en tirèrent, sur le château, deux qui étaient chargées; ils traversèrent ensuite le pont, rejoints par une soixantaine de fantassins, poursuivant toujours les bleus. Enfin, après avoir couru pendant quelques minutes sur la route de Tours, ils pensèrent à revenir pour savoir si les Vendéens étaient entrés dans la ville; car on entendait toujours le canon du château et des redoutes. Ils coupèrent le pont de bois dit *de la Croix-Verte*, qui traverse le second bras de la Loire, et ils y placèrent deux des pièces de canon qu'ils venaient de prendre, pour empêcher les bleus de revenir sur leurs pas. A leur retour, ils trouvèrent la division de Lescure dans Saumur. M. de La Rochejaquelein, sachant que les redoutes de Bournan tenaient encore, y courut tout de suite, et se réunit à M. de Marigny qui les attaquait. Il s'engagea entre les deux redoutes, et son cheval fut tué sous lui. La nuit venait; on remit l'attaque au lendemain : pendant l'obscurité, les républicains évacuèrent et se retirèrent.

On avait aussi, dans la soirée, tiré quelques coups de canon sur le château, où restaient environ quatorze cents hommes et de l'artillerie. Le lendemain, M. de Marigny y entra en parlementaire, et proposa une capitulation, qui fut acceptée. Les assiégés obtinrent de sortir, sans autre condition que de rendre leurs armes.

La prise de Saumur livra aux Vendéens un poste important, le passage de la Loire, quatre-vingts pièces de canon, des milliers de fusils, beaucoup de poudre, de salpêtre (1). Les prisonniers faits en cinq jours étaient au nombre de onze mille : on les tondit, et on les renvoya presque tous. La perte des Vendéens, dans cette dernière affaire, fut de soixante hommes tués et quatre cents blessés.

M. de Lescure sut que le général Quétineau avait été trouvé dans le château de Saumur, où il avait été enfermé pour être jugé, après l'affaire de Thouars. Il l'envoya chercher. « Eh bien !
» Quétineau, lui dit-il, vous voyez comme vous
» traitez les républicains. Vous voilà accusé,
» traîné dans les prisons; vous périrez sur l'écha-
» faud. Venez avec nous pour vous sauver : nous vous
» estimons, malgré la différence d'opinions, et nous
» vous rendrons plus de justice que vos patriotes.

---

(1) On avait enfermé, dans une église qui servait de magasin d'artillerie aux bleus, une grande partie des armes que nous avions prises; elle était remplie. Le lendemain de notre victoire, Henri s'appuyant sur une fenêtre d'où on voyait dans l'église, resta absorbé dans une profonde rêverie pendant deux heures. Un officier vint l'en tirer, lui demandant avec surprise ce qu'il faisait là. Il répondit : Je réfléchis sur nos succès; ils me confondent. Tout vient de Dieu.

« —Monsieur, répondit Quétineau, si vous me lais-
» sez en liberté, je retournerai me consigner en pri-
» son; je me suis conduit en brave homme, je veux
» être jugé. Si je m'enfuyais, on croirait que je suis
» un traître, et je ne puis supporter cette idée : d'ail-
» leurs, en vous suivant, j'abandonnerais ma femme,
» et on la ferait périr. Tenez, Monsieur, voici
» mon mémoire justificatif : vous savez la vérité;
» voyez si je ne l'ai pas dite. » M. de Lescure prit
le mémoire, qui, en effet, était assez sincère. Quétineau ajouta, avec un air de tristesse : « Monsieur,
» voilà donc les Autrichiens maîtres de la Flandre;
» vous êtes aussi victorieux; la contre-révolution
» va se faire; la France sera démembrée par les
» étrangers. » M. de Lescure lui dit que jamais
les royalistes ne le souffriraient, et qu'ils se bat-
traient pour défendre le territoire français. « Ah!
» Monsieur, s'écria Quétineau, c'est alors que je
» veux servir avec vous! J'aime la gloire de ma
» patrie : voilà comme je suis patriote. » Il entendit dans ce moment les habitans de Saumur qui
répétaient à tue-tête dans la rue : *Vive le roi!*
Il s'avança vers la fenêtre, et, l'ouvrant, il leur
dit : « Coquins, qui l'autre jour m'accusiez d'avoir
» trahi la république, aujourd'hui vous criez, par
» peur : *vive le roi!* Je prends à témoin les Ven-
» déens que je ne l'ai jamais crié. » Ce brave homme
s'en alla à Tours; on le conduisit à Paris; il fut
jugé, condamné à mort et exécuté. Sa femme, qui
était en partie cause de la résistance qu'il avait

mise aux conseils de M. de Lescure, ne voulut pas lui survivre; elle cria *vive le roi* à l'audience du tribunal révolutionnaire, et périt aussi sur l'échafaud.

M. de Lescure avait passé sept heures à cheval après sa blessure, et avait perdu beaucoup de sang; la souffrance et la fatigue lui avaient donné la fièvre; on l'engagea à se retirer à la Boulaye pour se guérir. Avant de partir, il pria les officiers de s'assembler chez lui : « Messieurs, leur dit-il, l'insur-
» rection prend trop d'importance, nos succès ont
» été trop grands, pour que l'armée continue à
» rester sans ordre; il faut nommer un général en
» chef. Comme tout le monde n'est pas rassemblé,
» la nomination ne peut être que provisoire. Je
» donne ma voix à M. Cathelineau. » Tout le monde applaudit, excepté le bon Cathelineau, qui fut bien surpris de tant d'honneur. Mon père, MM. de Boisy et Duhoux arrivèrent successivement, et se rangèrent au même avis. M. d'Elbée, qui avait été retenu par sa blessure, vint aussi deux jours après, et approuva ce qui avait été fait.

La nomination de Cathelineau était convenable en tous points : c'était, de tous les chefs, celui qui exerçait le plus d'influence sur les paysans; il avait une sorte d'éloquence naturelle qui les entraînait, sa piété et ses vertus le leur rendaient respectable; en outre, c'était lui qui avait commencé la guerre, qui avait soulevé le pays et gagné les premières batailles. Il avait le coup-d'œil militaire, un courage extraordinaire et beaucoup de sens et de raison. On était sûr que son nouveau grade le laisserait tout aussi modeste, et qu'il écouterait et rechercherait toujours les conseils avec déférence. C'était d'ailleurs une démarche politique que de nommer un simple paysan pour général en chef, au moment où l'esprit d'égalité et un vif sentiment de jalousie contre la noblesse contribuaient en grande partie au mouvement révolutionnaire ; c'était se conformer au désir général, et attacher de plus en plus les paysans au parti qu'ils avaient embrassé d'eux-mêmes. On en sentait si bien la nécessité, que les gentilshommes avaient toujours grand soin de traiter d'égal à égal chaque officier paysan. Ils ne l'exigeaient pourtant pas. Il m'est arrivé de les voir se retirer de la table de l'état-major, à Châtillon, quand j'y paraissais, disant qu'ils n'étaient pas faits pour dîner avec moi : ils ne cédaient qu'à mes instances. L'égalité régnait bien plus dans l'armée vendéenne que dans celle de la république ; au point que j'ignore encore, ou n'ai appris que depuis, si la plupart de nos officiers étaient nobles ou bourgeois ; on ne s'en informait jamais ; on ne regardait qu'au mérite : ce sentiment était juste et naturel ; il partait du cœur ; et, sans être inspiré par la politique, il y était trop conforme pour n'être pas général. Une conduite différente aurait peut-être refroidi le zèle. Je n'en rappellerai qu'un exemple très-remarquable. M. Forestier était fils d'un cordonnier de village, et il a joué le rôle le plus brillant, à l'armée, près des princes, dans les cours étrangères, partout enfin jusqu'à sa mort, arrivée vers 1808.

Deux jours après la prise de Saumur, MM. de Beauvolliers, avec cinq ou six cents hommes, se portèrent sur Chinon, entrèrent dans la ville sans résistance; ils délivrèrent madame de Beauvolliers, que les patriotes avaient mise en prison; ils la ramenèrent à Saumur. M. de Beauvolliers l'aîné retrouva aussi sa fille à Loudun où M. de La Rochejaquelein fit une course avec quatre-vingts cavaliers.

Plusieurs officiers vinrent joindre l'armée à Saumur. Henri envoya avertir M. Charles d'Autichamp, qui habitait auprès d'Angers. Il arriva sur-le-champ, et se plaça dans la division de M. de Bonchamps, son cousin; il la commanda bientôt en second, sous M. de Fleuriot. M. de Piron vint aussi de Bretagne se joindre à cette division où il acquit une très-grande réputation. La grande armée gagna encore, à cette époque, M. de la Guérivière et M. de la Bigotière, émigré rentré.

Il fallut remplacer M. de Dommaigné, et nommer un général de la cavalerie. On balança entre MM. Forêt et Forestier: le dernier réunit cependant plus de suffrages; il n'avait que dix-huit ans, mais chaque jour il montrait plus de mérite. Il eut la modestie d'accepter les fonctions et de refuser le titre, à cause de son âge.

L'administration de l'armée vendéenne prit, après

cette expédition, plus d'importance, et posséda bien plus de ressources. MM. de Marigny et Duhoux d'Hautrive établirent à Mortagne et à Beaupréau des moulins à poudre, pour employer la grande quantité de salpêtre qui avait été prise à Saumur. Mortagne fut aussi choisi pour être le dépôt de l'artillerie. Les magasins de blé que les républicains avaient formés à Chinon, furent envoyés dans la Vendée ; on acheta beaucoup de sel, d'huile et de savon ; l'apothicairerie de l'armée, qui avait jusqu'alors été assez mal fournie, devint aussi plus complète. Pour subvenir à tous les besoins de l'armée, on avait usé d'industrie, au défaut de ressources, et beaucoup de personnes avaient, dans tous ces petits détails, montré un esprit inventif.

Quant aux vêtemens, il y en avait abondamment : ils étaient en gros drap du pays, en toile, en coutil, en siamoise. On faisait surtout une grande dépense de mouchoirs rouges ; il s'en fabriquait beaucoup dans le pays, et une circonstance particulière avait contribué à les rendre d'un usage général. M. de La Rochejaquelein en mettait ordinairement autour de sa tête, à son cou, et plusieurs à sa ceinture pour ses pistolets : au combat de Fontenay, on entendit les bleus crier : « Tirez sur le » mouchoir rouge. » Le soir, les officiers supplièrent Henri de changer de costume ; il le trouvait commode, et ne voulut pas le quitter. Alors ils prirent le parti de l'adopter aussi, afin qu'il ne fût pas une cause de dangers pour lui. Les mouchoirs rouges devinrent ainsi à la mode dans l'armée; tout le monde voulut en porter. Cet accoutrement, les vestes et les pantalons, qui étaient l'habit ordinaire des officiers, leur donnaient tout-à-fait la tournure de brigands, comme les appelaient les républicains.

CHAPITRE IX.

Occupation d'Angers. — Attaque de Nantes. — Retraite de Parthenay. — Combat du bois du Moulin-aux-Chèvres.

Je continuais toujours à habiter le château de la Boulaye avec ma mère : c'était là comme le quartier-général de l'armée. Les officiers y venaient dans l'intervalle des expéditions ; quelques membres du conseil supérieur y étaient sans cesse.

J'eus d'abord un peu de peine à m'accoutumer à toute cette représentation militaire. Je me souviens qu'un jour où j'étais allée à Châtillon, M. Baudry, alors commandant de la ville, vint me faire une visite à mon arrivée : j'entendis le tambour ; il me proposa d'aller voir ce qui se passait ; je descendis dans la rue, et j'y trouvai deux cents hommes sous les armes ; en même temps, M. Baudry tire son sabre et élève tout-à-coup la voix ; la frayeur me saisit, je me mis à pousser des cris comme un enfant. Je compris enfin qu'il me faisait l'honneur de me haranguer à la tête de sa troupe : peu à peu je m'habituai au bruit et au mouvement de notre genre de vie.

J'avais laissé ma fille auprès de Clisson, chez sa nourrice qui avait montré une grande répugnance à quitter sa famille pour venir avec moi à la Boulaye.

Après la déroute de Fontenay, on la tenait cachée chez Charry ou chez les Texier, qui étaient les plus braves paysans de la paroisse de Courlay. Je voulus la faire venir à la Boulaye, et j'allai au-devant d'elle jusqu'à la Pommeraye-sur-Sèvre où demeurait le bon M. Durand, notre médecin. Les chemins étaient impraticables en voiture; je pris le parti de monter à cheval; mais j'avais si grand'peur, qu'un homme à pied tint la bride pendant toute la route. Le lendemain, tandis que j'étais à dîner, un courrier arriva, m'apportant une lettre de M. de Lescure. J'avais su l'affaire de Saumur; mais on m'avait caché qu'il eût été blessé. Il venait d'arriver à la Boulaye, et m'écrivait lui-même pour me rassurer. Un tremblement affreux me saisit. Je ne voulus pas rester un moment de plus. Je pris un mauvais petit cheval qui se trouvait par hasard dans la cour; je ne laissai pas le temps d'arranger les étriers qui étaient inégaux, et je partis au grand galop; en trois quarts d'heure je fis trois grandes lieues de mauvais chemins. Je trouvai M. de Lescure debout; mais il avait une fièvre violente qu'il conserva plusieurs jours. Depuis, je n'ai eu aucune frayeur de monter à cheval.

La grande armée n'avait pas eu, jusqu'à ce moment, la moindre relation avec M. de Charette. M. de Lescure, ayant du loisir à la Boulaye, lui écrivit une lettre polie, pour le féliciter d'une affaire brillante et célèbre qui lui avait livré Machecoul. M. de Charette répondit par des complimens à notre armée sur ses succès, et spécialement sur la prise de

Saumur. La lettre de M. de Charette, comme celle de M. de Lescure, exprimait le désir d'établir des rapports entre les deux armées, et de combiner leurs opérations. M. de Lescure envoya aussitôt un courrier à Saumur, pour faire part aux généraux de la démarche qu'il venait de faire. Ils furent très-satisfaits des dispositions que montrait M. de Charette, et songèrent à en profiter pour concerter avec lui une attaque sur Nantes, à laquelle ils pensaient. Mon père fut chargé de négocier pour cet objet. Il commença par offrir des canons et des munitions à M. de Charette qui les accepta avec reconnaissance. Depuis, la grande armée le ravitailla plusieurs fois, ainsi que la petite troupe de M. de Lyrot; car dans le Bas-Poitou la guerre fut presque constamment défensive, au lieu que notre armée, en se portant en avant, s'emparait des magasins que les républicains avaient formés. L'entreprise sur Nantes fut convenue avec M. de Charette : il promit d'attaquer par la rive gauche.

Pour rester maître du cours de la Loire, il fallait conserver Saumur qui établissait une communication sûre entre les deux rives. On résolut donc d'y établir une garnison. Il fut d'abord question de laisser M. de Laugrenière pour la commander; mais il n'était pas assez connu dans l'armée pour inspirer de la confiance aux paysans. On invita alors M. de La Rochejaquelein à se charger de cette tâche, qui ne lui plaisait guère. Pour engager les soldats à rester, on leur promit de les nourrir et de leur donner quinze sous par jour ; il fut même dit qu'ils pourraient se relever tous les huit jours. Chaque paroisse devait toujours avoir quatre hommes à Saumur. C'est la première fois qu'on proposa une paie.

Le gros de l'armée partit. Il y avait déjà longtemps que les soldats étaient sortis de chez eux ; leur ardeur était diminuée. Stofflet, pour les déterminer à passer la Loire, fit publier, sans avoir consulté personne, que ceux qui resteraient seraient des lâches : cette mesure augmenta l'armée, mais diminua beaucoup la garnison de Saumur, qui se trouva composée de mille hommes environ. M. de La Rochejaquelein revint les commander, après avoir passé deux jours à Angers avec l'armée.

Les républicains avaient évacué Angers et tout le pays adjacent. La frayeur qu'inspiraient alors les Vendéens était si forte, que quatre jeunes gens, MM. Dupérat, Duchenier, de Boispréau et Magnan, s'en allèrent seuls à la Flèche, dix lieues en avant de l'armée. Ils entrent dans la ville, criant : *Vive le roi!* descendent à la Municipalité, annoncent que l'armée royale va se diriger sur Paris, et qu'ils arrivent avec deux mille hommes de cavalerie pour faire les logemens ; ils disent que, pour ne pas effrayer les habitans, leur escorte est demeurée à une demi-lieue ; ils se font livrer les écharpes des municipaux, les font marcher sur la cocarde, et mettent le feu à l'arbre de la liberté. Toute la ville se met en mouvement pour pourvoir à la nourriture de cette armée qui doit passer. Pendant ce temps-là, ces messieurs vont tranquillement dîner à l'auberge. Au milieu du repas, une servante leur dit : « Messieurs, un colporteur qui vient d'Angers a » dit qu'il n'avait pas rencontré votre escorte sur » la route, et l'on parle de vous arrêter. » Ils sautèrent vite sur leurs chevaux, et arrivèrent au galop à Angers, chamarrés d'écharpes tricolores, et tout fiers de leur témérité.

Comme Angers est le siége d'un évêché, l'évêque d'Agra s'y rendit pour officier solennellement. Il voyageait avec la simplicité d'un apôtre, à cheval, suivi d'un domestique qui portait sa crosse de bois. Il célébra une grand'messe ; et, pour gagner l'esprit de la ville et prouver que les prêtres ne prêchaient pas le meurtre, comme le disaient les républicains, on arrangea que l'évêque demanderait et obtiendrait la grâce de deux canonniers des bleus, que l'on avait condamnés à mort pour quelques crimes.

Le prince de Talmont, second fils du duc de la Trémoille, vint à Angers rejoindre l'armée. C'était un jeune homme de vingt-cinq ans, d'une taille très-élevée et d'une fort belle figure. Malgré sa jeunesse, il était habituellement atteint de la goutte, ce qui nuisait à son activité. Il était brave, loyal, complétement dévoué, d'un bon caractère ; mais ces excellentes qualités étaient un peu obscurcies par un air de légèreté qui lui paraissait de bon goût.

M. le prince de Talmont fut reçu avec une vive

satisfaction; on s'applaudissait d'avoir dans les rangs de l'armée un homme d'un aussi beau nom, dont la famille était depuis si long-temps presque souveraine en Poitou. Le duc de la Trémoille et la princesse de Tarente, sa belle-fille, qui était mademoiselle de Châtillon, étaient seigneurs de plus de trois cents paroisses dans cette province. M. de Talmont fut nommé sur-le-champ général de cavalerie, au grand contentement du modeste M. Forestier.

On prit la route d'Angers à Nantes; mais l'armée n'était ni très-nombreuse, ni très-animée. Beaucoup de paysans étaient retournés chez eux. MM. de Lescure et de La Rochejaquelein étaient absens, ainsi que plusieurs de leurs officiers; et les soldats qui d'ordinaire étaient sous leurs ordres, ou n'étaient pas à l'armée, ou n'y conservaient pas leur ardeur habituelle. D'ailleurs, on s'était toujours battu contre un ennemi voisin du pays et prêt à l'envahir; cette fois, ces pauvres gens ne comprenaient pas bien à quoi pourrait leur servir d'aller attaquer Nantes. Enfin on assure que le général Cathelineau n'avait pas huit mille hommes quand il arriva devant la ville.

L'armée de M. de Charette et la division de M. de Lyrot avaient au contraire un intérêt pressant de s'emparer de Nantes: c'était de là que sortaient toutes les expéditions républicaines dirigées contre le Bas-Poitou. Aussi tous les habitans s'étaient-ils réunis de ce côté, au nombre de plus de vingt-cinq mille; mais leur attaque était subordonnée à celle de la grande armée, parce que Nantes est situé en entier sur la rive droite, et qu'il y avait plusieurs bras de la Loire à traverser, dont trois étaient défendus par des ponts-levis.

On était convenu d'attaquer, le 29 juin, à deux heures du matin.

Un premier malheur empêcha la parfaite exécution de ce plan. L'armée républicaine avait laissé un fort détachement dans le bourg de Nort; contre toute attente, il se défendit dix heures de suite, et l'on arriva devant Nantes à huit heures du matin seulement. M. de Charette avait commencé à l'heure dite; et les républicains, au lieu d'avoir deux attaques à la fois à repousser, eurent le temps d'aviser aux moyens de défense et de se rassurer. Les généraux Canclaux et Beysser, qui les commandaient, mirent beaucoup de courage et de sang-froid à soutenir les efforts des Vendéens. Une partie des habitans les seconda avec zèle; cependant notre armée parvint jusque dans les faubourgs. Nantes allait succomber; les bleus commençaient à fuir par la porte de Vannes; l'intrépide Cathelineau avait même pénétré dans la ville, jusque sur la place Viarmes, à la tête de quelques centaines d'hommes : la victoire était dans nos mains. Ce fut dans ce moment décisif que deux accidens firent tout changer de face. Le général en chef tombe blessé d'une balle qui lui perce le bras et se perd dans la poitrine. Les Vendéens, désespérés, l'emportent et abandonnent le faubourg qu'il avait pris. Dans le même instant, un oubli du prince de Talmont empêcha peut-être le succès de l'entreprise.

On s'était toujours bien trouvé de laisser aux républicains des moyens de retraite ; jamais on ne les avait mis dans la position de vaincre ou de mourir. Il fut donc convenu au conseil de guerre qu'il n'y aurait aucune attaque par le chemin de Vannes, et qu'on y laisserait un libre passage. A deux heures de l'après-midi, on vit en effet des troupes de fuyards sortir de Nantes par cette route. M. de Talmont, emporté par trop d'ardeur et oubliant les dispositions adoptées par le conseil de guerre, se laissa aller à un mouvement inconsidéré ; il prit deux pièces de canon et repoussa les républicains dans la ville. Leur défense devint encore plus opiniâtre.

Les Vendéens mirent aussi dans l'attaque plus de constance qu'on ne pouvait en attendre : le combat dura dix-huit heures ; mais jamais ils ne purent reprendre l'avantage que la blessure de Cathelineau leur avait arraché. M. de Fleuriot l'aîné, qui commandait la division de Bonchamps, et plusieurs autres officiers, avaient aussi été blessés : le découragement se joignit à la fatigue, et les soldats se retirèrent à la nuit tombante. Les chefs avaient fait toute la journée les plus grands efforts pour donner aux paysans encore plus d'élan. M. de Talmont avait eu son cheval tué par un boulet ; mon père s'était trouvé tellement enveloppé du feu d'une batterie, que tout le monde l'avait cru mort.

L'armée fut dissoute en un instant ; officiers et

soldats repassèrent la Loire dans des barques, et la rive droite fut entièrement abandonnée, sans que les bleus, encore épouvantés, osassent sortir de Nantes pour les poursuivre. Dans cette malheureuse attaque on perdit peu de soldats; mais la blessure de Cathelineau fut mortelle, et c'était un bien grand désastre. M. de Fleuriot méritait aussi de vifs regrets. Tous les deux survécurent de quelques jours seulement à leurs blessures.

Pendant ce temps-là, le Bocage était aussi le théâtre de combats qui n'avaient pas été prévus. Il y avait à Amaillou, entre Bressuire et Parthenay, un petit rassemblement de paysans, qu'on avait formé pour la sûreté du pays. M. de Lescure apprit que le général Biron (duc de Lauzun) était à Niort, que son armée grossissait tous les jours, et que l'avant-garde était à Saint-Maixent, menaçant Parthenay. Il envoya sur-le-champ à Saumur, prier MM. de Beaugé, les chevaliers Beauvolliers et de Beaurepaire, de se rendre à Amaillou; lui-même, tout blessé qu'il était, voulut y aller pour veiller de près à la défense de ce poste. Il partit malade et le bras en écharpe; je l'accompagnai, ne pouvant me résoudre à le quitter dans cet état.

Nous nous arrêtâmes une nuit à Clisson, et le lendemain nous arrivâmes à Amaillou. Nous y trouvâmes M. de R***; c'était un gentilhomme d'une trentaine d'années. Pour se donner un air plus distingué, il était en habit de velours bleu, brodé en paillettes, en bourse, et un chapeau sous le bras, l'épée au côté : c'était la première fois qu'on le voyait au camp. Il dit qu'ayant appris que les chefs étaient occupés ailleurs, il avait cru devoir se rendre à Amaillou, pour y prendre le commandement du poste. M. de Lescure le remercia beaucoup; et comme il arrivait avec des officiers harassés de fatigue, il pria M. de R*** de vouloir bien encore commander le camp, et se charger du bivouac pour cette nuit-là.

Il répondit qu'un gentilhomme comme lui n'était pas fait pour coucher dehors. « Comme chef, vous » avez raison, s'écria M. de Lescure en riant. » Il ordonna aux soldats de se relayer pour le garder toute la nuit à la pluie, loin du feu : cela fut exécuté, et M. de R*** ne parut plus.

Le jour d'après, comme j'étais à me promener avec le chevalier de Beauvolliers, nous vîmes tous les paysans en rumeur; ils saisissaient deux chasseurs républicains; nous devinâmes qu'ils étaient déserteurs : en effet, ils venaient de Saint-Maixent. Leur fuite avait été aperçue, ils avaient été poursuivis l'espace de plusieurs lieues, et ils arrivaient tout essoufflés. Nos gens avaient commencé par les entourer, les uns leur disant qu'ils étaient des espions, d'autres qu'il fallait crier *vive le roi*, quelques-uns qu'il fallait les tuer. Au milieu de ce tumulte, ils étaient fort interdits : nous les prîmes sous le bras, et nous les conduisîmes à M. de Lescure qui était sur son lit; il les interrogea. Le premier répondit gaiement qu'il s'appelait Cadet; qu'on l'avait mis dans la légion du Nord, et que, voulant se battre pour le roi, il désertait. Le second, d'un air embarrassé, dit qu'il avait émigré, et qu'il était sous-officier dans le régiment de la Châtre. Sa manière de s'exprimer donna de la défiance à M. de Lescure qui recommanda de le surveiller. Bientôt après, il se distingua par son courage et son mérite ; et quand il fut estimé dans l'armée, il conta qu'il était gentilhomme d'Auvergne, qu'il s'appelait M. de Solilhac. Je ne sais pas ce qui avait pu l'engager à se cacher d'abord ; depuis, il a toujours été un des plus braves officiers de la Vendée.

La présence de M. de Lescure amena à Amaillou un grand nombre de paysans; il pensa alors qu'il fallait s'avancer et occuper Parthenay. M. Girard de Beaurepaire, qui commandait une petite division attachée à l'armée de M. de Royrand, lui fit dire qu'il viendrait se réunir à lui, et qu'il lui amènerait cent cinquante cavaliers : c'était un secours fort utile, car M. de Lescure n'avait que quinze chevaux. Cette jonction se fit à Parthenay.

On s'attendait à être attaqué. M. de Beaugé et le chevalier de Beaurepaire firent murer toutes les issues de la ville, hormis les portes de Thouars et de Saint-Maixent; deux pièces de canon furent mises à cette dernière porte; on plaça un poste avancé et des factionnaires. Il fut convenu que d'heure en heure, il partirait une patrouille qui ferait une lieue puis reviendrait, de façon qu'il y en aurait toujours une dehors. M. Girard de Beaurepaire fut chargé de veiller à l'exécution de toutes ces mesures de précaution, qui furent négligées ; il alla se coucher, et la patrouille de minuit ne partit pas. L'avant-garde des républicains, commandée par le général Westermann, arriva jusqu'à la porte : le factionnaire fut égorgé et la batterie surprise. Un nommé Goujon, l'un des six dragons qui avaient déserté, se fit tuer en défendant les pièces avec courage.

MM. de Lescure et de Beaugé s'étaient jetés sur le même lit. M. de Beaugé se leva sur-le-champ, et courut à la porte de Saint-Maixent : il la trouva abandonnée ; les paysans étaient en pleine déroute ; il reçut une balle qui lui cassa la jambe, et se trouva au milieu des bleus ; la nuit était obscure ; il ne fut pas reconnu, et, tournant à droite, il se dirigea rapidement vers la rivière. Alors on vit bien que c'était un Vendéen, et l'on fit une décharge sur lui. Il fit sauter son cheval dans l'eau et le mit à la nage ; une seconde décharge tua le cheval. Les Vendéens, qui étaient à l'autre bord, parvinrent cependant à retirer leur officier.

M. de Lescure, que sa blessure faisait beaucoup souffrir, avait eu bien de la peine à s'habiller et à se sauver : peu s'en fallut qu'il ne fût pris.

Le lendemain matin les républicains occupèrent la ville où ils n'avaient pas osé s'avancer beaucoup pendant la nuit.

M. de Lescure n'avait pas voulu que je le suivisse à Parthenay ; j'étais retournée d'Amaillou à Clisson ; il m'envoya un cavalier pour me prévenir de ce qui se passait. Cet homme arriva au grand galop, la frayeur lui avait fait perdre la tête : il se croyait poursuivi; il frappa à ma porte, et me réveilla en criant : « Madame, de la part de M. de Lescure, » sauvez-vous; nous avons été battus à Parthenay, » sauvez-vous. » L'effroi me saisit; c'est à peine si j'eus le sang-froid de demander s'il n'était rien arrivé à mon mari. Je m'habillai à la hâte, oubliant d'attacher mes robes, et je fis réveiller tout le monde; je courais dans la cour, tenant toujours ma robe; je trouvai une troupe de faucheurs; je leur dis d'aller se battre, et qu'il n'était pas temps de travailler; je saisis par le bras un vieux maçon de quatre-vingts ans; je le priai de me conduire dans une métairie dont il me semblait que j'avais oublié le chemin; j'y traînai ce pauvre homme, qui pouvait à peine marcher pendant que je courais. On vint me donner quelques détails qui calmèrent un peu ma terreur panique. Je sus qu'après le premier moment, M. de Lescure s'était retiré paisiblement, et sans être poursuivi, ni inquiété. Je montai cependant à cheval, et je partis pour Châtillon; j'y arrivai à cinq heures du soir. Je fus toute surprise, en y entrant, de ce qu'on s'empressait autour de moi en s'écriant : La voilà ! la voilà ! Le bruit s'était répandu que M. de Lescure et moi avions été pris à Parthenay : tout le monde était dans la consternation. J'allai rassurer le conseil supérieur, en racontant ce que je savais; puis je pris le chemin de la Boulaye. Je trouvai ma mère qui arrivait en voiture. Elle avait appris, par le bruit public, les fausses nouvelles qu'on répandait, et elle voulait se faire conduire à Niort pour périr avec moi sur l'échafaud. Nous fûmes bien heureuses de nous retrouver : elle ne pouvait s'en fier à ses yeux.

Cependant M. de La Rochejaquelein voyait chaque jour diminuer sa garnison de Saumur ; rien ne pouvait retenir les paysans, car ils croyaient que tout était fini, qu'il n'y avait plus rien à craindre. L'un partait après l'autre, pour aller retrouver sa métairie et ses bœufs. M. de La Rochejaquelein vit bien qu'avant peu il n'aurait pas un soldat, et il s'occupa à envoyer chaque jour dans le Bocage la poudre, l'artillerie et les munitions de tout genre. Pour faire illusion aux habitans sur la faiblesse de la garnison, il parcourait chaque nuit la ville au galop avec quelques officiers, en criant : *Vive le roi!* Enfin il se trouva, lui neuvième, à Saumur. Trois mille républicains venaient d'occuper Chinon : il fallut quitter la ville. Il restait deux canons, il les emmena ; mais à Thouars, il fut obligé de les jeter dans la rivière. Il arriva à Amaillou le jour où M. de Lescure se retirait de Parthenay.

Cependant ces deux messieurs virent bien qu'ils n'avaient pas assez de monde pour défendre ce canton ; ils se retirèrent sur Châtillon pour y assembler la grande armée. Le général Westermann, de son côté, avança avec dix mille hommes environ ; il entra à Parthenay ; de là il vint à Amaillou sans éprouver de résistance ; il fit mettre le feu au village : c'est là le commencement des incendies des républicains ; Westermann marcha ensuite sur Clisson ; il savait que c'était le château de M. de Lescure ; et s'imaginant qu'il devait trouver une nombreuse garnison et éprouver une défense opiniâtre, il avança avec tout son monde, non sans de grandes précautions, pour attaquer ce château du chef des brigands : il arriva vers neuf heures du soir. Quelques paysans, cachés dans le bois du jardin, tirèrent des coups de fusil, qui effrayèrent beaucoup les républicains ; mais ils saisirent quelques femmes, et surent qu'il n'y avait personne à Clisson qui d'ailleurs n'était susceptible d'aucune défense. Alors Westermann entra, et écrivit de là une lettre triomphante à la Convention, en lui envoyant le testament et le portrait de M. de Lescure. Cette lettre fut mise dans les gazettes. Il ne voulut pas renoncer à ce qu'il avait imaginé d'avance, et il manda qu'après avoir traversé une multitude de ravins, de fossés, de chemins couverts, il était parvenu au repaire de ce monstre, vomi par l'enfer, et qu'il allait y mettre le feu. En effet il fit apporter de la paille et des fagots dans les chambres, les greniers, les écuries, la ferme, et prit toutes ses mesures pour que rien n'échappât à l'incendie.

M. de Lescure, qui avait bien prévu cet événement, avait donné, long-temps auparavant, l'ordre de démeubler le château ; mais apprenant l'effroi que cette nouvelle avait répandu dans les environs, et que les habitans abandonnaient leurs métairies, il craignit l'effet que cette précaution produirait sur le pays, et ne fit rien enlever de Clisson : ainsi le château fut brûlé avec les meubles, et absolument tout ce qu'il renfermait; des provisions énormes de blé et de foin ne furent pas même épargnées; il en fut de même partout. Les armées républicaines brûlaient nos provisions et écrasaient les environs du pays insurgé par leurs réquisitions.

J'étais allée dîner à Châtillon avec ces messieurs, le jour où l'on vint leur apprendre l'incendie de Clisson : cela ne nous fit pas grand effet, il y avait long-temps que nous nous y attendions; mais ce qui était important, c'était la marche de Westermann, qui s'était sur-le-champ avancé à Bressuire, et qui se dirigeait sur Châtillon. L'armée était dissoute; les soldats avaient repassé la Loire la veille seulement, revenant de Nantes. Les incendies des bleus effrayaient les paysans; ils voulaient, avant de se battre, mettre en sûreté leurs femmes, leurs enfans et leurs bestiaux; enfin les chefs étaient dans le plus grand embarras. On se mit à écrire des réquisitions et à faire partir des courriers pour les porter. On manquait de chevaux. M. de Lescure me chargea d'aller dans les paroisses de Treize-Vents et de Mallièvre, près la Boulaye, remettre les ordres pour le départ. Je partis au galop; j'arrivai à Treize-Vents, je fis sonner le tocsin, je remis la réquisition au conseil de la paroisse, et je haranguai de mon mieux les paysans. J'allai de là à Mallièvre en faire autant.

J'envoyai des exprès dans les paroisses voisines, et je retournai ensuite à la Boulaye auprès de ma mère que j'avais fait prévenir.

Westermann ne laissait pas à nos mesures le temps de produire de l'effet; il avançait toujours. MM. de Lescure et de La Rochejaquelein ne purent pas rassembler trois mille hommes : cependant, espérant faire illusion sur leurs forces, ils voulurent essayer de défendre les hauteurs du Moulin-aux-Chèvres; mais les soldats étaient mal disposés, et presque toujours ils perdaient courage, quand, au lieu d'attaquer, ils étaient forcés de se défendre. Le poste fut emporté par les républicains; il fallut se replier et abandonner Châtillon qui n'a aucun moyen de défense. A ce combat, M. de la Bigotière, émigré, eut un bras fracassé par un boulet. Il ne voulut pas que les paysans se détournassent de combattre pour le secourir; il se cacha dans une chaumière, y resta quelques momens évanoui; et le soir il se rendit à pied dans un village. On le conduisit à Chollet. Il eut le bras coupé; un mois après, étant à peine guéri, il revint à l'armée, et fut encore blessé.

Pendant ce combat, suivant la coutume, toutes les femmes priaient Dieu en attendant l'événement. Nous écoutions attentivement le bruit du canon, et son éloignement nous fit juger de la position de l'armée : bientôt je l'entendis gronder plus vivement et se rapprocher de plus en plus. La peur me saisit; je me mis à courir sans rien attendre; je traversai la Sèvre à Mallièvre; puis, entrant dans une chaumière, je me fis habiller en paysanne de la tête aux pieds, choisissant de préférence les haillons les plus déchirés; ensuite j'allai rejoindre ma mère et les habitans de la Boulaye, qui me suivaient plus tranquillement et que je retrouvai hors de Mallièvre : nous prîmes la route des Herbiers. En chemin, M. de Concise vint nous prier de nous arrêter chez sa belle-sœur, au château de Concise : nous y rencontrâmes M. de Talmont et mon père, qui arrivaient de Nantes. Madame de Concise n'était pas encore faite aux mœurs vendéennes; nous la trouvâmes qui mettait du rouge et qui affectait une attaque de nerfs : du reste, elle nous reçut fort bien. Le lendemain nous allâmes aux Herbiers, et l'on me décida à quitter mon singulier costume. Ma mère fut très-malade de toute cette crise. Elle avait sur elle beaucoup d'empire; dans le moment du danger, elle conservait du sang-froid; mais après, elle payait par beaucoup de souffrances la violence qu'elle s'était faite : bien différente de moi, qui ne savais point arrêter mon premier mouvement, et qui, après le péril passé, ne conservais pas même de l'inquiétude.

CHAPITRE X.

Reprise de Châtillon. — Combats de Martigné et de Vihiers. — Élection de M. d'Elbée. — Attaque de Luçon.

Westermann occupa Châtillon; il ne fit aucun mal aux habitans : six cents républicains étaient en prison; il leur rendit la liberté. Dès le lendemain, il envoya un détachement brûler le château de la Durbelière, appartenant à M. de La Rochejaquelein : c'était un vaste et antique bâtiment, caché au milieu des bois et entouré de larges fossés : aussi les bleus avancèrent avec plus de crainte encore qu'à Clisson, et ils se retirèrent précipitamment après y avoir mis le feu; alors les paysans vinrent arrêter l'incendie (1).

Cependant les généraux rassemblaient en toute hâte la grande armée à Chollet; c'était de ce côté que Westermann attendait l'attaque, et il avait pris ses précautions en conséquence; mais nos gens passèrent la Sèvre à Mallièvre, et arrivèrent auprès de Châtillon au moment où Westermann, y pensant

---

(1) Le feu y a été mis cinq fois.

le moins, faisait chanter un *Te Deum* par l'évêque constitutionnel de Saint-Maixent. Les Vendéens étaient nombreux et animés d'un vif ressentiment : la prise de Châtillon et les incendies leur avaient inspiré une sorte de rage. Les bleus étaient campés sur une hauteur auprès d'un moulin à vent : les paysans se glissèrent en silence autour d'eux ; le feu commença : les républicains, effrayés de se voir attaqués de plusieurs côtés, ne tinrent pas long-temps, le poste fut emporté et les canonniers tués sur leurs pièces ; en un instant la déroute et le désordre furent complets; les caissons et les canons se culbutèrent dans la descente rapide qui mène à Châtillon ; les renforts que Westermann envoyait furent emportés par des fuyards : lui-même n'eut pas le temps de se montrer, et fut heureux de pouvoir s'enfuir précipitamment à la tête de trois cents cavaliers.

La fureur des paysans s'accrut encore par le combat et la victoire ; ils ne voulaient pas faire quartier; les chefs avaient beau crier aux républicains : « Rendez-vous, on ne vous fera pas de mal, » les soldats ne massacraient pas moins. Quand on fut parvenu dans la ville, le carnage devint plus affreux encore. M. de Lescure, qui commandait l'avant-garde, avait traversé Châtillon en poursuivant les fuyards, et il avait ordonné, en passant, d'enfermer plusieurs centaines de prisonniers : les paysans, au lieu d'obéir, se mirent à les égorger; M. de Marigny les conduisait. M. d'Elbée et d'autres qui voulurent s'y opposer, furent mis en joue par leurs soldats. On courut raconter ces horreurs à M. de Lescure qui arriva aussitôt. Une soixantaine de prisonniers qu'il venait de faire, s'étaient jetés autour de lui; ils s'attachaient à ses habits et à son cheval. Il se rend à la prison, le désordre cesse : les soldats le respectaient trop pour ne pas lui obéir; mais M. de Marigny, hors de lui, s'avança en lui criant : « Retire-toi, que je tue ces » monstres; ils ont brûlé ton château. » M. de Lescure lui ordonna de cesser, ou qu'il allait défendre les prisonniers contre lui-même; il ajouta : « Marigny, tu es trop cruel; tu périras par l'épée. » Le massacre fut ainsi arrêté à Châtillon; mais beaucoup de malheureux fuyards furent assommés dans les métairies où ils s'égaraient. L'incendie du village d'Amaillou et celui de nos deux châteaux, premières atrocités de ce genre que les républicains eussent commises, avaient inspiré à nos paysans cette ardeur de vengeance. Depuis ils s'y accoutumèrent, pour ainsi dire, et revinrent à leur douceur naturelle.

Pendant le combat, M. Richard, médecin breton, voyant un hussard se précipiter sur M. de Lescure, se jeta au-devant, et reçut dans l'œil une balle qui sortit derrière le cou. On parvint à lui sauver la vie à force de soins.

On fit plus de quatre mille prisonniers; le reste fut tué. Tous les bagages de l'armée républicaine tombèrent entre les mains des Vendéens; la voiture même de Westermann fut prise. Quatre jeunes officiers eurent l'étourderie de briser le coffre de cette voiture. Le bruit se répandit alors qu'ils y avaient trouvé beaucoup d'argent, et se l'étaient partagé. Mais M. de Lescure ayant dit au conseil que l'un des quatre, le brave M. Dupérat, lui avait donné sa parole d'honneur qu'il n'y avait rien dans le coffre, l'estime générale qu'inspirait cet excellent officier empêcha de donner suite à ces propos ; ce qui fut bien honorable pour lui.

On retrouva à Châtillon M. de la Trésorière, que les Vendéens avaient mis en prison comme soldat républicain, et que Westermann avait délivré. Il avait rendu de fort bons offices à la ville, en réclamant pour elle auprès du général, et témoignant pour les habitans. Au lieu de se sauver avec les bleus, il revint se constituer prisonnier, et demanda instamment qu'on eût confiance en lui et qu'on l'admît dans l'armée vendéenne comme simple soldat. Il s'y conduisit toujours avec valeur, et fut bientôt officier.

Nous attendions aux Herbiers l'issue de la bataille avec une grande anxiété. Dès que nous sûmes qu'elle avait été gagnée, nous revînmes à la Boulaye. M. de Lescure vint aussi y soigner sa blessure qui le faisait encore beaucoup souffrir.

Après quelques jours de repos, on apprit que les républicains, changeant leurs plans, allaient attaquer la Vendée par un autre point, et entrer par le pont de Cé, en Anjou. On commença à faire des préparatifs de défense et à rassembler les soldats.

Le 15 juillet, l'armée républicaine, après avoir passé les ponts de Cé, arriva par Brissac jusqu'auprès de Martigné. Toute l'armée vendéenne était rassemblée; M. de Bonchamps commandait sa division en personne : c'était sa première sortie depuis sa blessure de Fontenay. Il fut d'avis, ainsi que M. de Lescure, de marcher toute la nuit et de prendre le chemin le plus court pour aller à la rencontre de l'ennemi, afin de n'avoir pas à combattre pendant la chaleur qui était extrême en ce moment-là. Un vieux M. de L***, qui était venu à l'armée cette fois, et qu'on n'y a pas revu depuis, insista fortement pour qu'on choisît une autre route plus longue, et assura que l'attaque serait plus avantageuse de ce côté-là. Il avait soixante-dix ans, une ancienne réputation de bon militaire : on se rangea à son avis.

Les paysans eurent trois lieues de plus à faire ; ils arrivèrent à Martigné excédés de fatigue : la chaleur était étouffante. L'avantage fut d'abord du côté des Vendéens, ils s'emparèrent de cinq pièces de canon; mais M. de Marigny, ayant voulu tourner l'ennemi à la tête d'un détachement de cavalerie, se trompa de chemin et revint au galop. La poussière empêcha nos gens de distinguer ceux qui arrivaient sur eux ; ils crurent que les ennemis les chargeaient, et se retirèrent emmenant trois pièces de canon ennemi. On fit de vains efforts pour les ramener ; la chaleur leur ôtait toute activité. M. de Bonchamps fut atteint d'une balle qui lui fracassa le coude ; un des bons officiers de sa division, Vannier, valet de chambre de M. d'Autichamp, fut grièvement blessé.

Les républicains, qui souffraient aussi de la chaleur, ne poursuivirent pas, et les Vendéens perdirent peu de monde au combat; mais la soif et la chaleur firent périr une cinquantaine de paysans, qui imprudemment burent avec avidité des eaux corrompues. M. de Lescure, qui était épuisé de fatigue, et qui avait beaucoup crié pour exciter les soldats, ne trouvant ni vin, ni eau-de-vie, but aussi de cette eau; il se trouva mal, et demeura évanoui pendant deux heures.

MM. de Lescure et de La Rochejaquelein retournèrent à Chollet pour rassembler les paysans et recommencer une nouvelle attaque. Les républicains continuèrent leur mouvement, entrèrent à Vihiers, et de-là avancèrent sur Coron. Ces messieurs se hâtèrent d'envoyer du monde de ce côté. Heureusement toutes les paroisses de ce canton-là étaient très-peuplées, et fournissaient, pour ainsi dire, les meilleurs soldats de l'armée. Le 17, l'ennemi arrêta sa marche, et le 18, comme il y avait déjà beaucoup de paysans assemblés, on attaqua les bleus qui s'avançaient du côté de Vihiers. MM. de Lescure et de La Rochejaquelein n'étaient pas encore arrivés, il n'y avait que des officiers; aucun chef ne se trouvait là. L'abbé Bernier persuada aux soldats que leurs généraux étaient présens; il donna d'excellens conseils, et ce fut lui, en quelque sorte, qui dirigea le mouvement. MM. de Piron, Forestier, de Villeneuve, Keller, de Marsange, Forêt, Herbault, Guignard, conduisirent les soldats avec habileté et courage. Au bout de trois quarts d'heure, les républicains furent mis en déroute et abandonnèrent leurs canons et leurs munitions : le général Santerre, qui les commandait, s'enfuit des premiers. On savait qu'il était là, et les Vendéens avaient un vif désir de prendre l'homme qui avait présidé au supplice du roi ; on voulait l'enchaîner dans une cage de fer. Forêt se lança à la poursuite de Santerre, et allait le saisir, lorsque celui-ci parvint à faire franchir à son cheval un mur de six pieds. M. de Villeneuve manqua aussi de prendre le représentant Bourbotte qui sauta de son cheval derrière une haie. Les bleus, en fuyant, eurent la folle barbarie de brûler la ville de Vihiers. Les Vendéens ne l'eussent pas fait ; mais ils ne purent éprouver aucun regret sur le sort de cette ville, car elle avait toujours favorisé les républicains. Trois maisons furent sauvées par hasard, dont une appartenait au seul royaliste qui fût à Vihiers.

M. de Lescure et de La Rochejaquelein, entendant le canon, pensèrent bien que l'attaque avait été, contre leur attente, avancée de vingt-quatre heures ; ils arrivèrent en toute hâte, et trouvèrent les paysans qui emmenaient des canons. M. de Lescure demanda ce que c'était : « Comment ! mon
» général, vous n'étiez donc pas à la bataille ?
» c'est donc M. Henri qui nous commandait ? »

D'autres en disaient autant à M. de La Rochejaquelein. Les officiers vinrent expliquer aux généraux qu'on s'était servi de leur nom pour encourager les soldats.

La défaite des républicains avait été si complète, que le pays en était entièrement délivré; ils avaient regagné Saumur.

Le quartier-général revint à Châtillon : j'allai y dîner; et ce jour-là, je fus témoin d'une scène qui montrera quel était le caractère des soldats vendéens. Un officier avait mis en prison deux meuniers de la paroisse des Treize-Vents, qui avaient commis quelque faute; c'étaient de bons soldats, aimés de leurs camarades. Tous les paysans qui se trouvaient à Châtillon commencèrent à murmurer hautement, disant qu'on les traitait avec trop de dureté. Quarante hommes de la paroisse allèrent se consigner en prison; ils répétaient qu'ils étaient aussi coupables que les meuniers. Le chevalier de Beauvolliers vint me raconter ce qui se passait, et m'engagea de solliciter la grâce de ces deux hommes auprès de M. de Lescure, qui ne voulait pas avoir l'air de céder à cette rumeur, et qui m'envoyait chercher pour la lui demander. Je vins sur la place; je dis aux paysans que je rencontrai, que je m'intéressais à leurs camarades, parce que le château de la Boulaye était de la paroisse des Treize-Vents. M. de Lescure arriva comme par hasard; je le suppliai publiquement de leur rendre la liberté. Il fit semblant de se faire prier, et m'accorda ma

demande. J'allai moi-même à la prison, suivie de tout le peuple; je fis sortir les prisonniers. « Ma-
» dame, nous vous remercions bien, me dirent
» les gens de Treize-Vents; mais cela n'empêche
» pas qu'on a eu tort de mettre les meuniers en
» prison; on n'avait pas ce droit-là. » Tels étaient nos soldats, aveuglément soumis au moment du combat, et hors de là, se regardant comme tout-à-fait libres.

Cependant, le 14 juillet, le brave Cathelineau avait succombé à sa blessure où la gangrène s'était mise. Un de ses parens se présente au peuple assemblé devant la maison, et lui dit : « *Le bon*
» *Cathelineau a rendu l'ame à celui qui la lui avait*
» *donnée pour venger sa gloire.* » Quelles paroles simples et profondes la religion suggère à un paysan (1) ! On parla de le remplacer; on sentit combien il serait avantageux de nommer un général qui commandât en chef, non pas seulement la grande armée, mais aussi toutes les insurrections vendéennes. Ce fut en effet dans cette intention qu'on procéda à l'élection; mais elle fut faite tout de travers; au lieu de convoquer les députés de toutes les divisions, tout s'arrangea par une petite intrigue de M. d'Elbée. Quelques officiers peu marquans des divisions de MM. de Charette, de Bonchamps et de Royrand, se rassemblèrent avec

---

(1) Ceci est tiré de la *Vie de Cathelineau*, ouvrage curieux et touchant, imprimé en 1821.

un grand nombre d'officiers de la grande armée : ils convinrent qu'on écrirait cinq noms sur chaque billet, et que celui qui réunirait le plus de suffrages serait généralissime; les quatre suivans seraient chargés de commander, chacun à leur rang, en l'absence du général en chef, et devaient se choisir chacun un commandant en second. Le conseil de guerre devait être formé de ces neuf personnes, et décider de toutes les opérations. Ce fut M. d'Elbée qui présida à tout cet arrangement. M. de Bonchamps, qui, suivant l'opinion de tous les gens sensés, devait être nommé, était retenu à Jallais par ses blessures, et sa division était restée en Anjou. M. de Charette ignorait presque que l'on s'occupât d'une pareille nomination; M. de La Rochejaquelein ne s'en occupait pas; M. de Lescure était malade, et fort étranger à toute espèce de menée, de même que mon père. On laissa M. d'Elbée placer en foule, dans les électeurs, les officiers subalternes qui lui étaient attachés. Comme il n'y avait ni grade ni rang bien déterminés, on ne savait guère qui devait obtenir ce privilége ou en être exclu.

Bref, M. d'Elbée fut nommé généralissime. Les quatre généraux de division furent MM. de Bonchamps, de Lescure, de Donissan et de Royrand.

M. de Lescure choisit pour second M. de La Rochejaquelein ; M. de Royrand choisit, je ne sais pourquoi, M. de C*** ; M. de Bonchamps ne choisit personne, à ce que je crois. Pour mon père,

voyant que dans une formation générale de l'armée, on oubliait M. de Charette, il le nomma. M. de Charette fut sensible à cette marque d'égards de mon père ; mais il trouva tout cet arrangement de nomination fort plaisant. M. de Bonchamps écrivit de son lit ce peu de mots à M. d'Elbée : « Monsieur,
» je vous fais mon compliment sur votre élection ;
» ce sont probablement vos grands talens qui ont
» déterminé les suffrages. » Il n'en vécut pas moins bien avec lui par la suite.

Cette nomination de M. d'Elbée parut singulière : on se borna à en plaisanter. C'était un homme de cœur, plein de sentimens vertueux ; et comme on était sûr qu'il ne gênerait personne, qu'il laisserait chacun faire à sa guise, tout aise de porter le titre de généralissime, et bornant là toute son ambition, on ne songea pas à renverser ce qui venait d'être fait ; on savait très-bien que tout resterait comme par le passé, malgré ce qui avait été statué. De son côté, M. d'Elbée, pour se faire pardonner son élection et pour montrer de l'affabilité, redoubla de révérences et de complimens ; il les prodiguait au moindre aide-de-camp.

M. de Talmont continua à commander la cavalerie, et M. de Marigny l'artillerie ; il s'adjoignit M. de Perault, qui était venu à l'armée depuis quelque temps : c'était un officier de ce que l'on appelait autrefois les troupes bleues de la marine, chevalier de Saint-Louis, qui avait cinquante ans ou environ. Il montra constamment beaucoup de bravoure, de mérite et de modestie. MM. de Marigny et de Perault, uniquement occupés de leurs devoirs, sont restés toujours unis, sans jalousie et sans rivalité.

Beaucoup d'autres officiers étaient venus successivement se réunir aux Vendéens. C'est un devoir et une consolation pour moi de placer ici leurs noms, et de contribuer, autant qu'il est en moi, à l'honneur de leur mémoire. Je voudrais n'en omettre aucun; mais c'est impossible. M. de Lacroix, émigré, chevalier de Saint-Louis, était très-brave, fort bon homme et sans aucune prétention : M. Roger Moulinier était actif, dur et strict ; les soldats le craignaient et avaient confiance en lui, à cause de son excessive bravoure : le chevalier Durivault, de Poitiers, était fort jeune ; M. de Lescure le choisit pour aide-de-camp, et n'eut jamais qu'à s'en louer : un frère de MM. de Beauvolliers, âgé de quinze ans, vint les retrouver; la première fois qu'il vit le feu, il ne se montra pas ferme ; M. de Beauvolliers l'aîné le fit venir devant tout le monde, et lui reprocha publiquement sa conduite ; depuis, il a toujours été digne de sa famille.

J'ajouterai aux noms de ces officiers que j'ai eu l'occasion de connaître plus particulièrement, ceux de MM. de Chantereau, de Dieuzy, Caquerey, Bernès, pages du roi ; MM. Beaud de Bellevue, Bernard, de Cérizais ; Blouin, Bonin, des Aubiers ; Pallierne, Frey, de Brunet, de Brocour, Genest, de Josselin, Morinais, de Nesde, de la Pelouze, de Saujeon frères; Tranquille, d'Izernay, Valois, Texier frères, de Courlay; un autre Texier, canonnier, bien connu dans l'armée par sa bravoure, etc.

Dans les commencemens, tous les déserteurs des troupes républicaines devenaient officiers ou cavaliers dans l'armée vendéenne; mais le nombre des fantassins étant devenu assez considérable, bien qu'il ne l'ait jamais été beaucoup, on en forma trois compagnies : l'une française, commandée par M. de Fé; l'autre allemande, la troisième suisse. Chacune était de cent vingt hommes ou environ; elles faisaient une sorte de service régulier à Mortagne où étaient les magasins. La compagnie suisse était presque entièrement composée de fugitifs d'un détachement du malheureux régiment des gardes : ils étaient en garnison en Normandie, pendant qu'on massacrait leurs camarades au 10 août; ils respiraient la vengeance, et chacun d'eux se battait héroïquement. M. Keller, suisse, un des plus courageux et des plus beaux hommes de l'armée, était leur commandant. Ces compagnies ne combattaient pas en ligne; elles se seraient fait écraser si elles ne s'étaient pas dispersées à la manière des paysans.

Tout de suite après l'élection de M. d'Elbée, on retourna attaquer les républicains. La division de M. de Bonchamps les avait battus deux fois, et leur avait fait repasser la Loire. MM. d'Elbée et de La Rochejaquelein se portèrent sur Thouars, et trouvèrent peu de résistance de ce côté-là ; Henri fit même une excursion jusqu'à Loudun. Pendant ce temps-là, M. de Lescure, qui ne se portait pas bien, était resté à la Boulaye ; il y reçut une lettre d'un officier de l'armée de M. de Royrand, par laquelle on demandait instamment des secours à la grande armée. Cette division avait quelquefois agi de concert avec nos généraux. Dans les commencemens de la guerre, elle avait eu un succès éclatant à Chantonnay ; depuis elle avait défendu, contre quelques attaques, le pays de Montaigu et la route de Fontenay à Nantes ; elle avait essayé une fois, sans succès, d'entrer à Luçon. M. de Royrand était un homme de grand mérite, et avait quelques officiers distingués : MM. Sapinaud de la Verrie, Béjarry frères, de Verteuil, de Grelier, etc. ; mais il comptait avec eux des officiers qui avaient peu d'ardeur et de capacité. Pour les soldats, ils passaient pour les moins courageux de tout le pays insurgé.

Les républicains sortirent de Luçon ; ils attaquèrent successivement le Pont-Charron et Chantonnay, toujours avec succès ; ils prirent et ils égorgèrent M. Sapinaud de la Verrie. C'était une suite de revers dont on faisait le récit à M. de Lescure. Il partit sur-le-champ pour aller trouver M. de Royrand. La lettre qu'il avait reçue racontait d'une façon si déplorable la détresse de cette division, qu'il vit bien qu'on ne pouvait trop se hâter d'amener à M. de Royrand des soldats et des officiers.

Il rendit compte de son départ aux autres généraux qui se trouvaient alors à Argenton; ils vinrent le joindre aux Herbiers, et l'armée s'y rassembla.

Les républicains se retirèrent jusqu'à Luçon : on les y attaqua. Le combat tourna d'abord à l'avantage des Vendéens ; mais quelques soldats et même des officiers s'étant mis à piller dans les maisons voisines, mirent du désordre dans l'armée : l'ennemi en profita. Nos généraux ne purent rallier les soldats ni ramener la victoire, malgré leurs efforts courageux. M. de Talmont se distingua beaucoup à la tête de la cavalerie, et sa fermeté contribua à sauver l'armée. M. de Lescure eut son cheval blessé ; M. d'Elbée courut quelques risques d'être pris.

Cette marche de l'armée ne servit donc qu'à recouvrer le poste important de Chantonnay. Le rassemblement avait été précipité et peu nombreux : c'était le moment de la moisson ; les paroisses ne pouvaient pas fournir autant de monde. Cependant il est sûr que l'affaire de Luçon aurait eu une autre issue, sans le désordre auquel deux ou trois officiers participèrent. On voulut faire passer les coupables au conseil de guerre; mais on craignit de mécontenter les soldats, et on ne voulut pas avoir à faire un exemple sur des officiers d'une classe inférieure. Il fallait tant de ménagemens pour conserver la bonne volonté de l'armée, que la discipline n'était pas facile à maintenir : heureusement les cas où il aurait fallu punir étaient fort rares. On cassa néanmoins un officier ; et on annonça que la déroute était une punition de Dieu.

CHAPITRE XI.

Arrivée de M. Tinténiac. — Seconde bataille de Luçon. — Victoire de Chantonnay.

Après la bataille de Luçon, l'armée rentra dans son pays pour le défendre ; car on commençait à attaquer la Vendée sans relâche, de tous les côtés. La division Bonchamps protégeait l'Anjou et la rive gauche de la Loire ; M. de La Rochejaquelein était posté du côté de Thouars et de Doué ; M. de Lescure forma un camp à Saint-Sauveur, près de Bressuire ; M. de Royrand occupait Chantonnay, et ses forces étaient concentrées au camp de l'Oie, comme auparavant ; M. de Charette faisait en ce moment-là une guerre plus active. Sur tous ces points les succès étaient partagés ; mais les républicains ne réussissaient pas à pénétrer dans le Bocage.

On avait défendu aux paysans de conduire des bestiaux aux marchés, dans les villes qui n'étaient pas au pouvoir des Vendéens. M. de Lescure sut que, malgré cet ordre, les marchés de Parthenay étaient fort bien approvisionnés ; il y fit une excursion, et tous les bestiaux qui étaient en vente furent saisis et envoyés à Châtillon. Il courut ce jour-là un

assez grand danger. Il passait dans une rue, causant avec M. de Marsanges, à la tête de quelques cavaliers ; un gendarme qui était à cheval, caché derrière la porte d'une cour, la fit ouvrir brusquement, et lui tira un coup de pistolet presque à bout portant : la balle passa entre lui et M. de Marsanges ; les cavaliers tuèrent le gendarme qui s'enfuyait au galop. On avait fait depuis quelque temps une proclamation pour annoncer aux républicains qu'on userait toujours d'exactes représailles. Parthenay devait, suivant cet ordre, être brûlé, puisque plusieurs de ses habitans avaient suivi Westermann, lorsqu'il avait allumé les premiers incendies. M. de Lescure assembla les habitans et leur dit : « Vous êtes bien heureux que ce soit
» moi qui prenne votre ville, car suivant notre
» proclamation, je devrais y mettre le feu ; mais
» comme vous l'attribueriez à une vengeance per-
» sonnelle pour l'incendie de Clisson, je vous fais
» grâce. » Toutefois, il emmena en ôtage deux femmes des administrateurs, et parut disposé à fermer les yeux sur le pillage, quoiqu'il y répugnât beaucoup. Quelques soldats en profitèrent pour faire du dégât dans plusieurs maisons ; mais aucune violence ne fut faite à personne : au point qu'une femme ayant été tuée par hasard à sa fenêtre, les Vendéens s'en montrèrent désespérés et donnèrent mille francs à sa famille. Je ne sais si je dois ajouter ici pour l'honneur de nos armées, que, sur les représailles, la proclamation n'a

jamais été exécutée; il nous répugnait trop d'imiter les incendies, les massacres et les cruautés des bleus; et cette vérité est si évidente, que personne n'a osé nous en accuser.

Cependant on sentit qu'il fallait réparer d'une manière éclatante la défaite de Luçon, en revenant à la charge avec plus de forces, et en prenant de meilleures mesures. La division de M. de Bonchamps fut laissée pour défendre l'Anjou; et il fut résolu que l'opération serait concertée entre MM. de Charette, de Royrand et les généraux de la grande armée. Chacun tâcha de rassembler, dans son canton, le plus de soldats possible. M. d'Elbée quitta Châtillon pour aller réunir les gens du côté de Beaupréau.

Ce fut à ce moment que M. le chevalier de Tinténiac arriva d'Angleterre, envoyé par le gouvernement auprès des chefs de l'insurrection. Un bateau pêcheur l'avait débarqué seul, pendant la nuit, sur la côte de Saint-Malo. Il connaissait mal les chemins; il n'avait pas même de faux passe-ports. A trois heures du matin il traversa le bourg de Château-Neuf: on lui cria *qui vive;* il répondit *citoyen,* et passa. Quand le jour fut venu, ne sachant comment se diriger, il aborda un paysan. Après quelques paroles, il pensa qu'il pouvait se confier à lui; et, racontant qu'il était émigré et cherchait les moyens de passer dans la Vendée, il remit son sort entre ses mains. Le paysan l'emmena dans sa cabane, l'y garda deux jours, rassembla la municipalité pour

lui rendre compte de ce qui venait de lui arriver.
Toute cette partie de la Bretagne était tellement
ennemie de la révolution, que, dans la plupart des
paroisses, il ne se trouvait pas un homme d'une autre
opinion : c'était d'ordinaire les municipaux qui
étaient les plus zélés; aussi les municipalités s'assemblaient dans ce pays-là dès qu'il y avait quelque chose à résoudre contre le parti républicain.
On fit déguiser M. de Tinténiac et on lui donna
un guide. De paroisse en paroisse, il trouva toujours des secours et des guides jusqu'au bord de
la Loire; et après avoir fait cinquante lieues à pied
en cinq nuits, il eut encore le bonheur d'être adressé à des bateliers sûrs et de traverser la rivière
malgré les barques canonnières des républicains.
Il débarqua auprès du camp de la division de
M. de Lyrot; de-là M. de Flavigny, officier de
cette division, conduisit M. de Tinténiac à la Boulaye où l'on était sûr de trouver une grande partie de l'état-major.

Jusqu'alors les insurgés n'avaient eu aucune
communication avec l'Angleterre. M. de Charette, pendant le temps qu'il avait eu Noirmoutier, avait envoyé un des MM. de la Roberie qui
périt dans la traversée. Un M. de la Godellière
avait annoncé qu'il arrivait d'Angleterre, mais
qu'il avait perdu ses papiers : aussi on n'avait
pas eu de confiance en lui; seulement, en s'en
retournant, il avait été chargé d'une lettre insignifiante. Depuis, on n'avait rien su de lui, et

on croyait qu'il s'était noyé : ce qui en effet était vrai.

M. de Tinténiac était d'une des meilleures maisons de Bretagne. Il avait trente ans; il était petit, sa figure était vive et animée; il portait ses dépêches dans deux pistolets où elles servaient de bourre. Il trouva à la Boulaye mon père, M. de Lescure, M. de La Rochejaquelein, l'évêque d'Agra et le chevalier Desessarts. Ces messieurs lui montrèrent d'abord un peu de défiance, et lui témoignèrent quelque surprise qu'on n'eût pas chargé un émigré du pays d'une telle mission; M. de Tinténiac répondit que quelques-uns l'avaient refusée : « D'ailleurs, Messieurs, dit-il, je ne vous cache-
» rai pas qu'outre mon attachement à notre cause,
» des motifs particuliers m'ont porté à solliciter vi-
» vement cette dangereuse commission. J'ai eu une
» jeunesse orageuse et digne de blâme; j'ai voulu
» réparer mes fautes par quelque action glo-
» rieuse. »

Il remit ses dépêches; elles étaient expédiées par M. Dundas et par le gouverneur de Jersey; elles contenaient des louanges de la bravoure et de la constance des insurgés, et montraient un vif désir de les secourir par toute espèce de moyens; mais ne sachant aucun détail sur la Vendée, les Anglais faisaient neuf questions, auxquelles ils demandaient des réponses précises. Leur ignorance était si complète sur tout ce qui nous concernait, que les lettres étaient adressées à M. Gaston, ce perruquier qui avait été tué au commencement de la guerre. M. de Tinténiac nous dit qu'on supposait à Londres que ce M. Gaston était un officier qui avait commandé à Longwy. Nous fûmes bien surpris de voir les Anglais si peu instruits. Il y avait déjà long-temps que les proclamations de nos généraux avaient été mises dans les journaux; il fallait que les Anglais, au milieu de leur zèle pour la cause royale, eussent une grande indifférence pour les affaires du continent, ou que quelque motif les portât à feindre cette ignorance.

On demandait quel était le véritable but de notre révolte et la nature de nos opinions? Quelle occasion avait fait soulever le pays? Pourquoi nous n'avions pas cherché à établir des rapports avec l'Angleterre? Quelles étaient nos relations avec les autres provinces ou les puissances du continent? Quelle était l'étendue du territoire insurgé? Le nombre de nos soldats? Quelles étaient nos ressources en munitions de tout genre? Comment nous avions fait pour nous les procurer? Enfin quelle espèce de secours nous demandions, et quel lieu nous semblait convenable pour un débarquement.

Les dépêches étaient écrites avec un ton de bonne foi et une sorte de crainte que nous rejetassions les offres de l'Angleterre; il y avait aussi de l'incertitude sur nos projets. On ne savait pas si nous défendions l'ancien régime, les opinions de l'Assemblée constituante ou la faction des Girondins.

La confiance s'établit bientôt entre nos généraux et M. de Tinténiac ; il vit que nous étions de purs royalistes, et dissipa aussi tous nos doutes sur son compte. Alors il nous parla à cœur ouvert, en quittant la réserve que lui imposait son caractère d'envoyé anglais : il nous dit qu'on ne savait rien de précis sur la Vendée en Angleterre ; qu'on supposait qu'environ quarante mille hommes de troupes de ligne révoltés en formaient le noyau ; qu'en général on croyait cette insurrection pareille à celle de Normandie, et excitée par les républicains du parti girondin. Nous sûmes que les princes n'étaient pour rien dans sa mission ; aucun n'était alors en Angleterre. Il nous assura que le gouvernement anglais se montrait bien disposé à nous secourir ; que tout semblait prêt pour un débarquement. Cependant il n'avait pas une foi entière dans toutes ces apparences ; il était mécontent de la conduite du cabinet anglais envers les émigrés, parce que beaucoup d'entre eux avaient voulu passer de Jersey à la côte pour chercher à nous rejoindre, et qu'un ordre du gouvernement avait défendu aux pilotes, sous peine de mort, de les mener en France. M. de Tinténiac avait seul pu s'embarquer à cause de sa mission.

Il fallait répondre promptement. M. de Tinténiac n'avait que quatre jours à passer dans la Vendée ; son guide l'attendait de l'autre côté de la Loire, et il devait l'aller retrouver à jour fixe. J'avais alors une écriture très-fine et très-lisible; ces messieurs me prirent pour secrétaire, et j'écrivis les dépêches que M. de Tinténiac voulait rapporter dans ses pistolets. Je ne crois pas qu'il existe maintenant une seule des personnes qui les signèrent; et seule, peut-être, je puis donner des détails sur cette correspondance.

On répondit au ministère anglais avec assez de franchise; on lui expliqua l'opinion politique des Vendéens; on lui dit que si l'on n'avait pas sollicité des secours, c'était à cause de l'impossibilité des communications; que ces secours nous étaient fort nécessaires; et cependant on eut soin d'exagérer un peu nos forces, pour ne pas laisser croire aux Anglais que leurs sacrifices seraient mal placés. Nous proposions un débarquement aux Sables ou à Paimbœuf, promettant d'amener cinquante mille hommes, au jour donné, sur le point qui serait choisi; nous leur apprenions que M. de Charette avait perdu l'île de Noirmoutier, mais qu'il aurait facilement le petit port de Saint-Gilles. Quant à Rochefort, La Rochelle et Lorient, dont les Anglais avaient parlé dans leur lettre, nous faisions sentir qu'il nous était très-difficile de les attaquer. On doit convenir que nous donnions aux Anglais assez de facilité pour un débarquement, et il y a eu de leur part au moins une grande lenteur, puisqu'ils étaient déjà prêts; mais ce qu'on demanda spécialement et avec instance, c'est que le débarquement fût commandé par un prince de la maison de Bourbon, et composé d'émigrés en grande partie; nous affirmions que pour lors on pouvait répondre d'un entier succès; que vingt mille jeunes gens se joindraient aux troupes débarquées, et consentiraient à quitter le pays; qu'on passerait la Loire, et que toute la Bretagne se révolterait. Nous savions l'opinion de cette province, sans avoir eu de relations avec elle. Tous les généraux qui étaient à la Boulaye signèrent cette réponse, et l'évêque d'Agra y mit hardiment son nom.

Les généraux écrivirent aussi une lettre aux princes pour protester de leur dévouement et de leur aveugle obéissance; ils exprimaient le vif désir que l'on avait de voir l'un d'entre eux dans la Vendée.

Cette lettre fut très-courte, parce que les Anglais devaient la lire; mais M. de Tinténiac avait assez vu les choses pour pouvoir en rendre compte verbalement. On lui recommanda les intérêts de la Vendée; on lui laissa voir franchement quel besoin elle avait de secours, et on lui assura qu'un prince et dix mille émigrés, fussent-ils sans armes et sans argent, suffiraient pour obtenir un succès complet; enfin on lui dit sur tous les points l'exacte vérité, afin qu'il en instruisît les princes.

Ces messieurs auraient désiré que M. de Tinténiac vît MM. d'Elbée et de Bonchamps : l'un était occupé à rassembler l'armée; l'autre était encore à Jallais, malade de ses blessures; mais on put assurer de leur assentiment à tout ce qui avait été dit ou fait. M. de Tinténiac partit avec le projet de les voir en s'en retournant : je ne crois pas qu'il y soit parvenu. Il témoigna un grand regret de partir à la veille d'une bataille importante; il aurait voulu combattre avec les Vendéens à l'attaque de Luçon, que l'on préparait alors, et que, sur la demande des Suisses, on devait fixer au 10 août. Nos généraux représentèrent à M. de Tinténiac qu'il serait plus utile en hâtant sa mission qui était plus périlleuse qu'une bataille. Il repassa la Loire auprès du camp de M. de Lyrot, dont une patrouille l'escorta jusque sur l'autre rive; il retrouva son guide, et parvint, en marchant la nuit, chez le bon paysan des environs de Château-Neuf. Là, il se procura les moyens de passer à Jersey. Il fut envoyé de Jersey en Angleterre, et j'ai ouï dire qu'il perdit ses dépêches dans la mer. Depuis, en 1794, il fit plus d'une fois ce dangereux voyage, et servit d'intermédiaire entre l'Angleterre et la Vendée, avec une adresse et un courage surprenans. Une fois, entre autres, il passa la Loire à la nage, tenant ses dépêches entre ses dents. On assure qu'il parvint au milieu de Nantes, auprès du féroce Carrier, et réussit à lui échapper, en le menaçant de lui brûler la cervelle. En 1795, il se mit à la tête d'une division de Bretons insurgés, pour favoriser la descente de Quiberon. Après le mauvais succès de cette expédition, il ne se découragea pas, et fit quelque temps la guerre avec opiniâtreté à la tête de sa petite troupe. Enfin il fut tué les armes à la main, en combattant avec bravoure. M. de Tinténiac est un des hommes les plus distingués, par l'intrépidité et la présence d'esprit, qui se soient montrés dans la guerre civile.

Les rassemblemens et les préparatifs pour l'attaque de Luçon ne furent pas aussi prompts qu'on l'avait espéré : ce fut le 12 seulement que toute l'armée fut réunie au camp de l'Oie, et la bataille eut lieu le 14. Les généraux s'assemblèrent en conseil de guerre ; et, au lieu d'y admettre, comme auparavant, tous les officiers un peu connus, le conseil se forma suivant ce qui avait été réglé lors de l'élection de M. d'Elbée.

On avait à combattre dans une plaine découverte, ce qui était une chose rare et difficile pour les Vendéens. M. de Lescure proposa d'attaquer en rangeant les divisions par échelons, de manière qu'elles s'appuyassent successivement. Il développa avec chaleur les avantages de ce plan qui fut adopté. MM. de Charette et de Lescure furent chargés de l'aile gauche qui devait commencer l'attaque ; MM. d'Elbée, de Royrand et mon père, commandaient le centre ; MM. de La Rochejaquelein et de Marigny, la droite.

MM. de Charette et de Lescure entamèrent vivement l'action : ils avaient beaucoup entendu parler l'un de l'autre ; ils s'observaient, et l'émulation se joignait à leur courage et à leurs soins pour bien diriger les soldats. Les bleus plièrent d'abord, et l'aile gauche avait déjà pris cinq canons, quand on s'aperçut que la division du centre ne suivait pas le mouvement. M. d'Elbée n'avait donné aucune instruction à ses officiers; les soldats voulaient se battre suivant leur coutume en courant sur l'ennemi; M. d'Elbée leur criait: « Mes enfans, alignez-vous donc par-ci, par-là sur mon cheval. » M. Herbauld, qui commandait une partie du centre, et qui ne savait rien du plan, emmena ses soldats en avant, comme à l'ordinaire, sans se douter que les autres ne le suivaient pas. Les généraux républicains profitèrent sur-le-champ de ce désordre; ils firent manœuvrer l'artillerie légère, qui acheva de dissoudre la division de M. d'Elbée; elle fut ensuite chargée par la cavalerie, et la déroute fut complète. Pendant ce temps-là, Henri, qui ne connaissait pas cette partie du pays, se laissa conduire par M. de Marigny, qui, persuadé d'en connaître les chemins, se trompa, et l'égara ainsi que l'aile droite, de sorte qu'elle n'arriva sur le champ de bataille que pour voir la défaite, sans prendre part au combat. M. de La Rochejaquelein parvint à protéger la retraite, et sauva beaucoup de monde en faisant débarrasser le pont de Bessay, où un caisson avait versé. Au milieu de la déroute du centre, quarante paysans de Courlay résistèrent, sans se séparer, à toutes les charges de la cavalerie, croisant leurs baïonnettes, sans lâcher pied : c'étaient des gens renommés pour leur bravoure dans la division de M. de Lescure; il était particulièrement attaché à cette paroisse.

Cette malheureuse affaire, la plus désastreuse de toutes celles qui avaient eu lieu jusqu'alors, nous coûta environ quinze cents soldats; l'artillerie légère produisit un grand effet dans la plaine; les paysans n'avaient jamais pris la fuite avec autant de frayeur et de désordre. On ne perdit que deux officiers, M. Baudry d'Asson, qui avait commencé la guerre en 1792, et M. Morinais, de Châtillon.

M. de Lescure fut blâmé d'avoir fait adopter un projet qui convenait à des troupes de ligne, mais qui était à peu près inexécutable avec nos paysans et la plupart de nos officiers. Il l'avait soutenu au conseil avec une extrême opiniâtreté. De son côté, il reprocha à M. d'Elbée de n'avoir rien fait pour faire réussir le plan arrêté. M. d'Elbée lui répondit :
« Monsieur, c'était le vôtre; il fallait tout diriger.
» — Monsieur, repartit M. de Lescure, une fois
» adopté, c'était au général à le faire exécuter.
» Vous avez chargé M. de Charette et moi de com-
» mander l'aile gauche; nous avons battu l'ennemi
» et fait notre devoir. » Au reste, il faut ajouter que les généraux républicains avaient été prévenus, par des espions, de la marche de l'armée et de l'heure de l'attaque; il y eut même, pendant le combat, des soldats, étrangers au pays, qui désertèrent notre armée et passèrent à l'ennemi.

M. de Charette retourna dans son canton; il avait fait sa retraite en bon ordre avec M. de Lescure. Ils se quittèrent en se donnant l'un à l'autre des témoignages d'estime et se promettant amitié. J'avais envoyé un courrier pour avoir des nouvelles du combat; il ne rencontra pas M. de Lescure sur-le-champ, et M. de Charette se chargea de m'écrire. Sa lettre était fort aimable, et il professait une grande admiration pour mon mari.

Les bleus occupèrent de nouveau Chantonay. On s'inquiétait de les voir ainsi établis dans le Bocage, et c'était de ce point qu'il semblait le plus important de les chasser : une nouvelle entreprise fut concertée avec M. de Royrand. Il fit une fausse attaque du côté des Quatre-Chemins, et en même temps la grande armée, qui avait fait un détour, assaillit l'arrière-garde républicaine vers le Pont-Charron. Elle était commandée par un général Lecomte, qui s'était fait une grande réputation en gagnant la première bataille de Clisson, par une heureuse témérité et par une désobéissance formelle à son général en chef. Il voulut en faire autant cette fois, et ne se replia point sur Fontenay, comme il en avait reçu l'ordre, de sorte qu'il se trouva coupé. La division Bonchamps, commandée par M. d'Autichamp, emporta leurs retranchemens avec intrépidité : on dut en grande partie la victoire à cette armée, qui, ne s'étant pas trouvée à l'affaire de Luçon, n'était pas découragée. Se trouvant ainsi cernés de tous côtés, la défaite des bleus fut affreuse : ils ne savaient par où s'échapper. Les grandes routes leur étaient coupées et leurs colonnes s'égaraient dans le

Bocage; ils ne sauvèrent ni canons ni bagages, et rarement ils ont perdu autant de monde. On trouva là un bataillon qui avait pris le surnom de *Vengeur:* il fut exterminé en entier.

Le petit chevalier de Mondyon se conduisit d'une manière remarquable ce jour-là. Il se trouvait auprès d'un grand officier qui, moins brave que lui, voulut se retirer en disant qu'il était blessé. « Je » ne vois pas cela, lui dit l'enfant; et, comme votre » retraite découragerait nos gens, si vous faites » mine de fuir, je vous brûle la cervelle. » Il était fort capable de le faire, et l'officier resta à son poste.

Après la victoire de Chantonnay, tous les chefs étaient à peu près rassemblés aux Herbiers. On s'occupa beaucoup des moyens de défense : on voyait les dangers s'accroître chaque jour; les armées républicaines étaient devenues plus nombreuses, mieux composées et commandées par de meilleurs généraux. Les garnisons de Mayence, de Valenciennes et de Condé, que les puissances étrangères avaient, dans la capitulation, laissées maîtresses de servir dans l'intérieur de la France, furent en grande partie transportées en poste pour venir attaquer la Vendée : la position était critique. On régla le commandement de l'armée d'une autre sorte : M. d'Elbée conserva son titre de *généralissime;* tout le territoire insurgé fut divisé en quatre portions; chacune avait un général chargé de la défendre. M. de Charette commandait les environs de Nantes et la côte ;

M. de Bonchamps les bords de la Loire, en Anjou; M. de La Rochejaquelein tout le reste de l'Anjou insurgé; M. de Lescure toute la partie ouest du Poitou insurgé. On voulut y joindre l'armée de M. de Royrand, en lui donnant une autre place; M. de Lescure ne se soucia pas de mêler ses soldats avec ceux du camp de l'Oie, qui n'avaient pas grande réputation : de sorte que M. de Royrand eut par le fait un cinquième commandement. M. de Talmont demeura toujours général en chef de toute la cavalerie; M. de Marigny, de l'artillerie; et Stofflet fut nommé major-général. Mon père fut créé gouverneur-général du pays insurgé et président du conseil de guerre; M. de Royrand, gouverneur en second; MM. Duhoux d'Hautrive et de Boisy, adjoints. Cet état-major résida à Mortagne; le conseil supérieur, dont on n'était pas très-content, resta à Châtillon. On trouvait qu'il se donnait un peu trop d'importance et tranchait du gouvernement; mais cela était plus ridicule que gênant. Il fut convenu que les officiers prendraient pour uniforme des vestes vertes, à revers blancs ou noirs, etc., suivant les divisions; mais ceci ne fut point exécuté : on régla aussi que, dans chaque division, il serait formé un corps de douze cents hommes d'élite, soldés, exercés comme la troupe de ligne et soumis à la même discipline; mais on n'eut pas le temps de les former : enfin on rétablit l'ancien conseil de guerre où tous les officiers un peu marquans étaient admis. Le petit conseil n'avait été tenu qu'une seule fois, la veille de la malheureuse affaire de Luçon. Les attaques redoublées des armées républicaines ne laissèrent pas le loisir d'exécuter toutes les dispositions prises à cette grande conférence des Herbiers : lorsqu'elle fut terminée, les chefs se séparèrent, et chacun retourna défendre le canton qui lui était confié. M. de Lescure revint à son camp de Saint-Sauveur; il y fut d'abord assez tranquille pendant quelques jours. Comme il était là au milieu de ses terres, plusieurs paysans voulurent lui payer les rentes qui étaient supprimées : il leur dit que ce n'était pas pour les ravoir qu'il se battait; que leurs maux étaient assez grands pour qu'ils eussent, pendant la guerre, ce léger dédommagement, et que ces rentes, supprimées dans toute la France, ne devaient pas dans ce moment être payées par de braves gens, plus scrupuleux que les autres.

M. de Lescure eut ensuite à livrer deux petits combats contre les républicains qui vinrent l'attaquer d'abord de Saint-Maixent, puis d'Airvault où ils avaient formé un camp : le succès ne fut pas bien complet de part ni d'autre; chacun garda ses cantonnemens. A cette époque, le vieux M. le Maignan, septuagénaire, qu'on avait placé au conseil supérieur, voulut absolument prendre une part plus active à la guerre et porter les armes; il alla à Saint-Sauveur trouver M. de Lescure. Ce bon vieillard lui demanda à être son soldat, et nul n'était plus zélé ni plus courageux; M. de Lescure et les officiers l'appelaient leur père. Ce fut alors aussi que M. Allard, de la Rochelle, âgé de vingt ans, vint demander à servir dans l'armée. Le hasard fit qu'il s'adressa à ma mère qui, touchée du contraste que présentaient la douceur répandue sur tous ses traits et son ardeur pour la guerre, pria M. de La Rochejaquelein de le prendre pour aide-de-camp; il devint bientôt son ami et son digne frère d'armes.

CHAPITRE XII.

Combats de la Roche-d'Érigné, de Martigné, de Doué, de Thouars, de Coron, de Beaulieu, de Torfou, de Montaigu, de Saint-Fulgent. — Attaque du convoi de Clisson.

J'ARRIVE à un cruel moment : bientôt je n'aurai plus à raconter la prospérité et les espérances des Vendéens ; il y aura toujours du courage et de la gloire, mais les succès mêmes deviendront un spectacle de détresse.

Le pays insurgé était cerné par deux cent quarante mille hommes : une grande partie était formée des levées en masse des provinces voisines ; mais on y comptait aussi beaucoup d'excellentes troupes. Des mesures affreuses avaient été prises : les bleus ne marchaient plus qu'avec la flamme à la main ; toutes leurs victoires étaient suivies de massacres ; les femmes et les enfans n'étaient pas épargnés ; les prisonniers étaient égorgés ; enfin la Convention avait donné ordre que tout le pays devînt un désert sans hommes, sans maisons et même sans arbres : cet ordre a été exécuté en partie.

Ce fut la division Bonchamps qui, dans les premiers jours de septembre, recommença à agir contre la vaste armée qui venait entourer tout le théâtre de la guerre civile. Elle se porta sur la Roche-d'Érigné où les républicains avaient établi un camp qui défendait les Ponts-de-Cé : la position fut emportée.

En même temps, la partie angevine de la grande armée, commandée par M. de La Rochejaquelein, s'était dirigée sur Martigné. L'ennemi, se fiant sur la supériorité de ses forces, vint attaquer. Le combat fut sanglant et opiniâtre. Henri était dans un chemin creux à donner des ordres; des tirailleurs s'avancèrent sur lui, et il reçut une balle à la main : le pouce fut cassé en trois endroits, et la balle alla le frapper au coude. Il tenait dans ce moment un pistolet; il ne le quitta pas, et dit à son domestique : « Re- » gardez si le coude saigne. — Non, Monsieur. » — Hé bien ! dit-il, il n'y a donc que le pouce de » cassé; » et il continua à diriger ses soldats. Mais la nuit arriva ; les Vendéens, qui avaient eu l'avantage, ne purent en profiter, et l'armée ennemie se retira sur Doué.

Le lendemain, la division Bonchamps vint se joindre à celle de M. de La Rochejaquelein ; sa blessure le força à quitter l'armée. Stofflet prit le commandement et marcha sur Doué. Les républicains s'y étaient retranchés : on les attaqua d'abord avec succès; mais une charge de cavalerie fit plier la droite des Vendéens, et jeta du désordre parmi eux. Un moment après, Stofflet fut atteint d'une balle dans la cuisse; il fallut alors se retirer, en perdant même quelques pièces de canon. M. Stofflet, bien que grièvement blessé, continua à commander, et, grâce à lui, la retraite se fit en assez bon ordre. Les troupes républicaines et les levées en masse s'accumulaient chaque jour, et c'était seulement contre des avant-gardes qu'on avait eu à combattre; de fortes armées venaient de déboucher de Nantes, d'Angers, de Saumur, de Poitiers.

M. de Lescure quitta son camp de Saint-Sauveur, et vint le 14 septembre, avec deux mille hommes, s'opposer aux bleus qui se rassemblaient à Thouars; les gardes nationales, les levées en masse y formaient un camp de plus de vingt mille hommes. Nos gens eurent d'abord un succès marqué; la déroute était complète, lorsqu'un grand renfort de républicains arriva d'Airvault : alors M. de Lescure prit le parti de se retirer. La retraite se fit en bon ordre; les gendarmes voulurent la troubler; M. de Lescure et ses officiers les attendirent de pied ferme et les défièrent : ils n'osèrent avancer. Alors on emporta paisiblement les blessés, M. de Lescure aidant à porter les brancards, ce qui lui arrivait souvent, ainsi qu'à tous les autres officiers.

Cette attaque de Thouars fut fort utile; elle dissipa toute la nuée des levées en masse de ce côté, et intimida les bleus de cette armée où il n'y avait pas de troupe de ligne, au point qu'ils se débandèrent et ne reparurent plus.

Ce fut après ce combat que les républicains ramassèrent, parmi les morts, le corps d'une femme. Les gazettes firent grand bruit de cet événement : les uns dirent que c'était moi ; d'autres, Jeanne de Lescure, sœur du chef des brigands ; on a supposé aussi qu'elle passait, parmi les Vendéens, pour une fille miraculeuse, comme Jeanne d'Arc : cette dernière conjecture était aussi fausse que les autres. Tous les généraux avaient défendu fort sévèrement qu'aucune femme ne suivît les armées ; ils avaient menacé la première qui serait trouvée, d'être chassée honteusement ; et le peu de temps que duraient les rassemblemens, faisait qu'on n'y souffrait pas même une vivandière. Quelque temps avant l'affaire de Thouars un soldat m'avait abordée à la Boulaye, en me disant qu'il voulait me confier un secret : c'était une fille ; elle désirait changer sa veste de laine pour une des vestes de siamoise que l'on distribuait aux soldats les plus pauvres ; craignant d'être reconnue, elle s'adressait à moi, en me priant de n'en rien dire à M. de Lescure. Je sus qu'elle s'appelait Jeanne Robin, de Courlay. J'écrivis au vicaire de la paroisse ; il me répondit qu'elle était fort honnête fille ; mais que jamais il n'avait pu la dissuader d'aller se battre : elle avait communié avant de partir. La veille du combat de Thouars, elle vint trouver M. de Lescure, et lui dit : « Mon général, je suis une fille ;
» madame de Lescure le sait : elle sait aussi
» qu'il n'y a rien à dire sur mon compte. C'est la

» bataille demain ; faites-moi donner une paire de
» souliers : après que vous aurez vu comme je me
» bats, je suis sûre que vous ne me renverrez
» pas. » En effet, elle combattit sans cesse sous
les yeux de M. de Lescure ; elle lui criait :
« Mon général, vous ne me passerez pas ; je serai
» toujours plus près des bleus que vous. » Elle fut
blessée à la main, et cela ne fit que l'animer davantage ; elle la lui montra en disant : « Ce n'est rien
» que cela. » Enfin elle fut tuée dans la mêlée
où elle se précipitait en furieuse.

Il y avait dans les autres divisions quelques femmes qui combattaient aussi déguisées. J'ai vu une petite fille de treize ans qui était tambour dans l'armée d'Elbée, et passait pour fort brave ; une de ses parentes était avec elle au combat de Luçon où elles furent tuées toutes deux. A l'armée de M. de Bonchamps, une fille s'était fait cavalier, pour venger la mort de son père ; elle a fait des prodiges de valeur dans toutes les guerres de la Vendée, sous le nom de *l'Angevin*. Elle s'appelle Rénée Bordereau : c'est, je crois, des paysannes qui se sont battues, la seule qui vive encore. Elle est couverte de blessures, a été six ans prisonnière de Bonaparte, et même un an enchaînée : elle n'a recouvré la liberté qu'au retour du roi, et s'est battue encore en 1815. Je vis aussi un jour arriver à Chollet une jeune fille, grande et fort belle, qui portait deux pistolets à sa ceinture, et un sabre : elle était accompagnée de deux autres femmes armées de piques ; elle amenait à mon père un espion. On l'interrogea ; elle répondit qu'elle était de la paroisse *de Tout-le-Monde*, et que les femmes y faisaient la garde quand les hommes étaient à l'armée. On lui donna beaucoup d'éloges ; son petit air martial la rendait encore plus jolie.

Je crois qu'il n'y a pas eu, en tout, dix femmes déguisées qui aient porté les armes ; et c'est apparemment pour autoriser en quelque sorte leurs atrocités, que les bleus parlaient tant des femmes qui se battaient. Il est vrai que, dans les déroutes, les fuyards étaient souvent saisis et assommés par les enfans et les femmes des villages : c'était une horrible représaille ; mais les incendies et les massacres donnaient quelquefois au peuple un vif sentiment de rage.

On a dit faussement aussi que les prêtres combattaient. Ils confessaient les mourans au milieu du feu, sur le champ de bataille ; ainsi on a pu y trouver leurs corps : mais aucun n'a jamais songé à autre chose qu'à exhorter et rallier les soldats, à leur inspirer du courage et de la résignation dans leurs souffrances. Si les paysans les eussent vus sortir ainsi de leur caractère, ils auraient perdu toute vénération pour eux. Cela était si loin des idées vendéennes, que les généraux envoyèrent en prison M. du Soulier, qui avait caché sa qualité de sous-diacre, et qui se battait depuis longtemps.

On a aussi reproché aux prêtres d'exciter les Vendéens à la cruauté ; rien n'est plus faux ; au contraire, il serait possible de citer beaucoup de traits d'une humanité courageuse, dont se sont honorés des ecclésiastiques ; une foule de personnes ont dû la vie aux instances qu'ils ont faites à des soldats furieux et animés au carnage. Les prêtres les plus ardens à exciter les paysans au combat, étaient souvent les plus ardens aussi à les empêcher de répandre le sang des vaincus. M. Doussin, curé de Sainte-Marie-de-Ré, un des plus zélés ecclésiastiques de l'armée, sauva une fois la vie à un grand nombre de prisonniers, et arrêta le massacre par de vives et éloquentes représentations qu'il adressa aux Vendéens. Quelques années après, ayant été traduit à un tribunal républicain, il fut acquitté en souvenir de cette action. Un vénérable missionnaire de la communauté du Saint-Esprit, M. Supiaud, se plaça un jour à Saint-Laurent-sur-Sèvre, devant la porte d'un dépôt de prisonniers, et déclara qu'il faudrait passer sur son corps pour arriver jusqu'à eux. Il faut absolument ranger parmi les calomnies des gens irréligieux et prévenus, ce qui a été débité sur le fanatisme sanguinaire des prêtres vendéens.

Quant aux enfans, il y en avait qui suivaient l'armée ; on a vu un petit garçon de sept ans aller courageusement au feu.

Cependant l'armée qui avait débouché par la route de Saumur, et qui avait repoussé Stofflet devant Doué, poursuivait son mouvement; elle était nombreuse et commandée par le général Santerre; elle arriva sur Coron. Les principaux généraux de la grande armée étaient occupés à défendre le territoire sur d'autres points. MM. de Bonchamps, de La Rochejaquelein et Stofflet étaient blessés; on manquait de chefs et de soldats pour arrêter la marche de Santerre. MM. de Talmont et de Pérault, fort imprudemment, voulurent les attaquer, le 14 septembre, avec peu de forces. M. de Scépeaux et quelques jeunes officiers s'étaient défiés à qui approcherait le plus près des bleus : ils s'avancèrent trop, et furent obligés de revenir au grand galop : ce mouvement troubla les paysans. Ce combat n'eut aucun succès et fut peu important; cependant il retarda la marche de Santerre.

Heureusement M. de Piron parvint à rassembler du monde du côté de Chollet. M. de La Rochejaquelein, qui était à Saint-Aubin, souffrant de sa blessure, s'employa avec M. l'abbé Jagault à réunir des paysans dans les paroisses environnantes; il les envoya à M. de Piron, sous le commandement de M. de Laugrenière : c'était à peu près le seul officier connu qui restât dans ce canton; tous les autres étaient avec les généraux vers Mortagne, où, comme on le verra par la suite, le danger était plus grand encore, ce qui y avait attiré aussi MM. de Talmont et de Pérault.

M. de Piron, à la tête de dix ou douze mille hommes, revint s'opposer à Santerre. Les bleus, qui s'étaient arrêtés, marchaient alors de Coron sur Vezins; et leur armée, forte de quarante mille hommes, la plupart de la levée en masse, occupait une ligne de quatre lieues sur la grande route. M. de Piron saisit le vice de cette disposition; il attaqua avec vigueur le centre des républicains. Après une heure et demie de combat, leur ligne fut coupée, et le désordre fut jeté parmi eux : leur artillerie défilait en ce moment dans la rue longue et étroite du bourg de Coron. M. de Piron, sans perdre de temps, se porta en forces en avant et en arrière du village; les canons de l'ennemi lui devinrent inutiles, et bientôt la déroute fut complète. Il fut poursuivi pendant quatre lieues; il perdit dix-huit canons avec leurs caissons. Cette victoire fit un honneur infini à M. de Piron qui avait montré tant d'habileté et de courage, et qui n'avait pu être secondé par aucun officier marquant. Les soldats, au milieu de la bataille, criaient : *vive Piron! vive Piron!*

Il envoya, aussitôt après, une partie de son infanterie et toute sa cavalerie à M. le chevalier Duhoux, qui, avec MM. Cadi et des Sorinières, tâchait de se défendre contre l'armée républicaine qui était arrivée par Angers et le Pont-de-Cé : un général Duhoux, oncle du chevalier, la commandait. Les Vendéens, encouragés par le succès de M. de Piron et par le renfort qu'il avait envoyé, reprirent l'offensive et repoussèrent vivement l'avant-garde républicaine, qui se replia derrière la rivière du Layon, par le pont Barré : ce pont était bien défendu par de l'artillerie, et les Vendéens se trouvèrent arrêtés. A un quart de lieue plus loin, était un autre pont qui avait été coupé; une colonne de paysans sans officiers se dirigea sur ce point. Jean Bernier, garçon meunier de la paroisse de Saint-Lambert, quitte son rang, se jette à la nage, traverse la rivière; quelques-uns l'imitent : on répare le pont; la colonne passe; Bernier prend un drapeau, s'écrie : « Mes amis, suivez-moi ; » et il arrive bientôt sur les derrières de l'armée républicaine qui était toute accumulée dans un terrain resserré : les bleus sont troublés par cette charge imprévue; alors MM. le chevalier Duhoux, Cadi et des Sorinières, parviennent à forcer le pont Barré. La déroute de l'ennemi fut en un instant complète; il perdit toute son artillerie, et fut poursuivi jusqu'aux Ponts-de-Cé. Les républicains ont beaucoup reproché à leur général Duhoux d'avoir eu des intelligences avec son neveu qui commandait les Vendéens à cette affaire de Beaulieu: il n'en était rien; le chevalier Duhoux était un jeune homme de vingt ans, fort brave et fort étourdi; il n'était point d'un caractère à user de tels moyens; d'ailleurs, ce genre de trahison est sans exemple dans notre guerre civile.

Ainsi les attaques furent repoussées sur les routes de Thouars, de Saumur et d'Angers, et les levées en masse furent dissoutes et dispersées de ces trois côtés; mais en même temps la basse Vendée était toute envahie.

Malheureusement la garnison de Mayence, qui avait débouché de Nantes, n'avait pu être arrêtée par M. de Charette. L'oubli où les puissances coalisées nous avaient laissés, ne songeant pas même à stipuler dans les capitulations que les garnisons ne pourraient marcher contre nous, fut une circonstance cruelle pour les Vendéens, et leur montra bien qu'en effet la coalition ne servait pas la même cause.

Les Mayençais (1), au nombre de quatorze mille hommes, les troupes que le général Beysser avait à Nantes, une division qui était aux Sables, attaquèrent à la fois les insurgés du Bas-Poitou par trois routes. Les petits corps de Jolly, de Savin, de Coëtus, de Chouppes, furent obligés de se replier sur Légé où était M. de Charette. Comme les massacres avaient commencé, les vieillards, les femmes, les enfans suivaient les soldats dans leur retraite; la marche était embarrassée de voitures, de bestiaux; le désordre était extrême, et la terreur s'accroissait à chaque moment. M. de Charette abandonna Légé pour se retirer à Montaigu; il y fut attaqué et battu : il se réfugia à Clisson; il ne put pas y tenir non plus; enfin il arriva à Tiffauges, après avoir perdu le terrain où jusqu'alors il avait fait la guerre; il emmenait avec lui une

---

(1) C'est le nom qu'on a donné à la célèbre garnison de Mayence.

foule immense qui fuyait le fer et le feu des républicains.

M. de Charette envoya demander des secours à la grande armée : on sentit que le sort de la Vendée dépendait de ce moment.

Ce fut à peu près à cette époque qu'un officier et deux sous-officiers de l'armée de Mayence, déguisés en paysans, vinrent au château de la Boulaye. Ils offrirent de passer dans notre armée; mais ils demandaient une paie de trente sous par jour pour les soldats, et en outre une somme très-forte pour les officiers : cette somme était d'un à deux millions. Les chefs vendéens n'avaient pas d'argent comptant; ils firent des offres très-fortes pour l'avenir : mais cela ne pouvait satisfaire les hommes qui faisaient de telles propositions; il n'y eut rien de conclu. On le regretta peu : quelle confiance pouvaient inspirer des gens qui se marchandaient ainsi? Une somme encore plus forte les eût fait trahir les Vendéens à leur tour. D'ailleurs rien n'attestait que ces envoyés traitassent au nom de leurs généraux et de leurs camarades. Les renseignemens qu'ils donnèrent sur la force de leur armée et sur sa position, qu'ils vantaient beaucoup, servirent, à ce que j'ai entendu assurer, au succès de la bataille de Torfou.

L'armée s'assembla à Chollet. Les généraux se décidèrent à périr ou à vaincre dans l'affaire qui allait avoir lieu. M. de Bonchamps s'y rendit le bras en écharpe, et M. de La Rochejaquelein, retenu par sa blessure, fut le seul chef qui ne s'y trouva pas. Les horreurs commises par les bleus animaient de fureur tout le monde; on décida que l'on ne sauverait pas de prisonniers, que les Mayençais seraient considérés comme violant la capitulation par laquelle ils avaient promis de ne pas servir d'un an contre les alliés, et où la Vendée se trouvait implicitement comprise, étant l'armée fidèle et légitime du roi de France, et son contingent dans la coalition. Ainsi on défendit de crier : *Rendez-vous, grâce!* Le curé de Saint-Laud célébra la messe à minuit; avant le départ il fit un fort beau sermon, et bénit solennellement un grand drapeau blanc que j'avais fait broder pour l'armée de M. de Lescure (1).

Les armées réunies formèrent environ quarante mille hommes. Le 19 septembre, le jour même où le chevalier Duhoux remportait la victoire à Beaulieu, on marcha à l'ennemi : il était en marche pour se porter de la ville de Clisson à Torfou. Les Mayençais occupèrent d'abord le village de Boussay et en chassèrent un poste assez faible de Vendéens, qui ne fit point de résistance; ils avancèrent sur Torfou, emportèrent encore cette position, et rangèrent deux bataillons en avant du village. Au premier feu, les Vendéens prirent la fuite, surtout les soldats de M. de Charette, que leurs revers

---

(1) Ce drapeau portait une grande croix d'or, trois fleurs de lis, et au-dessus ces mots : *Vive le roi!*

avaient découragés. Alors M. de Lescure, mettant
pied à terre avec quelques-uns de ses officiers, s'é-
cria : « Y a-t-il quatre cents hommes assez braves
» pour venir mourir avec moi? » Les gens de la
paroisse des Échaubroignes, qui, ce jour-là, étaient
dix-sept cents sous les armes, répondirent tous à
grands cris : « Oui, monsieur le marquis ; nous vous
» suivrons où vous voudrez. » Ces braves paysans
et ceux des paroisses voisines étaient les meilleurs
soldats de son armée; on les avait surnommés les
grenadiers de la Vendée : ils étaient commandés
par Bourasseau, un de leurs camarades. Treize
cents autres paysans se réunirent à eux. Ce fut à la
tête de ces trois mille braves que M. de Lescure parvint à se maintenir pendant deux heures. Le pays,
qui est plus couvert et plus inégal que dans aucun
endroit du Bocage, ne permettait pas aux Mayençais de s'apercevoir combien était faible le corps
qui leur était opposé. M. de Bonchamps arriva avec
sa division. M. de Charette et les autres chefs réussirent à ramener les soldats et à leur faire reprendre
courage. Alors on commença à se répandre en foule
sur la gauche des républicains; les haies et la disposition du terrain leur dérobaient les mouvemens
de l'armée vendéenne ; ils ne savaient sur quel point
porter leurs forces pour se défendre : enfin une fusillade s'étant engagée tout-à-fait sur les derrières,
près de leur artillerie, ils craignirent de la perdre, et
les dispositions qu'ils tentèrent pour la défendre jetèrent tout-à-fait le désordre parmi eux; leurs co-

lonnes s'engagèrent dans les chemins tortueux et profonds, et furent exposées aux coups de fusil des Vendéens; leurs canons même ne furent pas sauvés : on tua les canonniers qui défendaient les pièces.

Le général Kléber, qui commandait les Mayençais, parvint, par son sang-froid et son habileté, à rétablir un peu d'ordre dans son armée et à prévenir une déroute complète; cependant, malgré le courage des officiers républicains et la constance de leurs soldats, ils auraient peut-être fini par être détruits; mais le général Kléber, voyant qu'au bout d'une retraite d'une lieue, les Vendéens commençaient à jeter encore le désordre dans sa troupe, plaça deux pièces sur le pont de Boussay, et dit à un lieutenant-colonel : « Faites-vous tuer » là avec votre bataillon. — Oui, mon général, » répondit ce brave homme, et en effet il y périt. Pendant ce temps-là, Kléber avait rallié les Mayençais et s'était mis en mesure d'arrêter les Vendéens qui n'allèrent pas plus loin.

Le lendemain MM. de Charette et de Lescure allèrent attaquer de concert le général Beysser à Montaigu, pour l'empêcher de faire sa jonction avec l'armée de Mayence; ils le surprirent à l'improviste. Les républicains résistèrent d'abord; les gens de M. de Charette se débandèrent encore : mais il mit tant de courage et de ténacité à les rallier, qu'il les ramena au combat. Les soldats de la grande armée ne plièrent pas un instant; jamais ils ne s'étaient montrés si braves et si ardens qu'en ce moment : ils commençaient à s'aguerrir, et les officiers avaient acquis de l'expérience. Le général Beysser fut complétement battu ; ses troupes ne valaient pas les Mayençais : la déroute fut entière ; il perdit ses canons et ses équipages ; lui-même fut grièvement blessé, et sa division ne put se rallier qu'à Nantes.

On était convenu que le lendemain toute l'armée vendéenne attaquerait les Mayençais dans leur retraite. Ils avaient formé à Clisson des magasins considérables de vivres; leurs blessés s'y trouvaient; ils voulaient aussi emporter leur butin ; ainsi leur marche devait être gênée par un convoi de douze cents voitures environ. Cette circonstance rendait l'attaque plus facile : elle devait avoir lieu de deux côtés ; sur la droite, par MM. d'Elbée et de Bonchamps, et sur la gauche par MM. de Charette et de Lescure.

Après la prise de Montaigu, M. de Charette crut qu'il valait mieux se porter tout de suite sur Saint-Fulgent et combattre la division des Sables qui était venue par cette route : elle faisait des ravages horribles, et les habitans demandaient instamment qu'on les délivrât : il insista, et finit par gagner M. de Lescure. Ces messieurs pensèrent que l'attaque de droite suffirait pour disperser le convoi des Mayençais ; ils envoyèrent un officier de l'armée de M. de Charette à M. de Bonchamps, pour le prévenir qu'ils se dirigeaient sur Saint-Fulgent : l'officier négligent n'arriva pas à temps : ce fut la cause d'un funeste malentendu.

La victoire fut complète à Saint-Fulgent. L'armée de Charette se montra de même un peu faible au commencement de l'action ; le général et les officiers avaient un sang-froid et une fermeté qui réparaient cet inconvénient. Les bleus furent mis en fuite assez promptement, et la cavalerie les poursuivit avec une grande ardeur. Avril, fameux paysan de la paroisse du May, eut le bras cassé ; un de nos Suisses, nommé Rynks, tira un flageolet de sa poche et se mit à jouer par dérision, l'air *Ça ira ;* pendant qu'on chargeait l'ennemi, un boulet emporta la tête de son cheval ; Rynks se releva en continuant l'air. Beaucoup de paysans, qui étaient dans la cavalerie, se distinguèrent ce jour-là.

M. de Lescure, le chevalier de Beauvolliers et le petit de Mondyon, s'étaient tellement lancés à la poursuite des ennemis, qu'à dix heures du soir ils se trouvèrent seuls tout-à-fait en avant. Quatre républicains, cachés derrière une haie, tirèrent sur eux ; M. de Lescure crut que c'étaient des soldats à lui, et avança en leur disant : « Ne tirez pas; » ce sont vos généraux. » Ils tirèrent encore à bout portant ; heureusement leurs fusils n'étaient chargés que de plomb de chasse : l'habit de M. de Lescure en fut criblé, et le chevalier de Mondyon fut douloureusement blessé à la main.

L'artillerie et les bagages demeurèrent entre les

mains des Vendéens, et cette division des Sables ne s'arrêta qu'à Chantonnay. Les cavaliers de M. de Royrand étaient arrivés par la route des Herbiers, et avaient poursuivi les républicains plus loin encore que ceux de M. de Lescure.

Pendant ce temps-là, MM. d'Elbée, de Bonchamps et de Talmont, secondés par les divisions de MM. de Lyrot et d'Isigny, attaquèrent le convoi de Clisson : si toute l'armée avait été réunie, si le plan du combat n'avait pas été entièrement dérangé par l'attente où l'on fut vainement des divisions de la gauche, il est probable que les redoutables Mayençais auraient éprouvé une entière destruction; mais le succès fut bien incomplet. Trois fois M. de Bonchamps revint à la charge avec un courage et une ardeur héroïques; il fut repoussé : cependant il perdit peu de monde, et s'empara de cent chariots; mais l'expédition fut manquée, et l'on ne doit pas se dissimuler qu'elle devait avoir un résultat important. M. de Bonchamps fut fort affligé de n'avoir pas été secondé dans une telle opération : cette circonstance commença à jeter un peu de dissension entre les chefs des diverses armées vendéennes; les paysans angevins en gardèrent un souvenir amer qui se montre encore, quand ils viennent à se rappeler ces temps de malheur.

Ainsi, par un effort de courage et de constance, les Vendéens avaient repoussé presque en même temps six armées qui étaient venues les assaillir :

malheureusement la plus redoutable était celle qui avait le moins souffert. Il fallut quelques jours de repos avant d'entreprendre rien de nouveau. MM. d'Elbée et de Bonchamps restèrent toujours postés du côté de Tiffauges, pour faire face aux Mayençais; MM. de Talmont et Stofflet gardaient l'Anjou; M. de Charette était aux Herbiers; M. de la Ville-Baugé était, depuis l'affaire de Thouars, à Pousauges, pour tenir en échec les troupes de la Châtaigneraie; M. de Lescure revint à Châtillon : il fallait songer à la sûreté de ce canton. Le général Westermann arrivait de Niort; la division républicaine de Luçon occupait Chantonnay.

Les soldats revinrent dans leurs foyers, bien triomphans de tant de victoires; on chanta des *Te Deum* dans toutes les paroisses : j'assistai à celui de Châtillon ; M. le chevalier de*** le fit célébrer en grande pompe : c'était un général parfait pour les processions; il mettait dans les cérémonies une gravité et une dévotion qui charmaient tous les paysans ; d'ailleurs il en était fort aimé, à cause du soin qu'il prenait des blessés. Il vint à la tête des habitans prendre l'évêque d'Agra, les généraux et le conseil supérieur. M. de Lescure, qui venait de montrer tant de courage et de mériter les louanges de toute l'armée, et que tout le pays appelait son sauveur, était là à genoux derrière une colonne, se dérobant aux hommages et aux regards, et remerciant Dieu avec sincérité et ferveur.

Le soir, comme j'étais à me promener, j'entendis crier : « Aux armes, les prisonniers se révoltent! » Il y en avait dix-huit cents dans une abbaye mal close : deux pièces de canon chargées étaient en face de la porte ; mais le service était fait sans aucun soin. Je craignais qu'ils ne se portassent à l'état-major qui était auprès, et qu'ils ne surprissent ces messieurs ; j'y courus tout éperdue. Ils sautèrent sur leurs sabres et volèrent aux prisons : c'était une fausse alerte. Au reste, on avait souvent des inquiétudes de ce genre-là ; quelquefois il s'était trouvé dans la ville infiniment plus de prisonniers que de soldats. Il y avait déjà eu une révolte dans laquelle on avait été contraint de tirer sur les mutins. Un autre jour, deux prisonniers avaient prêté serment au roi en demandant à servir dans l'armée, puis avaient cherché à ouvrir les prisons : ils avaient été fusillés. En apprenant les massacres que les bleus faisaient de nos prisonniers, il avait été question plus d'une fois d'user de représailles ; mais cette cruelle proposition avait toujours été repoussée avec horreur. Dans les premiers mois, les républicains avaient épargné une partie de nos prisonniers et se bornaient à les retenir. Ils faisaient périr les plus marquans sur l'échafaud ; mais il n'y avait pas eu encore de massacres, ni de proscription générale comme à cette époque.

Deux jours après la séparation des armées, M. de Charette envoya, des Herbiers, un officier à Châtillon pour réclamer le partage d'une caisse de 7,000 francs en assignats qui avait été prise à Saint-Fulgent; cette demande ne souffrait aucune difficulté. M. de Lescure était convenu avec M. de Charette, avant de le quitter, qu'ils attaqueraient de concert, après un peu de repos. La grande armée l'avait sauvé; il était bien juste qu'il l'aidât à son tour. Chantonnay et la Châtaigneraie étaient occupés par l'ennemi; ce dernier poste surtout, fort avancé dans le Bocage, nous inquiétait beaucoup. M. de Lescure voulait que nos efforts fussent dirigés sur ce point. Un de MM. de la Roberie, qui était venu au nom de M. de Charette, dit de sa part que son opinion était qu'il fallait d'abord se porter sur Chantonnay. M. de Lescure et ses officiers écrivirent à M. de Charette qu'ils se faisaient un devoir de déférer à son avis, et que, malgré les motifs qui semblaient commander de préférence l'attaque de la Châtaigneraie, ils s'en rapportaient à ses talens et à son expérience; en conséquence, ils lui promettaient qu'ils seraient aux Herbiers le surlendemain avec leur armée. Je vis la lettre; elle fut signée de MM. de Lescure, de Beauvolliers, Desessarts et de Beaugé, les seuls chefs qui fussent à Châtillon.

Le lendemain, on fut bien surpris d'apprendre que M. de Charette avait quitté les Herbiers et s'était rendu à Mortagne; il y demanda le partage du butin pris à Saint-Fulgent. Mon père n'était pas à Mortagne; il était auprès de Tiffauges, à l'armée de MM. de Bonchamps et d'Elbée; M. de Charette ne trouva que M. de Marigny, qui, généreux et peu réfléchi, avait déjà distribué aux soldats les souliers, les vestes et autres effets ; de manière que M. de Charette ne put en avoir sa part, qui du reste eût été petite, car le butin était peu considérable.

M. de Charette se montra fort mécontent, et partit brusquement, sans prévenir personne de ses projets : il rentra dans ses anciens cantonnemens de Légé. Il aurait dû juger que son sort dépendait de celui de notre armée.

Cette retraite changea tous les plans : aucun chef n'avait maintenant assez de forces pour prendre l'offensive. M. de Lescure parut devant la Châtaigneraie sans attaquer, se bornant à quelques escarmouches pour contenir l'ennemi ; puis, apprenant que le général Westermann marchait sur Châtillon, il revint prendre la position de Saint-Sauveur. Cela ne sauva pas Bressuire, que les bleus occupèrent ; mais ils n'avancèrent pas au-delà. Une ou deux fois il y eut de petites rencontres. M. de Lescure attaqua Bressuire une nuit : il n'avait pas de succès marqués, mais il arrêtait les républicains.

J'étais à cette époque bien inquiète ; ma mère avait une fièvre maligne. Pendant que je la soignais à la Boulaye, j'appris que M. de Lescure venait d'arriver à Châtillon. Il envoyait un courrier pour remettre une lettre à mon père ; mais il était à Mortagne. Le courrier avait ordre d'aller, sans s'arrêter, le joindre quelque part qu'il fût. Je ne pus résister à mes inquiétudes; j'avoue que j'ouvris la lettre. M. de Lescure demandait du secours et de la poudre; il s'attendait à être attaqué par Westermann. Je recachetai cette dépêche et fis repartir le courrier; puis j'allai précipitamment revoir M. de Lescure et lui dire toutes mes alarmes. Je retournai la même nuit près de ma mère, et lui à Saint-Sauveur.

CHAPITRE XIII.

Combat du Moulin-aux-Chèvres. — Reprise de Châtillon. — Batailles de la Tremblaye et de Chollet.

Les armées républicaines pressaient chaque jour davantage les insurgés et s'avançaient dans le Bocage; les divisions de Chantonnay, de la Châtaigneraie et de Bressuire avaient fait leur jonction; Cérizais était occupé; on avait brûlé tout auprès le château de Puyguyon qui appartenait à M. de Lescure; Châtillon et la Boulaye n'étaient plus une retraite sûre : nous partîmes pour Chollet. Ma mère était à peine convalescente; ses jambes étaient enflées; on la mit à cheval : elle n'y était pas montée depuis vingt ans. Nous avions avec nous ma tante l'abbesse et ma petite fille qu'il avait fallu sevrer à neuf mois : le chagrin et l'inquiétude avaient fait tarir le lait de sa nourrice. Nous nous mîmes en route pendant la nuit, au milieu du brouillard et de la pluie.

Mon père était à Chollet, occupé à rassembler des soldats pour les envoyer sur tous les points menacés; c'était du côté de M. de Lescure que les secours étaient le plus nécessaires. MM. d'Elbée et de Bonchamps étaient toujours à Clisson en face des Mayençais qui n'avaient point repris l'offensive; M. de Lescure avait abandonné Saint-Sauveur pour se replier devant Châtillon. Il n'avait que trois ou quatre mille hommes; les bleus en avaient plus de vingt mille à Bressuire, et l'on voyait qu'ils n'allaient pas tarder à attaquer. M. de La Rochejaquelein, tout blessé qu'il était, vint rejoindre M. de Lescure; ils envoyaient sans cesse demander des renforts à mon père. On ne pouvait, pour le moment, compter sur les paysans de la Châtaigneraie, de Cerizais et de Bressuire; ils étaient occupés à sauver de l'incendie leurs familles, leurs bestiaux et leurs effets, et à les emmener plus avant dans le pays.

M. de Talmont, retenu à Chollet par la goutte, crut, ainsi que quelques autres, qu'il était plus pressant d'envoyer des secours à M. d'Elbée qu'à M. de Lescure. Cette discussion, que mon père ne termina qu'en usant de son autorité, mit du retard dans la marche des troupes qui étaient envoyées vers Bressuire. M. des Sorinières, entre autres, qui avait amené une fort bonne troupe de deux mille hommes, ne put arriver qu'à la fin du combat.

Les républicains attaquèrent M. de Lescure au Moulin-aux-Chèvres; ils avaient une telle supériorité de nombre, qu'ils s'emparèrent de cette position et mirent les Vendéens en fuite. On aurait perdu beaucoup de monde, si MM. de Lescure, de La Rochejaquelein et quelques officiers ne s'étaient fait poursuivre pendant deux heures par les hussards en se nommant à eux; les soldats s'échappaient pendant ce temps-là par d'autres routes. M. Stofflet, qui était venu de l'Anjou secourir l'armée de Châtillon, fut, ainsi que le chevalier de Beauvolliers, bien près d'être atteint. Ils furent enveloppés dans un chemin creux; mais se mettant debout sur la selle de leurs chevaux, ils sautèrent par-dessus la haie : quelques soldats les suivirent ; le chevalier de Beauvolliers en tua deux à coups de pistolets ; il mit le sabre à la main, les autres s'enfuirent. M. Durivault fut grièvement blessé d'une balle qui lui traversa les chairs près de la poitrine ; M. de Lescure eut le pouce effleuré d'une balle.

Un M. de S***, chevalier de Saint-Louis, qui avait proposé des plans, qui avait voulu former un corps de maréchaussée et qui faisait l'important, avait, jusqu'à ce moment, trouvé moyen de ne pas se battre. Il venait de passer l'été aux eaux de Johannet, que les médecins lui avaient, disait-il, ordonné de prendre pendant vingt-un ans; je ne sais comment M. des Sorinières avait réussi à l'amener. Quand il vit nos gens en fuite, il se sauva honteusement en criant : « Cou- » rage, mes amis, ralliez-vous et laissez-moi pas- » ser. »

Châtillon fut pris le même jour : les braves paroisses des Aubiers, de Saint-Aubin, de

Nueil, de Rorthais, etc., furent saccagées et brûlées.

Les généraux vinrent nous retrouver à Chollet. Le paysan qui portait mon drapeau vint me montrer que le bâton était entaillé de coups de sabre : il s'était battu corps à corps avec un bleu, se défendant avec la lance du drapeau.

MM. de Bonchamps et d'Elbée n'avaient pas quitté leur position. Ils envoyaient sans cesse prier M. de Charette d'attaquer les Mayençais sur leurs derrières; il ne répondit même pas à leurs lettres ; nous devions croire qu'il ne les recevait pas. Quelle que fût l'importance de leur poste, on vit qu'il était encore plus pressant de réunir toutes les forces pour reprendre Châtillon. On prit le parti d'évacuer, de Mortagne à Beaupréau, les munitions, les blessés et les prisonniers. Je m'y rendis aussi avec ma mère, ma tante, ma petite fille et M. Durivault que M. de Lescure m'avait recommandé de soigner comme son frère : tout le monde s'y réfugiait. Nous y trouvâmes madame d'Elbée; c'était son frère, M. Duhoux d'Hautrive, qui commandait la ville.

Toute la grande armée se rassembla promptement, et revint sur Châtillon deux jours après le combat du Moulin-aux-Chèvres. L'ardeur des soldats était extrême. MM. de Bonchamps, de La Rochejaquelein, Duchaffault, étaient là, le bras en écharpe ; tous les officiers blessés qui pouvaient monter à cheval s'y étaient rendus. La ville fut bientôt emportée, et l'armée républicaine mise dans une déroute complète ; elle perdit tous ses canons et ses bagages ; elle fut poursuivie avec acharnement : jamais combat n'a été plus meurtrier pour nos ennemis. M. Duchaffault se fit beaucoup remarquer dans cette bataille. Il était d'abord de l'armée de Charette : venu de sa part, il se trouva au moment d'un combat de notre armée, s'y distingua fort, fut blessé, et resta avec nous. Son jeune frère, qui avait quinze ans, était aussi plein d'ardeur : leur père avait émigré avec deux fils aînés.

La victoire était complète ; on poursuivait l'ennemi de toutes parts. M. de Lescure et la plupart des chefs suivaient la route de Saint-Aubin ; M. Girard de Beaurepaire, le brave Lejeay, paysan de la paroisse de Chanzeau, capitaine de cavalerie, et quelques autres, s'étaient lancés sur le chemin de Bressuire : c'était par-là que s'enfuyait le général Westermann. Se voyant poursuivi par un si petit détachement, il s'arrêta, repoussa vivement nos cavaliers, et conçut le hardi projet de rentrer pour un instant dans Châtillon. Il prit cent hussards, fit monter cent grenadiers en croupe, et arriva à minuit aux portes de la ville : il n'y avait ni sentinelles, ni gardes ; les paysans avaient pillé l'eau-de-vie dans les équipages qu'on venait de prendre : la plupart étaient ivres. Les cavaliers, qui avaient d'abord poursuivi Westermann, s'efforcèrent de l'arrêter, et se battirent courageusement ; M. Girard de Beaurepaire fut abattu par douze coups de sabre; Lejcay perdit son cheval ; alors il courut à l'hôpital où son frère était blessé ; il le prit dans ses bras, le plaça derrière un cavalier qui fuyait hors de la ville, retourna dans la mêlée, tua un hussard, monta sur son cheval, et continua à se battre. Mais Westermann était déjà entré dans la ville, et c'était dans les rues qu'on combattait. Au milieu de tout ce désordre, commença un épouvantable carnage ; les hussards étaient ivres presque autant que nos gens ; dans l'obscurité on combattait pêle-mêle à coups de sabre et de pistolet; les bleus massacraient les femmes et les enfans dans les maisons; ils mettaient le feu partout. Pendant ce temps-là, des officiers vendéens tuèrent un grand nombre de républicains qui étaient si égarés qu'ils égorgeaient tous ceux qu'ils trouvaient, sans songer à se défendre eux-mêmes. Le brave Loizeau reçut plusieurs coups de sabre, mais il tua trois républicains. M. Allard se jeta au milieu de cette mêlée, et tira plusieurs coups de pistolet à bout portant sur ces furieux. Le prince de Talmont, en descendant un escalier, fut renversé par les hussards qui montaient; ils ne lui firent aucun mal, et allèrent assassiner la maîtresse de la maison et sa fille qui étaient cependant connues pour opposées aux Vendéens ; il y eut des femmes, dont les maris étaient soldats républicains, qui furent massacrées par les gens de Westermann. Après avoir passé quatre ou cinq heures à Châtillon, Westermann se retira.

Dans l'obscurité et le désordre, on ne se hasarda plus à faire aucun mouvement ; les chefs qui étaient hors de la ville, attendirent le jour pour y rentrer, et ce fut alors qu'on put juger des horreurs de la nuit : les maisons étaient en feu, les rues étaient jonchées de cadavres, de blessés et de débris ; on laissa cette malheureuse ville. L'armée qui l'avait attaquée était en déroute, et il fallait courir pour aller repousser d'un autre côté des agressions plus redoutables encore.

Les Mayençais, après avoir fait leur jonction avec toutes les divisions de l'ouest, avaient occupé Mortagne, le 14 octobre ; la troupe de M. de Royrand fuyait devant eux : ils marchaient sur Chollet. M. de Lescure me fit dire de quitter Beaupréau, et de me rendre à Vezins ; je ne pus emmener M. Durivault qui était trop souffrant ; nous nous égarâmes dans les chemins de traverse, et le 15 au soir nous arrivâmes à Trémentine.

Ce jour-là même on devait attaquer les républicains à Chollet ; on ne doutait pas qu'ils n'eussent avancé jusque-là. Le 14, M. de Bonchamps devait venir les surprendre par le chemin de Tiffauges, et la grande armée par celui de Mortagne, en passant sur les derrières de l'armée. Mais les bleus avaient marché plus lentement qu'on ne l'avait supposé ; M. de Lescure, qui commandait l'avant-garde, les rencontra dans les avenues du château de la Tremblaye, à moitié chemin de Mortagne à Chollet ; et M. de Bonchamps, ne trouvant personne à Chollet, ne put se joindre assez tôt aux autres divisions.

M. de Lescure se porta en avant avec le jeune Beauvolliers ; il monta sur un tertre, et découvrit à vingt pas de lui un poste républicain : « Mes » amis, en avant ! » cria-t-il. Au même instant une balle vint le frapper auprès du sourcil gauche, et sortit derrière l'oreille ; il tomba sans connaissance. Des paysans s'étant élancés, passèrent sur le corps de leur général sans le voir, et firent vivement reculer les républicains. Le petit de Beauvolliers avait jeté son sabre, et criait en pleurant : « Il est mort, il est mort ! » L'alarme commença à se mettre parmi les Vendéens ; une réserve de Mayençais revint sur eux, et les mit en fuite. Pendant ce temps-là, Bontemps, domestique de M. de Lescure, était arrivé ; il avait trouvé son maître respirant encore, mais baigné dans son sang ; M. Renou, exposé à une grêle de balles, cherchait à arrêter le sang ; il attacha M. de Lescure en croupe derrière Bontemps, et retourna au combat : deux soldats à pied soutenaient le blessé, et de la sorte, ils le conduisirent, comme par miracle, jusqu'à Beaupréau, au milieu de la déroute. Les Vendéens se réfugièrent à Chollet ; et comme on ne revit plus M. de Lescure, tout le monde le crut mort.

Nous avions couché à Trémentine. Le 16 au matin je me rendis à l'église où une foule de femmes priaient Dieu, pendant qu'on entendait le canon du côté de Chollet. Tout d'un coup quelques fuyards arrivent; je vois M. de Pérault qui vient à moi et me prend les mains en pleurant. Il s'aperçut à ma figure que je ne savais rien; alors il me dit qu'il pleurait sur la perte de la bataille. Je demandai où était M. de Lescure : il me répondit qu'il était à Beaupréau; il ne pensait pas qu'il fût vivant, et ne se sentait pas la force de m'apprendre l'affreuse nouvelle de sa mort.

Il me conseilla aussi de retourner à Beaupréau: les hussards pouvaient à chaque instant arriver à Trémentine. On ne pouvait pas trouver de bœufs pour conduire ma pauvre vieille tante en voiture; je ne l'attendis pas; j'étais mourante de frayeur; je montai à cheval; je pris ma fille dans mes bras, et je partis avec ma mère. Nous nous arrêtâmes à Chemillé; ma tante nous y rejoignit. A peine était-elle arrivée, qu'on nous fit repartir pour aller plus loin; nous nous remîmes en route; je mis ma fille dans la voiture. Un instant après on se mit à crier : « Voilà les bleus ! à la déroute ! » La frayeur me saisit; je pris le galop; et comme la route était embarrassée de voitures, je montai sur un petit sentier qui était élevé de deux pieds au-dessus du chemin; mais ce sentier allait toujours s'élevant au-dessus du vallon; alors je fis sauter mon cheval entre les charrettes, et je grimpai de l'autre côté de la route, dans un champ, pour pouvoir gagner la tête de la colonne. Un instant après la raison me revint, et je rejoignis ma famille. Il n'y avait eu aucun danger réel : c'étaient des canonniers vendéens qui, pour faire déblayer les rues de Chemillé, pleines de femmes et de charrettes, et faire passer leurs pièces, avaient imaginé de donner cette alarme. Nous continuâmes à marcher; mais nous nous égarions sans cesse dans ces chemins de traverse; et au lieu d'arriver à Beaupréau, nous nous trouvâmes à la nuit dans le village de Beausse, à une lieue et demie de la Loire, en face de Mont-Jean; nous nous jetâmes sur des lits dans une chambre pleine de soldats qui allaient rejoindre l'armée de M. de Bonchamps.

A trois heures du matin, le 17 octobre, nous fûmes réveillés par le bruit du canon; on l'entendait à la fois du côté de Saint-Florent et du côté de Mont-Jean, le long de la Loire. On se leva pour aller à la grand'messe que le curé devait célébrer dans la nuit, pour que les paysans eussent le temps de rejoindre l'armée : nous y allâmes; l'église était pleine. Le prêtre, qui était un bon vieillard d'une figure respectable, exhorta les soldats de la manière la plus touchante; il les engagea à aller courageusement défendre leur Dieu, leur roi, leurs femmes et leurs enfans que l'on massacrait. Les coups de canon se faisaient entendre par intervalle pendant son discours; ce bruit, notre position, l'incertitude où nous étions sur le sort de l'armée et des personnes qui nous étaient chères, l'obscurité de la nuit, tout contribuait à faire sur chacun une impression lugubre et affreuse. Le prêtre finit par donner l'absolution aux pauvres gens qui allaient se battre.

Après la messe, je voulus me confesser. On avait dit au prêtre que M. de Lescure était mort, et qu'on était embarrassé pour m'annoncer cet horrible malheur : on le pria de m'y préparer. Ce vieil ecclésiastique me parla avec une bonté ingénieuse, évitant de porter de trop rudes coups. Il me fit un grand éloge de M. de Lescure et de sa piété; il me dit que je devais bien de la reconnaissance à Dieu pour m'avoir donné un tel mari; que cela m'imposait de grands devoirs; que je ne devais pas me contenter de remplir les obligations d'une simple chrétienne; que madame de Lescure était appelée à une plus grande sainteté; que Dieu me ferait sans doute la grâce de m'éprouver par de grands malheurs; que je devais me résigner, et ne songer qu'au ciel et à la récompense qui m'y attendait. Sa voix s'élevait et devenait comme prophétique : toute glacée d'effroi, je le regardais, ne sachant que croire, et, pendant ce temps-là, le bruit du canon redoublait; les coups se multipliaient et semblaient s'approcher de nous. Il fallut sortir de l'église : je faillis tomber évanouie; on me mit à cheval; nous continuâmes à fuir sans trop savoir où nous trouverions un refuge. A une lieue de Beausse, l'abbé Jagault trouva des personnes qui lui annoncèrent que M. de Lescure, blessé, était à Chaudron. J'appris alors ce qu'on avait cru et ce qu'on m'avait caché. Nous n'étions pas éloignés de Chaudron; j'y courus. Je trouvai M. de Lescure dans un état affreux : sa tête était toute fracassée; son visage était prodigieusement enflé; il pouvait à peine parler. Mon arrivée le soulagea d'une horrible inquiétude; il avait envoyé trois courriers qui n'avaient pu me rencontrer, ni savoir de mes nouvelles : il s'imaginait que j'étais tombée entre les mains des républicains. Le village de Chaudron était rempli de fugitifs et de blessés : je retrouvai là M. Durivault.

La blessure de M. de Lescure, et le retard de l'arrivée de l'armée de Bonchamps, avaient dans le moment ralenti l'ardeur de nos soldats et même de nos officiers, et l'affaire de la Tremblaye fut plutôt une retraite qu'une défaite. Les Vendéens étaient rentrés à Chollet, et de-là ils avaient, pendant la nuit, marché vers Beaupréau pour s'y rallier. Quelques chefs, entre autres M. de La Rochejaquelein, voulaient qu'on défendît Chollet dont la position était bonne; mais on ne put y retenir les soldats; on y laissa de la cavalerie et quelques petites pièces de canon. Le 16 au matin, ces détachemens firent semblant de se défendre pendant quelques momens, pour laisser à l'armée le temps de se rallier à Beaupréau : c'était la cause des coups de canon que nous entendions de Trémentine; et lorsque je vis M. de Pérault, il quittait Chollet pour aller rejoindre l'armée. Les républicains entrèrent avec de grandes précautions à Chollet, et n'avancèrent pas davantage ce jour-là.

Les généraux vendéens, assemblés à Beaupréau, résolurent de tenter un dernier effort pour chasser les républicains. On pouvait encore espérer le succès; l'armée était nombreuse et les soldats animés par la vengeance et la nécessité de vaincre. Cependant M. de Bonchamps, prévoyant qu'on pouvait être battu, et, dans ce cas, qu'il fallait avoir une retraite, proposa de détacher un petit nombre d'hommes pour aller surprendre Varades, sur la rive droite de la Loire, afin de passer le fleuve en cas de défaite. Il avait toujours pensé qu'il y aurait de grands avantages à faire la guerre sur la rive droite; il connaissait la Bretagne; il était sûr qu'elle se joindrait aux Vendéens, et cette opération ne lui paraissait pas aussi fâcheuse qu'aux autres chefs du pays. S'il eût vécu, et qu'il eût pris le commandement de l'armée, les insurgés auraient peut-être tiré un grand parti d'un événement qui fit leur perte. Il mourut sans que personne connût ses projets, ses relations, ni la direction qu'il comptait prendre; et cette entreprise de Varades fit un mal sensible; elle éloigna de l'armée des officiers qui eussent été bien utiles en un jour décisif; elle montra aux soldats que l'on ne comptait pas absolument sur le gain de la bataille, et leur fit entrevoir un moyen de retraite. Beaucoup de chefs ont pensé qu'il aurait mieux valu, même après la défaite, ne point quitter la rive gauche. On aurait pu reformer une armée nombreuse, car la plupart des Poitevins n'avaient pu encore rejoindre, et se trouvaient dispersés derrière les républicains; on aurait aussi fini par déterminer M. de Charette à faire une diversion.

MM. de Talmont, d'Autichamp et Duhoux furent donc envoyés, à la tête de quatre mille Bretons ou Angevins, presque tous de la rive droite, pour passer la Loire à Saint-Florent et occuper Varades. Les coups de canon que nous entendions à Beausse provenaient de cette attaque ; ceux que nous entendions en même temps du côté de Mont-Jean venaient d'une tentative que les bleus y avaient faite ; ils se rembarquèrent, voyant que nous attaquions Varades.

Le 17 au matin, MM. d'Elbée, de Bonchamps, de La Rochejaquelein, de Royrand, mon père et tous les autres chefs marchèrent sur Chollet à la tête de quarante mille hommes. Les républicains avaient fait leur jonction avec les divisions de Bressuire : ils étaient quarante-cinq mille. Ce fut sur la lande en avant de Chollet, du côté de Beaupréau, que les armées se rencontrèrent. M. de La Rochejaquelein et Stofflet entamèrent l'attaque avec fureur; pour la première fois, les Vendéens marchaient en colonne serrée comme la troupe de ligne; ils enfoncèrent le centre de l'ennemi, le culbutèrent jusque dans les faubourgs de Chollet, et furent un instant maîtres du grand parc de leur artillerie. Le général Beaupuy, qui commandait les républicains, venait d'être abattu de son cheval pour la seconde fois, en tâchant de rallier ses soldats : peu s'en fallut qu'il ne fût pris ; la déroute se mettait parmi les bleus, lorsqu'arriva la réserve des Mayençais : les Vendéens soutinrent leur premier choc et les repoussèrent; ils recommencèrent d'autres charges qui eurent plus de succès. Nos gens plièrent, et le désordre se mit parmi eux; alors tous les chefs firent des prodiges de valeur pour les rallier; ils en ramenèrent quelques-uns, et on se battit en furieux, faisant acheter bien cher la victoire. MM. d'Elbée et de Bonchamps furent mortellement blessés, et enfin la déroute devint complète. Cependant M. de Piron arriva avec une grande partie de la division de M. de Lyrot, et protégea un peu la fuite des Vendéens; on put relever les blessés; d'ailleurs les républicains avaient tant souffert, qu'ils ne songèrent pas à poursuivre; ils rentrèrent à Chollet, mirent le feu à la ville, et se livrèrent, pendant toute la nuit, à leurs horreurs accoutumées.

MM. de Bonchamps et d'Elbée furent transportés d'abord à Beaupréau : M. d'Elbée y demeura; M. de Bonchamps fut porté ensuite à Saint-Florent où se rassemblaient tous les débris des armées de la Vendée. On laissa une arrière-garde à Beaupréau : elle fit peu de défense. Westermann s'empara, le 18, de la ville; il la brûla, ainsi que les villages voisins; mais il n'avança pas au-delà.

CHAPITRE XIV.

Passage de la Loire. — Marche par Ingrande, Candé, Château-Gonthier et Laval.

Je n'ai pu retrouver dans ma mémoire les récits que je vais faire; j'avais trop de douleur pour voir distinctement ce qui se passait autour de moi; on m'a raconté depuis des détails qui étaient confus dans mon souvenir.

MM. de Talmont et d'Autichamp avaient réussi dans leur entreprise sur Varades; ils en avaient chassé les bleus, et le passage de la Loire était assuré. Dès le 17, une foule de soldats s'étaient enfuis, sans s'arrêter, jusqu'à Saint-Florent; pendant toute la nuit, les Vendéens s'étaient portés sur ce point; nos soldats bretons et les gens de la rive droite avaient amené quelques bateaux; ils appelaient les fugitifs, disant : « Venez, nos amis, venez
» dans notre pays; vous ne manquerez de rien,
» nous vous secourrons; nous sommes tous aris-
» tocrates. » Les Vendéens se précipitaient en foule dans les barques.

Ainsi, lorsque le 18 au matin les officiers arrivèrent, le passage était commencé. Nous avions

quitté Chaudron pendant la nuit; on portait M. de
Lescure dans un lit qu'on avait couvert du mieux
qu'il avait été possible : il souffrait horriblement. Je
voyageais à côté de lui; j'étais grosse de trois mois :
tant de douleur et d'inquiétude rendaient mon état
affreux. Nous parvînmes de bonne heure à Saint-
Florent; et alors parut à mes yeux le spectacle le
plus grand et le plus triste qu'on puisse imaginer;
spectacle qui ne sortira jamais de la mémoire des
malheureux Vendéens.

Les hauteurs de Saint-Florent forment une sorte
d'enceinte demi-circulaire, au bas de laquelle
règne une vaste plage unie qui s'étend jusqu'à la
Loire, fort large en cet endroit; quatre-vingt mille
personnes se pressaient dans cette vallée; soldats,
femmes, enfans, vieillards, blessés, tous étaient
pêle-mêle, fuyant le meurtre et l'incendie; derrière
eux, ils apercevaient la fumée s'élever des villages
que brûlaient les républicains; on n'entendait que
des pleurs, des gémissemens et des cris. Dans cette
foule confuse, chacun cherchait à retrouver ses
parens, ses amis, ses défenseurs; on ne savait quel
sort on allait rencontrer sur l'autre rive; cependant
on s'empressait pour y passer, comme si au-delà
du fleuve on avait dû trouver la fin de tous les
maux. Une vingtaine de mauvaises barques portaient
successivement les fugitifs qui s'y entassaient; d'autres cherchaient à traverser sur des chevaux : tous
tendaient les bras vers l'autre bord, suppliant qu'on
vînt les chercher. Au loin, du côté opposé, on

voyait une autre multitude dont on entendait le bruit plus sourd; enfin au milieu était une petite île couverte de monde. Beaucoup d'entre nous comparaient ce désordre, ce désespoir, cette terrible incertitude de l'avenir, ce spectacle immense, cette foule égarée, cette vallée, ce fleuve qu'il fallait traverser, aux images que l'on se fait du redoutable jour du jugement dernier.

Quand les officiers poitevins virent cet empressement à quitter la rive gauche, et le passage de la Loire devenu nécessaire par ce mouvement désordonné de toute l'armée, ils se livrèrent au désespoir. M. de La Rochejaquelein était comme un furieux; il voulait rester sur le rivage, et s'y faire tuer par les bleus : on lui représentait vainement qu'il fallait céder au torrent; que jamais on ne pourrait ranimer le courage des soldats, et les ramener au combat; que c'était là le seul moyen de sauver tout ce peuple; il n'écoutait rien. Il vint avec un grand nombre d'officiers trouver M. de Lescure qu'on avait retiré dans une maison à Saint-Florent, et il lui raconta, en pleurant de rage, ce qui se passait. M. de Lescure se ranima pour protester qu'il voulait aussi mourir, se faire achever dans la Vendée; mais on lui représenta son état : il ne pouvait pas se soutenir; on lui dépeignit la situation de l'armée dont une partie avait déjà passé, et que certainement on ne pourrait engager à revenir; on lui parla de cette foule de blessés, de femmes, d'enfans, de vieillards, de l'armée républicaine victorieuse qui s'avançait de moment en moment, et des flammes qui se rapprochaient de plus en plus; on lui fit observer qu'il n'y avait plus de munitions ni aucun moyen de défense. Enfin il se rendit : il vit que se maintenir était un effort au-dessus du génie et des forces humaines; il consentit à être porté sur l'autre bord.

Un petit nombre d'officiers qui avaient ou qui croyaient avoir de l'influence sur la rive droite, furent les seuls qui virent sans douleur ce passage de la Loire. M. de Bonchamps, qui l'avait conseillé et préparé, était sans connaissance : il expirait.

On avait amené à Saint-Florent cinq mille prisonniers républicains. M. Cesbrons d'Argognes, vieux chevalier de Saint-Louis et commandant de Chollet, les avait conduits : c'était un homme fort dur; il en avait fait fusiller en route neuf, qui avaient cherché à s'échapper. Cependant on ne pouvait pas les traîner plus loin, ni leur faire passer la rivière; les officiers délibérèrent sur le sort de ces prisonniers. J'étais présente; M. de Lescure était couché sur un matelas et je le soignais : chacun fut d'avis, dans le premier mouvement, de les faire fusiller sur-le-champ. M. de Lescure me dit, d'une voix affaiblie et qui ne fut point entendue : C'est une horreur! Mais quand il fallut aller donner l'ordre et faire exécuter ces malheureux, personne ne voulut s'en charger : l'un disait que cette affreuse boucherie était au-dessus de ses forces; l'autre, qu'il ne voulait pas faire office de bourreau; quelques-uns ajoutaient qu'il y avait de l'atrocité à exercer des représailles sur de pauvres gens qui, prisonniers depuis quatre mois, n'étaient pour rien dans les crimes des républicains : on disait aussi que ce serait autoriser les massacres des bleus; que leur cruauté en redoublerait, et qu'ils ne laisseraient pas une seule créature vivante sur la rive gauche; enfin il fut décidé qu'on leur rendrait la liberté. Depuis, quelques-uns ont trouvé le moyen de témoigner leur reconnaissance en sauvant madame de Bonchamps à Nantes; ils ont signé un certificat qui attestait que M. de Bonchamps, d'après la sollicitation de sa femme, avait obtenu leur grâce de l'armée vendéenne. Madame de Bonchamps n'a pas pu revoir son mari; on lui avait caché l'état où il était. A la vérité, les prisonniers devaient avoir pour elle une reconnaissance particulière; elle avait rencontré sur la place le vieux M. d'Argognes, qui échauffait les soldats pour faire massacrer les prisonniers; et par ses reproches, elle l'avait forcé à se retirer (1).

Nous nous préparâmes à passer sur l'autre bord;

---

(1) On voit dans la *Vie de M. de Bonchamps*, qui a paru après mes Mémoires, une quantité de certificats qui assurent que ce général, ayant appris sur son lit de mort que les prisonniers risquaient d'être massacrés par une émeute, avait fait crier grâce en son nom. Je l'avais ignoré; ce qui est simple, au milieu de l'affreux désordre de notre armée dans ce moment.

on enveloppa M. de Lescure dans des couvertures, et on le posa sur un fauteuil de paille, garni d'une espèce de matelas. Nous descendîmes de Saint-Florent sur la plage, au milieu de la foule : beaucoup d'officiers nous accompagnaient ; ils tirèrent leurs sabres, se mirent en cercle autour de nous, et nous arrivâmes au bord de l'eau. Nous trouvâmes la vieille madame de Meynard, qui s'était cassé la jambe en arrivant à Saint-Florent ; sa fille était auprès d'elle, et me pria de les recevoir dans notre bateau. On embarqua M. de Lescure ; M. Durivault, ma petite fille, mon père et moi, ainsi que nos domestiques, nous montâmes dans la barque. Le brancard de madame de Meynard ne pouvant y tenir, sa fille ne voulut pas la quitter : elles restèrent toutes deux. Nous ne trouvions plus ma mère ; elle était à cheval et avait passé à gué, jusque dans la petite île qui était non loin de la rive gauche : elle courut de fort grands risques, et nous causa d'affreuses inquiétudes pendant long-temps ; car nous ne la revîmes qu'à Varades.

Quand nous fûmes embarqués, mon père dit au matelot qui nous conduisait, de faire le tour de la petite île et d'aller à Varades sans s'arrêter, pour éviter à M. de Lescure la souffrance d'être débarqué et rembarqué une fois de plus : cet homme s'y refusa absolument ; ni prières, ni menaces ne purent le décider ; mon père s'emporta et tira son sabre : « Hélas ! Monsieur, lui dit le matelot, je
» suis un pauvre prêtre ; je me suis mis par charité

» à passer les Vendéens ; voilà huit heures que je
» conduis cette barque ; je suis accablé de fatigue,
» et je ne suis pas habile dans ce métier : je courrais
» risque de vous noyer si je voulais traverser le
» grand bras de la rivière. » Il fallut donc descendre
dans l'île au milieu du désordre ; nous trouvâmes
un bateau, et nous arrivâmes de l'autre côté.

Il y avait sur la plage une multitude de Vendéens assis sur l'herbe ; chacun, pour aller plus loin, attendait que ses amis eussent passé. Mon père se mit à la recherche de ma mère. J'envoyai chercher du lait pour ma fille dans un petit hameau tout brûlé qui était au bord de la Loire.

Varades est à un quart de lieue, sur le penchant d'un coteau ; M. de Lescure était impatient d'y arriver ; le temps était serein, mais le vent était froid. On passa deux piques sous le fauteuil, et les soldats se mirent à le porter ; ma femme de chambre et moi, nous soutenions ses pieds enveloppés dans des serviettes ; M. Durivault nous suivait avec peine.

Nous avancions dans la plaine, lorsqu'un jeune homme à cheval passa près de nous, et s'arrêta un instant : c'était M. d'Autichamp ; je ne l'avais pas vu depuis Paris. Il nous dit qu'il allait rassembler trois mille hommes pour attaquer Ancenis et assurer un gué pour notre artillerie ; il chercha à calmer un peu le désespoir où il me voyait.

Un instant après, j'entendis que dans Varades on criait *aux armes;* et bientôt le bruit des tambours et de la mousqueterie commença : jamais je ne m'étais trouvée si près d'un combat, et encore dans quel moment nous attaquait-on ! Je m'arrêtai tout effrayée : les coups de fusil ranimèrent M. de Lescure qui était presque sans connaissance; il demanda ce que c'était ; je le suppliai de se laisser porter dans un bois voisin; il me répondit que les bleus lui rendraient service en l'achevant, et que les balles lui feraient moins de mal que le froid et le vent. Je ne l'écoutai point ; on le porta dans le bois : ma fille m'y rejoignit. Beaucoup de personnes s'y réfugièrent.

Au bout d'une heure, nous sûmes que tout était tranquille ; un détachement de hussards s'était présenté devant Varades sans savoir qu'il était occupé, et s'était retiré en toute hâte. Nous continuâmes notre route et nous arrivâmes dans le bourg; comme j'y entrais, un paysan que je ne connaissais pas vint à moi, et me serrant la main, me dit : « Nous » avons quitté notre pays ; nous voilà à présent » tous frères et sœurs ; nous ne nous quitterons » pas : je vous défendrai jusqu'à la mort, et nous » périrons ensemble. » On me donna une petite chambre pour M. de Lescure ; mon père, ma mère et ma tante vinrent nous joindre. La maison, comme toutes celles de Varades, était remplie de fugitifs qui ne savaient que devenir; beaucoup souffraient de la faim ; mais la plupart de ces braves gens étaient si éloignés de se porter au désordre, que dans notre maison il y en eut qui ne voulurent pas prendre des pommes de terre dans le jardin, comme je le leur conseillais, avant que le maître du logis le leur eût permis.

M. d'Autichamp trouva les Vendéens maîtres d'Ancenis. L'armée de M. de Lyrot, après avoir passé la rivière à gué en face de cette ville, l'avait courageusement attaquée et emportée. Ce fut là qu'on fit passer les canons et les caissons ; on emmena aussi des bestiaux.

Le passage s'acheva pendant la nuit. On se coucha sur des matelas, sur de la paille, le plus grand nombre dehors.

M. de Bonchamps était mort lorsqu'on l'avait descendu de la barque sur la plage : il fut enseveli le lendemain. Quelques jours après, les républicains l'exhumèrent pour lui trancher la tête et l'envoyer à la Convention. On ne savait ce qu'était devenu M. d'Elbée; l'armée était sans général en chef. M. de Lescure envoya chercher les principaux officiers des diverses divisions, et leur dit qu'il fallait élire un chef; on lui répondit que c'était évidemment lui qui était général, et qu'il commanderait quand il serait rétabli. « Messieurs,
» leur dit-il, je suis blessé mortellement; et même,
» si je dois vivre, ce que je ne crois pas, je serai
» long-temps hors d'état de servir. Il est néces-
» saire que l'armée ait sur-le-champ un chef actif,
» aimé de tout le monde, connu des paysans,
» ayant la confiance de tous, c'est le seul moyen
» de nous sauver. M. de La Rochejaquelein est le

» seul qui se soit fait connaître des soldats de toutes
» les divisions ; M. de Donnissan, mon beau-père,
» n'est pas du pays ; on ne le suivrait pas si volon-
» tiers ; de plus, il ne s'en soucie pas. Le choix
» que je propose ranimera le courage des Ven-
» déens ; je vous conseille et vous prie de nom-
» mer M. de La Rochejaquelein. Quant à moi, si
» je vis, vous savez que je n'aurai pas de que-
» relle avec Henri : je serai son aide-de-camp. »

Ces messieurs se retirèrent et formèrent un conseil de guerre où fut élu M. de La Rochejaquelein. On voulut nommer un général en second ; M. de La Rochejaquelein répondit que c'était lui qui l'était ; qu'il prendrait les avis de M. de Donnissan, et qu'il le regardait comme son supérieur.

M. de La Rochejaquelein, loin de désirer cet honneur, le craignait beaucoup, et de bonne foi en fut très-affligé. Il avait représenté qu'à vingt-un ans, il n'avait ni assez d'expérience, ni assez d'âge pour en imposer : c'était là en effet son seul défaut. Au combat, sa valeur subjuguait, animait toute l'armée, et on lui obéissait aveuglément ; mais il négligeait le conseil : n'attachant pas assez d'importance à son propre avis, il le disait sans le soutenir, et, par trop de modestie, laissait gouverner l'armée par d'autres. Quand il ne pensait pas comme eux, il disait aux officiers de ses amis : « Ils
» n'ont pas le sens commun ; mais quand viendra
» le combat, ce sera à notre tour à commander,
» et l'on nous obéira. » Malgré cet inconvénient,

on ne pouvait choisir que lui pour général. Les paysans aimaient tant à le suivre, il leur inspirait tellement tout son courage et toute son activité, il avait si bien ce qu'il faut pour entraîner une armée sur ses pas, qu'il n'eût pas été raisonnable de penser à d'autres. Mon père ne désirait pas la charge difficile de conduire une foule de paysans qui ne le connaissaient point, et qui d'ailleurs aimaient mieux être conduits par des jeunes gens que par des chefs âgés.

M. de La Rochejaquelein fut donc proclamé général, aux acclamations de tous les Vendéens. M. de Lescure, qui les entendait, me pria d'aller chercher Henri : il s'était caché dans un coin, et pleurait à chaudes larmes. Je l'amenai : il se jeta au cou de M. de Lescure, répéta qu'il n'était pas digne d'être général, qu'il ne savait que se battre, qu'il était beaucoup trop jeune, et qu'il ne saurait jamais imposer silence aux personnes qui viendraient traverser ses desseins. Il supplia M. de Lescure de reprendre le commandement dès qu'il serait guéri. « Je ne l'espère pas, lui répondit-il;
» mais si cela arrive, je serai ton aide-de-camp;
» je t'aiderai à vaincre cette timidité qui t'empê-
» che de te livrer à la force de ton caractère et
» d'imposer silence aux brouillons et aux ambi-
» tieux. »

On rassembla ensuite un conseil pour délibérer sur la marche de l'armée. M. de Lescure fut d'avis de marcher sur Nantes. Il pensait qu'une brusque attaque sur cette ville dont la garnison était entrée dans la Vendée, pourrait avoir un heureux succès; outre l'importance de la position, c'était un moyen de rentrer dans notre pays et de concerter les opérations avec l'armée de M. de Charette. On n'avait pas de ses nouvelles; mais il paraissait probable que notre perte avait dû le sauver, en attirant l'ennemi sur nous. On parla aussi de marcher sur Rennes : on était assuré que la Bretagne était prête à se révolter; moins d'obstacles devaient nous arrêter sur cette route. Les paysans se souvenaient de leur défaite sous les murs de Nantes, et cela pouvait les décourager. Il fut décidé qu'on se dirigerait sur Rennes. Le chevalier de Beauvolliers fut envoyé sur-le-champ avec une petite avant-garde pour occuper Ingrande. Après le conseil, M. de Lescure, à qui l'occupation de tant de choses importantes avait rendu une sorte de force, retomba dans une espèce d'anéantissement d'autant plus grand, que son esprit avait été plus tendu. Vers le soir, les prisonniers que nous avions laissés libres à Saint-Florent, ramassèrent quelques canons, et tirèrent à toute volée sur Varades : on leur riposta; mais il n'y eut pas de mal de part ni d'autre.

L'armée devait, le lendemain, se rendre à Ingrande; on décida que M. de Lescure partirait dès le soir. Un jeune homme des environs avait offert de le cacher, ainsi que ma mère, ma tante et moi; il répondait de la sûreté de l'asile qu'il nous donnait. M. de Lescure ne voulut pas entendre parler de quitter l'armée. Je fus tentée de profiter de cette offre pour ma fille; mais la crainte qu'on ne la portât aux enfans trouvés, l'espérance qu'elle continuerait à se bien porter, me décidèrent à la garder. On ne pouvait se résoudre à se séparer de ce qu'on aimait; on éprouvait le besoin de courir les mêmes dangers et d'avoir un sort commun.

Nous partîmes sur le soir : on ne put pas trouver de voiture pour M. de Lescure; on le plaça dans une charrette dont les mouvemens trop durs le faisaient souffrir si horriblement qu'il poussait des cris de douleur. Quand il arriva à Ingrande, il était presque sans connaissance : nous nous arrêtâmes dans la première maison; on donna un mauvais lit à M. de Lescure; je couchai sur du foin, et nous eûmes à peine de quoi souper. Il y avait un tel désordre, qu'on fut obligé de battre la caisse pour se procurer un chirurgien qui vînt le panser. Le chevalier de Beauvolliers vint nous voir; il avait appris, dans les lettres qu'il avait prises à la poste, que Noirmoutier venait d'être surpris par M. de Charette. Le lendemain matin, le gros de l'armée arriva et continua sa marche sur Candé et Segré. Nous ne savions comment emporter M. de Lescure; il ne pouvait supporter le mouvement de la charrette; la calèche où voyageait ma tante était trop petite; j'allai dans le bourg avec MM. de Beaugé et de Mondyon; nous fîmes faire une sorte de brancard avec un vieux fauteuil; on mit des cerceaux

par-dessus et l'on ajusta des draps pour garantir
de l'air le malheureux blessé. Je me décidai à aller
à pied, auprès du brancard, avec ma femme de
chambre Agathe, et quelques-uns de mes gens ;
ma mère, ma tante et ma fille étaient parties devant.
On se réunissait et l'on marchait par famille et
par société d'amis ; chacun avait des protecteurs et
des défenseurs parmi les officiers et les soldats ; on
tâchait de ne pas se quitter. Les combattans, après
avoir fait leur devoir, songeaient à préparer des
logemens et des vivres aux femmes, aux enfans,
aux vieillards, aux prêtres et aux blessés qui
s'étaient ainsi attachés à eux.

Nous nous mîmes en marche. M. de Lescure
jetait des cris de souffrance qui me déchiraient ;
j'étais accablée de fatigue et de malaise ; mes bottes
me blessaient les pieds. Au bout d'une demi-heure,
je priai Forêt de me prêter son cheval ; on l'avait
chargé de commander l'escorte qui gardait M. de
Lescure ; nous voyagions entre deux files de cavalerie, et un assez gros corps d'infanterie était
derrière nous.

Un moment après, M. de Beauvolliers arriva
avec une berline qu'il était parvenu à trouver ; on
avait démonté et brisé un canon pour avoir des
chevaux. On arrangea des matelas dans la berline,
et nous portâmes le blessé dans cette espèce de lit ;
M. Durivault se mit aussi dans la voiture ; Agathe
se plaça auprès de M. de Lescure pour lui soutenir
la tête : la moindre secousse lui arrachait des gémis-

semens; il ressentait de temps en temps les douleurs les plus aiguës. Un rhume assez fort ajoutait beaucoup à son mal. Quelquefois l'humeur coulait de sa plaie à gouttes pressées; alors il éprouvait quelque soulagement, et l'on profitait de ces momens pour avancer; puis on s'arrêtait quand les souffrances recommençaient; l'arrière-garde nous rejoignait et attendait que la voiture reprît sa marche. M. de Lescure était comme mourant; il semblait n'avoir que le sentiment de la douleur : son caractère était changé; au lieu de ce sang-froid inaltérable, de cette angélique douceur, il éprouvait des impatiences continuelles et s'emportait souvent avec une sorte de violence. Agathe était adroite et patiente dans les soins qu'elle avait de lui; ma vue basse et mon émotion trop forte m'empêchaient de lui rendre les mêmes services.

Nous avancions sur Candé. A une lieue environ de cette ville, nous entendîmes un bruit qui nous fit croire que l'on s'y battait. Nous étions alors presque seuls sur la route; j'étais à cheval; nous avions devancé l'avant-garde; un instant après j'entendis crier : Voilà les hussards! Ma raison s'égara; mon premier mouvement fut de fuir; dans le même clin-d'œil, je songeai que j'étais auprès de M. de Lescure; me défiant de mon courage, craignant que l'approche des hussards ne me frappât d'une terreur involontaire et invincible, j'entrai vite dans la voiture sans en dire la raison, pour qu'il me devînt impossible de ne pas périr avec mon mari. Les cris et le tumulte l'avaient rappelé à lui ; il s'était mis sur son séant, s'avançait par la portière, appelait les cavaliers, demandait qu'on lui donnât un fusil ; il voulait qu'on le descendît à terre et qu'on le soutînt ; il n'écoutait pas mes représentations, et sa faiblesse seule l'empêchait de sortir de la voiture. Plusieurs cavaliers arrivèrent au galop ; il les appelait par leur nom et les excitait à combattre ; mais il n'y avait pas un seul officier ; ils étaient tous en avant ; enfin il aperçut Forêt : « Te voilà ! lui dit-il ; à » présent je suis plus tranquille ; il y a quelqu'un » pour commander. » En effet il se calma, se mit à vanter la bravoure de Forêt, et à s'indigner de la poltronerie de M. de S***, qu'il avait entrevu se cacher derrière la voiture.

Cette alarme était mal fondée : les hussards qu'on avait aperçus n'étaient qu'au nombre de trois, et s'enfuyaient de Candé en toute hâte. Nous arrivâmes vers le soir dans cette petite ville : on s'en était emparé après un léger combat où M. Després de la Châtaigneraie avait été grièvement blessé. Nous y fûmes assez bien ; il s'y trouva des vivres. Ces paysans vinrent encore me prier de demander au maître du logis la permission d'arracher des pommes de terre dans son jardin ; ils étaient moins discrets pour les tas de pommes à cidre qui, en automne, sont placés devant les portes de presque toutes les maisons en Bretagne. La faim les faisait se jeter avec avidité sur cette nourriture qu'ils trouvaient sous leurs mains : ce fut la cause de beaucoup de maladies et d'une dyssenterie qui ravagea l'armée.

Le lendemain, de bonne heure, on se remit en route pour Segré et Château-Gontier. Une dame de Candé avait proposé de cacher M. de Lescure et sa famille; nous avions refusé cette offre, de même qu'à Varades.

C'était un singulier spectacle que cette marche de l'armée vendéenne : on formait une avant-garde assez nombreuse, et on lui donnait quelques canons; la foule venait après, sans aucun ordre, et remplissait tout le chemin. On voyait là l'artillerie, les bagages, les femmes portant leurs enfans, des vieillards soutenus par leurs fils, des blessés qui se traînaient à peine, des soldats rassemblés pêle-mêle. Il était impossible d'empêcher cette confusion; les commandans y perdaient tous leurs soins. Souvent, traversant cette foule la nuit à cheval, j'ai été obligée, pour me faire un passage, de nager pour ainsi dire, entre les baïonnettes, les écartant de chaque main, et ne pouvant me faire entendre pour prier que l'on me fît place. L'arrière-garde venait ensuite : elle était spécialement chargée de garder M. de Lescure.

Cette triste procession occupait presque toujours quatre lieues de longueur : c'était offrir une grande prise à l'ennemi; il aurait pu sans cesse profiter du vice d'une pareille disposition. Les hussards auraient pu facilement nous charger et massacrer le centre de la colonne; rien ne protégeait les flancs de l'armée vendéenne; nous n'avions pas douze cents hommes de cavalerie; il n'y avait d'autres éclaireurs que les pauvres gens qui s'écartaient dans les villages à droite et à gauche pour avoir du pain. Ce qui a préservé long-temps notre armée de la destruction, c'est la faute qu'ont faite toujours les républicains d'attaquer la tête ou la queue de la colonne.

Il y a neuf lieues de Candé à Château-Gonthier. Nous traversâmes Segré où les paysans, suivant leur goût invariable, brûlèrent les papiers des administrations et les arbres de la liberté. Après une forte journée où la pluie nous avait très-incommodés, nous arrivâmes fort tard à Château-Gonthier, que les républicains avaient essayé de défendre un instant.

J'étais accablée de fatigue et de faim : j'étais partie sans déjeuner. En route, j'avais donné mon pain à des blessés; dans tout le jour, jusqu'à minuit, je n'avais mangé que deux pommes. Bien des fois, pendant ce voyage, j'ai souffert de la faim. Les douleurs physiques venaient sans cesse s'ajouter aux peines de l'ame.

On apprit à Château-Gonthier que les bleus, rentrés à Candé, avaient massacré quelques malheureux blessés que nous avions été forcés d'abandonner, ne pouvant les transporter. Depuis, ils eurent constamment cette cruauté, chaque fois qu'ils trouvèrent nos blessés. Cette horrible manière de faire la guerre excita au ressentiment.

M. de Marigny fit saisir dans une cave le juge de paix de Château-Gonthier, qui s'y était caché, et qu'on lui avait dénoncé comme un républicain exalté et féroce : il le tua de sa main sur la place publique, et fit quelques autres exécutions semblables. Dans la suite de la route, M. de Marigny continua quelquefois à se montrer cruel ; aucun officier ne l'imitait, mais on ne s'opposait plus à ses vengeances. C'est ainsi que la guerre civile dénature le caractère ! M. de Marigny, un des hommes les plus doux et les meilleurs que j'aie connus, était devenu sanguinaire.

On fit aussi à Château-Gonthier un premier exemple de discipline. Un soldat allemand avait voulu prendre l'argent d'une femme, et lui avait donné un coup de sabre : il fut fusillé. Les Allemands se livrèrent à beaucoup de désordres dans cette expédition ; mais ils furent toujours punis sévèrement, dès qu'on fut instruit de leurs délits. Le pillage ne fut jamais permis ; cependant on doit bien penser que la police d'une pareille armée ne pouvait être très-stricte. Nous n'avions ni magasins, ni convois, ni vivres ; nulle part on ne trouvait de préparatifs pour nous recevoir. Nous voyant passer sans nous arrêter, les habitants, même les plus disposés en notre faveur, n'osaient s'employer pour nous, dans la crainte d'être le lendemain en butte aux vengeances des républicains. On était donc réduit à exiger les vivres ; mais jamais on n'a mis une contribution ni autorisé le pillage. On permit, par nécessité, aux soldats de se faire donner du linge blanc et des vêtemens en échange de ceux qu'ils portaient. Il m'est arrivé quelquefois d'être réduite à en agir ainsi, et à prier mes hôtes de me céder quelques hardes grossières, mais propres.

Nous passâmes douze heures à Château-Gonthier ; puis l'on partit pour Laval. M. le chevalier Duhoux fut chargé de commander l'arrière-garde, et vint prendre les ordres de M. de Lescure pour l'heure du départ.

Quinze mille gardes nationaux s'étaient rassemblés pour défendre Laval ; mais ils firent une faible résistance, et prirent la fuite. On perdit dans ce combat deux officiers qui furent fort regrettés : M. de la Guérivière et le garde-chasse de M. de Bonchamps. M. de La Rochejaquelein courut un assez grand danger. Depuis le combat de Martigné où il avait été blessé, il portait toujours le bras droit en écharpe : il n'en était pas moins actif ni moins hardi. En poursuivant les bleus devant Laval, il se trouva seul, dans un chemin creux, aux prises avec un fantassin ; il le saisit au collet de la main gauche, et gouverna si bien son cheval avec les jambes, que cet homme ne put lui faire aucun mal. Nos gens arrivèrent et voulaient tuer ce soldat ; Henri le leur défendit : « Retourne vers les répu-
» blicains, lui dit-il ; dis-leur que tu t'es trouvé
» seul avec le général des brigands, qui n'a qu'une
» main et point d'armes, et que tu n'as pu le tuer. »

Les Vendéens furent très-bien reçus à Laval : les habitans étaient favorablement disposés. La ville est grande, et elle offrait plus de ressources que les gîtes des jours précédens. Beaucoup de paysans bretons vinrent se joindre à nous. J'en vis arriver une troupe qui criait, *Vive le roi!* et qui portait un mouchoir blanc au bout d'un bâton. En peu de temps il y en eut plus de six mille : on donnait à ce rassemblement le nom de *Petite-Vendée*. Tous ces insurgés bretons étaient reconnaissables à leurs longs cheveux et à leurs vêtemens, la plupart de peaux de chèvre garnies de leur poil. Ils se battaient fort bien; mais le pays ne se soulevait pas en entier. Cette division n'était formée que de jeunes gens sortis d'un grand nombre de paroisses.

CHAPITRE XV.

Combats entre Laval et Château-Gonthier. — Route par Mayenne, Ernée et Fougères. — Mort de M. de Lescure.

Il fut résolu que l'armée passerait quelques jours à Laval ; il était nécessaire de lui donner un peu de repos, d'y remettre l'ordre autant que l'on pourrait, et de donner à tout le pays le temps et les moyens de se soulever pour se joindre aux Vendéens.

Ce repos fit un grand bien à M. de Lescure ; il reprit sensiblement ses forces, et, dès le second jour, il était beaucoup mieux. Le soir, plusieurs officiers étaient chez moi, quand tout-à-coup un bruit se répandit que les Mayençais venaient nous attaquer. On nous dit d'abord que ce n'était rien ; cependant j'entendis bientôt les préparatifs du combat. On rassembla les soldats ; on les encouragea. Ce n'était pas sans crainte qu'on se voyait assailli, de nuit, dans un pays de plaine, par ces redoutables Mayençais qui nous avaient chassés de notre pays. Nous étions logés à l'entrée de la ville, du côté de Château-Gonthier ; je fis transporter M. de Lescure dans une maison du faubourg opposé.

M. Forestier partit d'abord avec quelques officiers, pour s'assurer de la marche de l'ennemi ; il sut qu'en effet il s'avançait sur Laval, et revint en avertir les généraux. M. de La Rochejaquelein envoya faire une seconde reconnaissance par M. Martin, de l'armée de Bonchamps, à la tête de quelques cavaliers : il s'en acquitta avec promptitude et précision. On marcha alors à la rencontre des républicains qu'on trouva entre Laval et Antrames. Ils soutinrent un instant le choc de notre armée qu'ils croyaient peu nombreuse, et dont l'obscurité de la nuit leur dérobait les mouvemens. Bientôt ils furent tournés. On les prit en queue, et le désordre devint tel, que nos gens prenaient des cartouches dans leurs caissons, et eux dans les nôtres ; mais cette mêlée fut favorable aux Vendéens : ils perdirent peu de monde, et en tuèrent beaucoup à l'ennemi. L'obscurité était telle, que M. Keller donna la main à un républicain pour sortir d'un fossé, croyant qu'il était des nôtres : la lueur du canon lui fit tout-à-coup reconnaître l'uniforme, et il le tua.

Le lendemain se passa fort tranquillement. M. de Lescure était si bien, qu'il revint à cheval à son premier logement. Le jour d'après, on sut, dès le matin, que toute l'armée des républicains venait attaquer Laval. La défaite de la division qui avait combattu, leur avait montré que les Vendéens étaient encore nombreux et redoutables ; ils avaient cette fois réuni toutes leurs forces, qui se montaient bien à trente mille hommes de bonnes troupes.

On sentit l'importance de l'affaire qui allait avoir lieu ; toutes les mesures furent prises avec soin, et on résolut de redoubler d'efforts et de courage : M. de Lescure voulut profiter de la faible amélioration de sa santé pour monter à cheval et aller au combat: nous eûmes bien de la peine à l'arrêter par nos instances. Voyant que nous nous opposions tous à ce projet insensé, il se mit à la fenêtre, et, du geste et de la voix, il encourageait tous les soldats qui partaient pour combattre. La fatigue et l'émotion de cette malheureuse matinée dissipèrent le fruit de trois jours de repos et de soins ; et, depuis ce moment, son état alla toujours en empirant.

La bataille commença sur les onze heures du matin. Les Vendéens attaquèrent vivement. Les républicains avaient deux pièces de canon sur une hauteur en avant. M. Stofflet, qui se trouvait à côté d'un émigré qui venait de rejoindre l'armée, lui dit : « Vous allez voir comme nous prenons les canons. » En même temps il ordonna à M. Martin, chirurgien, de charger sur les pièces avec une douzaine de cavaliers. M. Martin partit au galop : les canonniers furent tués et les deux pièces emportées. On les retourna sur-le-champ contre les républicains ; on y ajouta des pièces à nous, et M. de la Marsonnière fut chargé de les diriger ; une balle morte vint le frapper si rudement, qu'elle enfonça sa chemise dans les chairs. Il voulut continuer ; mais la douleur devenant trop forte, il fut obligé de se retirer : M. de Beaugé le remplaça. Cette batterie était importante ; elle était exposée au feu le plus vif de l'ennemi. MM. de La Rochejaquelein, de Royrand et d'Autichamp s'y tinrent presque continuellement avec M. de Beaugé, faisant toujours avancer les pièces en face des républicains qui reculaient. Les conducteurs étaient si épouvantés, qu'on était obligé de les faire marcher à coups de fouet. Un instant on manqua de gargousses ; M. de Royrand partit au galop pour en faire apporter : en revenant, une balle l'atteignit à la tête ; il mourut de cette blessure quelque temps après. Le courage et la ténacité de cette attaque décidèrent le succès de la bataille ; il fut complet, lorsque M. Dehargues, à la tête d'une colonne, eut tourné l'ennemi et l'eut attaqué par derrière. Alors les bleus se débandèrent et s'enfuirent en déroute jusqu'à Château-Gonthier ; ils voulurent se reformer dans la ville, et placèrent sur le pont deux pièces pour le défendre. M. de La Rochejaquelein, qui les avait vivement poursuivis, dit à ses soldats : « Hé bien ! » mes amis, est-ce que les vainqueurs coucheront » dehors, et les vaincus dans la ville ? » Jamais les Vendéens n'avaient eu autant d'ardeur et de courage ; ils s'élancèrent sur le pont : les canons furent pris. Les Mayençais essayèrent un moment de résister : ils furent culbutés, et nos gens entrèrent dans Château-Gonthier. M. de La Rochejaquelein continua la poursuite. Il vit que les bleus tentaient encore de faire front ; il fit courir tout de suite à Château-Gonthier, pour qu'on lui amenât de l'artillerie. On aperçut plusieurs cavaliers qui revenaient à bride abattue; ils portaient l'ordre. Ceux de nos gens qui étaient dans la ville s'imaginèrent que l'ennemi venait de reprendre l'avantage : une terreur panique se répandit parmi eux ; ils se précipitèrent en foule dans les rues avec un tel désordre, qu'il y en eut une vingtaine d'écrasés ; le cheval de Stofflet fut étouffé entre ses jambes. Mais tout fut bientôt éclairci : les républicains furent une dernière fois rompus et poursuivis jusqu'à la séparation des routes de Segré et du Lion-d'Angers. La bataille avait duré douze ou quatorze heures.

M. de La Rochejaquelein déploya, dans cette bataille, un talent et un sang-froid qui firent l'admiration des officiers : on l'avait toujours vu jusqu'alors téméraire et emporté, se précipitant sur l'ennemi sans s'inquiéter si on le suivait ; ce jour-là, il se tint constamment à la tête des colonnes; mais il les dirigeait, les maintenait en ligne, empêchait les plus braves de se porter seuls en avant, et de mettre par-là dans l'armée un désordre qui nous avait souvent été funeste. Il opposa toujours des masses aux républicains ; et contre l'ordinaire, ils ne purent jamais reprendre l'avantage en faisant volte-face dans leur retraite, et repoussant le petit nombre d'officiers qui se lançaient à leur poursuite. On voit quelle importance Henri attacha à remporter la victoire aussi complètement qu'il fût possible.

C'est alors qu'il eût fallu changer de marche, et rentrer triomphans dans notre pays, après nous être ainsi vengés de ces Mayençais qui nous en avaient chassés. Il était facile de reprendre Angers et de repasser la Loire : c'était bien l'avis de M. de La Rochejaquelein, mais il était demeuré beaucoup de monde à Laval; plusieurs généraux et officiers marquans y étaient revenus aussi, au moment où la bataille avait été gagnée; la plupart des soldats les avaient suivis. M. de La Rochejaquelein était à Château-Gonthier avec l'avant-garde et les jeunes officiers; il n'osa pas prendre une résolution si importante : faire dire à tout ce qui était à Laval de venir le joindre, lui parut un acte trop absolu. Il se détermina à revenir à Laval, où l'on s'attendait cependant à recevoir de lui l'ordre de se mettre en marche pour Château-Gonthier. Un corps républicain s'était rassemblé à Craon; il prit cette route, et remporta encore un avantage complet.

Ce fut après ce retour, pendant tous les conseils qui furent tenus pour aviser à ce qu'on aurait à faire, que les cabales, les jalousies, les manœuvres secrètes commencèrent à diviser les chefs et les officiers de l'armée.

Le grand sujet de discussion, outre les incidens journaliers qui devenaient des occasions continuelles d'aigreur, était la marche de l'armée et le parti qu'il était convenable de prendre. Ce n'était plus le moment d'essayer de repasser la Loire; on avait laissé aux républicains le temps d'y mettre obstacle : c'était là le grand regret des Vendéens. M. de Talmont, qui se croyait sûr de toute la Bretagne, voulait qu'on se dirigeât sur Paris. Beaucoup d'autres chefs demandaient que l'on allât à Rennes qui était bien disposé pour nous; de-là, on aurait pris des mesures pour faire soulever tout le pays.

Pendant la bataille, on avait apporté une lettre adressée à MM. les généraux de l'armée royaliste. M. de Lescure était le seul chef qui se trouvât en ce moment à Laval; on lui remit la lettre; je l'ouvris, et je lui en fis la lecture. Elle était courte : après des complimens emphatiques sur les succès et la bravoure de l'armée royale, on annonçait qu'une armée de cinquante mille révoltés était prête à se lever auprès de Rennes, et que les chefs désiraient un sauf-conduit pour venir de l'endroit où ils étaient cachés, conférer avec nos généraux. Cette lettre venait, je pense, de M. de Puisaye; elle fut trouvée fort bizarre : je ne me rappelle pas les signataires; mais après chaque nom il y avait un grade : c'étaient des généraux, des majors-généraux, des commandans. On s'amusa beaucoup de ces généraux qui commandaient une armée invisible de cinquante mille hommes, et qui demandaient si près de nous un sauf-conduit. On fit venir l'homme qui avait apporté la lettre : il ne voulut donner ni détails, ni explications, et refusa de faire connaître l'exprès qui la lui avait remise. Alors on soupçonna que ce pouvait bien être un espion, et que sa lettre était supposée. On répondit verbalement que, puisque nous étions à douze lieues seulement de Rennes, les cinquante mille hommes pouvaient commencer à agir, et que nous étions prêts à les seconder; quant au sauf-conduit, qu'on pouvait parler à nos généraux sans en être muni. Cette lettre ne pouvait inspirer assez de confiance pour influer sur notre marche; mais comme nous étions assurés par d'autres voix qu'il y avait de ce côté quelque fermentation et un commencement de révolte, et Rennes étant d'ailleurs la capitale de la Bretagne, sans doute le meilleur parti eût été de suivre cette direction.

On parla aussi d'aller attaquer un port de mer. Un officier du génie, nommé M. d'Oppenheim, qui avait pris part à la révolte du général Wimpfen et des Girondins, et qui venait de se joindre à nous, parla de Granville, dit qu'il en connaissait le côté faible, et qu'il s'offrait à diriger l'attaque. M. de Talmont insistait toujours pour l'expédition sur Paris; il assurait que si l'on ne pouvait y entrer, il serait toujours facile d'aller rejoindre les Autrichiens en Flandre. Henri combattait ce projet; il représentait combien une pareille marche était impossible à une armée qui traînait avec elle des femmes, des enfans, des blessés. La saison était aussi une grande objection, sans parler des obstacles militaires que l'ennemi opposerait sûrement; il ajoutait que jamais les paysans vendéens ne voudraient entreprendre un tel voyage. Enfin, il fut à peu près résolu qu'on marcherait sur Fougères; de-là on pouvait également se porter à Rennes ou vers la côte.

Vers la fin de notre séjour à Laval, je vis M. de Lescure souffrir de plus en plus. Il avait d'abord été soulagé par le repos des premiers jours ; on avait retiré beaucoup d'esquilles de sa plaie; il avait été pansé plus régulièrement : mais il était peu docile à ce qui lui était ordonné; il ne voulait prendre aucun remède, et faisait toute sa nourriture de riz au lait et de raisin. L'os du front était fendu jusqu'à la partie postérieure du crâne, ce qui n'avait pas été aperçu d'abord. Ses cheveux, collés par le sang, la sueur et l'humeur de sa plaie, le gênaient beaucoup; il voulut qu'on l'en débarrassât. Agathe, fort adroite à le panser, et qui suppléait très-bien le chirurgien absent ce jour-là, se chargea de les couper. Je voulais qu'on ne lui en ôtât qu'une petite partie, il insista pour qu'on les coupât tous, assurant que cela le soulagerait : rien ne put le faire céder. J'ai toujours pensé que c'étaient cette opération et la fatigue qu'il éprouva le jour du second combat, qui lui avaient été funestes, et qui avaient détruit les espérances que nous avions d'abord conçues. Les événemens de la guerre, la mésintelligence des chefs, la situation de l'armée, étaient aussi, pour lui, des motifs continuels de souffrance. Tout ce dont il s'occupait, s'emparait fortement de son ame et lui donnait une agitation extrême, qui tenait même un peu de l'égarement et qui me pénétrait d'une frayeur affreuse; toute la journée il parlait de la guerre, de ce qui s'était passé, de ce qui pouvait arriver. Un matin le brave Bourasseau, des Échaubroignes, vint le voir, et lui raconta qu'avant le passage de la Loire, cette paroisse avait déjà perdu cinq cents hommes tués ou blessés. Pendant ce jour-là, M. de Lescure ne nous entretint que du courage des gens des Échaubroignes, exaltant sans cesse leur héroïque dévouement. Je m'efforçais en vain de le calmer. Le soir, la fièvre le prit, et son état empira sensiblement. Je fis venir M. Desormeaux, très-bon chirurgien, qui ne me quitta plus ; car dans les premiers momens du passage de la Loire, il y avait un tel désordre, que, pour lui procurer un chirurgien pour le panser, on était souvent obligé de battre la caisse. Je ne pouvais envisager l'horrible malheur qui me menaçait.

Nous séjournâmes neuf jours à Laval. La surveille de notre départ, j'étais le matin couchée sur un matelas, près du lit de M. de Lescure : je le croyais assoupi; tout le monde était sorti de la chambre, même M. Durivault; il m'appela et me dit avec sa douceur accoutumée, qu'il reprit alors et qui ne le quitta plus : « Ma chère amie, ouvre » les rideaux. » Je me levai, je les ouvris. « Le » jour est-il clair? continua-t-il. — Oui, répon-

» dis-je. — J'ai donc comme un voile devant les
» yeux; je ne vois plus distinctement. J'ai toujours
» cru que ma blessure était mortelle : je n'en doute
» plus. Chère amie, je vais te quitter : c'est mon seul
» regret, et aussi de n'avoir pu remettre mon roi
» sur le trône. Je te laisse au milieu d'une guerre
» civile, grosse et avec un enfant; voilà ce qui
» m'afflige : tâche de te sauver, déguise-toi, cher-
» che à passer en Angleterre. » Quand il me vit
étouffant de larmes : « Oui, continua-t-il, ta dou-
» leur seule me fait regretter la vie; pour moi, je
» meurs tranquille. Assurément j'ai péché; mais
» cependant je n'ai rien fait qui puisse me donner
» des remords et troubler ma conscience : j'ai
» toujours servi Dieu avec piété; j'ai combattu et je
» meurs pour lui; j'espère en sa miséricorde. J'ai
» souvent vu la mort de près, et je ne la crains pas;
» je vais au ciel avec confiance. Je ne regrette que
» toi : j'espérais faire ton bonheur. Si jamais je t'ai
» donné quelque sujet de plainte, pardonne-moi. »
Son visage était serein; il semblait qu'il fût déjà
dans le ciel; seulement, quand il me répétait : « Je
» ne regrette que toi, » ses yeux se remplissaient de
larmes; il me disait encore : « Console-toi, en
» songeant que je serai au ciel : Dieu m'inspire
» cette confiance. C'est sur toi que je pleure. » Enfin, ne pouvant soutenir tant de douleur, je passai
dans un cabinet voisin. M. Durivault revint; M. de
Lescure lui dit d'aller me chercher et de me ramener. Il me trouva à genoux, suffoquée par les lar-

mes; il chercha à me rendre quelque courage, et me reconduisit dans la chambre.

M. de Lescure continua de me parler avec tendresse et piété; et voyant ce que je souffrais, il ajouta avec complaisance, que peut-être il se trompait sur son état, et qu'il fallait faire une assemblée de médecins. Je les fis venir tout de suite. Il leur dit : « Messieurs, je ne crains pas la mort; dites-
» moi la vérité : j'ai quelques préparatifs à faire. »

Il voulait, je pense, recevoir les sacremens et renouveler un testament qu'il avait fait en ma faveur; mais je repoussai avec horreur tout ce qui pouvait annoncer une mort prochaine. Les médecins donnèrent quelque espoir. Il leur répondit tranquillement : « Je crois que vous vous trompez;
» mais ayez soin de m'avertir quand le moment
» approchera. »

On quitta Laval le 2 novembre, sans avoir décidé bien formellement si l'on marchait sur Rennes; la route de Vitré était plus courte pour y aller. Stofflet, de sa propre autorité, prit le chemin de Fougères avec les drapeaux et les tambours qui d'ordinaire étaient sous sa direction.

En route, M. de Lescure apprit une nouvelle que je lui avais cachée avec soin, et qui lui fit bien du mal. La voiture étant arrêtée, quelqu'un vint lui lire, dans une gazette, les détails de la mort de la reine; il s'écria : « Ah! les monstres l'ont
» donc tuée! Je me battais pour la délivrer! Si je
» vis, ce sera pour la venger : plus de grâce! »

Cette idée ne le quitta plus; il parla sans cesse de ce crime.

Le soir, nous nous arrêtâmes à Mayenne; le lendemain nous continuâmes notre route. L'armée, après un léger combat où elle obtint un succès complet, entra à Ernée; nous y couchâmes.

J'étais accablée de fatigue; je me jetai sur un matelas auprès de M. de Lescure, et je m'endormis profondément. Pendant mon sommeil, on s'aperçut tout-à-coup que le malade perdait ses forces et qu'il devenait agonisant : on lui mit les vésicatoires. Il demanda le même confesseur qu'il avait eu à Varades; mais un instant après il perdit la parole et ne put lui parler; il reçut l'absolution et l'extrême-onction. On n'avait pas fait de bruit pour ne pas me réveiller. A une heure du matin le sommeil me quitta, et je vis l'état affreux où était tombé M. de Lescure. Il avait encore sa connaissance, sans pouvoir parler; il me regardait et levait les yeux au ciel en pleurant; il me serra même la main plusieurs fois. Je passai douze heures dans un état de désespoir et d'égarement impossible à dépeindre. On ne conçoit pas qu'on ait pu supporter tant de douleur.

Vers midi il fallut quitter Ernée et continuer le voyage; cela me parut impossible. Je voulus qu'on nous laissât, au risque de tomber entre les mains des bleus. Le chevalier de Beauvolliers demandait à rester avec nous. On me représenta que m'exposer à une mort affreuse, c'était désobéir à

M. de Lescure; on me dit que son corps tomberait au pouvoir des républicains. Je m'étais déjà frappée de cette idée. Les indignités auxquelles avait été livré le corps de M. de Bonchamps, m'avaient fait une profonde impression d'horreur, et je ne pouvais soutenir l'image d'une pareille profanation; on me décida à quitter Ernée. Quelle guerre affreuse! quels ennemis nous avions! On était obligé de dérober à leur fureur un mourant qui les avait si généreusement combattus, et qui tant de fois les avait épargnés! Ainsi je fus condamnée à voir ses derniers momens troublés et hâtés par l'agitation de ce funeste voyage. Je me mis d'abord dans la voiture, sur un matelas, auprès de M. de Lescure; Agathe était de l'autre côté. Il souffrait et gémissait. Tous nos amis me représentèrent que le chirurgien était plus utile que moi, et que je l'empêchais de donner les secours nécessaires. On me fit sortir de la voiture; on me remit à cheval. Ma mère, le chevalier de Beauvolliers, MM. Jagault, Durivault, le chevalier de Mondyon, m'entouraient et prenaient soin de moi. Je ne voyais rien; j'étais anéantie; je ne distinguais ni les objets, ni même ce que j'éprouvais intérieurement : tout était enveloppé dans un nuage sombre, dans un vague affreux.

J'avouerai que ce jour-là, trouvant sur la route les corps de plusieurs républicains, une sorte de rage secrète et involontaire me faisait, sans rien dire, pousser mon cheval, de manière à fouler aux pieds ceux qui avaient tué M. de Lescure.

Au bout d'une heure environ, j'entendis quelque bruit dans la voiture, et des sanglots : je voulus m'y élancer. On me dit que M. de Lescure était dans le même état; que le froid l'incommoderait si l'on ouvrait la portière : on m'éloigna. Je me doutai de mon malheur, mais je n'osai insister; je craignais la réponse qu'on me ferait; je repoussais et n'osais envisager le triste soupçon qui avait traversé mon ame; j'étais sans nulle force; je m'abandonnai à ce qu'on voulut faire de moi.

Je demeurai sept heures à cheval auprès de cette voiture. Le temps était pluvieux. En approchant de Fougères, nous sûmes que la ville avait été prise après un combat qui avait été meurtrier pour les républicains. Ils avaient élevé quelques remparts en terre devant l'entrée, et nos gens avaient fait dans ces fortifications une ouverture où un seul chariot pouvait passer; ainsi il y avait beaucoup d'encombrement à notre arrivée. On nous dit qu'il fallait bien deux heures avant que la voiture pût entrer dans la ville; il était même presque impossible de passer à cheval. On me supplia de m'en aller à pied. Je souffrais des douleurs de reins insupportables. On me représenta que c'était un devoir de me conserver pour l'enfant dont j'étais grosse, et dont j'avais tant exposé l'existence. Je me laissai conduire, en exigeant du chevalier de Beauvolliers sa parole d'honneur qu'il me mènerait auprès de M. de Lescure, dès que la voiture serait arrivée. Ma mère s'y opposait; déjà plus d'une fois elle avait voulu m'arracher de ce spectacle de douleur.

Quand je voulus marcher, j'éprouvai que cela m'était comme impossible; la souffrance et la fatigue m'avaient courbée; je ne pouvais me relever. Il était nuit close. La foule et l'obscurité furent cause que, séparée de ma famille et de mes gens, le chevalier de Beauvolliers se trouva seul par hasard près de moi; il voulut essayer de me porter; mais bien qu'il fût très-robuste, il était lui-même tellement abattu, qu'il ne put y réussir. Nous arrivâmes, en nous traînant, dans la première maison de Fougères. De bons soldats qui y étaient logés, me firent chauffer, me donnèrent un peu de vin, et prirent soin de moi jusqu'au moment où une voiture, envoyée par ma mère, vint me prendre et me conduire au logement qu'elle avait dans la ville. J'y trouvai un lit préparé : on voulut me faire coucher. Je me mis auprès du feu, sans rien dire. Je demandais, de temps en temps, si la voiture de M. de Lescure arrivait. Quand je l'entendis, je fis sortir tout le monde, et je demandai au chevalier de Beauvolliers de remplir sa promesse; lui seul alors et moi nous ignorions que c'en était fait. Il sortit; un instant après il rentra baigné de larmes, me prit les mains, et me dit qu'il fallait songer à sauver mon enfant. Tout le monde rentra; on me mit au lit.

En effet, le moment où j'avais entendu du bruit dans la voiture, avait été le dernier pour M. de Lescure. Le chirurgien était sorti ; Agathe avait voulu en faire autant ; mais songeant ensuite qu'en la voyant, je serais sûre de mon sort, elle avait eu le courage de passer sept heures de suite, sans quitter cette malheureuse place : en descendant, elle resta évanouie pendant plus de deux heures. Elle avait été élevée avec M. de Lescure, dès son enfance.

La chambre où j'étais couchée, à Fougères, servait de passage. Les allées et venues continuelles, la présence de nos gens qui traversaient, bien qu'ils n'osassent me parler, étaient un supplice pour moi. Je crois pourtant que si j'étais restée livrée à mon désespoir, sans contrainte, je n'aurais pu y résister. Je commençais à sentir des douleurs qui semblaient annoncer une fausse couche ; mes souffrances redoublaient et devenaient si violentes, qu'elles m'arrachaient des cris. On fit appeler M. Putaud, médecin, chez lequel nous logions. Il déclara que je ferais une fausse couche, si l'on ne me saignait à l'instant. M. Allard se trouvait là ; et ne sachant pas où les chirurgiens étaient logés, il descendit dans la rue en criant : « Un chirurgien ! au secours, » c'est une femme qui se meurt ! » Un homme se présenta : il me l'amena sur-le-champ. Je n'ai jamais su le nom de ce chirurgien ; mais sa figure et la frayeur qu'il me causa me sont encore présentes ; il avait six pieds, un air féroce, quatre pistolets à

sa ceinture et un grand sabre. Je lui dis que la saignée me faisait peur. « Hé bien! moi, je n'ai pas
» peur, dit-il; j'ai tué plus de trois cents hommes
» à la guerre; encore ce matin j'ai coupé le cou à
» un gendarme : je saurai bien saigner une femme.
» Allons, donnez votre bras. » Je le tendis, il me piqua; le sang sortait avec peine : je me trouvai mal. Cependant, à force de secours et de soins, on me sauva. Toute la nuit, M. Putaud me donna des soins empressés.

Le lendemain, MM. de La Rochejaquelein, de Beaugé, Desessarts et le chevalier de Beauvolliers, entrèrent dans ma chambre; ils s'assirent loin de moi, sans proférer une parole, en pleurant amèrement. Au bout d'un quart-d'heure, Henri se leva et vint m'embrasser. « Vous avez
» perdu votre meilleur ami, lui dis-je; après moi,
» vous étiez ce qu'il avait de plus cher en ce
» monde. » Il me répondit, avec un accent de douleur que jamais je n'oublierai : « Ma vie peut-
» elle vous le rendre ? prenez-la. » Le vieux M. d'Auzon vint m'embrasser aussi. Tout le monde pleurait; pour tous ceux qui l'avaient connu, la perte de M. de Lescure était un grand et sensible malheur.

Bientôt ce fut pour moi une sorte de consolation que de parler sans cesse de M. de Lescure, de rappeler tous les souvenirs qui avaient rapport à lui, de me rapprocher de tous les objets qui lui étaient chers, d'entendre dire combien il était regretté, et combien il méritait d'admiration et de douleur. Ce sentiment ne me quittera jamais; il sera celui de ma vie entière : c'est lui qui m'a inspiré d'abord le besoin d'écrire ces récits.

J'avais toujours une terreur affreuse de voir le corps de M. de Lescure en proie aux outrages des républicains; je voulais le faire embaumer et le porter avec moi dans la voiture : on s'y opposa, en me représentant les dangers où j'exposais l'enfant que je portais. Je fis promettre à M. l'abbé Jagault qu'il se chargerait de ce triste devoir. Il fit célébrer un service solennel à Fougères, et il y fit inhumer les entrailles. Le corps fut mis dans un cercueil et placé sur un chariot. On avait trouvé sur ce corps les marques du cilice que M. de Lescure avait porté dans sa jeunesse, à l'insu de tout le monde.

M. Jagault tomba malade quelques jours après à Avranches; on profita de cette circonstance pour faire disparaître si secrètement le cercueil, que, malgré mes recherches, je n'ai jamais pu savoir ni où ni comment. Je crois que ce fut mon père qui l'ordonna ainsi; il avait toujours fortement combattu mon dessein de ne pas m'en séparer, parce qu'il voyait que notre position rendait la chose impossible. Quoi qu'il en soit, c'est encore pour moi un sujet de regret d'ignorer où furent déposés ses restes : j'ai du moins la certitude qu'ils ne sont pas tombés entre les mains des républicains, ce qui ne pouvait guère manquer d'arriver, sans les sages dispositions de mon père.

Les vives inquiétudes que l'on avait sur ma santé se calmèrent un peu; il ne me resta plus qu'une fièvre lente et continue, qui dura plus de six mois, et qui me réduisit à un état de faiblesse et d'étisie.

CHAPITRE XVI.

Arrivée de deux émigrés envoyés d'Angleterre. — Route par Pontorson et Avranches. — Siége de Granville. — Retour par Avranches, Pontorson et Dol.

Je vais continuer mon triste récit. Mon malheur ne pouvait plus croître, mais les souffrances des Vendéens devaient encore augmenter beaucoup.

On s'occupa à Fougères de ce qui avait déjà été tenté à Laval, de remettre un peu d'ordre dans la conduite de l'armée. Il fut réglé que le conseil de guerre serait composé de vingt-cinq personnes : M. de Donnissan, mon père, gouverneur des pays conquis et président du conseil; M. de La Rochejaquelein, général en chef; M. Stofflet, major-général; M. de Talmont, général de la cavalerie; M. Dehargues, adjudant-général; M. le chevalier Duhoux, adjudant en second; M. de Beauvolliers, trésorier-général; M. d'Oppenheim, commandant le génie; M. de Marigny, commandant l'artillerie; M. de Pérault, commandant en second; M. Desessarts, commandant la division poitevine de M. de Lescure; M. le chevalier de Beauvolliers, commandant en second; M. de Villeneuve de Cazeau, commandant la division de M. de La Rochejaquelein; M. de la Ville de Beaugé, commandant en second; M. de Fleuriot, commandant la division de M. de Bonchamps; M. d'Autichamp, commandant en second; MM. de Lyrot, d'Isigny, de Piron, de Rostaing, le chevalier Destouches, ancien chef d'escadre; de la Marsonnière, Berard, aide-major de M. Stofflet, et M. de Lacroix. Le curé de Saint-Laud pouvait aussi assister au conseil de guerre.

Tous les officiers qui entraient au conseil devaient porter, comme marque distinctive, une ceinture blanche avec un nœud de couleur qui devait marquer la différence de grade. M. de La Rochejaquelein avait un nœud noir, M. Stofflet un nœud rouge, etc. Les officiers inférieurs avaient pour signe une écharpe blanche autour du bras. Tout cela était devenu nécessaire. Sur la rive gauche, chacun connaissait son chef; on marchait par paroisses. Depuis le passage de la Loire, il en était autrement : des paroisses entières avaient passé le fleuve, hommes, femmes et enfans; dans quelques autres, pas un individu n'avait suivi l'armée, des compagnies se trouvaient sans leurs commandans, et des commandans sans leurs compagnies.

Pendant les trois jours que l'on passa à Fougères, deux émigrés arrivèrent d'Angleterre. Je ne suis pas sûre de me rappeler précisément leurs noms; cependant il me semble que c'étaient M. Freslon, conseiller au parlement de Rennes, et M. Bertin :

tous deux étaient déguisés en paysans; les dépêches étaient cachées dans un bâton creux. On lut d'abord une lettre du roi d'Angleterre, flatteuse pour les Vendéens, et où des secours leur étaient généreusement offerts. Une lettre de M. Dundas entrait dans de bien plus grands détails. Il commençait par redemander quels étaient notre but et notre opinion politique : il ajoutait que le gouvernement anglais était tout disposé à nous secourir; que des troupes de débarquement étaient prêtes à se porter sur le point que nous désignerions; il indiquait Granville, comme lui paraissant préférable à tout autre. Les deux envoyés étaient autorisés à convenir, avec les généraux, des mesures nécessaires pour concerter le débarquement, et l'on nous marquait que ce qu'ils nous promettraient serait en effet accompli.

Lorsque les deux émigrés eurent remis les dépêches anglaises et donné quelques explications, ils cassèrent le bâton plus bas, et en tirèrent une petite lettre de M. du Dresnay, un des principaux émigrés bretons, qui avait eu beaucoup de rapports directs avec le ministère anglais, et qui se trouvait pour lors à Jersey. M. du Dresnay mandait aux généraux qu'il ne fallait pas avoir confiance entière aux promesses des Anglais; qu'à la vérité, tous les préparatifs d'un débarquement étaient faits, que tout semblait annoncer qu'on s'en occupait réellement; mais qu'il voyait si peu de zèle et de véritable intérêt pour nous, qu'on ne devait pas compter absolument sur ces apparences. Il ajoutait que les émigrés continuaient à être traités comme avant par le gouvernement anglais; que de tous ceux qui étaient à Jersey, aucun ne pouvait obtenir la permission tant désirée de passer dans la Vendée, et que même on venait d'en désarmer un grand nombre. Nous apprîmes aussi, par cette lettre, que les princes n'étaient point encore en Angleterre.

Les deux émigrés dirent qu'ils partageaient entièrement l'opinion de M. du Dresnay, et qu'il était impossible de ne pas avoir des doutes, sinon sur la bonne foi, du moins sur l'activité des Anglais à nous servir. Ils furent déchirés de la situation de l'armée, montrèrent peu d'espoir et beaucoup de tristesse. Ainsi leur mission porta le même caractère que celle de M. de Tinténiac.

Mais cependant il fallait bien accepter les offres des Anglais, tout en n'y prenant pas une confiance entière. Dans la position désespérée où se trouvait l'armée, on pensa que c'était encore la chance la plus favorable qui pût être tentée. Ce qui détermina surtout les généraux, ce fut l'espoir de prendre et de conserver, avec l'aide des Anglais, un port où l'on pourrait déposer la foule nombreuse des femmes, des enfans, des blessés, qui embarrassaient la marche de l'armée. On avait déjà parlé de Granville; M. d'Oppenheim la disait facile à surprendre. On se décida pour cette attaque : les signaux furent convenus avec les deux envoyés; si la ville était prise avant l'arrivée des secours, tout de suite un drapeau blanc, élevé entre deux drapeaux noirs, devait en avertir les Anglais.

On répondit avec respect et reconnaissance au roi d'Angleterre. Un mémoire pour M. Dundas fut rédigé avec détail; on l'assurait encore une fois que les Vendéens n'avaient d'autre intention que de remettre le roi sur le trône, sans s'occuper du mode de gouvernement qu'il lui plairait d'établir pour le bonheur de son peuple; on demandait, plus que toute chose, un prince de la maison royale pour commander l'armée, ou l'envoi d'un maréchal de France qui fît cesser le conflit des prétentions personnelles; on sollicitait ensuite des renforts en troupes de ligne, ou du moins en artilleurs ou ingénieurs; enfin, l'on exposait à quel point on était dénué de munitions, d'effets militaires et même d'argent, et l'on disait que cinq cent mille francs seulement seraient une grande ressource.

Les deux émigrés furent chargés de remercier verbalement M. du Dresnay. Toutes ces dépêches furent rédigées par le chevalier Desessarts, dans un conseil présidé par mon père, et signées de tous les membres du conseil.

Une autre mission moins importante avait précédé celle-là de quelques jours. M. de Saint-Hilaire, officier de marine, était arrivé à Saint-Florent, à la nage, pendant le passage de la Loire. Il n'était point chargé, comme M. Bertin, de traiter entre les Anglais et les Vendéens; il n'avait même aucune dépêche des ministres; mais il apportait un bref du pape, adressé aux généraux. Ce bref portait que le soi-disant évêque d'Agra, ce prétendu vicaire apostolique, était un imposteur sacrilége. Le curé de Saint-Laud fut appelé pour lire ce bref, qui était en latin, comme cela est d'usage. Les généraux demeurèrent confondus d'étonnement, et furent embarrassés de ce qu'ils avaient à faire : ils se résolurent à tenir la chose secrète, de peur de trop de scandale, et de l'effet que produirait cette nouvelle dans l'armée. On en parla si peu, que je ne le sus qu'à Pontorson, où M. de Beaugé me confia le tout, en me disant que, si on prenait Granville, on embarquerait secrètement l'évêque. On était indigné de ce qu'il avait abusé toute l'armée dans une matière si sainte et si respectable. Dailleurs, on croyait que son mensonge était lié à quelque trahison concertée avec les républicains.

Ainsi, depuis Saint-Florent, on commença à le traiter froidement, à lui retirer toute confiance : cela ne fit pas un grand changement ; car déjà la nullité de ses talens et de son caractère, et les menées du curé de Saint-Laud, avaient détruit peu à peu presque toute son influence. Il avait fait un séjour à Beaupréau, qui lui avait nui aussi. Au lieu de s'y contraindre, et d'être édifiant et régulier, comme il l'était toujours à Châtillon, il s'était livré à la société, et avait passé cinq semaines sans dire la messe. Madame d'Elbée m'avait raconté cela confidemment quand je la vis à Beaupréau. Cependant on avait toujours conservé de l'affection pour lui, parce qu'il était doux et bon homme : même après l'arrivée du bref, quelques personnes le plaignaient et savaient mauvais gré au curé de Saint-Laud, qui, à ce que l'on supposait, se doutant de la fraude, parce que la jalousie l'avait rendu meilleur observateur, avait trouvé moyen d'écrire secrètement en cour de Rome pour solliciter le bref; ce qui, je crois, lui a été impossible. L'évêque s'aperçut bientôt que l'on savait quelque chose, et il fut encore bien plus sûr de sa perte, lorsqu'en passant à Dol, il y fut reconnu : c'était là qu'étant vicaire, il avait prêté le serment que depuis il avait rétracté. Alors il devint profondément triste, bien que toujours calme en apparence.

Il y eut encore à Fougères une négociation d'un autre genre. M. Allard avait fait prisonnier un avocat de Normandie, qu'on avait enrôlé par force dans un bataillon : cet homme offrit de rendre un grand service aux Vendéens; il raconta qu'il était fort lié avec un M. Bougon, procureur-syndic du Calvados, qui avait pris une grande part à la révolte de ce département, au mois de juin 1793; il dit que M. Bougon serait heureux de rejoindre l'armée, et qu'il serait sûrement très-utile par ses talens, son courage et son influence dans le Calvados; il demandait un sauf-conduit pour aller le chercher : on hésita long-temps; enfin on le lui accorda. M. de Bougon arriva ; c'était en effet un homme de beaucoup d'esprit; il parlait facilement, et semblait aussi propre à l'exécution qu'au conseil. Il proposa de marcher en Normandie, et assura qu'on y exciterait facilement une insurrection. Son projet séduisit plusieurs chefs. M. de Talmont surtout s'engoua beaucoup de M. Bougon; mais on avait promis d'attaquer Granville, il n'y avait plus à revenir.

On partit de Fougères après un repos de trois jours, et l'armée fut dirigée sur Granville. Elle arriva à Dol, et y séjourna un jour; ensuite on passa à Pontorson, et de-là à Avranches. On trouva quelque résistance dans cette dernière ville; cependant la garnison se retira avant que le combat fût engagé. Les prisons de la ville étaient pleines de détenus qui furent mis en liberté. Un détachement de cavalerie se porta au Mont Saint-Michel, et délivra de malheureux prêtres qu'on avait entassés dans cette forteresse : ils avaient eu tant à souffrir, que la plupart d'entre eux se trouvèrent hors d'état de suivre leurs libérateurs.

Tout ce qui ne pouvait point combattre resta à Avranches avec les bagages, et l'armée marcha sur Granville, au nombre de trente mille hommes à peu près. L'attaque commença à neuf heures du soir : rien n'avait pu être préparé; quelques échelles étaient le seul moyen qu'on avait pour entrer dans une ville entourée de fortifications. Cependant la première ardeur des soldats fut telle, que les faubourgs furent emportés, et qu'ils escaladèrent les premiers ouvrages de la place, en plantant des baïonnettes dans les murs; quelques-uns même parvinrent sur le rempart avec

M. Forestier; mais un déserteur, qui avait encore sa veste blanche, ayant crié : « Nous sommes trahis! sauve qui peut! » nos gens reculèrent; M. Forestier fut culbuté dans le fossé, et y resta trois heures évanoui. En vain M. Allard brûla la cervelle à ce déserteur; les Vendéens, qui avaient été d'abord emportés par un mouvement rapide, eurent ainsi le temps de réfléchir sur leur témérité, et s'arrêtèrent dans leur attaque. Les républicains se défendirent obstinément; ils parvinrent à mettre le feu dans les faubourgs. Le désordre commença alors dans l'armée vendéenne; les soldats, que leur premier élan n'avait pas conduits à la victoire, se découragèrent suivant leur coutume. L'attaque sur laquelle on comptait le plus, le long d'une plage que la marée laissait découverte, fut manquée, parce que deux petits bâtimens, arrivés de Saint-Malo, couvrirent ce point de leur feu et démontèrent les batteries des Vendéens. On attendit vainement le secours des Anglais : leur grande expédition ne pouvait être arrivée; mais comme ils entendaient le canon à Jersey, il leur était possible d'envoyer des vaisseaux et des renforts; l'apparence seule d'un secours nous eût fait triompher. Peu à peu l'armée commença à se débander : la longue portée des canons de rempart, auxquels nos gens n'étaient pas accoutumés, les rebutait. Les chefs et les officiers redoublèrent d'efforts et de courage pour maintenir les soldats. L'évêque d'Agra parcourait les rangs en exhortant les soldats, et cherchait une mort que sa position lui faisait désirer. Les Suisses firent des prodiges de valeur; il y en eut vingt de tués. Cette malheureuse attaque se continua pendant la journée du lendemain et la nuit suivante, parce qu'on attendait les Anglais. MM. de Pérault, Roger-Mouliniers, de Villeneuve, le chevalier de Beauvolliers, le respectable M. le Maignan, furent blessés; le nombre des assiégeans diminuait sans cesse par le combat ou la fuite. Enfin M. de La Rochejaquelein fut forcé de consentir à la retraite; les soldats ne voulaient plus continuer à se battre; l'attaque avait duré trente-six heures; il n'y avait aucun moyen de les retenir. On n'avait pas de vivres à leur distribuer; les munitions allaient manquer; on ne pouvait compter sur un secours actuel des Anglais; il fallut revenir à Avranches. Là on parla du projet de M. Bougon, et on voulait l'adopter. M. de La Rochejaquelein partit sur-le-champ avec de la cavalerie pour s'emparer de la Ville-Dieu, sur la route de Caen; mais bientôt une sédition s'éleva dans l'armée. Dès qu'on vit qu'il était question de prendre une route qui ne ramenait pas au bord de la Loire, les paysans s'attroupèrent, et demandèrent à grands cris qu'on les conduisît dans leur pays, en se répandant en murmures contre les généraux qui les en avaient éloignés. Il fut impossible de songer à une autre marche qu'à celle qu'ils exigeaient de la sorte, et que la plupart des officiers préféraient aussi à toute autre. On fit de vains efforts; jamais on ne put faire entendre raison aux soldats; ils se seraient révoltés contre leurs chefs, plutôt que de les suivre en Normandie. Il fallut céder. On annonça, à la grande satisfaction de tous, que l'on allait retourner vers la Loire. Les soldats savaient qu'Angers était le poste le plus important sur la route, auprès de ce fleuve; ils criaient qu'ils y entreraient, même quand les murailles seraient de fer.

M. de La Rochejaquelein avait été jusqu'à la Ville-Dieu avec M. Stofflet; il n'y avait pas de garnison : les habitans se défendirent avec acharnement; ils prirent d'abord et massacrèrent quelques cavaliers qui étaient venus en éclaireurs. Quand on fut entré dans les rues, les femmes jetaient des pierres par les fenêtres. Henri leur cria plusieurs fois de se retirer, puisqu'on ne tirait pas sur elles; elles continuaient à s'obstiner. On fit tirer quelques coups de canon dans la rue, et elles cessèrent. Le pillage fut permis dans cette ville; mais nos gens ne firent aucun mal aux habitans. M. de La Rochejaquelein apprit bientôt ce qui se passait à Avranches, et fut contraint de revenir.

Le lendemain on prit la route qui mène à Pontorson. Six cents républicains étaient venus, avant le jour, pour couper un pont qui est à une lieue d'Avranches; mais Lejeay l'aîné, étant avec sa compagnie de cavalerie couché près de-là, entendit du bruit, et, ayant rassemblé quelque infanterie, courut sur l'ennemi avec M. Forestier. Ils poursuivirent les bleus si vivement qu'il ne s'en sauva que dix ; ils allèrent jusqu'auprès de Pontorson, et étant tous deux seuls en avant, ils se trouvèrent, au détour du chemin, en face de l'armée ennemie. Ils voulurent revenir; mais Forestier avait un cheval rétif qu'il ne put jamais faire retourner ; il s'écria : « A » moi, Lejeay, je suis perdu ! » Lejeay revint, prit la bride du cheval : ils se sauvèrent au milieu d'une grêle de balles, et rejoignirent l'armée qui s'avançait.

Les républicains essayèrent de défendre Pontorson ; ils furent battus et perdirent beaucoup de monde ; car ils furent chargés à la baïonnette dans les rues. J'arrivai en voiture sur les neuf heures du soir, comme le combat venait de finir. J'étais avec MM. Durivault et le chevalier de Beauvolliers, tous deux blessés, et une femme de chambre qui portait ma pauvre petite fille. La voiture passait à chaque instant sur des cadavres ; les secousses que nous éprouvions lorsque les roues rencontraient ces corps, et le craquement des os qu'elles brisaient, faisaient une impression affreuse. Quand il fallut descendre, un cadavre était sous la portière ; j'allais mettre le pied dessus lorsqu'on le retira.

Forêt fut blessé à mort à Pontorson. On brisa un canon pour avoir des chevaux à mettre à sa voiture.

Le matin du lendemain, on répandit le bruit que

MM. de Talmont, de Beauvolliers l'aîné et le curé de Saint-Laud, avaient quitté l'armée pour s'embarquer dans un bateau de pêcheur et se faire conduire à Jersey. Il n'y avait pas une heure qu'on s'était aperçu de leur absence, que déjà Stofflet, resté seul pour commander l'arrière-garde, avait envoyé M. Martin à leur poursuite; et que, sans autre explication, il s'était emparé des chevaux de M. de Talmont, restés à Avranches; il avait aussi forcé la caisse de M. de Beauvolliers, et se mettait en devoir de prendre ou de distribuer tous les effets de ces messieurs, en les traitant de déserteurs. Ils arrivèrent au bout de trois heures d'absence, sans avoir été rencontrés par M. Martin, se plaignirent hautement du mauvais procédé que l'on avait pour eux, et des propos que l'on se permettait. Ils se firent restituer sur-le-champ ce qui leur appartenait.

Ils racontèrent, pour se justifier, que madame de Cuissard, sa fille madame de Fey et mademoiselle Sidonie de Fey, avaient voulu s'embarquer, et s'étaient adressées à M. de Talmont pour qu'il leur en donnât les moyens. Il avait fait marché avec un patron qui avait promis de passer ces dames à Jersey; et le lendemain, dans la nuit, il les avait conduites au rivage en priant M. de Beauvolliers et quelques cavaliers de les accompagner. Le bateau n'avait pu s'approcher de terre à cause de la marée. Le pêcheur avait crié qu'on pouvait, sans danger, venir à cheval jusqu'auprès de la barque : ces dames n'avaient pas osé. Pendant qu'elles hésitaient, on aperçut, de loin, les hussards républicains, et il avait fallu revenir précipitamment.

Cette affaire fit d'abord un grand bruit dans l'armée. Beaucoup de personnes ne voulurent pas croire à la justification de ces messieurs. Cependant j'ai toujours été persuadée qu'ils avaient dit la vérité ; leur récit avait toute sorte de vraisemblance. M. de Talmont était fort lié avec ces dames ; il était tout-à-fait naturel qu'il n'eût pas songé, en leur rendant service, à ce qu'on en pourrait dire ou penser. Pour M. de Beauvolliers, il avait à l'armée deux frères qu'il aimait tendrement; sa femme et sa fille étaient prisonnières à Angers, et il ne cessait d'insister pour qu'on y marchât, afin de les délivrer. Il laissait la caisse de l'armée ; M. de Talmont et lui n'avaient pas même emporté un porte-manteau. D'ailleurs, ces messieurs avaient tous les deux beaucoup trop d'honneur pour être capables d'une pareille fuite. Il n'y avait pas quatre jours que tous les officiers de l'armée s'étaient juré de ne point s'abandonner, quelque chose qui pût arriver.

On fut surpris que Stofflet, qui était l'homme le plus dévoué à M. de Talmont, se fût ainsi conduit envers lui; cependant tout reprit son cours ordinaire, et il vint à bout de regagner ses bonnes grâces. Cette caisse de l'armée, dont Stofflet avait pris ainsi possession, renfermait quelques assignats endossés au nom du roi, le reste d'un million en billets royaux que nous avions faits à Laval, et peut-être cinquante mille livres en argent, offertes sur notre route par quelques personnes zélées pour nous. Les billets royaux servaient à payer les vêtemens des soldats et les réquisitions ; mais ni soldats, ni officiers n'avaient de paie. Quand quelqu'un de l'armée n'avait rien, il le disait franchement, et on lui donnait quelques secours modiques.

On passa un jour à Pontorson. Je me souviens que M. de La Rochejaquelein vint me voir, et me donna un exemple de ces répugnances physiques qu'aucun courage ne peut surmonter. On m'avait apporté un écureuil d'une espèce étrangère, tout rayé de noir et de gris, qui avait été trouvé dans la chambre de la femme d'un officier républicain; il était apprivoisé, et je le tenais sur mes genoux. Sitôt que Henri entra et qu'il vit ce petit animal, il devint pâle, et me raconta, en riant, que la vue d'un écureuil lui inspirait une horreur invincible. Je voulus lui faire passer la main sur son dos; il s'y résolut, mais il était tremblant. Il convint, avec grâce et simplicité, de cette impression involontaire, sans songer à rappeler, même indirectement, que cela était plus singulier dans lui que dans un autre.

Le soir, je trouvai un vieux paysan angevin qui était à l'armée avec cinq fils : l'un d'eux était blessé; les autres le portaient et soutenaient aussi leur père : je cédai ma chambre à cette respectable famille, et je m'en allai coucher dans une grande salle sur un matelas.

Nous arrivâmes à Dol, d'autant plus fatigués, qu'il ne s'était pas trouvé de vivres à Pontorson. J'entrai dans une chambre où était déjà le chevalier de Beauvolliers, qui souffrait toujours de sa blessure. Un instant après, Agathe arriva en pleurant; elle me dit qu'il y avait dans la cuisine un pauvre jeune homme qu'on allait fusiller, et qui paraissait n'être pas coupable; elle me pria de l'entendre. Il entra et se jeta d'abord à mes pieds : sa figure était douce et intéressante. Il raconta qu'il se nommait Montignac; qu'on l'avait forcé de s'enrôler dans un bataillon à Dinan; que, pour pouvoir passer chez les Vendéens, il s'était fait envoyer à Dol; qu'à l'arrivée de notre avant-garde, il avait quitté les gendarmes avec lesquels il était, pour venir au-devant de nos cavaliers; que le premier qu'il avait rencontré, était un grand jeune homme, vêtu d'une redingote bleue et portant une écharpe blanche et noire. Il avait déclaré à ce jeune homme qu'il voulait servir avec les Vendéens. Alors M. de La Rochejaquelein, car je connus que c'était lui, avait ordonné à un cavalier de prendre soin du nouveau venu. En rentrant à Dol, Montignac perdit de vue son cavalier. Il avait voulu changer de vêtement. Il avait vu une vingtaine de soldats chez un marchand de draps, où ils prenaient ce qui leur convenait; encouragé par eux, il avait emporté une pièce d'étoffe. Un officier l'avait rencontré, et l'avait conduit au conseil comme pillard. Il avait encore un habit de volontaire; on le prit pour un transfuge qui venait donner un mauvais exemple à nos gens : il fut condamné.

Comme il achevait son récit, Agathe rentra en criant : « Madame, voilà les Allemands qui viennent » le chercher pour l'exécuter ! » Il se jeta de nouveau à mes pieds : je résolus de le sauver. Je montai chez mon père, où se tenait le conseil. Quand je fus là, au milieu des généraux, on me demanda ce que je voulais. Je n'osai pas m'expliquer, et je répondis que je venais chercher un verre d'eau. Je redescendis; et, d'un ton d'autorité, je dis aux Allemands : « Retirez-vous : le conseil met le prison» nier sous la garde du chevalier de Beauvolliers. » Ils se retirèrent. J'envoyai chercher M. Allard, et je le priai d'arranger avec M. de La Rochejaquelein toute cette affaire. Je fus heureuse de sauver ce pauvre homme. La veille, j'avais été fort touchée en voyant passer devant mes fenêtres trois Mayençais qu'on menait au supplice, et qui s'y rendaient avec une noble et fière résignation.

CHAPITRE XVII.

Batailles de Dol. — Marche par Antrain, Fougères et la Flèche. — Siége d'Angers.

Sur les neuf heures du soir, l'alarme se répandit dans la ville. Une patrouille de hussards républicains, profitant de la négligence incorrigible avec laquelle nos soldats se gardaient, s'avança jusqu'à l'entrée de la ville. On cria : *Aux armes !* En un clin-d'œil l'armée fut sur pied, et les hussards s'enfuirent.

Les cris et le tumulte me réveillèrent : je m'étais endormie de fatigue, bien que je souffrisse de la faim. Ma mère me dit qu'on avait soupé, et que je trouverais à manger dans un seau de puits qui était là sur la table : on avait fait cuire du mouton et des pommes de terre ; et comme on avait trouvé ce ragoût trop salé, on l'avait porté à la fontaine pour y ajouter de l'eau. Je me mis à pêcher, avec mon couteau, quelques pommes de terre ; c'était là le souper que j'étais heureuse de trouver : souvent j'avais à regretter de pareils repas.

L'alerte des hussards avait fait soupçonner que l'armée républicaine s'avançait pour attaquer Dol. Quelques officiers avaient été envoyés en reconnaissance; car il était impossible de faire faire ce genre de service aux soldats; souvent un seul officier, presque toujours l'infatigable M. Forestier, se portait en avant pour reconnaître l'ennemi. La patrouille revint au galop vers minuit, en annonçant qu'il fallait se préparer à soutenir l'attaque d'une armée nombreuse qui s'approchait de Dol.

La ville est formée d'une seule rue, extrêmement large, qui est la grande route de Dinan; du côté opposé, la route se divise, presque à l'entrée de la ville, en deux branches : l'une va à Pontorson et Avranches, l'autre à Antrain et Fougères.

On vit bien que l'affaire allait être terrible, et que nous étions tous perdus si la victoire n'était pas à nous : toutes les mesures furent prises avec soin. Comme on pouvait éprouver un revers, les femmes, les blessés, tout ce qui ne combattait pas, sortit des maisons et se rangea le long des murs. Les bagages, les chariots, l'artillerie de rechange, formaient une file au milieu de la rue. La cavalerie, qui jamais ne se mettait en ligne au commencement de l'action, parce qu'elle était mal montée et peu formée aux manœuvres, était placée sur deux rangs, de chaque côté, entre les canons et les femmes. Les cavaliers avaient le sabre à la main, et se tenaient prêts à déboucher dès que l'ennemi aurait commencé à plier.

Pour animer tous les soldats, on fit parcourir la ville par vingt tambours qui battaient la charge; enfin au moment où les Vendéens se rangeaient à l'entrée de la ville, l'attaque commença au milieu d'une nuit obscure.

Ce moment était terrible : les cris des soldats, le roulement des tambours, le feu des obus, qui jetaient sur la ville une lueur sombre, le bruit de la mousqueterie et du canon, l'odeur et la fumée de la poudre, tout contribuait à l'impression que recevaient de ce combat ceux qui attendaient de son issue la vie ou la mort. Au milieu du bruit nous gardions un morne silence. Déjà nous avions passé une demi-heure dans cette cruelle attente, lorsque nous entendîmes tout-à-coup crier à l'entrée de la ville : « En avant la cavalerie ! *Vive le Roi !* » Cent mille voix, hommes, femmes, enfans, répétèrent sur-le-champ ce cri de *vive le Roi*, qui nous apprenait que nos braves défenseurs venaient de nous sauver du massacre. Les cavaliers partirent au grand galop, en criant avec enthousiasme : *Vive le Roi !* Ils agitaient leurs sabres, que la lueur du feu faisait briller dans l'obscurité. Un rayon d'espérance ranima tous les cœurs : les femmes rentrèrent dans les maisons. M. Durivault vint me retrouver : « En voilà bien assez pour un blessé, » me dit-il. C'était en effet un grand acte de dévouement, que d'aller se battre dans l'état où il était. Il m'apprit que les bleus étaient en pleine retraite.

Tout le reste de la nuit nous écoutâmes le canon dont le bruit, s'éloignant lentement, nous faisait juger que les républicains se défendaient pied à pied. Vers le matin ils avaient pourtant reculé de deux lieues. Un brouillard épais se leva en ce moment, et, peu après, un domestique de mon père arriva en toute hâte, et nous dit secrètement de sa part qu'il fallait sur-le-champ monter à cheval et fuir, parce que nos soldats étaient en déroute. On me plaça sur un cheval; et voyant que ma mère et mon entourage habituel allaient me suivre, je sortis. La fatale nouvelle s'était déjà répandue dans la ville : une foule immense remplissait la rue et s'enfuyait. Je me trouvai bien vite entraînée par tous ces fugitifs. Les soldats, les femmes, les blessés, tous étaient pêle-mêle, et je fus poussée seule au milieu de trois ou quatre cents cavaliers qui semblaient vouloir se rallier, et qui criaient d'une voix lugubre : « Allons, les braves, à la mort! » Ce n'était point un cri de guerre propre à encourager; aussi fuyaient-ils comme les autres.

J'étais vêtue en paysanne; j'avais adopté cet habit grossier pour remplacer le deuil, et parce qu'il pouvait aussi aider à me sauver en cas d'accident. Le chagrin et la fièvre lente qui me consumaient, contribuaient, plus encore que mon vêtement, à me rendre méconnaissable. J'étais là toute troublée parmi ces cavaliers, sans savoir à qui m'adresser, sans reconnaître personne. Un cavalier leva son sabre sur moi, en me disant: « Ah! pol- » tronne de femme, tu ne passeras pas. — Mon- » sieur, je suis grosse et mourante : prenez pitié de » moi. — Pauvre malheureuse! je vous plains, » répondit-il, et il me laissa aller.

Je fus encore arrêtée et insultée plus d'une fois. Les soldats, tout en s'enfuyant, reprochaient injustement aux femmes d'en faire autant, et d'être cause de la déroute par leurs frayeurs. Enfin, je parvins au bas de la ville, sur la route de Dinan. Il y a là un petit pont; j'y trouvai M. de Pérault, qui, tout blessé qu'il était, faisait placer des pièces pour protéger la retraite, dans le cas où les bleus parviendraient à s'emparer de la ville; il commandait tous ses canonniers avec beaucoup de sang-froid, et il exhortait les soldats à retourner au combat.

A quelques pas de-là, je vis M. de Denan-Duchesne, âgé de seize ans, aide-de-camp de M. de Talmont, qui s'employait avec ardeur à rallier les fuyards; il les menaçait, les encourageait, les poussait en avant, leur donnait des coups de plat de sabre : il ne me reconnut pas. « Que les femmes » s'arrêtent aussi, disait-il, et qu'elles empêchent » les hommes de fuir ! » Je me plaçai à côté de lui, et j'y restai trois quarts d'heure sans rien dire, témoin de tous ses efforts. Il parvint à faire rétrograder quelques soldats.

J'aperçus là Montignac; il se jeta à la bride de mon cheval, en disant : « Vous êtes ma libéra- » trice, je ne vous quitte pas : nous périrons en- » semble. » Je n'étais pas encore bien sûre de lui : « Ce n'est pas ici que vous devez être, lui » répondis-je; si vous n'êtes pas un traitre, allez » vous battre. » Il n'avait pas d'armes; je lui dis que malheureusement nos soldats jetaient assez de fusils pour qu'il en trouvât. En effet, il en ramassa un, l'éleva d'un air content en passant auprès de moi, et courut au combat où il se conduisit bravement : il tua deux cavaliers et prit leurs chevaux.

C'était un affreux spectacle que cette déroute : les blessés qui ne pouvaient se traîner, se couchaient sur le chemin ; on les foulait aux pieds ; les femmes poussaient des cris, les enfans pleuraient, les officiers frappaient les fuyards. Au milieu de tout ce désordre, ma mère avait passé sans que je la reconnusse. Un enfant avait voulu l'arrêter et la tuer, parce qu'elle fuyait ; elle rencontra M. de Marigny qui lui fit faire place ; et comme son cheval était bon, elle se trouva bientôt à la tête de la déroute. Quelle fut alors sa surprise de voir M. Stofflet, toujours si brave, qui dans ce moment fuyait des premiers, tout égaré ! Elle lui témoigna son étonnement de le rencontrer en une telle place. Il parut très-honteux, revint sur ses pas ainsi qu'elle, et se mit à rallier les fuyards. On fit alors un dernier effort pour les ramener. M. de Marigny, avec sa taille d'Hercule, était là, le sabre à la main, comme un furieux : M. d'Autichamp et la plupart des chefs couraient après les fuyards pour les rallier. On représentait aux soldats qu'ils étaient sans asile ; que Dinan était une place forte, qu'ils allaient être acculés à la mer et massacrés par les bleus ; on leur disait que c'était abandonner une victoire déjà remportée ; on les assurait que leur général se défendait encore sans avoir reculé : enfin, ayant, à force de prières, obtenu un moment de silence pour écouter le bruit du canon, ils s'assurèrent par eux-mêmes qu'il ne s'était pas rapproché. « Abandonnerez-vous votre brave général? » leur dit-on. — Non, s'écrièrent mille voix : » *Vivent le roi et M. de La Rochejaquelein !* » Et l'espérance rentra dans les cœurs. Sur toute la route, dans la ville, derrière les combattans, on leur répétait les mêmes discours. Mon père était à l'embranchement de deux routes, au-dessus de la ville, pour arrêter ceux qui voulaient encore fuir.

Les femmes ne montraient pas moins d'ardeur à rappeler les soldats à leur devoir : ma mère les exhortait sans se décourager ; madame de Bonchamps, qui était dans la ville, ralliait les gens de l'armée de son mari. Malgré mon peu de bravoure, j'eus bien aussi le désir de m'opposer à la déroute; mais j'étais si faible et si malade, que je ne pouvais me soutenir. Je voyais de loin quelques personnes de ma connaissance ; je n'osais me remuer pour aller les joindre, de peur d'accroître le désordre et d'avoir l'air de fuir. Un grand nombre de femmes firent des prodiges de force et de caractère : elles arrêtaient les fuyards, les battaient, s'opposaient à leur passage. Je vis la femme de chambre de madame de la Chevalerie, prendre un fusil, mettre son cheval au galop, en criant : « En avant ! au feu les Poitevines ! »

Les prêtres exercèrent une bien plus grande influence encore : c'est la seule fois que je les ai vus mêlés aux combattans, employant tous les moyens de la religion pour les animer ; et je ne pense pas qu'on puisse leur faire le reproche calomnieux d'avoir alors fanatisé l'armée, comme le disaient les bleus. Pendant l'instant où l'on faisait un peu de silence pour écouter le canon, le curé de Sainte-Marie-de-Ré monta sur un tertre auprès de moi ; il éleva un grand crucifix, et, d'une voix de Stentor, se mit à prêcher les Vendéens. Il était hors de lui-même, et parlait à la fois en prêtre et en militaire : il demanda aux soldats s'ils auraient bien l'infamie de livrer leurs femmes et leurs enfans au couteau des bleus ; il leur dit que le seul moyen de les sauver était de retourner au combat. « Mes
» enfans, disait-il, je marcherai à votre tête, le
» crucifix à la main ; que ceux qui veulent me
» suivre se mettent à genoux, je leur donnerai
» l'absolution : s'ils meurent, ils iront en paradis ;
» mais les poltrons qui trahissent Dieu et qui aban-
» donnent leurs familles, les bleus les égorgeront,
» et ils iront en enfer. » Plus de deux mille hommes qui l'entouraient, se jetèrent à genoux ; il leur donna l'absolution à haute voix, et ils partirent en criant : « *Vive le roi !* nous allons en paradis ! » Le curé était à leur tête, et continuait à les exciter.

Nous demeurâmes en tout pendant plus de six heures épars dans les prairies qui bordent la route, en attendant notre sort. De temps en temps on venait nous apprendre que nos gens conservaient toujours l'avantage. Cependant nous n'osions pas rentrer dans la ville. Enfin on sut que la victoire était complète, et que les républicains s'étaient retirés. Nous revînmes à Dol. Les soldats, les officiers, les prêtres, tout le monde se félicitait et s'embrassait : on remerciait les femmes de la part qu'elles avaient eue à ce succès. Je vis revenir le curé de Sainte-Marie, toujours le crucifix à la main, en tête de sa troupe ; il chantait le *Vexilla Regis*, et tout le monde se mettait à genoux sur son passage.

Nous sûmes alors tout ce qui s'était passé dans le combat. L'attaque avait commencé à minuit; les Vendéens s'étaient précipités avec fureur sur les républicains et les avaient fait plier. L'obscurité de la nuit et l'acharnement des deux partis étaient tels, qu'au milieu de la mêlée, des combattans s'étaient saisis corps à corps, et se déchiraient avec les mains. On avait pris des cartouches aux mêmes caissons. Des Vendéens étaient arrivés sur une batterie ; les canonniers, les prenant pour des bleus, avaient crié : « Camarades, rangez-» vous, que nous tirions ! » Alors nos soldats les ayant reconnus à la lueur du feu, les avaient massacrés sur les pièces.

A sept heures du matin, les républicains avaient été repoussés jusqu'à deux lieues et demie de Dol, sur les deux chemins. M. de La Rochejaquelein était à l'aile gauche, sur la route de Pontorson.

Quand il vit les bleus en pleine retraite de ce côté, il voulut se porter vers la droite, au chemin d'Antrain où il entendait encore un feu très-vif. La poudre venait d'y manquer, les artilleurs avaient envoyé des cavaliers au grand galop pour en rechercher. Le brouillard épais fit imaginer aux soldats que c'était un mouvement de la cavalerie ennemie; ils en furent épouvantés, et prirent la fuite. Les officiers coururent pour les rallier; on crut qu'ils fuyaient; la frayeur devint plus grande. La déroute commença : les plus braves s'y laissèrent entraîner. Ce fut là le spectacle qui s'offrit à Henri, lorsque, accompagné de M. Allard, du chevalier Desessarts, et de quelques autres officiers, il se portait à la droite. Le désespoir s'empara de lui; il crut tout perdu, et résolut de se faire tuer : il avança vers les bleus pour chercher la mort, et demeura plusieurs minutes exposé en face d'une batterie, les bras croisés. M. Allard essayait vainement de le retenir, et le suppliait de ne pas se sacrifier. Cependant on entendait toujours un feu soutenu à l'extrémité de la droite. M. de La Rochejaquelein y courut; il y trouva M. de Talmont qui, à la tête de quatre cents hommes, se maintenait avec une constance héroïque, faisant illusion aux républicains sur ses forces, à la faveur du brouillard qui leur cachait la fuite de nos gens. MM. de la Marsonnière et de Beaugé ne l'avaient point abandonné, et à eux deux ils servaient une pièce dont les canonniers s'étaient enfuis.

Henri arriva au secours de M. de Talmont : sa présence ramena quelques soldats. Un instant après, les fuyards, ralliés par leurs officiers, commencèrent à revenir, et alors l'affaire fut complètement décidée. S'il y avait eu moins de désordre, on aurait troublé la retraite des républicains et obtenu un plus grand avantage ; mais on ne put les poursuivre.

Ce combat fit beaucoup d'honneur à M. de Talmont. M. de La Rochejaquelein et toute l'armée se plurent à répéter cette vérité, qu'on lui devait notre salut. La vigueur avec laquelle M. Stofflet avait arrêté la déroute, fit oublier qu'il avait commencé par s'y laisser entraîner. Quelques officiers ne parurent plus, soit qu'ils se fussent enfuis trop loin pour rejoindre l'armée, soit que leur constance fût épuisée. On fut surpris de ne plus voir M. Keller qui s'était toujours montré si brave. Il parvint jusqu'à Paris, s'y cacha pendant un an ; il voulut ensuite aller rejoindre les Chouans en Bretagne, qui le prirent pour un espion, et le fusillèrent. M. Putaut, médecin de Fougères, chez qui j'avais logé, et qui commandait les Bretons, s'étant joint à l'armée lors de notre passage en cette ville, ne revint pas non plus : il s'était pourtant fort bien battu à Granville et à Pontorson. En 1792, il avait été dans la garde du roi, et s'était fait une grande réputation de duelliste contre les jacobins. Dans le peu de temps qu'il passa à l'armée, il montra un courage plein de jactance : il fut pris peu de temps après par les bleus, et périt à Rennes sur l'échafaud. On perdit aussi beaucoup d'autres officiers peu connus, qui disparurent. M. de S*** profita de l'occasion : on sut qu'il était parvenu sur la côte, et qu'il avait réussi à passer en Angleterre où il se donna pour un des généraux.

J'avais grande envie d'essayer aussi si je pourrais aller chercher un asile en Angleterre; mais je ne connaissais personne dans le pays; je ne savais à qui me confier. Je voyais que les bleus massacraient les femmes et les enfans qui tombaient entre leurs mains; j'espérais que l'armée pourrait rentrer en Poitou : je m'abandonnai au sort commun.

On passa une nuit assez tranquille. Le lendemain, les républicains ayant su ce qui s'était passé la veille dans la ville, revinrent encore attaquer sur les dix heures du matin, par les deux routes. Les Vendéens combattirent avec courage, et le succès ne fut pas un instant douteux; mais l'ennemi se défendit avec tant d'opiniâtreté que le combat dura quinze heures : il se termina par la déroute complète des bleus qui perdirent un monde prodigieux. On les poursuivit jusqué dans Antrain, et ce fut dans la ville même qu'eut lieu le plus grand massacre.

J'avais eu la faiblesse de ne pas rester dans la ville; j'étais allée, avec ma mère et quelques autres femmes, attendre sur la route opposée le résultat de la bataille. M. de Saint-Hilaire commandait une patrouille sur cette route, pour observer si la garnison de Dinan se portait sur nos derrières : elle ne sortit pas, et M. de Saint-Hilaire parvint à ramasser quelques vivres et du pain pour les blessés. On perdit deux braves officiers à ce combat. M. Dehargues, en poursuivant les hussards, fut emporté par son cheval qui alla s'abattre au milieu de l'escadron ennemi : on le saisit sans qu'il pût se défendre. MM. de La Rochejaquelein et de La Roche-Saint-André furent aussi enveloppés par les hussards; il se défendirent long-temps. Henri parvint à s'échapper, son cheval blessé, et revint sur-le-champ avec quelques cavaliers, délivrer M. de La Roche-Saint-André qui était mortellement blessé : mais il fit en vain poursuivre les hussards à toute outrance jusqu'au-delà de Pontorson; on ne put reprendre M. Dehargues. Son écharpe blanche l'avait fait reconnaître pour un chef; et il avait été sur-le-champ emmené au grand galop. Il périt à Rennes sur l'échafaud; il montra un grand courage; et, en recevant le coup, il cria : *Vive le roi!* C'était un bourgeois de la Châtaigneraie.

M. de La Rochejaquelein, après la victoire, ne ramena pas l'armée à Dol. Les bagages, les femmes, et tout ce qui ne combattait pas, quittèrent cette ville pour aller le rejoindre à Antrain. Les rues étaient encore pleines de sang et de morts quand nous y entrâmes; on n'y trouva aucune provision, et tout le monde souffrit beaucoup de la faim.

Je vécus de quelques oignons que j'arrachai dans un jardin. Neuf Mayençais prisonniers furent condamnés à mort. Le curé de Sainte-Marie obtint la grâce de plusieurs d'entre eux, qu'il avait demandée avec la même chaleur qu'il avait mise à rallier l'armée.

Le lendemain, l'armée marcha sur Fougères, et l'occupa sans résistance; on y séjourna un jour. Un *Te Deum* fut chanté pour les victoires de Dol : ce fut une cérémonie déchirante, par le contraste qu'elle offrait avec notre situation désespérée.

De Fougères nous nous rendîmes, par Ernée, à Laval; on y passa deux jours : de-là à Sablé, puis à la Flèche. Dans toute cette route, on n'aperçut pas les bleus : les défaites de Dol les avaient consternés; les restes de leur armée avaient couru s'enfermer à Angers, et le fortifiaient à la hâte. Quelques abattis d'arbres allumés se trouvaient sur plusieurs points de la route; mais pas un soldat ne les défendait.

Notre entrée dans toutes ces villes, que nous avions occupées peu de jours auparavant, était pour nous un spectacle d'horreur et de désespoir. Partout nos blessés, nos malades, les enfans qui n'avaient pu nous suivre, nos hôtes, ceux qui nous avaient montré quelque pitié, avaient été massacrés par les républicains. Chacun de nous continuait sa route avec la certitude de périr dans les combats, ou d'être égorgé plus tôt ou plus tard.

On se rendit de la Flèche sous les murs d'Angers. Nous couchâmes dans un village qui en était éloigné de deux lieues. Le lendemain, l'attaque commença. Les républicains avaient barricadé toutes les entrées, et protégé tous les endroits faibles par quelques fossés et des remparts en terre; ils avaient des batteries fort bien placées, et se bornèrent à se défendre sans tenter une seule sortie. Nos gens, qui s'attendaient à combattre corps à corps, et qui n'avaient jamais su attaquer la moindre fortification, se découragèrent dès qu'ils virent la bonne contenance des bleus : le canon nous emportait beaucoup de monde, dès qu'on s'approchait. Les chefs voulurent en vain tenter un assaut général; jamais on ne put y déterminer les Vendéens : ces malheureux, qui depuis Granville ne parlaient que de prendre Angers à tout prix, ne purent retrouver leur ardeur accoutumée. Le malheur, la faim, les misères de toute espèce, les avaient abattus; toutes les instances, toutes les menaces furent inutiles; on alla jusqu'à leur promettre le pillage de la ville; mais loin d'encourager les Vendéens, cette promesse, malgré l'horreur de notre position et les cruautés des bleus, scandalisa beaucoup. La plupart disaient que Dieu nous abandonnerait, s'il était question de pillage.

Notre artillerie cependant faisait bien son devoir, et tâchait de faire une brèche praticable. Les généraux, les officiers, la cavalerie qui avait mis pied à terre, continuaient l'attaque avec obstination; on ne pouvait pas entraîner les soldats en avant, mais on les maintenait.

Je m'étais avancée avec ma famille vers Angers, et toutes les personnes qui suivaient l'armée en avaient fait autant. Comptant sur un prompt et facile succès, nous étions tous entassés dans les faubourgs. Les habitans n'y étaient plus; on les avait forcés à rentrer dans la ville; leurs maisons étaient démeublées; beaucoup même étaient brûlées. Nous portâmes de la paille dans une grande chambre; je me jetai dessus avec ma mère et une foule d'autres personnes. J'étais tellement accablée que je dormis pendant plusieurs heures au bruit du canon. Nous en étions fort près; les boulets portaient près de nous.

Il y avait vingt heures que l'attaque durait, lorsque je me réveillai le lendemain matin: je montai à cheval, sans rien dire à personne, pour aller savoir quelques nouvelles. J'appris et je vis que nos soldats ne voulaient pas tenter l'assaut, et qu'il restait bien peu d'espoir. Ma tête s'égarait; j'avançais toujours. Je rencontrai le chevalier Desessarts qui revenait blessé au pied. Il me raconta que nos batteries ayant fait une petite brèche, MM. de La Rochejaquelein, Forestier, de Boispréau, Rhincs et lui s'y étaient jetés: personne n'avait osé les suivre. MM. de Boispréau et Rhincs avaient été tués, lui blessé; les deux autres avaient eu bien de la peine à se retirer. Son récit, et ce que je voyais, me donnèrent une sorte de désir d'aller au feu et de risquer ma vie, tant je souffrais de la position où nous nous trouvions. Je continuai à avancer : je n'avais pas plus de courage qu'à l'ordinaire, car j'éprouvais une frayeur extrême ; mais le désespoir me poussait en avant, comme malgré moi, jusqu'au milieu du feu. Mon père, qui était au fort de l'action, m'aperçut de loin, et me cria de retourner : je m'arrêtai indécise. Il envoya un cavalier qui prit la bride de mon cheval et me ramena. J'éprouvai un secret mouvement de satisfaction, me voyant ainsi hors du danger que j'allais chercher.

Je retournai près de ma mère : elle était seule ; sa voiture était restée sur le grand chemin ; ma tante avait voulu y remonter avec ma petite fille. Un instant après, le postillon, qui était un lâche, vint et nous dit que l'on voyait arriver, sur les derrières, les hussards ennemis pour nous attaquer ; qu'il avait coupé les traits des chevaux, et que ma tante était descendue précipitamment pour venir nous retrouver. Je courus vite du côté où elle devait être ; je trouvai ma fille dans les bras de sa bonne, qui venait la rapporter dans la maison ; mais il me fut impossible de savoir où ma tante avait passé. Les bagages, les voitures étaient dételées ; la foule se pressait autour pour échapper aux hussards ; cependant elle ne pouvait avancer de l'autre côté, parce que les boulets de la ville arrivaient jusqu'aux premiers chariots de nos équipages. Je voulus m'approcher de notre voiture qui était tout-à-fait à la tête, un boulet et un biscaïen passèrent à côté de moi. Pendant que j'étais occupée à la triste recherche de ma tante, M. Forestier arriva, et me dit qu'il allait, avec la cavalerie, repousser les hussards; il me parla avec un sang-froid et une confiance qui me firent une vive impression : son chapeau et sa redingote étaient percés de balles. « Voilà, me dit-il en me montrant deux trous, les » balles qui ont tué Boispréau et Rhincs. »

La cavalerie chassa les hussards, bien qu'ils eussent de l'artillerie légère. M. Richard, qui avait eu l'œil crevé à Châtillon, fut blessé au bras et fait prisonnier dans ce combat. Le général Marigny, qui commandait la cavalerie des bleus, fut si charmé de sa bravoure, qu'il le renvoya sur-le-champ, mais à pied et sans armes. M. de La Rochejaquelein rendit aussitôt au général Marigny deux dragons tout équipés, les seuls qu'il venait de prendre, en le faisant remercier, et lui offrant à l'avenir dix prisonniers pour un. Ce général républicain, le seul qui, à ce moment, ait montré de l'humanité en combattant contre nous, fut tué le jour même.

Après trente heures d'attaque, il fallut bien prendre le parti de lever le siége d'Angers; la retraite commença vers les quatre heures du soir. Nous restâmes long-temps à chercher ma pauvre tante, à l'appeler, à fouiller dans toutes les maisons des environs, sans pouvoir en découvrir la moindre trace.

Ma mère était inconsolable ; mon père envoya beaucoup de gens de tous côtés, sans avoir plus de succès. Enfin, lorsqu'il ne fut plus possible de demeurer en arrière, sans courir le risque d'être pris, nous suivîmes l'armée, pensant que ma tante avait pris le parti de se cacher, car elle avait de l'argent sur elle en assez grande quantité. Nous n'avons jamais appris les détails de cette triste et surprenante disparition ; mais nous avons su qu'elle avait été prise et avait été fusillée deux jours après.

J'arrivai à deux lieues d'Angers : le froid, la fatigue, le chagrin, m'avaient comme anéantie ; je me jetai sur un matelas avec ma mère, pêle-mêle avec beaucoup de gens. Presque toute l'armée bivouaqua.

Nous n'avions plus d'espoir de salut ; l'armée était livrée au découragement le plus complet ; on ne voyait plus aucun moyen de repasser la Loire. Tous les projets qu'on avait formés reposaient sur la prise d'Angers. On était mécontent des soldats qui n'avaient pas montré l'ardeur qu'on en attendait. Les maladies se multipliaient chaque jour. On entendait de toutes parts les cris des malheureux blessés que l'on était forcé d'abandonner ; la famine et le mauvais temps se joignaient à toutes ces souffrances ; les chefs étaient harassés de corps et d'ame ; ils ne savaient quel parti prendre. Telle était notre situation.

CHAPITRE XVIII.

Retour à la Flèche. — Déroute du Mans.

Avant d'avoir rien décidé sur la route qu'on devait tenir, on se porta sur Beaugé qui fut occupé sans résistance. M. de Royrand mourut en chemin des suites de sa blessure. Le lendemain, la cavalerie des bleus vint nous attaquer avec de l'artillerie légère. De ma fenêtre je voyais le combat. Les boulets roulaient dans le jardin qui était au-dessous. Nos gens se portèrent vivement sur les assaillans et les repoussèrent; on les poursuivit pendant deux lieues sur la route d'Angers, jusqu'au beau château de Jarzé, qui avait déjà été vendu nationalement. Les républicains y avaient mis le feu : on chercha inutilement à l'éteindre. Nous perdîmes un peu de monde dans cette affaire. M. Roucher, commandant de la paroisse du Pin, fut douloureusement blessé par son fusil qui éclata dans ses mains, ce qui le mit hors d'état de combattre.

Il fallait cependant prendre un parti et déterminer la marche de l'armée. On parla d'aller à Saumur et à Tours; mais ces deux villes sont sur la rive gauche; d'ailleurs on ne pouvait y arriver que par la levée qui borde la Loire, et il était dangereux de s'engager dans une telle route. M. le chevalier Desessarts, à qui sa bravoure et sa facilité de parler et d'écrire donnaient parfois trop de présomption, mit beaucoup d'entêtement à soutenir ce plan. Il disait qu'en se mettant sur la levée, et en la coupant, on détournerait une grande partie des eaux de la Loire, et qu'elle deviendrait guéable. On ne pouvait le faire convenir de l'absurdité de ce projet.

Il fut enfin résolu qu'on marcherait sur le Mans par la Flèche. Les paysans du Maine passaient pour être royalistes; d'ailleurs, c'était se rapprocher de la Bretagne où l'on pouvait encore espérer de se recruter et de se défendre. On se mit donc en marche. J'étais en voiture avec le chevalier de Beauvolliers : son frère aîné vint nous parler à la portière. Il me remercia, les larmes aux yeux, des soins que j'avais pour son frère, et me pria de les continuer. « Pour moi, dit-il, je suis le plus mal-
» heureux des hommes; ma femme et ma fille
» sont prisonnières à Angers; j'espérais les déli-
» vrer : elles vont périr sur l'échafaud, sans que
» je puisse les sauver. Depuis Avranches, où l'on
» m'a si injustement accusé, on me voit de mauvais
» œil; on me montre des soupçons : c'est aussi
» trop de malheur ! » Il nous dit adieu, et se retourna encore en me criant d'avoir soin de son frère. Depuis ce jour, il quitta l'armée pour n'y plus

revenir. Peut-être n'avait-il point formé le dessein arrêté de se retirer. Il avait laissé son propre argent et ses effets dans le chariot de la caisse militaire, et assurément il les eût donnés à son frère, s'il avait cru ne pas le revoir. Il m'a raconté, quand je l'ai retrouvé, qu'il s'était écarté de la route avec M. Langlois, son beau-frère, pour aller chercher des vivres, qu'il se vit coupé par les hussards, et prit décidément le parti qui roulait vaguement dans sa tête; son beau-frère fut pris et a péri.

Notre retraite était protégée par une arrière-garde nombreuse que commandait M. de Piron. Nous comptions être attaqués de ce côté-là; mais nous pensions trouver peu de résistance devant nous. Quelle fut notre surprise et notre douleur, lorsqu'en arrivant à la Flèche, on vit le pont coupé et trois ou quatre mille hommes placés sur l'autre rive ! nous nous crûmes perdus, car, dans le moment même, on attaquait M. de Piron. M. de La Rochejaquelein ordonna de tenir ferme en avant et en arrière, et de continuer le feu : M. de Verteuil y fut tué. Henri prit trois cents braves cavaliers, qui mirent trois cents fantassins en croupe; il remonta la rivière à trois quarts de lieue, trouva un gué, arriva vers le soir aux portes de la ville, fit mettre pied à terre aux fantassins, et se précipita dans les rues à la tête de sa troupe, en criant: *Vive le Roi!* Les bleus, surpris et effrayés, prirent la fuite par la route du Mans. Henri fit en hâte rétablir le pont, et courut à l'arrière-garde où il repoussa les hussards ennemis (1). Une partie de l'armée entra dans la ville ; les bagages restèrent sur la route jusqu'au jour ; je couchai dans ma voiture. Le lendemain, la cavalerie revint encore attaquer. L'armée était épuisée de fatigue. M. de La Rochejaquelein, accompagné de MM. de Beaugé et Allard, et d'un bien petit nombre d'officiers, défit encore les détachemens ennemis ; et quand les bagages furent entrés, il fit de nouveau couper le pont, et procura vingt-quatre heures de repos à l'armée. Il fut douloureusement mécontent de l'insouciance des officiers qui étaient restés à la Flèche, le laissant combattre presque seul. « Messieurs, leur dit-il avec » amertume, ce n'est donc pas assez de me contre- » dire au conseil, vous m'abandonnerez au feu? »

Je cherchai, pendant le séjour de la Flèche, un asile pour ma pauvre petite fille. Personne ne voulait s'en charger, malgré les récompenses que j'offrais ; elle était trop enfant pour qu'on pût la cacher et l'empêcher de crier. Madame Jagault parvint à trouver une personne qui se chargea de sa fille ; mais celle-là ayant quatre ans, pouvait fort bien comprendre le danger, et ne pas compromettre ses hôtes.

L'armée se porta sur le Mans. Le pont n'était

---

(1) Un paysan qui me parlait, il y a quelque temps, de cette affaire, me dit : M. Henri, au moment de charger, fit son grand signe de croix, à quoi il ne manquait jamais, quand le danger était fort ; puis il poussa son cheval en avant.

point coupé; mais on y avait élevé un rempart et on l'avait garni de chevaux de frise, de chausse-trapes et de planches percées par de gros clous, pour empêcher le passage de la cavalerie. Cependant M. de La Rochejaquelein, après un combat assez vif, pénétra promptement dans la ville. Ce fut à cette affaire que M. de Talmont se distingua par un beau fait d'armes. Défié par un hussard qui s'attacha à lui à cause de son écharpe de général, il lui cria : « Je t'attends. » Il l'attendit en effet, et lui partagea la tête d'un coup de sabre.

Tout le monde était accablé de fatigue; la journée avait été forte. Les blessés et les malades, dont le nombre allait toujours croissant, demandaient avec instance qu'un séjour plus long fût accordé dans une grande ville où l'on ne manquait ni de vivres ni de ressources. D'ailleurs on voulait essayer de remettre un peu d'ordre dans l'armée, de concerter quelque dessein, de remonter un peu les courages : généraux, officiers et soldats, tout le monde était abattu. On voyait clairement qu'un jour ou l'autre nous allions être exterminés, et que les efforts qu'on pouvait faire étaient les convulsions de l'agonie. Chacun voyait souffrir autour de soi : le spectacle des femmes, des enfans, des blessés, amollissait les ames les plus fortes, au moment où il aurait fallu avoir une constance miraculeuse. Le malheur avait aigri les esprits; la haine, la jalousie, les reproches, les calomnies même, avaient divisé tous les chefs; l'échec d'Angers, la perte de l'espérance qu'on avait conçue de rentrer dans la Vendée, avaient porté le dernier coup à l'opinion de l'armée; tout le monde désirait la mort; mais comme on la voyait certaine, on aimait mieux l'attendre avec résignation, que de combattre pour la retarder : le sort d'ailleurs le plus affreux était celui d'être blessé. Tout présageait que c'était fini de nous.

Le Mans est situé sur la grande route d'Angers à Paris; c'est par-là que nous arrivions : deux routes viennent se joindre avec celle-là à une demi-lieue; l'une est celle de Tours à Alençon; un large pont, sur la Sarthe, se trouve à moitié chemin, entre les routes et le faubourg. Le grand chemin d'Alençon passe par une grande place dans la ville, puis par une petite où aboutit une rue étroite, qui est le prolongement de la route de traverse du Mans à Laval : j'étais logée sur cette petite place.

Le second jour, de grand matin, les républicains vinrent attaquer le Mans : on ne les attendait pas sitôt. La veille, des levées en masse s'étaient présentées, et avaient été bientôt dispersées. L'ennemi s'avança, par trois colonnes, sur le point où les routes se croisent. M. de La Rochejaquelein embusqua un corps considérable dans un bois de sapins, sur la droite : ce fut là que la défense fut la plus opiniâtre; les bleus même furent repoussés plus d'une fois; mais leurs généraux ramenaient sans cesse les colonnes. Nos gens se décourageaient en voyant leurs efforts inutiles. Peu à peu il en revenait beaucoup dans la ville ; des officiers même s'y laissaient entraîner ; enfin, sur les deux heures de l'après-midi, la gauche des Vendéens étant entièrement enfoncée, il fallut abandonner le bois de sapins. Henri voulut poster la troupe qui lui restait dans un champ défendu par des haies et des fossés, où elle eût facilement arrêté la cavalerie; jamais il ne put la rallier : trois fois, avec MM. Forestier et Allard, il s'élança au milieu des ennemis, sans être suivi d'aucun soldat; les paysans ne voulaient même pas se retourner pour tirer un coup de fusil. Henri tomba, en faisant sauter un fossé à son cheval dont la selle tourna; il se releva : le désespoir et la rage le saisirent. On n'avait pas décidé quelle route on prendrait en cas de revers; il n'y avait aucun ordre donné, ni pour la défense de la ville, ni pour la retraite. Il voulut y rentrer pour y pourvoir et pour essayer de ramener du monde. Il mit son cheval au galop et culbuta ces misérables Vendéens qui, pour la première fois, méconnaissaient sa voix. Il rentra au Mans; tout y était déjà en désordre; il ne put pas trouver un seul officier pour concerter ce qu'on avait à faire; ses domestiques ne lui avaient pas même tenu un cheval prêt; il ne put en changer. Il revint, et trouva les républicains qui arrivaient au pont; il y fit placer de l'artillerie, et on se défendit encore long-temps. Enfin, au soleil couchant, les bleus trouvèrent un gué, et passèrent : le pont fut abandonné. On se battit ensuite à l'entrée de la ville, jusqu'au moment où, renonçant à tout espoir, le général, les officiers, les soldats se laissèrent presque tous entraîner dans la déroute, qui avait commencé depuis long-temps ; mais quelques centaines d'hommes restèrent dans les maisons, tirèrent par les fenêtres, et ne sachant pas au juste ce qui se passait, arrêtèrent toute la nuit les républicains qui osaient à peine avancer dans les rues, et qui ne se doutaient pas que notre défaite fût aussi entière. Il y eut des officiers qui se retirèrent à quatre heures du matin seulement ; les derniers furent, je crois, MM. de Scépeaux et Allard : de braves paysans eurent assez de constance pour ne quitter la ville qu'à huit heures, s'échappant comme par miracle. C'est cette circonstance qui protégea notre fuite désordonnée, et qui nous préserva d'un massacre général.

Dès le commencement du combat, nous présagions que l'issue en serait funeste. J'étais logée chez une madame T***, qui était fort riche, fort bien élevée et très-républicaine : elle avait sept petits enfans qu'elle aimait beaucoup et qu'elle soignait avec tendresse. Je résolus de lui confier ma fille : c'était son admirable belle-sœur qui avait recueilli la petite Jagault. M. T***, fort honnête homme, était absent. Je la suppliai de s'en charger, de l'élever comme une pauvre petite paysanne, de lui donner seulement des sentimens d'honneur et de vertus. Je lui dis que si elle était destinée à retrouver une position heureuse, j'en remercierais le ciel ; mais que je me résignais à ce qu'elle fût toujours misérable, pourvu qu'elle fût vertueuse. Madame T*** me refusa absolument, et me dit honnêtement que si elle prenait ma fille, elle la traiterait comme ses enfans. J'ai su depuis, et j'en ai été surprise, que cette dame, qui appartenait à une famille distinguée et respectable, s'était conduite avec férocité envers nos prisonniers, après notre défaite, tant elle était exaltée contre nous. Pendant que je conjurais madame T***, les cris de déroute commencèrent à se faire entendre, elle me laissa. Alors, voyant que c'en était fait, n'espérant plus rien, je voulus du moins sauver mon enfant ; je la cachai, à l'insu de tout le monde, dans le lit de madame T*** ; je comptais qu'elle n'aurait pas la cruauté d'abandonner cette innocente créature. Je descendis ; on me mit à cheval, on ouvrit la porte ; je vis alors la place remplie d'une foule qui se pressait et se culbutait en fuyant, et dans l'instant je fus séparée de toute personne de ma connaissance. J'aperçus M. Stofflet qui s'en allait avec les porte-drapeaux. Cependant, le long du mur de la maison, il y avait un espace libre ; je me glissai par-là ; mais quand je voulus tourner dans la rue qui conduit au chemin de Laval, je ne pus y pénétrer, c'était là que la presse était plus grande, et que l'on s'étouffait. Des chariots étaient renversés ; les bœufs couchés par terre, ne pouvaient pas se relever et frappaient à coups de pieds ceux qui étaient précipités sur eux ; un nombre infini de personnes foulées aux pieds criaient sans être entendues. Je mourais de faim, de frayeur ; je voyais à peine, le jour finissait. Au coin de la rue, deux chevaux étaient attachés à une borne, et me barraient le chemin ; la foule les repoussait sans cesse vers moi, et alors j'étais serrée entre eux et le mur ; je m'efforçais de crier aux soldats de les prendre et de monter dessus : ils ne m'entendaient pas. Je vis passer auprès de moi un jeune homme à cheval, d'une figure douce ; je lui pris la main : « Monsieur, ayez pitié d'une pauvre » femme grosse, et malade ; je ne puis avancer. » Le jeune homme se mit à pleurer, et me répondit : « Je suis une femme aussi ; nous allons périr en- » semble, car je ne puis pas non plus pénétrer » dans la rue. » Nous restâmes toutes deux à attendre.

Cependant le fidèle Bontemps, domestique de M. de Lescure, ne voyant pas qu'on s'occupait de ma fille, la chercha partout : il la trouva et la prit dans ses bras. Au milieu de la foule il m'aperçut, et élevant l'enfant, il me cria : « Je sauve l'enfant » de mon maître. » Je baissai la tête et je me résignai. Un instant après, je distinguai un autre de mes domestiques : je l'appelai. Il prit mon cheval par la bride, et me faisant faire place avec son sabre il me fit suivre la rue. Nous arrivâmes à grande peine vers un petit pont, dans le faubourg sur la route de Laval : un canon y était renversé et embarrassait le passage ; enfin je me trouvai dans le chemin, et je m'arrêtai avec beaucoup d'autres. Quelques officiers étaient là, tâchant de ramener encore les soldats ; mais tous les efforts étaient inutiles.

Les républicains entendant beaucoup de bruit de notre côté, y pointèrent des canons et tirèrent à toute volée par-dessus les maisons : un boulet siffla à un pied au-dessus de ma tête. L'instant d'après, j'entendis une nouvelle décharge, et je me baissai involontairement sur mon cheval. Un officier qui était là, me reprocha, en jurant, ma poltronerie. « Hélas ! Monsieur, lui dis-je, il est bien permis à » une malheureuse femme de baisser la tête, quand » toute l'armée fuit. » En effet, ces coups de canon recommencèrent à faire courir nos gens qui s'étaient arrêtés : peut-être, s'il eût fait jour, aurait-on pu les ramener.

Je suivis la déroute; je rencontrai M. de Sanglier. Il avait perdu sa femme la veille ; il était malade, et portait à cheval ses deux petites filles qui étaient malades aussi; son cheval n'avait même pas de bride. Il m'apprit que c'était vers Laval qu'on s'enfuyait. Successivement je trouvai quelques personnes de ma connaissance, que je reconnus à la faveur du clair de la lune. A quelques lieues du Mans, je vis arriver mon père et M. de La Rochejaquelein ; ils avaient long-temps essayé de rallier les soldats. Henri vint à moi : « Ah ! vous êtes sauvée, me dit-il. » — Je croyais que vous aviez péri, lui répon- » dis-je, puisque nous sommes battus. » Il me serra la main, en disant : « Je voudrais être mort. » Il avait les larmes aux yeux.

J'étais dans un horrible état. Un domestique conduisait toujours mon cheval par la bride et me soutenait pour me donner un peu de force. Des soldats me firent boire de l'eau-de-vie à leur gourde : je n'en avais jamais goûté ; je voulais qu'on y mêlât de l'eau, on ne trouvait que celle des ornières. Mon père ne me quitta plus ; ma mère et ma fille étaient sauvées ; mais j'ignorais où elles étaient. A douze lieues du Mans, je m'arrêtai dans un petit village. La nuit était devenue si noire, qu'une femme, qui me suivait, passa avec son cheval sur une chaussée de moulin ; elle tomba dans l'eau, comme cela aurait bien pu m'arriver : je ne sais si on put la sauver.

Madame de Bonchamps se réfugia dans la même maison que moi. Une grande partie de l'armée s'arrêta à ce village. Il n'y avait que peu de place dans les chaumières. La route était couverte de pauvres gens qui, accablés de lassitude, s'endormaient dans la boue, sans songer même à se garantir de la pluie.

Le lendemain matin, on repartit. La faim, la fatigue, les souffrances, avaient tellement épuisé tout le monde, qu'un régiment de hussards aurait exterminé l'armée vendéenne. Peu à peu ceux qui étaient restés en arrière et dans la ville pendant la nuit, nous rejoignirent. Un paysan conta qu'il avait quitté le Mans à huit heures passées. Henri l'embrassa. Il ne se consolait point de notre horrible défaite, lui seul se faisait d'injustes reproches de n'être pas resté le dernier au Mans, de n'y avoir pas péri. Il lui semblait, malgré tout ce qu'on pouvait lui dire, que c'était un devoir.

Nous arrivâmes à Laval; j'y retrouvai ma mère et ma fille : ce fut là qu'on eut le loisir de s'apercevoir des pertes que l'on venait de faire. La déroute du Mans coûta la vie à plus de quinze mille personnes. Ce ne fut pas au combat qu'il en mourut le plus ; beaucoup furent écrasées dans les rues du Mans ; d'autres, blessées et malades, restèrent dans les maisons, et furent massacrées; il en mourut dans les fossés et dans les champs voisins de la route; une assez grande quantité suivit le chemin d'Alençon, et là elles furent prises et conduites à l'échafaud.

Pendant la bataille, le chevalier Duhoux fut tué. M. Herbault, ce vertueux et vaillant homme, fut blessé à mort. On voulut prendre soin de lui : « Non, dit-il, que personne ne s'expose pour » moi; qu'on me porte seulement à côté de M. le » Maignan. » Ils forcèrent tous deux leurs amis à les abandonner après leur avoir distribué leurs armes et leurs effets, et attendirent la mort avec une résignation toute chrétienne. Deux braves officiers blessés à Angers, MM. l'Infernat et Couty, y périrent aussi.

Un grand nombre d'officiers ne reparurent plus. M. de Solilhac fut pris et déposé dans une église pour être fusillé le lendemain : il parvint à se sauver en décidant treize Vendéens qui étaient avec lui à se jeter la nuit sur le corps-de-garde; sept s'échappèrent. Au milieu des massacres horribles auxquels se livrèrent les vainqueurs, il y eut des traits courageux d'humanité, qui préservèrent plusieurs Vendéens; mais en sortant du Mans, ils couraient de nouveaux périls; ils allaient se faire prendre, et périr plus loin. MM. de La Roche-Courbon, Carrière, Franchet, de la Bigotière, eurent ce triste sort. M. d'Autichamp fut plus heureux, car ayant été pris, M. de Saint-Gervais, son parent, officier républicain, le reconnut et l'habilla en hussard, ainsi que M. de Bernès. Ces messieurs se trouvèrent donc enrôlés parmi les républicains; ils firent la guerre comme soldats, pendant un an, à l'armée du nord. Ils ont ensuite reparu dans la seconde insurrection.

M. d'Oppenheim disparut aussi au Mans. Depuis il a pris et conservé du service dans l'armée républicaine. Cette circonstance, rapprochée des conseils qu'il avait donnés pour l'attaque de Granville, a fait concevoir d'étranges soupçons; on en avait eu déjà même auparavant. Cependant on doit dire que M. d'Oppenheim s'est toujours battu bravement; et que, spécialement à l'affaire de Granville, il montra assez de courage et de dévouement, pour que les officiers qui se trouvèrent près de lui ce jour-là aient toujours défendu sa bonne foi.

Telle fut la déplorable déroute du Mans où l'armée vendéenne reçut le coup mortel. Il était inévitable : le jour que l'on quitta la rive gauche de la

Loire, avec un peuple de femmes, d'enfans et de vieillards, pour aller chercher un asile dans un pays que l'on ne connaissait pas, sans savoir la route qu'on devait tenir, et au commencement de l'hiver, il était facile de prévoir que nous finirions par cette terrible catastrophe. Le plus beau titre de gloire pour les généraux et pour les soldats, c'est d'avoir pu la retarder si long-temps.

CHAPITRE XIX.

Tentative pour repasser la Loire. — Déroute de Savenay. — Dispersion de l'armée.

Je logeai à Laval dans la même maison où j'avais déjà été; mais le propriétaire, qui se nommait M. de Montfranc, n'y était plus. Après le passage des Vendéens, il avait été arrêté avec sa famille; on lui reprochait de nous avoir reçus : il représenta qu'il ne dépendait pas d'un habitant de refuser le logement à des vainqueurs; on ne l'écouta pas; il périt sur l'échafaud, ainsi que sa respectable mère. Il est pourtant vrai que, bien qu'il fût disposé en notre faveur, il n'avait rien fait qui pût le compromettre.

Le lendemain, à dix heures, comme nous partions pour Craon avec les débris de l'armée, on annonça l'arrivée des hussards républicains, et chacun pressa sa marche. En sortant de la ville, je trouvai M. de La Rochejaquelein : il me dit que c'était une fausse alarme; qu'il venait de rassurer les soldats, d'arrêter leur fuite, et qu'il retournait déjeuner tranquillement à Laval; il me pria d'être sans inquiétude, et m'assura que nous irions à Craon sans être troublés. C'est la dernière fois que je vis Henri.

A Craon, nous lûmes des journaux; ils nous apprirent que ma pauvre tante et sept cents fugitifs, hommes et femmes, avaient été trouvés aux environs d'Angers, jugés et fusillés. Cette affreuse nouvelle plongea ma mère dans le désespoir : nous étions bien tendrement attachés à cette malheureuse tante; elle avait, à quatre-vingts ans, la piété la plus douce et le caractère le plus aimable.

De Craon, l'armée passa à Saint-Marc, se dirigeant sur Ancenis. On marchait jour et nuit afin de devancer assez les armées républicaines pour pouvoir passer la Loire sans être inquiété. Les chemins étaient affreux, le temps froid et pluvieux; on ne savait comment traîner avec soi les blessés et les malades. Je vis un prêtre qui en portait un sur ses épaules, et qui succombait sous le poids. Ma fille était mourante de la dentition et surtout de fatigue; je me couchai avec elle dans le chariot qui portait la caisse de l'armée; nous n'avions plus de voiture; je voyageai ainsi pendant quelques lieues.

Nous arrivâmes à Ancenis le 16 décembre au matin. M. de La Rochejaquelein y était entré le premier sans résistance, et se préparait déjà au passage de la Loire. Au château de Saint-Marc, il avait fait prendre une petite barque dans un étang, et l'avait fait charger sur un chariot : il prévoyait bien que l'on ne trouverait aucun moyen de passage, parce que les républicains auraient emmené les bateaux avant notre arrivée. La rive opposée était au pouvoir des bleus qui avaient des troupes à Saint-Florent. Cependant on assura à M. de La Rochejaquelein qu'un petit corps d'insurgés avait paru en face d'Ancenis quelques jours auparavant.

On trouva un seul petit bateau à Ancenis; mais sur l'autre bord on aperçut quatre grandes barques chargées de foin. M. de La Rochejaquelein voyant que personne n'osait tenter le passage, prit le parti de passer le premier; il voulait faire débarrasser ces barques, s'en emparer de vive force, s'il était nécessaire, protéger le passage en défendant le point de débarquement contre les bleus; et surtout il comptait empêcher les Vendéens de se débander à mesure qu'ils arriveraient sur cette rive gauche qu'ils désiraient comme un asile : c'était en effet ce que tout le monde craignait.

MM. de La Rochejaquelein, de Beaugé et Stofflet, se mirent dans le batelet qu'on avait apporté sur une charrette, et M. de Langerie entra dans l'autre avec dix-huit soldats : toute l'avant-garde de l'armée avait les yeux sur ces deux petites barques auxquelles notre sort semblait attaché. En même temps on rassemblait des planches, des tonneaux, des bois de toute espèce pour construire des radeaux. Le curé de Saint-Laud prêchait les paysans pour les occuper et prévenir le désordre.

M. de La Rochejaquelein arriva sur l'autre bord. Pendant qu'il s'occupait à faire débarrasser les bateaux de foin, une patrouille républicaine se porta sur ce point : il y eut quelques coups de fusil tirés, et au bout de peu de momens nos soldats se dispersèrent. M. de La Rochejaquelein et ses deux compagnons furent poursuivis : en même temps une chaloupe canonnière vint se placer en face d'Ancenis, et tirer sur les radeaux que l'on mettait à flot : plusieurs furent submergés. La rivière était forte et rapide ; très-peu de soldats purent passer, malgré l'ardeur qu'ils avaient de regagner la rive gauche.

Voilà donc l'armée vendéenne privée de son dernier espoir, séparée de son général : il n'y avait plus qu'à attendre la mort. Au même instant, les hussards et quelques pièces d'artillerie volante arrivèrent devant Ancenis : les portes étaient barricadées. Les bleus n'osèrent pas attaquer ; ils jetèrent des boulets dans la ville ; plusieurs même tombèrent à la maison où nous étions ; mais ils ne faisaient aucun effet. Nous ne savions que devenir : M. de Beauvais, officier d'artillerie, se jeta dans un petit bateau, et promit de revenir, dans vingt-quatre heures, donner des nouvelles de ce qui se passait sur la rive gauche. Les officiers se promettaient de ne pas se quitter ; mais chacun ne désirait que de traverser la Loire : quelques-uns y réussirent. M. Allard, aide-de-camp de M. de La Rochejaquelein, y parvint le lendemain. L'armée se débandait ; les uns allaient se cacher dans la campagne; les autres remontaient ou suivaient le fleuve pour chercher un passage. Quelques-uns ayant entendu parler d'une amnistie pour ceux qui s'engageraient, et dont les républicains semaient le bruit à dessein, voulurent se rendre à Nantes. Nos domestiques nous demandèrent la permission de suivre ce parti; nous leur dîmes qu'au point où l'on en était, chacun devait chercher à sauver sa vie; mais que cette amnistie paraissait peu probable. Ils persistaient à y croire, nous protestant, ce qui était bien vrai, que leurs sentimens pour nous et pour notre cause n'avaient pas changé, et qu'ils déserteraient à la première occasion favorable. Deux jours après ils partirent pour Nantes. La plupart de ces braves gens y ont péri. Les deux femmes de chambre de ma mère restèrent avec nous.

Cependant il fallait quitter Ancenis; l'armée des bleus avançait et allait nous entourer; on se dirigea sur Nort. Ce fut pendant cette marche que je cachai ma fille : elle était l'objet de ma plus vive inquiétude; la pauvre enfant était fort malade; il n'y avait pas moyen de l'emporter, pendant une fuite qui, d'ailleurs, suivant toute apparence, ne devait pas nous sauver. A force de chercher, je trouvai quelqu'un qui m'offrit de la cacher chez de bons paysans, auprès d'Ancenis : je m'y rendis ; je leur donnai de l'argent; je leur promis une forte pension, si jamais je pouvais la leur faire; j'habillai ma fille en petite paysanne, et je partis la mort dans le cœur.

Je pense que nous n'étions plus que dix mille environ. On s'arrêta à Nort, et l'on y passa vingt-quatre heures. Le désordre continuait à régner parmi le peu de Vendéens qui restaient encore; il fut tel, que, comme une dissolution prochaine était inévitable, des officiers se partagèrent la caisse de l'armée. J'étais avec mon père, ma mère, le chevalier de Beauvolliers, lorsque M. de Marigny vint nous apprendre cette indignité : il était furieux, et s'y était opposé vainement. Je serais bien fâchée de jeter des soupçons sur qui que ce soit; j'ignore absolument qui en fut coupable.

Quelques momens après, on cria : *Aux armes! voici les bleus!* Nous prîmes la fuite, et toute l'armée en fit autant; les plus braves ne songeaient plus à se défendre. M. Forestier et plusieurs autres montèrent à cheval, s'enfoncèrent dans la campagne et traversèrent la Vilaine. Ce fut dans ce moment que nos gens et cent cinquante cavaliers se rendirent à la fausse amnistie.

Pendant ce temps-là, mon père, le chevalier Desessarts, un brave cavalier nommé Moulin, qui n'avait que dix-sept ans, et quelques autres, se portèrent du côté des républicains avec une pièce de canon ; ils attendirent les hussards, leur tirèrent un coup à mitraille qui en tua sept ou huit, et les firent ainsi rétrograder. Nous passâmes le reste du jour tranquillement à Nort.

Le lendemain on alla à Blain : M. de Fleuriot y fut nommé général. Il paraît que M. de Talmont fut blessé de cette préférence. Dans l'horrible position où se trouvait l'armée, le désir de la commander était assurément un excès de dévouement : M. de Talmont se retira ; chaque instant nous privait de quelques-uns des officiers. M. de Fleuriot fit quelques préparatifs de défense : on mit des pièces en batterie sur la route ; on crénela les murailles. Les troupes légères des bleus furent repoussées, et l'on parvint à passer deux jours à Blain. Il fallait pourtant en partir avant l'arrivée de l'armée républicaine. On avait envie d'aller à Redon; mais on craignit de s'engager sur la chaussée étroite et fort longue qui y conduit : cependant les républicains n'y avaient préparé aucun moyen de résistance, et c'eût été le meilleur parti ; mais on l'ignorait. On marcha sur Savenay. Nous partîmes au milieu de la nuit ; une pluie froide tombait abondamment. Rien ne peut exprimer l'idée de notre désespoir et de notre abattement : la faim, la fatigue, le chagrin, nous avaient tous défigurés. Pour se garantir du froid, pour se déguiser, ou pour remplacer les vêtemens qu'on avait usés, chacun était couvert de haillons : en se regardant les uns les autres, on avait peine à se reconnaître sous toutes ces apparences de la plus profonde misère.

J'étais vêtue en paysanne ; j'avais sur la tête un capuchon de laine violet ; j'étais enveloppée d'une vieille couverture de laine, et d'un grand morceau de drap bleu rattaché à mon cou par des ficelles ; je portais trois paires de bas en laine jaune et des pantoufles vertes retenues à mes pieds par de petites cordes ; j'étais sans gants ; mon cheval avait une selle à la hussarde, avec une schabrack de peau de mouton. M. Roger-Mouliniers avait un turban et un doliman qu'il avait pris au théâtre de la Flèche ; le chevalier de Beauvolliers s'était enveloppé d'une robe de procureur, et avait un chapeau de femme par-dessus un bonnet de laine ; madame d'Armaillé et ses enfans s'étaient couverts d'une tenture de damas jaune.

Quelques jours avant, M. de Verteuil avait été tué au combat, ayant deux cotillons, l'un attaché au cou, et l'autre à la ceinture ; il se battait en cet équipage.

Les républicains suivaient de près l'armée vendéenne. Je m'arrêtai un instant dans une ferme avec ma mère, pour demander à manger : nous aperçûmes les hussards ; il fallut rejoindre l'armée au grand galop. On entra à Savenay ; les portes furent fermées, et sur-le-champ les coups de fusil commencèrent. Cependant le reste de la journée se passa sans que l'attaque devint sérieuse ; il n'y avait qu'une avant-garde que nos gens repoussèrent. Nous nous doutâmes que les républicains voulaient engager le combat avec toutes leurs forces, et nous vîmes que notre perte serait alors consommée. Sur les neuf heures du soir on me fit lever ; je m'étais jetée tout habillée sur un lit ; on me mit à cheval sans que je susse pourquoi ; j'allais en redescendre, ne sachant pas où je devais aller, lorsque j'entendis la voix de M. de Marigny. Je l'appelai et lui demandai des nouvelles : il prit la bride de mon cheval, et, sans proférer une parole, il me mena dans un coin de la place ; là, il me dit à voix basse : « C'en est fait, nous sommes perdus ; » il est impossible de résister à l'attaque de de- » main ; dans douze heures, l'armée sera exter- » minée. J'espère mourir en défendant votre dra- » peau : tâchez de fuir ; sauvez-vous pendant cette » nuit ; adieu ! adieu ! » Il me quitta brusquement sans attendre ma réponse, et je l'entendis qui encourageait les soldats, et s'efforçait de les ranimer.

Je retournai auprès de ma mère ; elle était avec mon père. M. l'abbé Jagault lui proposait de prendre pour guide un homme de la ville, qui paraissait sûr, et qui nous cacherait chez de bons paysans. Je racontai à ma mère ce que m'avait dit M. de Marigny ; elle consentit alors à ce qu'on lui proposait. Mon père, la tête appuyée sur ses mains, ne pouvait parler ; enfin il nous engagea à prendre ce parti. « Pour moi, dit-il, mon devoir est » de rester à l'armée tant qu'elle existera. » Il nous confia aux soins de M. Jagault, le conjura de ne point nous abandonner ; seulement il le pria de tâcher de lui faire savoir où nous serions cachées. M. Jagault promit de revenir le lendemain le lui dire. Nous prîmes des habits de paysannes bretonnes ; nous embrassâmes mon père. Nous ne pouvions parler ; les larmes nous étouffaient ; il me dit seulement : « Ne quitte jamais ta malheureuse mère. »

Telles furent les dernières paroles que j'ai entendues de lui.

Nous partîmes vers minuit avec M. l'abbé Jagault et mademoiselle Mamet, femme de chambre de ma mère, qui n'avait pas voulu se séparer de nous. Dans le désordre de la retraite, et pendant que je soignais M. de Lescure, mes diamans et une forte somme d'argent avaient été pris ou perdus ; il ne nous restait plus qu'environ soixante louis et des assignats au nom du roi. Nous sortîmes par une petite porte, et nous prîmes le chemin de Guérande. Nous entendions de loin les coups de fusil et le galop des chevaux ; à chaque instant nous tremblions d'être rencontrés par une patrouille. Cependant nous fîmes un quart de lieue sans trouver personne ; notre conducteur s'arrêtait à chaque instant, et disait : « Écoutez ! écoutez ! » puis il continuait, en répétant : « On se bat. » Cet homme ne voulait pas quitter la grande route ; malgré nos instances, il voulut nous faire entrer dans une maison ; ma mère lui donna sa montre pour l'engager à aller plus loin. Nous nous aperçûmes qu'il était ivre ; enfin nous le déterminâmes à laisser le grand chemin, et il nous conduisit à travers les champs. A chaque pas nous tombions dans des fossés pleins d'eau ; nous avions des sabots pour la première fois de notre vie, et nous ne pouvions marcher. A trois quarts de lieue de Savenay, il fallut s'arrêter ; nous ne pouvions plus aller, et notre guide tombait d'ivresse et de sommeil : nous entrâmes chez des paysans; le guide s'endormit sur-le-champ, en nous disant que nous étions bien là. Nous aperçûmes bientôt que nous nous étions fort peu écartés de la grande route; nos hôtes ne se croyaient pas en sûreté; ils nous offrirent de nous faire conduire au château de l'Écuraye, dont le maître était émigré. Un paysan, régisseur de la terre, y habitait avec sa famille; on nous dit que c'était un brave homme. Une jeune fille nous servit de guide. Mademoiselle Mamet resta dans la maison.

Nous partîmes, et, à deux heures du matin, nous arrivâmes devant la porte du château. On nous fit attendre. Ma mère me dit : « Je mourrai ici, si l'on ne veut pas nous recevoir. » Je me jetai à genoux pour prier Dieu qu'on ne nous refusât pas. Enfin, on nous ouvrit. « Tenez, dit la jeune
» fille, voilà des brigands qui se sont sauvés chez
» nous, mais nous sommes trop près de la route.
» — Ah! pauvres gens, s'écrièrent le régisseur et
» sa femme, entrez! tout ce qui est ici est à votre
» service. » Ils nous firent chauffer, séchèrent nos habits, qui étaient tout trempés, nous donnèrent à manger; ils voulaient nous faire coucher; mais nous craignions trop d'être poursuivis.

Ce brave homme se nommait Ferret; il était ivre de joie d'avoir chez lui des Vendéens; il nous dit que tout le pays allait se révolter; que beaucoup de jeunes gens étaient déjà allés à Savenay, avec des fusils, pour se joindre aux Vendéens; il ne concevait pas pourquoi nous nous sauvions.

Nous n'osâmes pas lui dire que tout était perdu ; nous avions peur que cela ne changeât sa bonne volonté ; nous dîmes seulement que nous étions malades.

Au bout de quelques momens nous allâmes nous jeter sur des lits où la fatigue nous endormit. Sur les huit heures du matin, le bruit du canon nous réveilla. En même temps, Ferret entra dans la chambre en criant : « Ah ! mon Dieu, qu'est-ce qui » arrive ? Voilà le canon qui tire sur le chemin de » Guérande, et des gens vêtus de toutes couleurs » qui s'enfuient sur la lande. — Au nom de Dieu ! » sauvez-nous, lui dîmes-nous sur-le-champ ; nos » gens sont perdus. » C'était en effet la déroute des Vendéens. Bientôt les bleus à cheval se dirigèrent vers le château. « Sauvez-vous, dit la Ferret ; » mon mari va vous conduire dans une métairie » dans les bois ; vous serez moins en danger qu'ici. » Les hussards frappaient déjà pour entrer dans la cour ; nous sortîmes par une porte dérobée, et en trois quarts d'heure nous arrivâmes à la métairie de Lagrée, dans un lieu fort écarté. « Je vous » amène, dit Ferret aux métayers, de pauvres gens » que j'ai sauvés. » Il y avait là des paysans qui pleuraient notre défaite, et qui avaient déjà pris leurs fusils pour aller joindre les Vendéens ; ils s'apitoyèrent sur notre sort, et nous montrèrent beaucoup de bonté d'ame et des sentimens conformes aux nôtres.

Cependant les hussards se répandaient partout.

La métayère décida que, pour prévenir tout soupçon, il fallait nous séparer. Elle envoya le pauvre M. Jagault travailler avec les hommes : il était malade; et comme il avait beaucoup marché nu pieds, ils étaient tout en sang; elle établit ma mère à tricoter auprès du feu, dans un coin obscur; elle me conduisit à un moulin à vent isolé de la maison ; elle dit au garçon meunier : « Renaud, voici une » pauvre brigande que je te donne à garder; si les » bleus viennent, tu diras qu'elle est venue pour » faire moudre son grain. » Je m'assis sur un sac, et j'y passai quatre heures. A chaque instant j'entendais le bruit des chevaux, les coups de fusil et les cris : Arrêtez les brigands ! tue ! tue ! Toute la campagne était couverte de fugitifs qu'on massacrait. Les bleus venaient heurter à la porte du moulin pour demander à boire ou à manger; Renaud répondait qu'il n'avait rien. Je causai un peu avec cet honnête garçon ; il me rassurait et cherchait à me consoler. Il me parla beaucoup de notre armée, me demanda qui j'étais : je lui dis que j'étais la fille d'une petite marchande de Châtillon : nous n'avions confié notre secret qu'à Ferret. Le soir, Renaud arrêta son moulin et me reconduisit à Lagrée; je m'y couchai tout habillée avec ma mère.

Cette métairie, comme toutes celles de la Basse-Bretagne, est une chaumière basse et obscure. Au fond est une grande cheminée où l'on brûle de la tourbe, dont la flamme verdâtre jetait un reflet lugubre sur nos visages pâles. Il y a deux ou trois lits très-élevés, garnis de paille, d'un matelas de balle d'avoine, de deux draps courts et étroits, d'une couverture de filasse piquée, et quelquefois de mauvais rideaux verts. Au pied des lits, sont des coffres empilés l'un sur l'autre, où les paysans mettent leur grain. L'étable tient à la maison, et n'en est séparée que par une cloison en planches; le ratelier se trouve en dedans de la chaumière, et les bœufs, pour manger, passent leur tête par de grands trous pratiqués dans la cloison; leurs mugissemens, et le bruit de leurs cornes frappant contre les planches, nous réveillaient toujours en sursaut: nous pensions qu'on venait nous prendre. Le grenier à foin est toujours au-dessus de la maison; les soliveaux sont peints en noir par la fumée; il n'y a point de fenêtres. Outre la porte d'entrée, il y en a une en face qui va dans le jardin, et une autre dans l'écurie.

Les pauvres Bretons sont fort sales. Ils fument du tabac; ils boivent à la cruche, mangent dans des écuelles, n'ont ni assiettes, ni fourchettes; la soupe aux choux et la bouillie de blé noir au lait aigre font leur unique nourriture. Heureusement leur beurre est fort bon : c'était notre ressource.

Le lendemain il fallut encore nous disperser. La métayère me conduisit, le matin, chez le maire. En revenant, je trouvai deux cavaliers qui passaient au galop; ils nous firent crier : *Vive la république!* D'abord j'eus bien peur ; puis je m'aperçus que c'étaient deux malheureux Vendéens qui cherchaient à se sauver. L'après-diner, on me mena chez le procureur de la commune, et sa femme dit qu'elle allait m'envoyer garder les moutons, avec sa fille. Je craignais que ce ne fût un enfant; mais un instant après elle vint, et je vis une fille de vingt ans, avec un bâton à la main, suivant l'usage de la Bretagne, où les hommes et les femmes ne sortent jamais sans en porter un. « Tiens, » Marianne, voilà la brigande, lui dit Perrine. — » Ne craignez pas, ma mère, répondit-elle, je » mourrai à côté d'elle; s'il n'en vient qu'un, je » l'assommerai avec mon bâton. » Je m'en allai avec la bonne Marianne qui nous a toujours montré un grand dévouement.

Le soir, je retournai à Lagrée. Après quelques jours, nous allâmes nous établir tout-à-fait chez Billy, père de Marianne, procureur de la commune. Il y avait moins de monde dans sa cabane; mais il n'était pas mieux logé. Nous ne faisions aucune attention à ce malaise; nous étions devenues comme insensibles, à force de chagrins et de souffrances.

Nous continuâmes à mener la même vie. M. l'abbé Jagault allait travailler avec les paysans; on l'appelait Pierrot : ma mère se nommait Marion; moi, Jeannette. Je gardais habituellement les moutons avec la fidèle Marianne. Nous étions dans une petite paroisse de quatre cents âmes, que l'on nomme Prinquiaux. Tous les habitans étaient royalistes et hospitaliers ; aucun n'était capable de nous trahir. Les jeunes gens avaient refusé de marcher aux armées; ils se cachaient aussi. Les paroisses d'alentour étaient absolument de la même opinion; mais, à la gauche du grand chemin de Guérande, à Donges, à Montoire, etc., les paysans étaient républicains. Ceux des nôtres qui y cherchèrent asile, y ont péri. Il en fut de même dans les bourgs où, en général, on trouvait des gens très-révolutionnaires.

Peu de jours après nous retrouvâmes mademoiselle Mamet : elle avait couru de très-grands dangers. Les personnes chez qui nous l'avions laissée, voyant la déroute des Vendéens, n'avaient pas osé la garder; elle sortit, et se trouva sur le grand chemin, au milieu des fuyards que les bleus poursuivaient en leur tirant des coups de fusil. Elle arriva hors d'haleine chez un paysan, en lui criant: « Ayez pitié de moi! » Il l'accueillit, et la cacha sur-le-champ dans une niche recouverte en paille, où il mettait des navets. Les républicains vinrent un instant après; ils fouillèrent partout; ils enfoncèrent leurs sabres et leurs baïonnettes dans la paille; mademoiselle Mamet en voyait arriver les pointes jusqu'à elle, mais elle ne fut point blessée. Elle s'habilla ensuite en bretonne ; et ce brave homme, qui se nommait Laurent Cochard, consentit à la garder. Elle passa l'hiver chez lui, dans la paroisse de la Chapelle, et de temps en temps elle venait nous voir. Elle était petite, jeune, et semblait un enfant, ce qui la mettait plus à l'abri des soupçons.

Quelques jours après, l'autre femme de chambre de ma mère, mademoiselle Carria, restée à Savenay, trouva aussi moyen de nous rejoindre. Elle avait, dans le dernier moment de la déroute, fui à bride abattue, sans savoir où elle allait. Elle entendit tuer du monde derrière elle; et après avoir traversé, par miracle, des villages révolutionnaires, elle arriva chez des paysans royalistes, qui la cachèrent. Peu à peu elle s'était rapprochée de nous, et nous avait découvertes.

Elle nous donna quelques détails sur cette malheureuse bataille de Savenay, dont elle avait été témoin, et qui avait achevé de détruire notre armée. Elle put nous parler de mon père qu'elle avait quitté plusieurs heures après nous. Elle lui avait entendu dire, avant le combat, que si les Vendéens étaient vaincus, ce qui était fort assuré, il se retirerait avec les officiers dans la forêt de Gavre, avec les derniers débris de l'armée; que de-là, furtivement ou de vive force, ils repasseraient sur la rive gauche de la Loire; mais que, dans tous les cas, ils combattraient et périraient jusqu'au dernier. Mon père fit promettre alors à mademoiselle Carria de ne le point quitter, de le suivre dans sa retraite après la dispersion de l'armée, afin de pouvoir ensuite aller nous chercher pour nous porter de ses nouvelles, ce qui serait probablement possible à une femme; puis il brûla ses papiers. Faisant ainsi ses dernières dispositions, l'idée de ne plus nous revoir lui faisait répandre un torrent de larmes. Son parti pris, il retourna sur la place; et pendant toute la nuit, avec M. de Marigny et les autres chefs, il ne cessa d'exhorter les soldats à se battre en désespérés. Tous les blessés, qui pouvaient encore se tenir à cheval, prirent les armes. M. de Marigny songea encore à protéger la fuite des femmes et des autres blessés; il mit en réserve une pièce de canon, pour pouvoir retarder l'ennemi sur la route de Guérande, après que la ville aurait été emportée.

Au point du jour, les républicains attaquèrent, et le combat s'engagea avec fureur. M. de Marigny, trois fois à la tête des plus braves, se précipita sur les bleus, tenant mon drapeau et pleurant de rage. Un enfant de quatorze ans, M. de la Voyerie, ne le quitta pas un instant. Mon père, MM. de Lyrot, Dessessarts, de Piron, etc., et tous nos soldats firent des prodiges de valeur; mais ils ne purent se maintenir. M. de Lyrot fut tué. Les républicains avaient vu tomber M. de Piron, qu'ils reconnaissaient bien à son cheval blanc, et qu'ils avaient appris à redouter depuis sa victoire de Coron. Alors M. de Marigny fit sortir les femmes de la ville, par la route de Guérande, et plaça deux canons pour protéger la retraite. Deux fois il rentra dans Savenay pour y chercher mon père, et dit à mademoiselle Carria qu'il n'avait pu le trouver. Il y retourna une troisième, et revint en s'écriant de loin : Femmes, tout est perdu, sauvez-vous !

Il arrêta ses canons au petit bois près de Savenay, et là recommença un combat qui donna aux fugitifs le temps de s'échapper. Un brave canonnier, nommé Chollet, servit sa pièce jusqu'au dernier moment; et enfin, après une heure de résistance près de ce bois, environ deux cents cavaliers purent regagner la forêt de Gavre. Au milieu de cette détresse, mademoiselle Carria n'avait pas revu mon père; mais elle espérait qu'il était avec ces deux cents cavaliers.

Il faut que cette dernière résistance des Vendéens ait été bien héroïque. Long-temps après ce triste moment, j'ai lu dans les gazettes du temps, et avec une sorte d'orgueil, le passage suivant d'une lettre qu'un des généraux républicains écrivait à Merlin de Thionville, le lendemain du combat de Savenay :

« . . . . . Je les ai bien vus, bien examinés ; j'ai
» reconnu ces mêmes figures de Chollet et de Laval.
» A leur contenance et à leur mine, je te jure qu'il
» ne leur manquait du soldat que l'habit. Des
» troupes qui ont battu de tels Français, peuvent
» bien se flatter de vaincre tous les autres peuples.
» Enfin, je ne sais si je me trompe, mais cette
» guerre de brigands et de paysans, sur laquelle
» on a jeté tant de ridicule, que l'on affectait de

» regarder comme méprisable, m'a toujours paru,
» pour la république, la grande partie, et il me
» semble à présent qu'avec les autres ennemis nous
» ne ferons que peloter. »

CHAPITRE XX.

Hospitalité courageuse des Bretons.— Hiver de 1793 et 1794.

Nous vivions dans des alarmes continuelles. Chaque jour les bleus faisaient des visites et des recherches dans la paroisse et dans les lieux circonvoisins. Les fugitifs et les habitans du pays étaient absolument livrés à la cruauté et à la fantaisie du moindre soldat. Quand un paysan déplaisait à un bleu, qu'il lui refusait quelque chose, ou qu'il fuyait devant lui au lieu de lui répondre, le soldat lui tirait un coup de fusil, allait lui couper les oreilles, et les portait à ses supérieurs, en disant que c'étaient celles d'un brigand; et ils lui donnaient des éloges ou même des récompenses. Un détachement surprit un jour les habitans de Prinquiaux à genoux dans l'église ; il fit une décharge sur eux : heureusement il n'y eut qu'un homme tué.

Mais rien ne décourageait la généreuse hospitalité des Bretons. L'habitude qu'ils avaient de cacher les prêtres et les jeunes gens réquisitionnaires, les avait rendus industrieux, et ils avaient beaucoup d'adresse et de sang-froid pour dérober les fugitifs aux recherches des républicains. Plusieurs ont été fusillés pour avoir donné asile aux Vendéens. Le dévouement des autres n'en était pas diminué : hommes, femmes, enfans, avaient pour nous la bonté et les précautions les plus actives. Une pauvre petite fille, sourde et muette, avait compris les dangers des fugitifs, et allait sans cesse les avertir, par ses gestes, du péril qu'ils couraient. Les menaces de la mort, l'argent, rien n'ébranlait la discrétion des plus jeunes enfans. Les chiens mêmes avaient pris en aversion les soldats qui les battaient toujours ; ils annonçaient leur approche en aboyant, et ont sauvé ainsi bien du monde. Au contraire, ils ne faisaient jamais de bruit quand ils voyaient les pauvres brigands ; leurs maîtres leur avaient appris à ne pas les déceler. Il n'y avait pas une chaumière où un fugitif ne pût à toute heure se présenter avec confiance. Si l'on ne pouvait le cacher, on lui donnait au moins à manger, et on le guidait dans sa marche. Aucun de ces services ne s'achetait à prix d'argent ; les bonnes gens étaient même offensées quand on leur en offrait.

Vers le 1er janvier, nous eûmes une grande frayeur. Trois hommes armés vinrent demander Marion et Jeannette : c'étaient un Vendéen et deux Bretons qui venaient nous proposer de passer la Loire. Il y avait tant de risques à courir, et une telle incertitude sur ce qui se passait de l'autre côté, que nous refusâmes. Le Vendéen réussit cependant; après mille périls, il parvint à l'armée de M. de Charette.

M. Destouches, ancien chef d'escadre, qui avait suivi l'armée, était caché près de nous : c'était un respectable vieillard, âgé de quatre-vingt-dix ans; il devint malade d'une manière désespérée. M. l'abbé Jagault adoucit ses derniers momens en le faisant administrer par un prêtre qu'il alla chercher dans quelque cache. M. Destouches avait un fidèle domestique; il lui laissa beaucoup d'argent, et lui confia cent louis d'or pour remettre à son fils, qui était émigré. Le domestique, qui voulait repasser la Loire pour se battre, ne savait que faire de ce dépôt, et allait l'enterrer avec son maître; nous lui offrîmes de prendre les cent louis, et de nous charger de les rendre à M. Destouches le fils. Nous écrivîmes notre reconnaissance sur une feuille de plomb qu'on enterra devant témoins. Le domestique trouva moyen d'aller joindre M. de Charette : il périt les armes à la main un an après. J'ai eu depuis la satisfaction de rendre les cent louis à M. Destouches.

M. Jagault était toujours souffrant. Il était plus difficile de cacher les hommes que les femmes; souvent il lui fallait coucher dehors. Ses habits de paysan le déguisaient mal, il craignait d'être reconnu et de nous perdre; il prit enfin le parti d'essayer de pénétrer à Nantes, où l'on disait qu'il y avait beaucoup de gens cachés, malgré l'affreuse terreur qui y régnait. On fit partir dix charrettes de réquisitions, de Prinquiaux pour Nantes; il eut le courage de se mettre dans le convoi sans passe-port; il conduisit les bœufs de la Ferret, qui se plaça bravement dans la charrette, et qui le faisait passer pour un métayer; il entra dans la ville, et eut grand'peine à trouver son asile. Cependant madame de la Ville-Guevray parvint à lui en trouver un, et depuis il a toujours échappé aux recherches.

Nous continuâmes à habiter Prinquiaux, sans changer notre manière de vivre : j'étais toujours abattue par la souffrance et la douleur; toutes mes facultés étaient comme engourdies. Ma mère veillait sur moi avec une tendresse vigilante, et n'avait pas une autre pensée : ses soins et sa prudence écartaient de moi les dangers que j'aurais été incapable d'éviter; sa force d'ame et sa présence d'esprit m'ont vingt fois sauvé la vie.

Nous étions habituellement chez Billy ; quelquefois nous délogions, à cause des alarmes où nous jetaient les recherches des républicains : nous étions fort malheureuses par ces inquiétudes continuelles; nous n'osions ni nous déshabiller pour dormir, ni nous asseoir pour manger; c'était une bien petite privation, car nos repas étaient d'une grande frugalité. Nous tâchions d'éviter un peu la saleté de ces bons Bretons, en vivant d'œufs, de beurre et de légumes : nous en achetions quelquefois à un jardinier des environs ; il nous croyait si pauvres, que, non-seulement il ne voulut pas d'argent la première fois, mais qu'il offrit à ma mère une aumône d'un écu. Un prêtre voulut aussi lui donner un jour douze francs, tant nous avions l'air misérables.

J'étais dans un tel état de marasme et d'abattement, que je m'endormais sans cesse; mais ma mère sentait toutes ces choses plus vivement. Il ne se passait pas deux jours sans que nous eussions quelque alerte. On nous cachait dans les champs, dans les greniers, jusqu'à ce que les bleus fussent repartis. Notre bon procureur de la commune mourut pendant que nous étions chez lui, en nous recommandant à ses enfans.

J'avais grande envie de savoir des nouvelles de ma fille; je déterminai Laurent Cochard, l'hôte de mademoiselle Mamet, à aller auprès d'Ancenis, à l'endroit où je l'avais déposée; nous espérions que mon père y aurait peut-être envoyé depuis la déroute. Cochard revint et m'apprit que ma pauvre enfant était morte six jours après notre départ d'Ancenis, malgré les soins des bonnes gens à qui je l'avais confiée. Je pleurai beaucoup en apprenant cette nouvelle : j'étais loin cependant de regarder la vie comme un bonheur.

M. de Marigny avait pris sous sa protection, à l'armée, une petite demoiselle de Rechignevoisin, dont la mère était morte pendant l'expédition d'outre-Loire; il servait de père à cette enfant abandonnée, et ne la quittait presque jamais. La nuit, il l'enveloppait dans son manteau et la faisait coucher sur l'affût d'un canon. Après le désastre de Savenay, M. de Marigny entra chez un homme de la paroisse de Donges ; il le chargea de cacher et de soigner mademoiselle de Rechignevoisin, il lui donna de l'argent, et lui annonça que s'il arrivait malheur à cette jeune personne, il reviendrait le tuer : cet homme était un républicain dont le fils était soldat. Soit crainte des menaces de M. de Marigny, soit plutôt humanité, il tint parole; et si bien que son fils étant arrivé dans la maison peu de momens après, avec un détachement de ses camarades, le père lui prit la main en disant : « Ta sœur est malade ; » elle est couchée là. » Le fils comprit qu'il y avait du mystère, et mademoiselle de Rechignevoisin fut sauvée. Cependant cet homme ne voulut pas la garder plus long-temps ; il l'envoya à Prinquiaux, en lui disant de frapper où elle voudrait, que toute la paroisse était aristocrate. Elle nous y retrouva ; elle prit le nom de Rosette, et se mit aussi à garder les moutons. Nous l'évitions, parce que son âge et son caractère la rendaient fort imprudente.

M. de Marigny tint parole : au bout de deux mois, il arriva chez l'homme de Donges pour lui demander des nouvelles de sa pupille. Quand il sut qu'elle était à Prinquiaux, il y vint. Nous eûmes la consolation de le voir et de causer pendant deux heures avec lui. Il n'avait pas quitté les environs de Nantes. Bien qu'il fût connu dans le pays, et que sa grande taille et sa tournure fussent très-remarquables, il allait partout audacieusement; il savait parler les patois de tous les villages; il prenait le costume et les outils de toutes les professions; le jour qu'il vint à Prinquiaux, il était travesti en marchand de volailles. Son courage, son sang-froid, sa force physique, le tiraient de tous les dangers; il entrait souvent à Nantes; il allait à Savenay, à Pont-Château, à Donges. Il avait tout préparé pour faire révolter le pays : il avait reconnu la force des républicains; tout son plan était réglé. Nous ne le détournâmes pas de son projet. Un coup de désespoir, quel qu'il fût, nous semblait raisonnable : aucune circonstance ne pouvait ajouter aux malheurs des Vendéens. M. de Marigny ne put rien nous apprendre sur le sort de mon père; nous sûmes par lui des détails sur les noyades de Nantes, où l'on faisait également périr ceux qui étaient pris ou qui s'étaient rendus à l'amnistie prétendue. Notre fidèle Bontemps et Herlobig, autre domestique à nous, avaient été noyés, attachés ensemble; mais au moment où on les jetait, ils s'étaient cramponnés à deux soldats bleus, et les avaient entraînés avec eux.

L'entreprise de M. de Marigny n'eut aucun succès. Il avait voulu surprendre Savenay pendant la nuit : six cents paysans bretons vinrent auprès du rendez-vous, mais l'un après l'autre; et, par un malentendu, ils se dispersèrent sans s'être réunis. Les Bretons n'ont pas un caractère qui puisse se prêter à une guerre pareille à celle que nous avions faite : ils sont fort dévoués et d'un grand courage ; mais ils ont peu d'ardeur à se décider ; ils vivent plus isolés les uns des autres que les Poitevins ; ils obéissent bien plus difficilement encore à des chefs ; chacun veut faire sa propre volonté, soigner ses petits intérêts comme il l'entend ; ils sont bien plus casaniers que nos Vendéens ; ils ne veulent pas s'éloigner de leur manoir ; la crainte des incendies et du pillage les retient beaucoup. Ce sont ces diversités de mœurs qui ont donné à la guerre de Bretagne un caractère tout différent de celui qui a distingué l'insurrection du Poitou.

La tentative de M. de Marigny rendit plus actives les recherches et la surveillance des républicains, surtout à Prinquiaux où le maire, qui avait été le plus ardent à prêcher la révolte, était obligé de se cacher. Il nous fallait quitter cette paroisse. Nous passâmes dans celle de Pont-Château, au hameau de la Minaye, chez Julien Rialleau ; nous y trouvâmes Rosette qui s'y était aussi réfugiée. Nous étions couchées dans le grenier, lorsque les chiens se mirent à aboyer. Julien entrouvrit sa porte, et vit les bleus qui traversaient le village pour visiter une maison qui leur était dénoncée. Il nous appela, et nous dit qu'il avait trop de monde chez lui ; que cela donnerait des soupçons, et qu'il fallait nous sauver. Nous sortîmes avec Rosette, et il nous conduisit dans un petit bois du château de Besné. Là, ma mère dit à Rosette qu'il était nécessaire de se séparer, et que, si elle voulait rester à la Minaye, nous allions retourner à Prinquiaux : elle préféra s'en aller; Julien la reconduisit. Nous restâmes dans le bois : je mis ma tête sur les genoux de ma mère, et je m'endormis, suivant ma coutume.

Les bleus passèrent la nuit à fouiller le village : ils y trouvèrent trois Vendéens, entre autres un déserteur allemand blessé. J'avais voulu aller le panser, ce que ma mère avait empêché, de peur que cet homme ne nous trahît : en effet, cette imprudence nous eût perdues, car, pour racheter sa vie, il se fit conducteur des bleus. C'est ainsi que, dans mille occasions, ma mère, par sa sagesse, m'avait sauvé la vie; elle ne pensait qu'à ma conservation, y réfléchissait sans cesse, tandis que j'en étais incapable. Quand le jour parut, les soldats étaient encore à la Minaye, furieux de n'avoir pu saisir un prêtre qui avait eu le temps de se sauver. Notre cache n'était pas à deux cents pas du hameau; il n'y avait pas de feuilles; le bois était peu fourré. Julien vint nous voir; ma mère lui dit : « La place est trop dangereuse, » conduisez-nous plus loin. » Il ne le voulut pas; il allégua ses six enfans qui n'avaient que lui pour ressource. « Hé bien! mon enfant, dit ma mère, » à la garde de Dieu! » Elle fit un bouquet de jonquilles sauvages, le mit à mon corset. « Tiens, » dit-elle, ce sera un jour de fête; j'ai idée que la » Providence nous sauvera aujourd'hui. » L'impression que produisirent sur moi ces jonquilles, me fait encore tressaillir chaque fois que j'en vois. Nous reprimes courage, et nous nous mîmes à marcher à travers les champs, fuyant les chemins battus, traversant les haies d'épines et les fossés pleins d'eau : nous entendions les cris des bleus et les coups de fusil, on fouillait le bois que nous venions de quitter. Quand nos forces furent épuisées, nous nous arrêtâmes dans un champ d'ajoncs : nous nous assîmes dos à dos pour nous soutenir, et restâmes là plusieurs heures, sans savoir que devenir, mourant de faim et de froid. Enfin nous vîmes paraître Marianne, qui nous apportait la soupe dans un pot. Elle avait su ce qui se passait à la Minaye ; elle y avait couru ; et après avoir parlé à Julien, elle avait suivi notre trace : elle nous ramena chez elle ; nous en étions assez loin. En y arrivant je me jetai sur un lit où je m'endormis; et dans ce moment il parut dans le village deux cents volontaires. Ma mère n'eut que le temps de s'écrier : « Sauvez » ma fille! dites que c'est la vôtre! » et sortit dans le jardin, croyant bien y être prise. Les bleus heureusement n'eurent pas l'idée de fouiller ; ils faisaient une promenade ; quelques-uns burent du lait, et tous s'en allèrent sans que je fusse réveillée.

Quelques jours après, M. de Marigny vint nous dire adieu. Voyant qu'il ne pouvait soulever le pays, il s'était déterminé à passer la Loire.

Nos dangers croissaient chaque jour. L'Allemand qu'on avait pris à la Minaye avait dénoncé tous les réfugiés dont il savait la retraite : heureusement qu'il ignorait qui nous étions. Il dit que la fille de M. de Marigny était cachée à Prinquiaux. On y fit beaucoup de recherches; mais Rosette était si petite et si brave, que jamais elle n'inspirait de soupçons aux bleus, même quand ils la rencontraient. Un jour ils voulurent tuer son chien, elle se mit entre eux et lui, et le défendit.

Cependant elle prit, peu de jours après, le parti de passer la Loire avec quelques réfugiés qui s'étaient concertés pour cette périlleuse tentative : c'étaient M. d'Argens, médecin de M. de Charette, sa femme, ses filles et trois soldats. J'avais grande envie de m'associer à eux; mais ma mère s'y refusa. En effet, j'étais trop faible et trop malade pour supporter tant de fatigues. Ils partirent, passèrent la Loire; mais, arrivés sur l'autre bord, ils furent pris pour des espions par les soldats de M. de Charette, qui fusillèrent les trois paysans. M. d'Argens fut épargné, grâce à son âge, aux larmes et aux supplications de sa famille, et on le conduisit vers M. de Charette. Ce genre de méprise était encore un des dangers qui menaçaient les Vendéens fugitifs. On croit que c'est ainsi qu'ont péri les deux jeunes MM. Duchaffault, qui s'étaient beaucoup distingués dans notre armée.

Cependant j'avançais dans ma grossesse; nous étions un peu plus tranquilles. Les bleus avaient mis garnison dans toutes les paroisses; et cette précaution, qu'ils croyaient plus sûre, avait été au contraire un changement heureux pour nous. Les soldats républicains restaient dans leurs logemens, sans s'imaginer qu'on pût se cacher tout auprès d'eux. D'ailleurs, étant ainsi dispersés et établis dans les maisons, ils étaient moins turbulens et moins féroces. Les Bretons les adoucissaient en buvant avec eux. Pierre Rialleau, secrétaire de la commune, frère de Julien, était surtout devenu leur meilleur ami; tous les jours régulièrement il allait dîner avec les bleus; il les faisait parler, et savait d'avance toutes leurs démarches, sans que jamais, dans son ivresse, rien lui échappât qui pût les instruire. Lui, les autres municipaux, leur servaient de guides dans leurs patrouilles, et les conduisaient toujours loin des réfugiés.

Malgré cette légère amélioration de notre sort, ma mère voulut, pour plus de précautions, user d'une ressource fort singulière. Deux paysannes vendéennes avaient épousé des Bretons, et depuis ce temps-là on ne les inquiétait plus. Ma mère, qui cherchait à m'assurer un repos complet pendant mes couches, ne trouva pas de meilleur moyen. Elle jeta les yeux sur Pierre Rialleau : c'était un vieux homme veuf, qui avait cinq enfans. Mais il fallait avoir un acte de naissance. La Ferret avait une sœur qui était allée autrefois s'établir de l'autre côté de la Loire avec sa fille; on envoya Rialleau chercher les actes de naissance dans le pays de la Ferret, auprès de la Roche-Bernard : tout allait s'arranger, l'officier municipal était prévenu, et nous avait promis d'ôter la feuille du registre quand nous le voudrions : ce qui était facile, car les registres n'étaient ni cotés ni cousus. On devait prier les bleus au repas de la noce; mais l'exécution de ce projet fut suspendue par des alarmes très-vives qu'on nous donna. On nous dit que nous avions été dénoncées, et que nous étions particulièrement recherchées. Nous changeâmes de demeure, et même nous nous séparâmes; ma mère alla se réfugier chez Laurent Cochard, avec mademoiselle Mamet, et l'on me conduisit chez un charron, nommé Cyprien, dans le hameau de Bois-Divet, paroisse de Besné. Le lendemain, comme j'étais sur un lit, un patriote de Donges vint frapper à la porte; Cyprien me dit de sortir par la porte du jardin. Je ne me levai pas assez vite : le patriote entra. Je restai immobile, assise sur mes talons au pied du lit, derrière les rideaux à moitié ouverts; je passai ainsi une demi-heure sans oser respirer; une sueur froide m'inondait, et je souffrais bien cruellement. Cyprien, qui ne s'en doutait pas, prolongeait la conversation. Ma mère vint me rejoindre deux jours après.

Le 19 avril, on vint nous avertir que les bleus allaient faire la fouille au Bois-Divet. Cyprien nous conduisit aussitôt au hameau de la Bournelière, paroisse de Prinquiaux, chez Gouret, son beau-père, officier municipal. Je pouvais à peine marcher; j'étais bien près d'accoucher. En arrivant, Gouret nous dit que l'on ferait aussi la fouille dans toute la paroisse de Prinquiaux, pendant la nuit; il nous conseilla d'aller chez Laurent Cochard. Il fallait faire une lieue, cela m'était impossible. Nous prîmes le parti de coucher dehors. Gouret nous conduisit dans un champ de blé, et nous quitta en pleurant. Nous nous mîmes dans un sillon; il pleuvait; cependant je m'endormis. Ma mère se réveilla vers une heure du matin ; elle entendit la patrouille des bleus passer dans un sentier à cinquante pas de nous : s'ils avaient eu un chien, comme cela leur arrivait quelquefois, nous étions perdues.

Gouret vint nous chercher à deux heures du matin, et nous ramena dans une cabane, près de chez lui. Je commençai à sentir de vives douleurs ; je ne me croyais pas à terme, et surtout je ne voulais pas qu'on allât avertir la sage-femme; elle était bavarde, ce qui faisait qu'on s'en défiait. Il n'y avait personne dans le hameau qui pût me secourir. Gouret avait deux filles qui n'étaient point mariées. Enfin, vers les neuf heures, les douleurs devinrent si violentes, qu'il n'y eut plus de doute. Ma mère sortit en criant : Au secours ! et tomba sans connaissance dans un champ. Les filles de Gouret étaient auprès de moi, pleurant et ne sachant que faire. Pour moi, je souffrais avec courage et résignation ; la vie m'était à charge; je ne demandais pas mieux que de mourir. Enfin j'accouchai d'une fille, sans aucun secours, et, un instant après, d'une seconde. Une femme mariée, que l'on était allé chercher dans un autre village, arriva dans ce temps-là, et prit soin des enfans et de moi. La sage-femme vint comme on n'avait plus besoin d'elle.

Je n'avais fait aucun préparatif ; je me croyais encore un peu plus loin de mon terme. On habilla mes petites avec quelques haillons. Je voulais les nourrir ; ma mère me représenta que ce projet n'était pas raisonnable. Nous ne savions où trouver des nourrices. On s'avisa d'une vieille femme du Bois-Divet. On porta successivement l'autre enfant chez deux ou trois femmes, qui refusèrent ou qui ne convenaient pas. Enfin une cousine de Marianne, Marie Morand, s'en chargea. Trois jours après, un prêtre vint baptiser mes enfans dans ma chambre. Je les nommai Joséphine et Louise : nous prîmes quatre témoins ; on écrivit les actes de baptême sur quatre assiettes d'étain avec un clou, puis on enterra les assiettes. Je me trouvai heureuse que tout pût se passer ainsi, et qu'il restât quelque trace du sort et du vrai nom de ces malheureux enfans.

Je me rétablis assez promptement. La vie active de paysanne que j'avais menée si entièrement, fit que je ne fus guère plus malade que ne le sont ces pauvres gens en pareille occasion.

Nous passâmes un mois fort tranquillement, parce que la cabane où j'étais accouchée n'étant pas habitée depuis sept ans, on la croyait abandonnée. On nous recommanda même bien de tenir les portes fermées, tandis que jusque-là, à la moindre alerte, on trouvait plus prudent de nous cacher en plein air. La Providence m'avait véritablement conduite dans cet asile pour mes couches. On s'aperçut, après quelques jours, que la petite Joséphine avait le poignet démis : cela me fit une grande peine, et je résolus, quand elle serait plus grande, de m'en aller, en mendiant mon pain, la porter à mon cou jusqu'à Baréges ; ce projet ne me paraissait pas du tout extraordinaire. Je n'avais ni espoir, ni idée de l'avenir, je ne savais rien de ce qui se passait au monde ; je me voyais proscrite et misérable, et j'avais l'ame trop abattue pour songer que ma position pourrait changer. Mais la pauvre enfant mourut douze jours après sa naissance. On m'apprit cette nouvelle sans préparation, à la façon des paysans. La fille de Gouret, en entrant dans la chambre, me cria : « Votre fille du Bois-Divet est » morte. » Je répondis : « Elle est plus heureuse » que moi ; » et cependant je me mis à pleurer.

CHAPITRE XXI.

Séjour au château du Dréneuf.

PENDANT mes couches, ma mère reçut une lettre anonyme ; elle venait par des paysans sûrs. On témoignait un grand désir de nous être utile, et l'on nous offrait un meilleur asile ; elle espéra que cette lettre venait de quelque ami qui nous cherchait, peut-être de personnes qui pouvaient avoir donné refuge à mon père ; elle répondit en témoignant de la reconnaissance. Dans une seconde lettre, on offrit de nous venir chercher : ma mère accepta ; et le 10 mai, nous vîmes arriver une demoiselle de vingt-trois ans ; elle se nommait Félicité des Ressources : c'était la cinquième fille d'un vieux habitant du bourg de Guenrouet, à cinq lieues de Prinquiaux. Sa famille était ruinée et fort estimable. Félicité s'était prise d'affection pour le sort des pauvres Vendéens, et ne s'occupait qu'à leur rendre service, presque toujours à l'insu de ses parens, qui étaient fort craintifs. Elle avait entendu parler de nous par beaucoup de brigands qu'elle avait secourus, et, depuis, elle n'avait pas eu de cesse qu'elle n'eût appris où nous étions ;

mais elle avait tardé à réussir, parce qu'il fallait mettre beaucoup de prudence dans ses recherches, de peur de nous compromettre. Enfin une vieille fille, de la paroisse de Cambon, était parvenue à nous découvrir ; elle avait fait passer les lettres de mademoiselle Félicité, et lui avait servi de guide pour venir jusqu'à nous.

Elle nous offrit un asile chez madame Dumoustiers, une de ses amies, qui habitait la paroisse de Feygréac ; elle nous fit un grand éloge de cette personne, et nous assura qu'elle serait dévouée complétement à notre salut. Nous prîmes confiance dans ce que nous disait mademoiselle des Ressources ; elle avait un air d'affection et de sincérité qui nous toucha. Il y avait long-temps que nous étions dans Prinquiaux ; nous nous y trouvions trop connues ; et puis, c'était une grande privation pour nous de n'avoir aucune notion de ce qui se passait en France, et de vivre absolument dans la même ignorance que les paysans bretons. Nous acceptâmes ; mais nos bons hôtes ne voulaient pas nous laisser partir ; ils dirent à ma mère qu'il y avait cent cinquante bleus en garnison à Guenrouet, que des officiers logeaient chez M. des Ressources, et qu'on voulait nous livrer. Félicité devina ce qu'on disait à ma mère ; elle se mit à pleurer : elle convint qu'il y avait des officiers logés chez son père ; mais elle assura que toutes ses mesures étaient prises pour que cette circonstance ne nuisît pas à notre sûreté. Ses larmes, l'heureuse expression de sa figure, déterminèrent ma mère. D'ailleurs, madame Dumoustiers était bien connue dans le pays pour une personne respectable, et la vieille fille de Cambon était incapable d'une mauvaise action. Enfin il était clair que mademoiselle des Ressources pouvait, si elle l'avait voulu, nous faire prendre depuis long-temps, puisqu'elle connaissait notre asile.

La municipalité de Prinquiaux nous donna des passe-ports sous les noms de Jeanne et Marie Jagu; nous étions munies de nos actes de naissance de la Roche-Bernard, et la Ferret nous promit de nous réclamer si nous étions arrêtées. Nous partimes : mademoiselle des Ressources était à cheval; ma mère et moi, vêtues toujours en pauvres paysannes, nous étions toutes deux sur un cheval sans selle; la fille de Cambon était à pied; et Pierre Rialleau nous conduisait. Je me détournai pour aller embrasser ma fille chez sa nourrice. Nous fimes d'abord une lieue sans aucune inquiétude; mais en approchant d'un village de la paroisse de Cambon, nous aperçûmes dix bleus dans un chemin creux : nous continuâmes. Ils se rangèrent pour nous voir passer. Mademoiselle des Ressources leva son voile, Rialleau salua les soldats, et ma mère fit un signe de connaissance à deux jeunes paysannes qui étaient dans le chemin. Les bleus ne se doutèrent de rien.

A peine étions-nous échappées à ce danger, qu'un petit garçon de douze ans, neveu de la vieille fille de Cambon, passa auprès de nous sans s'arrê-

ter, en nous disant que les bleus faisaient la fouille dans le village que nous allions traverser. Félicité se retourna, et regarda ma mère d'un air troublé. « Allons, Mademoiselle, dit ma mère, il faut avan-
» cer; nous sommes perdues, si nous revenons sur
» nos pas. » En effet, les autres soldats auraient bien vu alors que nous étions des fugitives. Nous renvoyâmes Rialleau, qu'il était inutile d'exposer, d'autant que nos passe-ports étaient signés de lui. Cet excellent homme nous quitta en pleurant; il ôta de son doigt une bague d'argent, comme en portent les paysannes bretonnes, et me la donna: jamais je n'ai cessé de la porter depuis.

Nous avançâmes : Félicité chantait pour se donner de l'assurance; ma mère se retourna et me dit : Elle a peur. Une sentinelle était à l'entrée du village; Félicité lui dit : « Voilà un beau temps pour
» la fouille. — Oui, citoyenne, » répondit cet homme; et nous passâmes. Les bleus étaient répandus dans les maisons : nous traversâmes le village sans mésaventure. A une lieue de Guenrouet, nous trouvâmes un officier républicain qui était venu au-devant de Félicité dont il était très-amoureux : elle nous en avait prévenues; cependant cette rencontre me fit grande peur. Je pâlis; mais Félicité n'oublia rien pour me rassurer. Nous mîmes pied à terre. « Hé bien! Mademoiselle, dit cet officier,
» me voilà sans armes, puisque vous m'avez or-
» donné de ne pas prendre même une épée quand
» je me promène avec vous; quelque jour les bri-

» gands m'assassineront, et cela vous sera bien
» égal. — Vous savez bien, répondit-elle, que les
» brigands sont mes amis : je vous sauverai. — J'ai
» grande peur, continua-t-il, de me trouver ici
» entre quatre brigandes. — Non, dit-elle, mais
» avec quatre aristocrates. » Il était si amoureux,
qu'il faisait semblant de ne pas entendre. Félicité
me voyant fatiguée, me dit un peu imprudemment:
« Marie, prenez le bras du citoyen. » Depuis que
je me cachais, je m'efforçais de donner à mes
mains une couleur moins blanche, de peur qu'elles
ne me fissent reconnaître; je les frottais souvent
avec de la terre; et quelques jours auparavant, pour
mieux réussir, j'avais essayé d'une teinture, qui les
avait noircies d'une façon bizarre, plus capable de
me trahir que leur couleur naturelle : je me gardai
donc bien d'accepter le bras de l'officier, et je re-
merciai en patois. Il me regarda un peu, et ne dit
rien. L'instant d'après, il alla prendre la bride du
cheval de maman, la regarda aussi, et revint à
Félicité, disant : « Voilà un mauvais cheval. » Il est
probable qu'il soupçonna que nous n'étions pas des
paysannes; mais à cause d'elle, il n'osa rien dire.

Nous quittâmes Félicité, et la fille de Cambon
nous conduisit dans la maison d'un paysan qui nous
attendait à Guenrouet: on venait, dès ce soir même,
de placer quatre dragons chez lui. Ma mère, qui
croyait être parfaitement déguisée, et qui avait
beaucoup de courage, voulait audacieusement souper avec eux. Je n'osai jamais, et l'on nous plaça

dans une chambre séparée de la leur par une mauvaise cloison sans porte. On leur dit qu'il venait d'arriver deux cousines de la maison; ils demandèrent si elles étaient jolies et montrèrent quelque envie de les voir. On répondit que nous étions fatiguées et malades, mais qu'ils nous verraient au déjeuner; on leur donna du vin, et ils n'y pensèrent plus.

Le lendemain, Félicité et une de ses sœurs nous apportèrent leurs propres habillemens. Nous sortîmes ensuite de la maison pendant que les dragons pansaient leurs chevaux, pour nous rendre chez madame Dumoustiers. Félicité resta à cause de ses parens; sa sœur devait nous servir de guide; nous n'avions qu'un petit cheval pour nous trois.

Madame Dumoustiers habitait à trois lieues de Guenrouet dans le château du Dréneuf, dont elle était fermière; elle nous reçut à bras ouverts : c'était une femme de quarante ans, d'une figure douce et délicate; elle avait un air de faiblesse, qui cachait une ame forte et passionnée; son opinion, ou plutôt son affection pour la cause que nous avions défendue, était exaltée, et ce sentiment, joint à une grande bonté naturelle, lui avait inspiré une ardeur et un courage sans bornes, pour secourir les Vendéens. Elle était pauvre, mais d'un désintéressement élevé; toute sa fortune consistait dans la ferme de la petite terre du Dréneuf dont le maître était émigré. Le château était fort vilain et mal commode; mais il était entouré de grandes avenues et de bois magnifiques.

Madame Dumoustiers était veuve; elle avait trois fils qui ne s'entretenaient que de l'espoir de se jeter dans quelque troupe d'insurgés, et d'y combattre avec honneur : leur mère les approuvait. Elle avait une fille de quinze ans, parfaitement belle, qui s'est mariée depuis avec M. Coué.

Quand nous arrivâmes au Dréneuf, plusieurs personnes y étaient déjà cachées : un prêtre, un enfant vendéen et trois déserteurs; beaucoup d'autres étaient réfugiés dans les bois aux environs ; et les enfans de madame Dumoustiers passaient leur vie à leur porter des secours : la charmante Marie-Louise était surtout d'un courage merveilleux dans ce charitable emploi.

Madame Dumoustiers nous raconta que le curé de Saint-Laud avait été pendant quelque temps caché chez elle, après avoir miraculeusement échappé aux bleus, en tournant autour d'un rocher dont un soldat faisait aussi le tour. Il avait voulu essayer de faire soulever les Bretons, et même il avait composé, dans cette intention, un discours bien énergique et bien touchant, que madame Dumoustiers avait gardé : mais voyant que ce projet ne réussissait pas, il était parti pour repasser la Loire, avec les braves MM. Cadi.

Madame Dumoustiers vit que nous ignorions toute espèce de nouvelles : elle en savait de bien tristes pour nous, qu'elle nous cacha avec soin; elle fit croire qu'elle ne recevait aucune gazette; nous ne savions même rien de l'affreuse terreur qui régnait dans toute la France; nous pensions que tant d'horreurs n'avaient lieu qu'en Bretagne et en Poitou, à cause de la guerre civile.

Le Dréneuf est situé dans la paroisse de Feygréac, qui est fort étendue, et renferme bien trois mille ames. Il n'y avait cependant pas, parmi tant de gens, un seul individu qui fût douteux, et dont nous eussions à nous méfier. Quelque temps avant notre arrivée, il y en eut une preuve bien étonnante.

Une fouille fut ordonnée dans toute la paroisse; quinze cents hommes s'y rendirent de différens points; et, pour que personne ne pût échapper, les soldats avaient ordre d'arrêter tous les hommes indistinctement, et de les enfermer dans l'église. Heureusement on fut prévenu à temps : tous les Vendéens et les réquisitionnaires purent se sauver. Cependant le vieux M. Desessarts, qui était à faire sa prière dans une petite chapelle, ne fut pas prévenu; on le prit, et il avoua sur-le-champ qui il était. Je ne sais par quel accident M. Dumagny fut aussi arrêté : mais il était bien déguisé; on ne l'interrogea pas, et on l'emmena avec les autres dans l'église. Quand tous les habitans y furent rassemblés, le commandant des bleus se fit apporter le registre, et fit faire l'appel, ordonnant à chacun de se présenter quand on lirait son nom. M. Dumagny se crut perdu; il voulut essayer de sortir; Joseph, fils aîné de madame Dumoustiers, le retint; et dès qu'on prononça le nom d'un habitant absent, il poussa M. Dumagny en avant, lui disant : « Es-tu sourd? on t'appelle. » Le général lui voyant un air décontenancé, dit à la municipalité et à toute l'assemblée : « Est-ce bien le même qui est inscrit? » Tous répondirent oui. Le moindre signe de doute d'un des paysans l'eût perdu, et M. Dumagny fut ainsi sauvé. M. Desessarts fut fusillé; sa mort fut très-pieuse : c'est la seule personne cachée qui ait péri à Feygréac; cependant il y en avait habituellement quatre cents dans la paroisse. L'accord de ces braves gens était si complet, que le vicaire, l'abbé Orain, ne s'est jamais éloigné; il ne s'est pas passé de jour sans qu'il ne célébrât la messe, tantôt dans un lieu, tantôt dans l'autre; il administrait les mourans; et, tout résigné qu'il était au martyre où il s'exposait chaque jour, il ne lui est rien arrivé.

Madame Dumoustiers était parfaitement aimable; elle cherchait tous les moyens de nous distraire et de nous consoler. Les visites des bleus nous donnaient moins d'inquiétude : dès qu'on les voyait arriver, les enfans de madame Dumoustiers allaient au-devant, causaient avec eux, leur offraient à boire, et leur faisaient ainsi oublier de fouiller la maison. Nous avions repris nos habits de paysannes.

Mesdemoiselles Carria et Mamet vinrent nous rejoindre; elles avaient couru de grands risques depuis notre séparation. Les patriotes de Savenay avaient fini par savoir que j'étais accouchée à Prinquiaux, et alors les perquisitions avaient redoublé; on avait poursuivi ces demoiselles, les prenant pour nous, et elles avaient été forcées de coucher quinze nuits de suite dans les bois.

Dans le courant de juillet, une gazette échappa à la surveillance de madame Dumoustiers, et tomba entre les mains de ma mère; elle y lut le supplice de soixante et six personnes exécutées à Paris : plusieurs étaient de notre connaissance. Ce fut pour nous un bien douloureux étonnement d'apprendre que toute la France était, comme nos provinces, livrée à la tyrannie la plus sanglante. Quelques jours après, nous sûmes que la mort de Robespierre avait fait cesser les supplices à Paris; mais la terreur continuait toujours pour nous; nous ne cessions pas d'être proscrites; et ce fut dans ce temps-là même que nous courûmes le plus grand danger.

Un jour que j'étais allée, avec mademoiselle Dumoustiers, une petite cousine à elle et une jeune religieuse du pays, cueillir des prunes dans le jardin du petit château du Broussay, un jeune homme déguisé en paysan aborda ces deux dames. Marie-Louise me dit tout bas que c'était un habitant de Vay, nommé M. Barbier du Fonteny, qui avait eu part à une insurrection de tous les environs de Nantes, commencée en même temps que la nôtre, et qui fut calmée sur-le-champ; il vivait caché depuis ce temps-là. Je le laissai causer avec ces dames; je fis semblant d'être une servante, et je m'en allai, avec l'enfant, cueillir des prunes. Quinze jours après, ce malheureux jeune homme fut pris caché sous le lit de sa mère, devant qui on le massacra; on fouilla dans ses poches, et l'on y trouva une lettre de sa sœur, qui lui mandait : « La » personne que tu as vue au château du Broussay » avec mademoiselle Dumoustiers et la sœur Saint- » Xavier, et que tu as prise pour une paysanne, » est madame de Lescure; elle est blonde, âgée » de vingt-un ans; elle est cachée avec sa » mère dans la paroisse de Feygréac. » Jamais je n'ai pu savoir comment mademoiselle Barbier avait pu apprendre tout ce détail; j'ai supposé qu'elle le tenait d'un paysan de Feygréac, soldat de l'armée de Bonchamps, qui m'avait reconnue, et qui avait été arrêté et mis à Blain dans la prison où elle était.

Aussitôt on envoya trois cents hommes cerner le Broussay et le Dréneuf. Heureusement nous ignorions toutes ces circonstances, sans quoi la frayeur nous eût troublées et perdues. Nous crûmes que c'était une visite qui, comme à l'ordinaire, n'avait aucun objet particulier. J'étais couchée avec ma mère; madame Dumoustiers avec sa fille; mademoiselle des Ressources, qui était venue nous voir, était aussi dans la chambre : on nous avertit que les bleus entouraient la maison. Ma mère se leva, prit sa robe de paysanne, et se mit à peigner Marie-Louise; Félicité vint se coucher dans le même lit que moi, et madame Dumoustiers alla ouvrir. Les bleus demandèrent d'abord le nombre et la qualité des personnes qui étaient dans la maison. Madame Dumoustiers nomma ses enfans, deux nièces et

trois servantes; elle sut aussi trouver un emploi aux
deux déserteurs et au petit Vendéen; elle répondait
avec simplicité et sang-froid. Les soldats entrèrent
dans notre chambre; Félicité se plaignait de ce
qu'on la réveillait; Marie-Louise grondait ma mère
de sa maladresse. Ils ne se doutèrent de rien; mais
ils répétaient en jurant : « Il y a bien des femmes
» dans cette maison. » Ils sortirent, et alors nous
respirâmes. Félicité tenait ma main dans la sienne,
et s'aperçut que j'étais baignée de sueur. Nous nous
levâmes; on m'habilla en dame, comme nièce de
la maison. Les bleus passèrent encore quatre heures
à fouiller dans tout le château et dans le bois;
ils cherchaient des fausses portes, des trappes,
des souterrains. Pendant le même temps on faisait
des recherches au château du Broussay. Enfin la
colère de ne rien trouver fit qu'on emmena à Blain
toute la municipalité de Feygréac et Jean Thomas,
régisseur du Broussay, qui en était membre.

Le lendemain Thomas fut relâché et courut sur-
le-champ au Dréneuf. La première personne qu'il
rencontra fut ma mère; son étonnement fut tel,
qu'il se trouva mal. Il nous apprit que toutes les
recherches de la veille avaient été dirigées contre
nous; qu'à Blain il avait été interrogé pendant
quatre heures, ainsi que les municipaux, pour découvrir notre retraite. Les bonnes gens s'étaient
bien doutés que nous étions des Vendéennes cachées, mais ils ignoraient nos noms; ce fut l'interrogatoire seulement qui leur fit deviner notre

secret. Ils n'en furent pas pour cela moins courageux dans leur discrétion; ni promesses, ni menaces, ne purent leur arracher un mot. Cependant ils regardaient comme infaillible que nous allions être prises, et alors ils étaient perdus, car ils avaient visé nos passe-ports de Prinquiaux. On les mit en prison; ils s'attendaient à chaque instant à nous voir arriver, et restaient aux grilles de la prison, cherchant à voir passer quelqu'un qu'ils auraient chargé de nous prévenir. Au bout de vingt-quatre heures, on les mit en liberté. Nous déchirâmes devant eux nos passe-ports; c'eût été l'arrêt de leur mort, si nous avions été prises.

Notre frayeur fut grande quand nous sûmes le danger que nous avions couru. Nous quittâmes le Dréneuf, pour aller habiter le hameau de la Rochelle, au bord de la Vilaine. Cependant, au bout de huit jours, nous revînmes chez madame Dumoustiers. Les mesures devenaient peu à peu moins rigoureuses, et nous sûmes d'ailleurs qu'on nous croyait en fuite loin du canton; mais elle ne jugea pas prudent de me laisser avec ma mère, parce que les dénonciations avaient indiqué que nous étions toujours ensemble. Je ne couchai donc plus au château, de peur d'être surprise par quelque visite de nuit; je me logeai dans une petite métairie voisine. Tous les matins je prenais une vache par la corde et m'en allais au Dréneuf où j'entrais par la fenêtre; j'y restais jusqu'au soir.

Nous vîmes plusieurs fois, à cette époque, un

habitant de Nantes, qui était hors la loi et réduit
à se cacher; il se nommait M. de la Bréjolière : c'é-
tait un fort aimable vieillard. Il avait voulu se déguiser en paysan; mais il portait sous cet habit du
linge fin, des manchettes, une montre et des odeurs.
Il faisait de jolis vers de société, et y attachait tant
d'importance, qu'un jour qu'il répétait une épître
à ma mère, on vint avertir que les bleus arrivaient;
le pauvre M. de la Bréjolière ne pouvait se décider
à s'en aller sans finir son épître, et il continuait à
la réciter en se retirant.

Il nous arriva une autre aventure assez plaisante.
Un des déserteurs cachés au Dréneuf, ne se doutant pas qui j'étais, devint amoureux de moi. Il
était riche paysan, et voulait faire la fortune d'une
pauvre brigande. J'écoutais fort tranquillement ses
déclarations, et j'observais la singulière façon dont
les gens de la campagne parlent d'amour. Un jour,
pourtant, il voulut m'embrasser. J'oubliai mon rôle,
et lui dis, comme j'aurais pu faire une autre fois :
« Jacques, vous êtes ivre. » Le pauvre garçon fut
tout interdit de l'air que je pris, et il fut deux jours
sans oser me regarder. Enfin il me dit que j'étais
bien dure au pauvre monde, et qu'on ne l'avait
jamais traité comme ça. Nous nous raccommodâ-
mes, et je lui promis de l'écouter tant qu'il voudrait, pourvu qu'il n'essayât pas de m'embrasser.
Il m'assura qu'il n'y avait pas de risque; que je lui
avais fait trop peur, et que j'étais une méchante
fille. Pendant que j'étais à Prinquiaux, j'avais plu

aussi à Renaud, ce garde-moulin qui m'avait cachée le jour de mon arrivée. Au bout de quelques jours, il apprit qui j'étais; alors il s'éloigna et cessa de me voir. Quand je quittai la paroisse, il chargea quelqu'un d'assurer madame de Lescure de ses respects, et de lui dire qu'il savait son secret depuis long-temps; que c'était pour cela qu'il s'était éloigné, craignant que je n'aperçusse, au changement de ses manières, qu'il était instruit, et ne voulant pas me donner par-là un sujet d'inquiétude.

Nous arrivâmes de la sorte jusqu'au mois d'octobre; nous avions chaque jour moins d'inquiétude; tout s'adoucissait successivement autour de nous. Cependant, ne sachant aucune nouvelle de ce qui se passait au loin, nous n'avions ni projets ni espérances. La famine régnait à Nantes, et, par je ne sais quel motif ou quelle sottise, la surveillance des bleus s'était entièrement tournée à empêcher les blés d'arriver dans les villes. Le second régiment de chasseurs, qui avait été le régiment de Lescure, était employé à cette police. Le fils aîné de madame Dumoustiers avait été forcé d'y entrer; il nous amenait souvent plusieurs de ses camarades, et souvent aussi je les ai entendus discuter sur ce qu'était devenue la belle-fille de leur ancien colonel. Les uns disaient que j'avais été sabrée; d'autres que j'avais été noyée; mais tous me croyaient morte, ce qui me rassurait beaucoup.

Enfin ma mère se hasarda à écrire à Bordeaux. Elle eut une réponse où elle sut que M. de Courcy et sa femme, sœur de mon père, étaient vivans et habitaient Citran; mais cette lettre était tellement écrite en mots à double sens et en phrases obscures, qu'elle nous laissa dans l'inquiétude. Ce fut pourtant une circonstance bien heureuse que ce commencement de communication.

On parla peu après d'amnistie pour les Vendéens : on l'avait d'abord publiée pour les simples soldats; mais, au moment où ces bruits nous donnaient quelque espoir de tranquillité, nous sûmes qu'un homme venu de Nantes, s'étant informé de nous dans le pays, avait été saisi, mis au cachot à Blain, et chargé de fers. Nos alarmes recommencèrent; madame Dumoustiers nous força, ma mère et moi, de nous séparer pendant six jours, les plus cruels de notre existence. Je fus cachée dans la paroisse d'Avessac, et ma mère à deux lieues de moi. Nous revînmes ensuite au Dréneuf : nous imaginions que cet homme nous cherchait de la part de mon père. Ce fut alors que madame Dumoustiers m'avoua la triste vérité, et que j'appris qu'il avait été fusillé à Angers. Je cachai à ma mère cette affreuse nouvelle; elle ne la sut positivement que trois ans après. Tout ce temps-là, elle est demeurée dans un doute, ou plutôt dans un silence cruel, qu'elle ni personne n'osait rompre.

Comme tout s'adoucissait autour de nous, madame Dumoustiers parvint à placer à Nantes mesdemoiselles Carriat et Mamet. Elles nous firent dire, peu de temps après, qu'Agathe et plusieurs Vendéens étaient encore en prison ; que Cottet, un de nos gens, avait été mis en liberté ; que c'était lui qui nous avait cherchées, et qu'il avait été de nouveau arrêté à Blain, et ramené à Nantes ; non pas qu'il eût parlé de nous, mais parce qu'on avait trouvé sur lui une lettre de recommandation pour quelqu'un qui devait l'aider à nous trouver.

De jour en jour nous apprîmes que les rigueurs finissaient. On ouvrait les prisons ; on proclamait l'amnistie ; on la rendait générale. M. de la Bréjolière en profita ; plusieurs Vendéens l'imitèrent. Enfin ma mère parla d'en faire autant : cette idée me parut d'abord révoltante ; je ne me fiais pas à l'amnistie ; je ne pouvais souffrir de rien tenir des républicains ; je ne voulais que repasser la Loire pour rejoindre l'armée, s'il y en avait une. Il me semblait que la veuve de M. de Lescure ne devait avoir aucune faiblesse, et qu'il y aurait de la lâcheté à abandonner le moindre reste de la Vendée. Ma mère me représentait que cette exaltation ne convenait point ; que de faibles femmes n'avaient rien de mieux à faire que de supporter le sort qu'elles ne pouvaient éviter : je m'indignais et je pleurais ; et cependant j'avoue que, dans le fait, je suis bien moins brave que ma mère. Ce fut justement alors que M. Dumoustiers l'aîné résolut d'accomplir le projet qu'il avait depuis long-temps formé de passer chez les insurgés. Tant que son régiment avait été cantonné dans le pays, il s'était résigné ; dès qu'il y eut ordre de partir, il n'hésita plus. Il s'était lié avec un camarade qui se nommait Toupil Lavalette; ils désertèrent et vinrent nous dire adieu. Madame Dumoustiers était sans faiblesse; elle approuvait entièrement son fils. Je souffrais, j'étais humiliée de voir cette famille si dévouée, ce jeune homme qui, après nous avoir sauvés, embrassait notre cause, tandis que nous étions près de l'abandonner, et allait chercher la mort avec ardeur, lorsqu'il n'y avait même plus de succès à espérer. L'opposition de son sacrifice et de notre découragement m'arrachait des larmes amères. Je donnai à ces messieurs des lettres pour MM. de La Rochejaquelein et Marigny que je croyais encore vivans, malgré les bruits qui couraient de leur mort. M. Dumoustiers et son camarade se joignirent à une soixantaine de Vendéens et de réquisitionnaires du pays, et passèrent la Loire avec des guides que M. de Charette avait envoyés sur la rive droite. Ils furent fort bien reçus à l'armée, et sur-le-champ M. de Charette les nomma officiers.

CHAPITRE XXII.

L'amnistie. — Détails sur les Vendéens fugitifs.

MA mère insistait toujours pour l'amnistie. Madame Dumoustiers fit venir le maire de Redon, qui était de ses amis, pour avoir quelques détails. Il nous confirma tout ce que l'on disait des mesures de douceur qu'on avait adoptées envers les Vendéens. Je ne me décidai point encore. Je voulus aller à Nantes, pour voir comment tout s'y passait. J'étais malade d'un dépôt de lait; mais rien ne put m'arrêter; j'étais animée, et ne sentais rien que l'agitation où jette une grande résolution à prendre; je me débattais contre elle sans vouloir me dire qu'elle était inévitable. Je montai à cheval; je pris un paysan pour guide; je fis douze lieues sans m'arrêter, et j'entrai à Nantes, en habit de paysanne, un bissac sur le dos et des poulets à la main. J'arrivai chez une amie de madame Dumoustiers; j'y trouvai mesdemoiselles Carria et Agathe, qui venaient de sortir de prison : madame de Bonchamps était encore détenue ; j'allai la voir. Les prisons étaient presque vides; madame de Bonchamps elle-même allait bientôt être libre;

elle m'engagea à profiter de l'amnistie, et à m'adresser à M. Haudaudine, un des prisonniers épargnés à Saint-Florent, et qui était le grand protecteur des Vendéens. J'appris aussi que M. de Charette était en pourparler pour la paix.

En effet, il n'y avait rien d'humiliant dans les relations qui s'établissaient entre les républicains et les insurgés. Les officiers vendéens venaient à Nantes armés et portant la cocarde blanche ; plusieurs même étaient assez imprudens pour insulter publiquement à toutes les choses qui tenaient aux opinions et aux habitudes républicaines ; ils avaient craché sur la cocarde tricolore, et avaient fait des provocations fort déplacées. M. de Charette, qui voulait la paix, désapprouvait hautement ces procédés. Les représentans du peuple, qui étaient venus à Nantes pour traiter, ne s'offensaient que faiblement de tout cela ; ils craignaient seulement que cette conduite ne causât du trouble et ne retardât la pacification. Cependant un jour, impatientés du ton de M. Dupérat, que M. de Charette leur avait envoyé, ils lui dirent : « Mais, Monsieur, » il est bien extraordinaire que vous répugniez à » traiter avec la république ; les rois de l'Europe » négocient bien avec elle. — Est-ce que ces gens- » là sont Français ? » répondit M. Dupérat.

Il n'y avait sorte d'accueil qu'on ne fît aux Vendéens qui sortaient des prisons, ou que ramenait l'amnistie ; on les traitait avec distinction, et même il fut interdit, sous peine de trois jours de prison, de les nommer brigands. Dans le langage pompeux d'alors, les représentans ordonnèrent de nous donner le nom de frères et sœurs égarés (1).

Enfin je me déterminai, non sans peine, à imiter tout le monde, et à suivre le parti que chacun disait le seul raisonnable. Je repartis pour le Dréneuf. Le froid était très-rigoureux: c'était le soir; je voyageai toute la nuit. Ma mère fut satisfaite de ce que je lui racontai et de ma résolution. Il fut convenu que nous partirions dès le lendemain pour Nantes. J'avais un grand regret de ne point emmener ma petite fille; mais elle était trop jeune pour l'exposer à voyager dans un hiver si rigoureux. Mademoiselle Carria devait rester auprès d'elle pour la soigner.

Ma mère monta en voiture avec madame Dumoustiers. Je pris un cheval pour aller à Prinquiaux dire adieu à mon enfant, que je n'avais pas vu depuis sept mois. Je m'égarai dans la campagne, je souffris horriblement du froid. Je trouvai ma fille belle et bien portante, mais fort délicate: je la recommandai bien à sa nourrice; puis j'allai rejoindre ma mère à Nantes. Il n'y avait plus personne en prison. Nous revimes plusieurs Vendéennes. On nous recommanda à M. Mac-Curtin, bon royaliste, qui sortait lui-même de prison, et que le représentant Ruelle avait pris pour son secrétaire, afin de bien montrer un esprit de concilia-

---

(1) Le nom de *Vendéens* n'était pas encore usité.

tion. Il promit de nous faire signer notre amnistie sans éclat et sans retard. Nous nous rendîmes dans le cabinet du représentant : il n'y était pas. Je trouvai là M. Bureau de la Batarderie, ancien membre de la Chambre des comptes, dont l'esprit actif et conciliant a été la principale cause de cette paix ; il en conçut le premier la possibilité, et en vint à bout en donnant de bons conseils aux deux partis, et prenant soin d'adoucir à chacun les paroles de l'autre. Il allait et venait sans cesse de l'armée à Nantes, pour travailler à la pacification. Il nous dit qu'elle était convenable, qu'on devait la désirer vivement, et que cela tournerait bien. Il mettait beaucoup de chaleur et de persuasion dans ses démarches et ses discours.

Le représentant arriva avec un air empressé, et nous dit : « Mesdames, vous venez jouir de la paix. » Il s'approcha pour m'embrasser ; je reculai d'un air de mauvaise humeur : il n'insista pas. J'étais toujours habillée en paysanne. Il signa l'amnistie. Nous passâmes ensuite dans un bureau, on nous demanda où nous étions cachées ; nous répondîmes : « Aux environs de Blain, » et on nous remit cet acte d'amnistie ; il était ainsi conçu : « Liberté, » égalité, paix aux bons, guerre aux méchans, » justice à tous. Les représentans ont admis à » l'amnistie telle personne, qui a déclaré s'être » cachée pour sa sûreté personnelle. » Nous ne voulions pas rester long-temps à Nantes, et surtout nous voulions y être obscurément ; mais il nous fut doux de revoir nos compagnons de misère, d'apprendre comment ils étaient échappés à tant de dangers; nous attachions aussi un douloureux intérêt à savoir comment avaient péri ceux que nous avions perdus.

Madame de Bonchamps, lors de notre séjour à Ancenis, s'était procuré un batelet, et avait essayé de passer la Loire avec ses deux enfans : les barques canonnières avaient tiré sur elle; un boulet avait percé le batelet; cependant elle eut le temps de regagner la rive droite : des paysans l'avaient sauvée à la nage, et elle s'était alors cachée dans une métairie des environs, où, le plus souvent, elle habitait le creux d'un vieux arbre. La petite vérole l'avait attaquée, ainsi que ses enfans, pendant cet état de misère; son fils en était mort. Au bout de trois mois, elle fut prise, conduite à Nantes et condamnée à mort : elle était résignée à périr, lorsqu'elle lut sur un billet qu'on lui faisait passer à travers la grille de son cachot : « Dites-
» vous grosse. » Elle fit en effet cette déclaration, qui fit suspendre le supplice. Son mari était mort depuis long-temps; elle fut obligée de dire que ce prétendu enfant était d'un soldat républicain : elle resta enfermée, et chaque jour elle voyait sortir les malheureuses femmes qui allaient mourir sur l'échafaud, et qu'on déposait toujours la veille dans son cachot, après le jugement. Au bout de trois mois, on vit bien qu'elle n'était pas grosse, et l'on voulut l'exécuter : elle obtint encore deux

mois et demi pour dernier terme. La mort de Robespierre arriva et la sauva ; ensuite on essaya de lui faire obtenir sa liberté, ce fut M. Haudaudine qui mit le plus d'ardeur à lui rendre ce service.

M. Haudaudine était un honnête négociant de Nantes, zélé républicain, mais vertueux et de bonne foi; il avait renouvelé le trait de Régulus. M. de Charette l'avait fait prisonnier; il obtint de retourner chez les républicains, avec un autre Nantais, pour leur proposer de ne plus fusiller les prisonniers, et de consentir à un cartel d'échange. M. Haudaudine fut fort mal reçu à Nantes; on s'emporta beaucoup contre la *lâcheté* de sa proposition, et on lui signifia qu'il était dégagé de la parole qu'il avait donnée aux brigands. Au risque d'être victime des deux partis, M. Haudaudine vint retrouver M. de Charette qui le fit remettre en prison. L'autre Nantais ne revint point. Lorsque M. de Charette fut repoussé jusqu'à Tiffauges, M. Haudaudine fut mêlé avec nos prisonniers, et épargné comme eux à Saint-Florent. Cette générosité excita sa reconnaissance ; et dès qu'il put rendre service aux Vendéens, il s'y employa avec zèle. Pour sauver madame de Bonchamps, il fit certifier par plusieurs prisonniers de Saint-Florent, qu'elle avait obtenu de son mari mourant la grâce de cinq mille républicains.

Madame de Bonchamps s'excusa de fort bonne grâce d'avoir pris pour elle une gloire qui appartenait à toute l'armée, et me dit que, si j'avais été en prison avec elle, le certificat eût été pour toutes deux. Elle y avait acquis plus de droits qu'aucune autre, en apaisant M. d'Argognes et les soldats ameutés contre les républicains prisonniers.

Madame d'Autichamp, mère de M. Charles d'Autichamp, parvint à se déguiser si bien, qu'elle entra au service d'un administrateur de district, pour garder les vaches par charité; elle fit un métier aussi pénible pour elle, tout comme aurait pu le faire une paysanne, ne confiant à personne un secret qui ne fut jamais soupçonné. Au bout d'un an, elle entendit parler d'amnistie; mais elle n'osa de long-temps faire des questions à ce sujet, ni chercher à savoir précisément ce qui en était; enfin un jour elle se détermina à demander à son maître s'il était vrai qu'il y eût une amnistie. « Et
» qu'est-ce que cela vous fait, bonne femme? lui
» dit-il. — Monsieur, répondit-elle, c'est que j'ai
» connu des brigands. Comment les reçoit-on ?
» — A bras ouverts. — Mais, Monsieur, les per-
» sonnes marquantes sont-elles aussi bien reçues ?
» — Encore mieux. » Alors madame d'Autichamp lui dit qui elle était. Cet homme, qui avait véritablement beaucoup de bonté, fut saisi de surprise et de chagrin, et lui reprocha, les larmes aux yeux, un si long mystère et une défiance si complète. Plusieurs dames vendéennes eurent des aventures semblables, et devinrent, pendant leur proscription, de véritables paysannes, cultivant la terre, gardant les troupeaux, et remplissant en

réalité tous les devoirs de leur nouvelle condition. Une demoiselle de la Voyerie se coupa un doigt avec sa faucille, en faisant la moisson. Cette manière d'être caché était bien pénible; mais c'était aussi la seule qui pût donner quelque sécurité (1).

Il y eut aussi beaucoup de personnes sauvées dans la ville de Nantes, malgré l'horrible terreur qui y régnait. Le petit peuple y était fort bon, et l'on pourrait citer les plus beaux traits de courage et de dévouement envers les proscrits. Tous les riches négocians se montraient aussi pleins d'humanité : ils avaient adopté les opinions du com-

---

(1) M. et madame Morisset de Chollet ont eu plusieurs aventures des plus intéressantes et des plus terribles. Je n'en citerai qu'une, que j'ai apprise dernièrement de madame Morisset : elle est trop admirable pour être passée sous silence.

Ils se tinrent tous deux cachés dans un arbre du côté d'Ancenis pendant cinq semaines; ils ne pouvaient s'asseoir que l'un après l'autre : elle était grosse. Un jour qu'une vieille métayère, veuve, l'avait envoyé chercher pour se chauffer, les bleus entrèrent. Ils sommèrent cette femme de déclarer le nom et l'état de tous ceux qui étaient dans sa maison, et la prévinrent que si elle avouait qu'il y eût quelqu'un de suspect, elle ne serait pas punie ; mais que si l'on en découvrait sans qu'elle l'eût déclaré, sa maison serait brûlée et tout le monde passé au fil de l'épée. Elle pâlit, passa dans une autre chambre, puis revint dire aux bleus, avec le plus grand sang-froid, le nom de chacun, et ajouta que madame Morisset était une de ses filles. Quand les bleus furent partis, cette dame lui dit : « J'ai eu bien peur ; en vous voyant si troublée, je me suis crue perdue, et j'ai été bien surprise du courage que vous avez montré après. — C'est vrai, mon enfant, répondit la bonne femme, j'ai ouvert la bouche pour vous dénoncer, mais j'ai couru me jeter à genoux, j'ai dit un *Veni Craetor*, et ma peur s'est passée. »

mencement de la révolution ; mais ils en détestaient les crimes ; aussi étaient-ils persécutés autant que les royalistes : cent neuf d'entre eux furent conduits à Paris pour y être guillotinés ; mais ils arrivèrent après la mort de Robespierre ; ce qui les sauva. La classe féroce, qui s'empressait aux massacres et aux noyades, était composée de petits bourgeois et d'artisans aisés, dont beaucoup n'étaient pas Nantais.

D'autres dames furent oubliées, comme par miracle, dans les prisons : on y trouva madame de Beauvolliers, madame et mademoiselle de la Marsonnière, mademoiselle de Mondyon, etc.; mais la plupart de celles qui furent prises, périrent sur l'échafaud ou furent noyées : elles montrèrent toutes en mourant un noble courage, ne désavouant en rien leur conduite et leurs opinions. Les paysans et les paysannes n'avaient pas moins de dévouement et d'enthousiasme; ils répétaient en mourant, « *Vive le roi!* nous allons en paradis ! » et périssaient avec un calme extraordinaire.

Je n'oublierai point de rapporter deux histoires plus touchantes encore que les autres. Madame de Jourdain fut menée sur la Loire pour être noyée avec ses trois filles : un soldat voulut sauver la plus jeune, qui était fort belle; elle se jeta à l'eau pour partager le sort de sa mère : la malheureuse enfant tomba sur des cadavres, et n'enfonça point; elle criait : « Poussez-moi ! je n'ai pas assez d'eau ! » et elle périt.

Mademoiselle de Cuissard, âgée de seize ans, qui était plus belle encore, s'attira aussi le même intérêt d'un officier qui passa trois heures à ses pieds, la suppliant de se laisser sauver; elle était avec une vieille parente que cet homme ne voulait pas se risquer à dérober au supplice : mademoiselle de Cuissard se précipita dans la Loire avec elle.

Une mort affreuse fut celle de madame de la Roche-Saint-André. Elle était grosse : on l'épargna; on lui laissa nourrir son enfant; mais il mourut, et on la fit périr le lendemain. Au reste, il ne faut pas croire que toutes les femmes enceintes fussent respectées; cela était même fort rare; plus communément les soldats massacraient femmes et enfans : c'était seulement devant les tribunaux que l'on observait ces exceptions; on y laissait aux femmes le temps de nourrir leurs enfans, comme étant une obligation républicaine. C'est en quoi consistait toute l'humanité des gens d'alors.

Ma pauvre Agathe avait couru de bien grands dangers. Elle m'avait quittée à Nort pour profiter de l'amnistie prétendue dont on avait parlé dans ce moment; elle vint à Nantes, et fut conduite devant le général Lamberty, le plus féroce des amis de Carrier. La figure d'Agathe lui plut : « As-tu peur, » brigande? lui dit-il. — Non, général, répondit-» elle.— Eh bien! quand tu auras peur, souviens-» toi de Lamberty, ajouta-t-il. » Elle fut conduite à l'entrepôt : c'est la trop fameuse prison où l'on entassait les victimes destinées à être noyées. Chaque nuit on venait en prendre par centaines pour les mettre sur les bateaux ; là, on liait les malheureux deux à deux, et on les poussait à coups de baïonnettes. On saisissait indistinctement tout ce qui se trouvait à l'entrepôt, tellement qu'on noya un jour l'état-major d'une corvette anglaise, qui était prisonnier de guerre. Une autre fois Carrier, voulant donner un exemple de l'austérité des mœurs républicaines, fit enfermer trois cents filles publiques de la ville, et les malheureuses créatures furent noyées. Enfin on estime qu'il a péri à l'entrepôt quinze mille personnes en un mois. Il est vrai qu'outre les supplices, la misère et les maladies ravageaient les prisonniers qui étaient pressés sur la paille, et qui ne recevaient aucun soin ; à peine les nourrissait-on. Les cadavres restaient quelquefois plus d'un jour sans qu'on vînt les emporter.

Agathe, ne doutant plus d'une mort prochaine, envoya chercher Lamberty. Il la conduisit dans un petit bâtiment à soupape, dans lequel on avait noyé les prêtres, et que Carrier lui avait donné; il était seul avec elle, et voulut en profiter : elle résista. Lamberty menaça de la noyer : elle courut pour se jeter elle-même à l'eau. Alors cet homme lui dit : « Allons, tu es une brave fille ; je te sauverai. » Il la laissa huit jours seule dans le bâtiment, où elle entendait les noyades qui se faisaient la nuit ; ensuite il la cacha chez un nommé Sullivan, qui était, comme lui, un fidèle exécuteur des ordres de Carrier.

Sullivan avait eu un frère Vendéen. Dans les commencemens de la guerre, ayant été fait prisonnier par les insurgés, ce frère lui sauva la vie et le fit mettre en liberté. Après la déroute de Savenay, le Vendéen vint à Nantes, et demanda un asile à son frère : Sullivan le dénonça et le fit périr. Cependant les remords s'emparèrent bientôt de lui; il croyait sans cesse être poursuivi par l'ombre de son frère, et s'étourdissait en commettant de nouveaux crimes. Sa femme était belle et vertueuse; elle le prit dans une horreur facile à concevoir : elle lui reprochait sans cesse son abominable crime; et ce fut dans l'espoir d'adoucir un peu sa femme, que Sullivan eut l'idée de sauver une Vendéenne et de la lui amener.

Quelque temps après, la discorde divisa les républicains de Nantes; on prit le prétexte d'accuser Lamberty d'avoir dérobé des femmes aux noyades, et d'en avoir noyé qui ne devaient pas l'être. Un jeune homme, nommé Robin, qui était fort dévoué à Lamberty, vint saisir Agathe chez madame Sullivan, la traîna dans un bateau, et voulut la poignarder pour faire disparaître une preuve du prétendu crime qu'on reprochait à son patron. Agathe se jeta à ses pieds, parvint à l'attendrir, et il la cacha chez un de ses amis, nommé Lavaux, qui était honnête homme, et qui avait déjà recueilli madame de l'Épinay : mais on sut dès le lendemain l'asile d'Agathe, et on vint l'arrêter.

Cependant le parti ennemi de Lamberty continuait à vouloir le détruire. Il résulta de cette circonstance, qu'on jeta de l'intérêt sur Agathe; on loua Sullivan et Lavaux de leur humanité, et l'on parvint à faire périr Lamberty. Peu après, arriva la mort de Robespierre. Agathe resta encore quelques mois en prison, puis obtint sa liberté. Dans les derniers temps, elle eut, à notre insu, fort souvent de nos nouvelles par des paysans qui venaient à Nantes voir leurs parens prisonniers. Le bon Cottet, qui avait aussi échappé par miracle, et qui s'était fait mettre en liberté de bonne heure comme républicain suisse, eut alors la généreuse idée de nous chercher dans notre retraite pour nous emmener en Suisse, comme ses parentes. J'ai raconté comment son zèle avait été pour nous l'occasion de vives inquiétudes, et avait pensé aussi lui coûter la vie.

CHAPITRE XXIII.

Détails sur les Vendéens qui avaient continué la guerre. — Retour à Bordeaux.

Ce fut ainsi que j'appris à Nantes le sort des fugitifs ; je sus aussi comment avaient fini ceux qui avaient continué de combattre. On ignorait encore beaucoup de détails sur la fin glorieuse de la plupart d'entre eux ; mais j'en ai entendu raconter depuis toutes les circonstances.

Mon père, le chevalier de Beauvolliers, MM. Desessarts, de Mondyon, de Tinguy et quelques autres, se retirèrent, après la déroute de Savenay, dans la forêt du Gavre ; ils y rencontrèrent M. Canelle, négociant nantais, qui, étant hors de la loi, se cachait aussi. Il voulut faciliter à ces messieurs les moyens de trouver des asiles. Mon père et ses compagnons refusèrent, et préférèrent de tenter quelque entreprise à main armée ; ils rassemblèrent environ deux cents Vendéens, et surprirent Ancenis ; mais comme ils cherchaient à passer la Loire, les républicains, qui avaient emmené les bateaux, s'apercevant du petit nombre des assaillans, revinrent et les entourèrent. Il se passa dans ce combat des prodiges de valeur. Ces messieurs parvinrent à se faire jour le sabre à la main; mais blessés, harassés, ils furent atteints sur la lande par des cavaliers : on les conduisit à Angers, où ils furent fusillés. Mademoiselle Desessarts, qui était avec eux, partagea leur sort.

Le nom de Donnissan s'éteignit avec mon père. M. de Lescure était aussi le dernier de sa famille, dont le vrai nom était Salgues, auquel celui de Lescure avait été substitué par mariage depuis plus de trois cents ans. Le nom de Salgues ne se prenait même plus dans les actes. Ce nom de Salgues, ou celui de Lescure, est porté par plusieurs familles recommandables; mais aucune n'a jamais prouvé tenir à celle de M. de Lescure.

Le prince de Talmont fut pris avec M. Bougon aux environs de Laval; on différa cruellement sa mort; on le promena de ville en ville, de prison en prison; il déploya toujours une noblesse et une fermeté dignes de sa race, et se montra fort grand au milieu des insultes des républicains. On assure qu'il répondit à ses juges : « Faites votre métier, j'ai fait mon devoir. » Il finit par être exécuté dans la cour de son château de Laval.

MM. Dupérat, Forestier, Renou, Duchesnier, Jarry, Cacquerey, le chevalier de Chantreau, et quelques autres, pénétrèrent en Bretagne, se cachèrent d'abord, puis allèrent joindre les Chouans de M. de Puysaye aussitôt qu'ils se montrèrent, et combattirent avec eux. M. de Cacquerey fut surpris seul et tué. Au bout de quelques mois, les autres s'ennuyant d'une guerre qui se faisait obscurément, et qui se passait, à cette époque, plus en projets et en intrigues qu'en combats, revinrent chez les Chouans des bords de la Loire, commandés par M. de Scépeaux, et de-là dans la Vendée.

Le chevalier de Beaurepaire, les trois MM. Soyer, MM. de Bejarry, MM. Cadi, Grelier, officier d'artillerie aussi modeste que brave, les trois beaux-frères MM. Palierme, Chetou, Barbot (1), MM. Vannier, Tonnelay-Duchesne, Tranquille, de la Salmonière, Lejeay, etc., etc., repassèrent peu à peu sur la rive gauche. Ces messieurs, ainsi que ceux qui avaient été avec M. de Puysaye, n'ont cessé d'augmenter la réputation qu'ils avaient déjà acquise.

Beaucoup d'autres furent moins heureux, et ont péri, soit sur l'échafaud, soit dans la retraite, sans que j'aie pu savoir les circonstances de leur mort. MM. de la Marsonnière, Durivault, de Pérault, d'Isigny, de Marsanges, de Villeneuve, Lamothe, Desnoues, le dernier frère Beauvolliers, etc., finirent ainsi.

Le vieux M. d'Auzon fut pris à Blain avec son

---

(1) L'article de la *Biographie des hommes vivans*, relatif à M. Barbot (Jean-Jacques), est tout-à-fait controuvé. J'ai pris à cet égard les informations les plus exactes, et je certifie que ce brave officier n'a jamais varié un instant dans sa conduite, qui est sans tache. Il jouit de l'estime la mieux méritée sous tous les rapports. Il est aujourd'hui chevalier de Saint-Louis, et receveur particulier à Champtoceaux, département de Maine-et-Loire.

domestique; il voulut obtenir la vie de ce brave garçon qui était resté pour le soigner. Quand on vit l'intérêt qu'il y prenait, on commença par fusiller le domestique, pour rendre plus amère la mort de ce bon vieillard.

M. de Sanglier mourut de fatigue et de maladie, à cheval, entre ses deux petites filles, qui avaient la petite vérole; depuis on en a retrouvé une (1). M. de Laugrenière périt sur l'échafaud à Nantes.

M. de Scépeaux se cacha, et devint par la suite général d'une troupe de Chouans, aux environs de Candé et d'Ancenis.

M. de Lacroix fut dénoncé par quatre déserteurs qui demandèrent une récompense. Carrier, après avoir fait exécuter M. de Lacroix, les envoya à Angers avec une prétendue lettre de recommandation, qui contenait l'ordre de les faire fusiller.

Le jeune M. de Beaucorps fut pris : une multitude de coups de sabre au visage le rendaient méconnaissable; il répondit de manière à laisser croire que ses blessures avaient troublé sa raison. On ne put deviner s'il était Vendéen ou bleu, et on le garda en prison : il en sortit à l'amnistie.

Deux de nos bons officiers, MM. Odaly et Brunet son cousin, étaient couchés ensemble quand on les vint chercher pour être fusillés; on appela M. Odaly et son cousin, qui n'eut pas l'air de croire que cela le regardait, et qui fut ainsi oublié.

---

(1) Aujourd'hui madame de Gréaulme.

M. de Solilhac, après s'être échappé du Mans où il avait été fait prisonnier, trouva moyen de se procurer une feuille de route et un habit de soldat; il traversa toute la France, en passant même par Paris; il arriva aux avant-postes de l'armée du nord, et de-là passa dans le camp des Anglais. Le duc d'York accueillit avec empressement un Vendéen qui pouvait donner des détails précis sur une guerre encore fort mal connue par les étrangers; il envoya ensuite M. de Solilhac à Londres. Les ministres le reçurent fort bien, et lui demandèrent beaucoup de renseignemens pour diriger les expéditions qu'ils parlaient sans cesse d'envoyer dans l'ouest. Au bout de quelques mois, M. de Solilhac se lassa de tant de projets sans exécution; il se jeta dans une barque, arriva sur la côte de Bretagne, se fit garçon meunier, souleva quelques paroisses, et devint chef d'une division de chouans.

M. Allard avait passé la Loire. Il fut pris sur l'autre bord, après avoir erré plusieurs jours. Une commission le condamna; il allait être fusillé, lorsqu'on cria *aux armes!* Le supplice fut suspendu. Pendant cet instant de répit, son air de jeunesse et de candeur intéressa; on rétracta le jugement; il fut enrôlé dans un bataillon et envoyé en garnison dans l'île de Noirmoutier. Au bout de quelque temps, il s'échappa et revint sur le continent, en traversant témérairement le bras de mer qui sépare Noirmoutier de la terre. Il alla se présenter à M. de Charette, qui le reçut d'abord assez mal. M. Allard fit bientôt connaître son courage et son mérite. M. de Charette lui donna une division à commander. C'est lui qui fut le prétexte de la seconde guerre : des soldats qui étaient sous ses ordres violèrent l'armistice; les républicains le prirent par ruse et le mirent en prison. M. de Charette le réclama, fut refusé, et l'on reprit les armes.

L'évêque d'Agra fut découvert et pris aux environs d'Angers. On lui demanda s'il était l'évêque d'Agra : « Oui, dit-il, je suis celui qu'on appelait » ainsi. » Il ne voulut point donner d'autre réponse, et mourut sur l'échafaud avec un grand courage : ses sœurs y ont péri à cause de lui !

MM. d'Elbée, d'Hauterive, de Boisy, madame d'Elbée et plusieurs autres dames, furent conduits à l'armée de M. de Charette, par Pierre Cathelineau, frère du général, et un officier nommé M. Biret, qui se mirent à la tête de quinze cents Angevins, et traversèrent tous les postes républicains. M. de Charette envoya les femmes et les blessés dans l'île de Noirmoutier qu'il venait de surprendre. Cathelineau ramena les Angevins dans leur canton.

Trois mois après, les républicains attaquèrent Noirmoutier, et le prirent. Ils y trouvèrent M. d'Elbée, que ses blessures tenaient encore entre la vie et la mort; sa femme aurait pu se sauver; elle ne voulut pas le quitter. Quand les bleus entrèrent dans la chambre, ils dirent : « Voilà donc d'Elbée ! » — Oui, répondit-il, voilà votre plus grand en- » nemi. Si j'avais eu assez de force pour me battre,

» vous n'auriez pas pris Noirmoutier, ou vous l'eus-
» siez du moins chèrement acheté. » Ils gardèrent
cinq jours M. d'Elbée, l'accablant d'outrages et de
questions. Il subit un interrogatoire où il montra
beaucoup de modération et de bonne foi. Enfin,
excédé de cette agonie, il leur dit : « Messieurs, il
» est temps que cela finisse; faites-moi mourir. »
On plaça dans un fauteuil ce brave et vertueux général, et on le fusilla. Sa femme, en le voyant
porter au supplice, s'évanouit. Un officier républicain la soutint, et montra de l'attendrissement. Ses
supérieurs menacèrent de faire tirer sur lui s'il
ne la laissait tomber; elle fut fusillée le lendemain.
MM. de Boisy et d'Hauterive furent aussi fusillés.
On remplit une rue des Vendéens fugitifs et d'habitans de l'île qu'on leur soupçonnait favorables,
et on les massacra tous. De ce nombre furent les
deux petits le Maignan de l'Écorce qui, malgré
leur jeune âge, allaient toujours au feu, à toutes les
batailles, avec leur gouverneur M. Biré, qu'on
fusilla aussi.

J'ai raconté comment MM. de La Rochejaquelein, de Beaugé, Stofflet, de Langerie, et une
vingtaine de soldats, avaient été séparés de l'armée
devant Ancenis. Une patrouille républicaine les
avait chassés du bord de la rivière; les soldats se
dispersèrent; les quatre chefs ne se quittèrent point,
et s'échappèrent à travers les champs. Toute la
journée ils errèrent dans la campagne, sans trouver un seul habitant; toutes les maisons étaient

brûlées, et ce qui restait de paysans était caché dans les bois. La troupe d'insurgés dont on avait parlé, et qui avait paru en face d'Ancenis, était commandée par Pierre Cathelineau; mais elle n'était pas habituellement rassemblée, et se bornait à faire de temps en temps quelques excursions. Enfin, après vingt-quatre heures de fatigue, Henri et ses trois compagnons parvinrent à une métairie habitée; ils se jetèrent sur la paille pour dormir. Un instant après, le métayer vint leur dire que les bleus arrivaient; mais ces messieurs avaient un besoin si absolu de repos et de sommeil, qu'au prix de la vie ils ne voulurent pas se déranger, et attendirent leur sort. Les bleus étaient en petit nombre; ils étaient aussi fatigués, et s'endormirent auprès des quatre Vendéens, de l'autre côté de la meule de paille. Avant le jour, M. de Beaugé réveilla ses camarades, et ils recommencèrent à errer dans ce pays où l'on faisait des lieues entières sans trouver une créature vivante; ils y seraient morts de faim, s'ils n'avaient attaqué en route quelques bleus isolés, auxquels ils prenaient leur pain.

Ils pénétrèrent jusqu'à Châtillon, et même y entrèrent pendant la nuit: la sentinelle leur cria *qui vive!* ils ne répondirent point, et s'échappèrent. De-là ils allèrent à Saint-Aubin, chez mademoiselle de La Rochejaquelein qui y était cachée, et passèrent trois jours avec elle. Henri était abîmé de douleur; il était accablé de son sort, et semblait ne plus chercher que l'occasion de mourir les armes à la main. L'affaire du Mans, le chagrin d'avoir été séparé de son armée d'une manière si funeste, l'avaient frappé de désespoir. Ayant pris des informations sur l'état du pays, il se résolut à se montrer à ses anciens Poitevins, à en rassembler les débris, et à combattre encore à leur tête.

Il apprit en ce moment que M. de Charette s'était porté sur Maulevrier; il s'y rendit pendant la nuit avec ses compagnons. Il en fut reçu froidement ; le général, qui allait déjeuner, ne lui offrit pas même de se mettre à table. Ils causèrent de la campagne d'outre-Loire. M. de Charette demanda quelques détails, mais vaguement : ils se séparèrent. M. de La Rochejaquelein alla manger chez un paysan. Quelques heures après, on battit l'appel pour le départ de l'armée ; Henri vint retrouver M. de Charette qui lui dit : « Vous allez me suivre. — Je » ne suis pas accoutumé à suivre, mais à être suivi, » Monsieur, » répondit-il, et il lui tourna le dos. Les deux généraux se quittèrent ainsi. Tous les paysans des environs de Châtillon et de Chollet, qui venaient de se joindre à l'armée de M. de Charette, le laissèrent, et vinrent se ranger autour de Henri, dès qu'ils le virent, sans qu'il leur eût même adressé la parole.

M. de La Rochejaquelein commença alors à attaquer les bleus. Son premier rassemblement se fit dans la paroisse de Néry. Il marcha toute la nuit, et enleva un poste républicain à huit lieues de-là.

Pendant quatre nuits de suite, il fit une expédition semblable, mais toujours à de grandes distances; de sorte qu'il jeta beaucoup d'incertitude sur sa marche. Les républicains imaginèrent qu'il y avait plusieurs troupes, et envoyèrent beaucoup de monde dans le pays. Henri s'établit alors dans la forêt de Vesins. De-là, il faisait des excursions, surprenait des postes, enlevait des convois et de petits détachemens. Un jour, on lui amena un adjudant-général qu'on venait de prendre; cet officier fut bien surpris de voir M. de La Rochejaquelein, le général de l'armée vendéenne, habitant une cahute de branchages, vêtu presque en paysan, un gros bonnet de laine sur la tête, et le bras en écharpe; car le manque de repos empêchait sa blessure de guérir. M. de La Rochejaquelein l'interrogea et lui dit: « Le conseil de l'armée royale vous condamne; » puis on le fusilla. Il avait dans sa poche un ordre de promettre l'amnistie aux paysans, et de les faire massacrer à mesure qu'ils se rendraient. Henri fit connaître cet ordre dans toutes les campagnes.

Sa petite troupe prenait peu à peu de l'accroissement, et devenait successivement maîtresse de tout le pays; mais les garnisons de Mortagne et de Châtillon étaient trop fortes pour qu'il songeât à les attaquer. Enfin le mercredi des Cendres (1),

---

(1) J'ai donné pour date le mercredi des Cendres, parce que plusieurs Vendéens qui étaient à ce combat m'ont d'abord indiqué ce jour. Depuis, beaucoup d'autres m'ont assuré que Henri avait été

4 mars 1794, en se portant de Trémentine sur
Nouaillé, où il avait remporté un léger avantage,
il aperçut deux grenadiers républicains; on voulut
tomber sur eux. « Non, dit-il, je veux les faire par-
» ler. » Il courut en criant : « Rendez-vous, je vous
» fais grâce. » L'un des grenadiers se retourna,
tira sur lui à bout portant : la balle le frappa au
front; il tomba mort; le grenadier se mit en devoir
de lui arracher sa carabine, pour tirer un second
coup sur M. de Beaugé et quelques autres qui arrivaient précipitamment; ils sabrèrent le grenadier,
et, pénétrés de douleur, ils creusèrent une fosse
où l'on ensevelit à la hâte Henri et son meurtrier,
parce qu'une colonne ennemie arrivait.

Ainsi finit, à vingt-un ans, celui des chefs de
la Vendée dont la carrière a été la plus brillante.
Il était l'idole de son armée : encore à présent,
quand les anciens Vendéens se rappellent l'ardeur et l'éclat de son courage, sa modestie, sa
facilité, et ce caractère de héros et de bon enfant,
ils parlent de lui avec fierté et avec amour; il n'est
pas un paysan dont on ne voie le regard s'animer
quand il raconte comment il a servi sous *monsieur
Henri*.

---

tué vers la fin de février, sans pouvoir assigner un jour précis.
Enfin, il y a peu de temps, on a trouvé dans les papiers de mademoiselle de La Rochejaquelein une note qui indique la date du
6 février. Je crois celle-ci trop avancée. Cette incertitude est une
preuve bien frappante de la séparation absolue qui existait alors
entre les Vendéens et le reste des hommes.

Après avoir pris le commandement, M. Stofflet continua à faire une guerre de partisan aux républicains, et eut plusieurs succès. Il réussit même à emporter le poste important de Chollet.

Ce fut à cette époque que M. de Marigny traversa la Loire. Il s'en alla dans le canton qu'il connaissait le mieux, du côté de Bressuire; il rassembla les restes de la division de M. de Lescure, et en peu de temps il se forma une armée nombreuse dont il était adoré; car, malgré la dureté qu'il montrait contre les bleus, personne n'avait habituellement un caractère aussi bon et aussi aimable. L'insurrection se trouva alors divisée en trois armées indépendantes : l'armée du Bas-Poitou, commandée par M. de Charette; l'armée d'Anjou, par M. Stofflet; et l'armée du Poitou, par M. de Marigny.

M. de Marigny débuta par un combat brillant et heureux. Le vendredi-saint, 18 avril, il attaqua les bleus dans les allées de mon château de Clisson, les battit complétement, et leur tua douze cents hommes. Ce succès leur inspira une grande crainte; ils évacuèrent Bressuire, et se renfermèrent dans le camp qu'ils avaient établi à Chiché. M. de Marigny fit de Cerizais le centre de ses expéditions; elles lui réussirent presque toutes; et des trois généraux, aucun alors ne préservait aussi bien son canton des incursions des bleus. M. de Marigny poussa même jusqu'à Mortagne : il ne conserva pas ce poste; mais il y battit les républicains. Plusieurs de nos anciens officiers abandonnèrent les autres armées pour venir le joindre; M. de Beaugé et le chevalier de Beaurepaire, entre autres, quittèrent l'Anjou pour combattre avec lui.

MM. de Charette et Stofflet devinrent bientôt jaloux des succès et de l'influence qu'acquérait chaque jour M. de Marigny. Il y eut entre eux une sorte de correspondance et de concert fondés sur cet indigne motif; ils firent proposer à M. de Marigny une conférence, pour convenir d'un plan commun d'opérations. Il se rendit avec eux à Jallais. Il fut arrêté qu'on rassemblerait les trois armées pour attaquer les postes républicains qui garnissaient toute la rive gauche de la Loire.

Au jour indiqué, M. de Marigny arrive au rendez-vous après une longue marche. On venait de distribuer des vivres aux soldats de MM. Stofflet et de Charette : il en demanda pour les siens; on ne lui en donna pas assez. Les gens de M. de Marigny, déjà mécontens d'être entraînés à une expédition si éloignée de leurs cantonnemens, se mutinèrent et retournèrent sur leurs pas. M. de Marigny, voyant que le conseil ne voulait pas écouter ses justes plaintes, s'emporta avec véhémence, suivit ses soldats et revint à Cerizais. Peu de jours auparavant, ces messieurs avaient pu lui proposer de se démettre de son commandement, et de n'être plus que général d'artillerie, comme auparavant.

L'expédition de MM. de Charette et Stofflet n'eut point lieu; ils coururent après M. de Marigny jusqu'à Cerizais : il n'y était plus, et son armée était dissoute. Alors ils convoquèrent un conseil de guerre, firent le procès à M. de Marigny, et le condamnèrent à mort par contumace. M. de Charette fit fonction de rapporteur, et conclut à la mort.

Les paysans de M. de Marigny montrèrent un vif ressentiment de cet inique jugement, et jurèrent de défendre leur général. Il apprit cette condamnation assez tranquillement; il ne pouvait croire que ses camarades voulussent réellement le faire périr; cela lui paraissait plus absurde encore que cruel. Il était fort malade, et se retira dans une petite maison de campagne, à une lieue de Cerizais; il passa là quelque temps, d'autant moins inquiet que Stofflet avait répété plusieurs fois qu'il lui était tout dévoué : il croyait donc que, par jalousie, on cherchait seulement à le mettre à l'écart. Aussi Stofflet s'étant rapproché de Cerizais, M. de Marigny ne profita pas de l'offre que lui fit alors M. de Charette de venir dans ses cantonnemens. Il y avait dans ce moment environ neuf cents soldats de M. de Marigny rassemblés à Cerizais. Ils le firent supplier de venir parmi eux, prêts à se battre contre Stofflet. Il ne le voulut pas, de peur d'exposer les Vendéens à une double guerre civile. Il refusa aussi de se cacher, ayant trop de grandeur d'ame et de mépris de la vie pour prendre aucune précaution.

Cependant le curé de Saint-Laud arriva de l'armée de Charette, où il avait passé quelque temps.

Il avait pris depuis long-temps sur Stofflet une influence absolue; le lendemain de son arrivée, ce général partit du château de la Morosière où il avait couché; en même temps il donna ordre à quelques Allemands d'aller fusiller M. de Marigny. Ces misérables obéirent. Il n'avait que ses domestiques avec lui, et ne pouvait croire à une telle horreur : enfin, quand il vit qu'on voulait réellement sa mort, il demanda un confesseur; on le lui refusa durement; alors il passa dans le jardin, et dit aux soldats : « C'est à moi à vous commander; » à vos rangs, chasseurs; » puis il leur cria : « En » joue, feu; » et tomba mort. De tous les Vendéens, aucun assurément n'a péri d'une mort plus déplorable et plus révoltante.

M. Stofflet vint à Cerizais; il entra à l'état-major de M. de Marigny avec un air sombre et embarrassé; après un instant : « Messieurs, dit-il, M. de » Marigny était condamné à mort, il vient d'être » exécuté. » On garda un morne silence : il sortit. Le curé de Saint-Laud entra dans le même moment, montra ou feignit de montrer de la surprise, mais aucune indignation. Comme il n'avait pas encore paru en public, il prétendit tout ignorer et arriver d'outre-Loire : il paraît certain qu'il avait eu, la veille, une conférence avec Stofflet; on le croit généralement, et l'on suppose que, de lui-même, celui-ci n'eût jamais pris un tel parti. Un instant avant de donner l'ordre aux chasseurs, il avait promis à M. Soyer l'aîné, le plus habile officier de son armée et plein de loyauté, qu'il ne serait fait aucun mal à M. de Marigny.

Dès que la nouvelle de cette mort fut répandue, il y eut une sorte d'émeute. Les domestiques de M. de Marigny avaient été mis en prison; on fut forcé de les relâcher. L'armée se débanda, et refusa de marcher sous les ordres de celui qui avait assassiné son général; les officiers passèrent, les uns dans l'armée de M. de Charette, les autres dans celle de M. Stofflet.

Peu de chefs vendéens ont laissé une mémoire aussi chérie que M. de Marigny. Il avait pour le pays tant de ménagemens, et s'occupait tellement des moyens de le mettre à l'abri des dévastations des républicains, que les paysans poitevins du département des Deux-Sèvres étaient remplis de reconnaissance et d'attachement pour lui. Aussi leur haine pour Stofflet dure-t-elle encore, et ils ne parlent jamais sans un vif ressentiment du supplice de leur ancien général.

M. de Beaugé, qui était fort attaché à M. de Marigny, déclara hautement qu'il continuerait à se battre, parce que cela était nécessaire, mais comme simple soldat : Stofflet le fit mettre en prison. M. de Beaurepaire vint alors se dénoncer comme coupable de la même opinion et des mêmes dispositions : sa fermeté imposa à Stofflet. Le lendemain il y eut un combat; les gardes de M. de Beaugé le laissèrent libre : il prit un fusil et alla se battre. Après l'affaire, il alla se remettre en prison;

mais les soldats dirent qu'ils ne voulaient plus le
garder. Il continua de suivre l'armée comme soldat, n'approchant jamais de Stofflet qui n'avait
aucun rapport avec lui. Dès que M. de Charette eut
accepté l'amnistie, il en profita; et quand il vit les
intrigans qui entouraient Stofflet retarder la pacification pour des intérêts particuliers, il aida
de tout son pouvoir les républicains à ramener,
par des moyens de douceur et de persuasion, les
paysans de M. de Marigny, qui étaient restés dans
les bois depuis sa mort, sans vouloir reconnaître
aucun chef ni suivre aucune armée, et se bornaient à tirer sur les patrouilles républicaines qui
venaient les inquiéter.

Après la mort de M. de Marigny, il ne resta
plus, à proprement parler, que deux armées : cependant une troisième existait dans le canton où
avait commandé M. de Royrand; mais elle était peu
considérable. M. de Sapinaud, qui l'avait formée
à son retour d'outre-Loire, était d'un caractère
fort doux, et fut toujours plein d'une condescendance absolue pour les deux autres chefs : son armée s'appelait l'armée du centre.

Ainsi toute l'insurrection se trouva dans les
mains de MM. de Charette et Stofflet : ils ne s'accordèrent jamais entre eux; ils étaient l'un et l'autre
dévorés d'ambition et d'une mutuelle jalousie. La
guerre perdit le caractère qu'elle avait eu d'abord;
on ne vit plus cette union des chefs, cette abnégation de soi-même, cette pureté de motifs, cette

élévation d'ame, qui avaient distingué les premiers temps de la Vendée. Les paysans étaient découragés ; il fallait, pour les contenir, une force et une dureté qui ne ressemblaient en rien à la manière avec laquelle on avait pu les conduire d'abord. Il n'y avait plus de grandes batailles. La guerre s'était mêlée de brigandages et de mille désordres; la férocité des républicains avait endurci les ames les plus douces, et des représailles vengeaient les massacres des prisonniers, les noyades de Nantes, les promesses violées, les villages brûlés avec leurs habitans, et toutes les horreurs que la postérité aura peine à croire. Des colonnes républicaines, qui s'intitulaient *infernales*, avaient parcouru le pays dans tous les sens, massacrant hommes, femmes et enfans. Il est arrivé plus d'une fois que le général républicain, après avoir écrit au maire qu'il épargnerait les habitans d'une commune s'ils voulaient se rassembler sans crainte, les faisait cerner et égorger jusqu'au dernier. On ne saurait croire comment, à chaque instant, on manquait de foi à ces malheureux paysans.

Tel était devenu le théâtre de la guerre. M. de Charette y acquit une gloire incontestable : la ténacité de ses résolutions, la constance inébranlable qu'il conservait dans une situation presque désespérée, son esprit de ressource, incapable de découragement, font de lui un homme bien remarquable. Il avait un mélange de vertus et de défauts qui le rendaient éminemment propre à la situation, et en faisaient un vrai chef de guerre civile. Il n'avait peut-être pas une de ces ames pures et chevaleresques dont la mémoire pénètre à la fois d'attendrissement et d'admiration ; mais l'imagination est subjuguée en songeant à ces caractères, tout composés de force, sur lesquels aucun sentiment ne peut avoir de prise, qui vont à leur but sans que rien les arrête, qu'une sorte d'insouciance soldatesque rend inaccessibles à l'abattement, aussi insensibles à leurs propres souffrances qu'à celles d'autrui. M. de Charette était d'une fermeté d'ame inaltérable. Au plus fort de la détresse, quand tout semblait perdu sans ressource, on le voyait, le sourire sur les lèvres, relever le courage de ceux qui l'entouraient, les mener au combat, les pousser sur l'ennemi, et les maintenir devant lui jusqu'à la dernière extrémité. On n'oubliera jamais que ce général, blessé, poursuivi d'asile en asile, n'ayant pas douze compagnons avec lui, a inspiré encore assez de crainte aux républicains, pour qu'on lui ait fait offrir un million et le libre passage en Angleterre, et qu'il a préféré combattre jusqu'au jour où il a été saisi pour être traîné au supplice.

Stofflet avait quelques qualités du même genre; peut-être même avait-il plus de talens militaires : mais il était dur et brutal dans sa manière de commander. Cependant il était facile de le gouverner : le curé de Saint-Laud s'était emparé entièrement de son esprit, et avait fini par dicter toutes ses démarches et toutes ses paroles. C'est à l'état-major de Stofflet, dont il était l'absolu dominateur, que l'abbé Bernier a acquis la réputation d'ambition, d'égoïsme et de vanité, qu'il a laissée dans la Vendée. Pour parvenir à cette position, pour arriver au pouvoir et à la renommée, il avait montré un esprit, une prudence et des talens qui l'abandonnèrent dès qu'ayant atteint son but, il ne fut plus obligé de soigner sa conduite. Tout le monde sait avec quel courage inébranlable MM. de Charette et Stofflet ont subi leur supplice.

Beaucoup d'officiers se distinguèrent dans les trois armées, et il s'y passa de fort beaux faits d'armes, qui furent peu connus, parce que cette guerre n'avait aucun grand résultat. Pierre Cathelineau, qui avait formé un rassemblement après le passage de la Loire, se montra digne de son nom, et périt glorieusement. Deux autres frères, quatre beaux-frères et seize cousins-germains du général Cathelineau, sont morts les armes à la main. Ce général a laissé un fils que le roi a nommé porte-drapeau dans un régiment de sa garde, et quatre filles dont l'une a épousé Lunel, paysan si fameux par sa bravoure.

La santé de ma mère nous retint deux jours à Nantes. Le peu de personnes qui me virent et qui ne me connaissaient point auparavant, furent bien surprises. On avait fait aux dames vendéennes, et surtout à moi, une telle réputation militaire, qu'on se figurait madame de Lescure comme une femme grande et forte, qui s'était battue à coups de sabre, et qui ne craignait rien. J'étais obligée de désavouer tous mes hauts faits, et de raconter tout bonnement combien le moindre danger me trouvait faible et effrayée.

Nous nous hâtâmes de partir pour le Médoc : il fallait un passe-port. M. Mac-Curtin me donna un ordre des représentans, qui enjoignait à la municipalité de donner des passe-ports à Victoire Salgues et à Marie Citran. J'avais pensé qu'il valait mieux, sur la route, cacher nos noms. Je me rendis à la municipalité, toujours vêtue en paysanne : beaucoup de personnes attendaient, et, en les expédiant, on les rudoyait désagréablement. Une religieuse était avant moi; la municipalité, qui, comme les représentans, ménageait beaucoup ceux qu'on égorgeait quelque temps auparavant, traita fort bien cette religieuse : cela m'encouragea. Je m'avançai, et ce fut encore plus fort. Au nom d'*amnistiée*, tout le monde se leva, me fit des révérences, m'appela madame; on me fit mille politesses, même des offres de service; et ce bon accueil n'était pourtant que pour la pauvre Victoire, à qui son titre de Vendéenne valait tout cela. Tandis qu'on venait de traiter si brusquement de bons républicains que l'on tutoyait, on me parlait toujours à la troisième personne.

Nous partîmes avec nos femmes dans une voiture que nous achetâmes : nous emmenions Mademoiselle de Concise dont la mère avait péri à Nantes, et qui ne savait en ce moment que devenir.

27

Tous nos paquets étaient renfermés dans deux petits paniers : ce qui étonnait beaucoup les postillons. Avant Ancenis, je m'arrêtai pour aller voir les gens à qui j'avais confié ma fille aînée : je voulais toujours douter de sa mort; je m'imaginais que c'était peut-être pour la mieux cacher qu'ils avaient dit qu'elle avait péri; j'en étais si persuadée, que je leur offris imprudemment trois mille francs comptant et douze cents francs de pension s'ils me rendaient ma fille : ils auraient pu supposer un autre enfant; mais ils me répétèrent, en fondant en larmes, qu'elle était morte, et qu'avec elle ils avaient perdu leur fortune; ils eurent même la probité de vouloir me rendre l'argent que je leur avais laissé en la cachant.

A Ancenis, comme les Chouans se montraient souvent en force sur la route d'Angers, le district ne voulut pas nous laisser aller plus loin sans escorte; et il y avait cependant des postes républicains toutes les demi-lieues. Nous n'osâmes point dire que nous n'avions nulle peur des brigands; nous fûmes deux jours à attendre l'arrivée d'un aide-de-camp du général Canclaux, qui devait passer, parce qu'on voulait faire un seul convoi : il sut qui nous étions, et eut alors la politesse de faire passer notre voiture la première; pensant, j'imagine, que nous le défendrions mieux contre les Chouans, que les seize hussards qui nous escortaient.

Ainsi nous étions défendues par les bleus contre

les brigands. Cette bizarrerie m'affligeait ; mais, après Angers, il n'y eut plus besoin d'escorte. Nous continuâmes notre route pour Bordeaux, sans autres obstacles que ceux d'une saison très-rigoureuse ; nous vîmes sur la route beaucoup de misère et de famine ; nous fûmes arrêtées onze jours par les glaces au passage de Saint-André-de-Cubzac ; enfin nous arrivâmes à Bordeaux le 8 février. Mon oncle de Courcy avait été dangereusement et long-temps malade, et cette circonstance l'avait préservé de la persécution. Citran n'était pas vendu.

Tous nos amis, au milieu du plaisir de nous revoir, en éprouvaient une sorte de frayeur ; ils ne pouvaient croire à l'amnistie, dont on ignorait les détails à Bordeaux ; chacun s'empressait autour de nous, et nous regardait comme des personnes extraordinaires. Nous allâmes au département pour faire enregistrer notre amnistie ; nous étions toujours vêtues en paysannes. On nous reçut froidement, mais honnêtement. Le commissaire du département voulut nous faire une petite exhortation, et dit qu'on devait compter sur notre repentir. Je me sentis offensée de cette phrase ; je rougis, et le regardai d'une façon qui inquiéta mes amis ; mais il n'en arriva rien. Nous rentrâmes tranquillement à Citran.

Je perdis ma petite fille au moment où l'on venait de la sevrer, à seize mois, et lorsque j'espérais la revoir. Les lois nouvelles me faisaient son héritière, et me donnaient tous les biens de M. de

Lescure : telles avaient été aussi ses intentions ; il les avait consignées dans un testament ; sans cela, j'aurais laissé des collatéraux fort éloignés se partager une succession qui ne leur était pas destinée.

Lorsque la crise du 18 fructidor arriva, on s'aperçut que j'étais sur la liste des émigrés, et il me fallut sortir de France, sous peine de mort, comme les autres émigrés non rayés. Il était cependant bien clair que je n'avais pas quitté la France! Je m'en allai en Espagne avec M. de Courcy, inscrit aussi sur la liste : ma mère ne s'y trouvait pas. Je passai huit mois sur la frontière d'Espagne ; je trouvai, dans les habitans de ce pays, des sentimens nobles et élevés, qui m'y attachèrent sincèrement ; depuis, je n'ai point été surprise de leur héroïque résistance contre Bonaparte.

Cependant ma mère obtint que je serais rappelée : elle avait représenté que mon exil était une violation de l'amnistie et de la paix signée avec les Vendéens, qui déclaraient non émigrés tous ceux qui avaient pris part à la guerre. Quelques protections firent écouter cette juste réclamation. Ma mère obtint qu'on enverrait au département de la Gironde la lettre que le ministre avait adressée secrètement, le 18 fructidor, aux départemens de l'ouest, pour faire rester en France les amnistiés ; cette lettre avait été ignorée à Bordeaux : ainsi, je suis la seule vendéenne qui ait été obligée de sortir ; je revins, même sans être mise en surveillance, car on reconnaissait que j'avais été mal à propos exilée. Ensuite le département de la Gironde me raya de la liste des émigrés. Il fallait que cette décision fût confirmée à Paris; il paraissait qu'elle le serait sans difficulté : mais des ennemis inconnus, ou de zélés républicains, dérobèrent dans les bureaux la moitié des pièces, et je fus maintenue sur la liste. Aussitôt je reçus un nouvel ordre de sortir de France dans le délai de vingt jours, sous peine d'être fusillée : tous mes biens furent mis en vente. Je retournai chez les bons Espagnols qui m'avaient déjà donné asile; j'y passai dix mois, et c'est là que j'ai commencé à écrire ces Mémoires. Je revins en France au mois de mai; toutes les choses avaient changé de face depuis le 18 brumaire.

Je retrouvai, contre toute attente, les biens que j'avais laissés en partant. Beaucoup avaient été vendus pendant la guerre de la Vendée; mais ce qui me restait ne le fut pas pendant mon exil. En Poitou, la mémoire de M. de Lescure m'avait protégée; des personnes que je ne connaissais pas, qui n'avaient pas les mêmes opinions que moi, mirent par reconnaissance pour lui, à mon insu, une chaleur et un dévouement extrêmes pour me conserver les biens qu'il était ordonné de vendre. En Gascogne, je dus tout à MM. Duchâtel, Deynaut, Magnan, et Descressonière.

Ma mère me pressait de me remarier. J'avais toujours pensé que je ne devais vivre que pour regretter ceux que j'avais perdus, et qu'après tant de malheurs, c'était là mon devoir ; j'avais souvent projeté de fonder quelque hospice et de consacrer ma fortune et mes soins à secourir les pauvres blessés vendéens qui avaient combattu près de moi, et dont j'avais partagé la misère. Mais le monde réduit de tels desseins à n'être que des rêves de l'imagination ; dans notre siècle, on les traite de folie et d'exaltation : je finis par écouter les conseils de ma mère. Cependant je regrettais de perdre un nom qui m'était si cher et si glorieux ; je ne voulais pas renoncer à tous les souvenirs de la Vendée, pour recommencer une nouvelle existence. Il y a des circonstances auxquelles la vie entière doit toujours se rattacher.

Ainsi je ne pus songer à obéir à ma mère, que lorsque j'eus vu en Poitou M. Louis de La Rochejaquelein, frère de Henri. Il me sembla qu'en l'épousant, c'était m'attacher encore plus à la Vendée, unir deux noms qui ne devaient point se séparer, et que j'étais loin d'offenser la mémoire de celui que j'avais tant aimé. J'épousai M. Louis de La Rochejaquelein le 1ᵉʳ mars 1802.

FIN DES MÉMOIRES.

SUPPLÉMENT.

Lorsque j'écrivais ces Mémoires, qui vous étaient destinés, mes chers enfans, nous vivions à la campagne, évitant avec soin l'éclat et le bruit, ne venant jamais à Paris, conservant nos opinions, nos sentimens, et surtout l'espérance que Dieu nous rendrait un jour notre légitime souverain. M. de La Rochejaquelein se livrait à l'agriculture et à la chasse. Cette vie paisible et obscure ne pouvait nous dérober à l'action inquiète d'un gouvernement qui ne se contentait pas de notre soumission, et semblait s'irriter de ne pas avoir nos hommages et nos services.

Nous vivions en butte à une tyrannie qui ne nous laissait ni calme ni bonheur : tantôt on plaçait un espion parmi nos domestiques ; tantôt on exilait loin de leur demeure quelques-uns de nos parens, en leur reprochant une charité qui leur attirait trop l'affection de leurs voisins; tantôt mon mari était obligé d'aller rendre compte de sa conduite à Paris ; tantôt une partie de chasse était représentée comme une réunion de Vendéens ; quelquefois on nous blâmait d'aller en Poitou, parce qu'on trouvait que notre influence y était trop dangereuse ; d'autres fois on nous reprochait de ne pas y habiter, et de ne pas employer cette influence au profit de la conscription. Les gens en place croyaient se faire un mérite en nous inquiétant de mille manières. On voulait, soit par promesses, soit par menaces, attacher par quelque emploi notre famille au gouvernement. En 1805, on vint offrir à M. de La Rochejaquelein une place à la cour, en lui disant de *se mettre à prix ;* on alla jusqu'à lui promettre qu'il n'en exercerait pas les fonctions. On finit par employer, mais inutilement, les menaces. La considération attachée à des opinions fidèles et pures, et à une position indépendante, fatiguait le gouvernement : aussi notre existence était sans cesse troublée.

Ce fut dans ce temps, à peu près, que nous fîmes connaissance avec M. de Barante, alors sous-préfet de Bressuire.

Les souvenirs de la guerre de la Vendée lui avaient inspiré une grande admiration ; il s'était fort attaché au caractère simple et loyal des habitans de ce pays ; il montra franchement de l'estime pour notre constance dans nos sentimens ; une confiance parfaite s'établit entre lui et nous. Autant qu'il fut en lui, il tâcha de rendre notre situation moins pénible ; il disait hautement qu'il était hors de la justice et de la dignité d'exiger de nous autre chose que l'obéissance aux lois établies. Il savait que M. de La Rochejaquelein avait trop d'honneur et de raison pour exciter des troubles et faire répandre le sang inutilement, et qu'il n'entreprendrait rien, à moins que ce ne fût avec l'espérance de sauver son pays.

En 1809, la persécution devint plus avouée et plus directe; on voulut forcer M. de La Rochejaquelein à entrer dans l'armée comme adjudant-commandant, avec le grade de colonel. On savait qu'il avait fait, comme capitaine de grenadiers, cinq campagnes contre les nègres de Saint-Domingue. La lettre du ministre était aussi pressante que polie; il disait à M. de La Rochejaquelein que son frère s'étant illustré dans les armes, il devait désirer de suivre la même carrière. Il refusa : sa santé, cinq enfans que nous avions déjà, étaient des motifs à alléguer, mais que l'on n'eût peut-être pas admis sans le zèle et les bons offices de M. de Monbadon, notre parent.

Mon beau-frère, Auguste de La Rochejaquelein, fut aussi *invité* à prendre du service, en même temps que MM. de Talmont, de Castries, et d'autres jeunes gens marquans; il alla à Paris et refusa. Dès qu'on vit qu'il avait des objections à faire, au lieu de les écouter, on le fit arrêter; il ne céda pas encore, demanda de quoi il était coupable, et ne voulut point comprendre pourquoi on le mettait en prison; de sorte qu'après plus de deux mois, il força du moins le ministre de s'expliquer sans détour, et de lui signifier qu'il serait prisonnier tant qu'il ne serait pas sous-lieutenant. On le plaça dans un régiment de carabiniers : il y passa trois ans. A la bataille de la Moskwa, il fut couvert de blessures, fait prisonnier et conduit à Saratow ; il y fut bien traité, et son sort fut tout-à-fait adouci à la recommandation du roi qui eut l'extrême bonté de faire écrire en sa faveur.

Vers la fin de 1811, ma santé et le désir de revoir nos parens, nous conduisirent, ma mère et moi, à Paris, où je n'étais pas venue depuis 1792. M. de La Rochejaquelein vint m'y joindre. L'expédition de Russie était alors décidée. Les personnes qui, comme nous, étaient restées invariablement attachées à la maison de Bourbon, ne voyaient jamais Bonaparte entreprendre une guerre, sans concevoir une secrète espérance que quelqu'une des chances qu'il bravait avec tant de folie, le renverserait. Cette fois surtout, le caractère gigantesque et extravagant de cette expédition, la distance des armées, la nature du pays où elles allaient combattre, et l'inutilité, si claire pour les yeux les plus fascinés, d'une entreprise ainsi conçue, donnaient l'idée qu'il courait vers la fin de sa prospérité. Nous nous entretînmes de cet espoir avec ceux qui partageaient nos sentimens. M. de La Rochejaquelein vit et rechercha les hommes les plus marquans par leur nom et leur constance, entre autres MM. de Polignac, malgré la surveillance de leur prison.

Nous revînmes en Poitou, et de-là en Médoc, où nous passâmes l'hiver de 1813. Les désastres de

Russie, la destruction de l'armée, les mesures qu'il fallait prendre pour réparer ces pertes, les levées multipliées, les sacrifices de toute espèce que le gouvernement imposait, l'odieuse formation des régimens de gardes-d'honneur, tout semblait devoir précipiter le dénoûment et amener une révolution à laquelle il fallait se préparer.

Ce fut au mois de mars de la même année, que M. Latour arriva à Bordeaux, portant les ordres du roi. Avant de parler de sa mission, il est nécessaire de rendre compte de ce qui s'était passé dans cette ville depuis 1795. Le parti royaliste y avait toujours été nombreux; les jeunes gens y étaient zélés et entreprenans, la masse du peuple excellente; les émigrés que l'on y emprisonnait avaient souvent été délivrés par adresse ou à main armée; une multitude de réquisitionnaires y avaient trouvé un asile; les prisonniers espagnols y avaient reçu l'accueil le plus favorable; mille autres circonstances avaient assez prouvé quelle était l'opinion des Bordelais : mais, outre cela, l'élite des royalistes était secrètement formée en compagnies armées, la plupart composées d'artisans qui n'ont jamais reçu aucune paie. La discrétion de tant de personnes est encore plus remarquable que leur fidélité. Je vais expliquer l'origine de cette organisation.

L'époque qui a suivi la seconde guerre de la Vendée, c'est-à-dire 1796, est celle où les royalistes ont eu le plus d'espérances et concerté le plus d'entreprises. Le directoire n'avait, pour ainsi dire, aucune puissance ; on jouissait d'une grande liberté, et jamais les opinions n'ont eu un cours aussi peu contraint. Le roi avait des intelligences dans presque toutes les provinces; partout il y avait une sorte d'organisation, à peine secrète, du parti royaliste. Des commissaires nommés par le roi, alors à Véronne, travaillaient à servir sa cause : c'était M. Dupont-Constant qui était commissaire à Bordeaux; il présidait un conseil nombreux ; ses principaux agens étaient MM. Archbold, Dupouy, Cosse, Estebenet, etc.

Quelques mois auparavant (après la seconde guerre de la Vendée), MM. Forestier et de Céris vinrent passer quelques jours à Bordeaux : ces messieurs se rendaient à Baréges pour leur santé. Nous ne connaissions pas ce dernier, parce qu'étant émigré, il n'était arrivé dans la Vendée qu'en 1794. M. de Céris revint, de la part de M. de Forestier, nous dire qu'ils avaient résolu de passer en Espagne et en Angleterre; il demanda à ma mère des lettres de recommandation ; elle lui en donna de fort pressantes pour M. le duc d'Havré, son ami intime, et pour mon oncle le duc de Lorge. Elle n'avait pas l'idée que MM. Forestier et de Céris travaillassent à l'exécution de quelque entreprise ; peut-être qu'eux-mêmes n'avaient pas de pensées bien arrêtées à cet égard. L'accueil flatteur qu'ils reçurent, les entretiens qu'on eut avec eux, l'état de la

France, qui semblait de plus en plus présenter des chances favorables, redoublèrent leur zèle. Au mois de mai 1797, ils revinrent, apportant à ma mère une lettre de la main de Monsieur, qui la chargeait de réunir le parti du roi à Bordeaux. Il y avait des instructions du duc d'Havré, et aussi du prince de la Paix. Elle vit bien que MM. Forestier et de Céris avaient tout exagéré dans leur discours, et présenté les choses sous un aspect beaucoup trop favorable; cependant elle regarda comme un devoir sacré de répondre à la confiance dont les princes l'honoraient. Elle confia le tout à M. Dudon, ancien procureur-général, et à son fils; elle conféra avec eux de ce qu'il y avait à faire. Ce digne magistrat, malgré son grand âge, était plein d'énergie; il découvrit tout de suite que M. Dupont-Constant était commissaire du roi, et ces messieurs formèrent un conseil secret, composé seulement de MM. Dupont-Constant, Dudon, Deynaut, et de l'abbé Jagault, ancien secrétaire du conseil supérieur de la Vendée. On jugea qu'il importait, avant tout, d'éclairer les princes sur la véritable situation de la France, qu'on leur avait présentée d'une manière trop flatteuse et inexacte.

M. Jagault partit pour Édimbourg; il rédigea et remit à Monsieur un Mémoire où il exposait la vérité.

La journée du 18 fructidor vint bientôt confirmer ses sincères observations : les espérances des royalistes furent détruites, et leurs projets renversés par cet événement.

Quand, un an après, le gouvernement du directoire commença à être ébranlé; quand les Autrichiens et les Russes obtinrent en Italie de grands succès, que tout sembla présager un changement en France, on reprit avec plus d'ardeur le dessein d'agir. Ma mère avait gagné depuis long-temps au parti du roi M. Papin, négociant. Ce jeune homme était parti, quelques années auparavant, à la tête des volontaires de Bordeaux; il avait fait la guerre d'Espagne avec une grande distinction, avait obtenu le grade de général de brigade sur le champ de bataille; il avait aimé la révolution, et c'était dans cette disposition qu'il était parti pour les armées. A son retour, apprenant quels excès s'étaient commis en son absence, il ne voulut point être mêlé aux hommes qui s'en étaient rendus coupables, et se plaignit à M. Deynaut de ce qu'on avait voulu le mettre sur la liste d'un club de jacobins.

Ma mère voulut connaître M. Papin; elle exalta en lui l'horreur qu'il avait conçue pour la révolution, et parvint à vaincre l'hésitation qui l'empêchait de se ranger dans un autre parti, en lui disant qu'il n'y avait de honte qu'à rester fidèle à une mauvaise cause.

Ma mère le présenta à MM. Dudon et Dupont, avec une confiance qu'il méritait bien. Il les voyait rarement; M. Queyriaux était l'intermédiaire entre eux et lui. Ces messieurs l'ayant nommé général,

pour le roi, de tout le département, il s'occupa
aussitôt à former un corps qui s'intitula *Garde
royale*, qui, depuis, n'a cessé d'exister. M. Papin
fut surtout secondé par MM. de Maillan, Sabès,
Labarte, Gautier, Latour-Olanier, Roger, Aquart,
Marmajour, Rollac, Dumas, Delpech, etc.

Jamais on ne s'était cru si près du succès : la loi
des otages avait allumé la troisième guerre de la
Vendée, renouvelé et étendu celle des chouans; à
Bordeaux, on en vint aux mains; les jacobins, aidés
par un régiment, attaquèrent ouvertement les
jeunes gens.

M. Eugène de Saluces fut grièvement blessé, et
mis en prison avec plus de quarante autres, qui
sortirent successivement; mais il y resta quatre
mois avec un brave menuisier nommé Louis Hagry, homme d'un zèle extraordinaire. Ceci se passa
pendant l'été de 1799 : nous étions alors en Espagne où ma mère avait eu la permission de m'accompagner dans mon second exil, et de passer
quelque temps avec moi. Nous rencontrâmes à
Oyarsun M. Richer-Serisy, que son esprit et son
zèle avaient rendu fort célèbre à cette époque. Après
avoir long-temps conféré avec ma mère, il partit
pour Madrid avec M. Alexandre de Saluces; il voulait essayer si l'on pourrait décider la cour d'Espagne
à prendre les armes pour la maison de Bourbon,
et à seconder les efforts victorieux des Autrichiens
et des Russes.

Le retour du général Bonaparte, le 18 brumaire, et enfin la bataille de Marengo, arrêtèrent encore une fois les projets des royalistes ; tout fut suspendu, hormis les désirs et les liens mutuels qui existaient parmi les nombreux serviteurs du roi.

MM. Dudon moururent, ainsi que l'excellent M. Latour-Olanier ; on arrêta un grand nombre de royalistes qui restèrent dix-huit mois en prison, entre autres MM. Dupont, Dupouy, Dumas. M. Papin échappa par la fuite, et trouva le moyen de se justifier par la protection des maréchaux Moncey et Augereau, ses amis. Lors de l'affaire de Pichegru, il était de retour à Bordeaux ; on y fit de nouvelles arrestations ; il s'échappa encore, et retourna auprès du général Moncey. On eut l'air de le croire innocent à cause de ses protecteurs ; mais à peine fut-il de retour à Bordeaux, avec la promesse de n'être pas inquiété qu'on vint pour l'arrêter : il se cacha ; mais voyant que les renseignemens contre lui étaient positifs, il quitta la France. Il fut jugé par une commission militaire, qui le condamna à mort par contumace ; sa femme et ses enfans se jetèrent vainement aux pieds de Bonaparte pour obtenir sa grâce : depuis ce temps il resta en Amérique jusqu'en 1816 ; MM. Forestier, de Céris, du Chenier, furent aussi condamnés par contumace ; M. Goguet fut exécuté en Bretagne ; l'intrépide M. Dupérat enfermé pour le reste de ses jours (1). Tout rentra

---

(1) Il n'est sorti qu'à la restauration.

dans le silence, et l'on n'eut plus de communications avec le roi.

Ma mère avait été très-compromise, après la bataille de Marengo, sur ce qui s'était passé à Bordeaux; elle pensa être mise en prison et jugée; elle en eut toute la peur : mais elle fut bien servie, et l'on put heureusement la défendre, parce qu'elle vivait tranquillement à la campagne, sans se mettre en évidence, et sans se vanter de la confiance des princes. Après avoir montré sa lettre à M. Dudon, elle l'avait brûlée devant lui, et n'en avait plus parlé. M. Queyriaux, notre ami, plein d'un zèle sans bornes, était presque toujours le seul qui la mît en communication avec tous les royalistes : elle était souvent consultée; mais loin de s'en prévaloir, elle ne s'en mêlait que pour entretenir l'union. Cette conduite tenait à son caractère, et non à un sentiment de crainte; ma mère ne cachait pas son opinion, et peut-être même que sa franchise et sa simplicité à cet égard l'ont sauvée, en bannissant toute méfiance ; on ne pouvait croire qu'il y eût quelque chose à deviner chez des personnes qui parlaient si ouvertement et qui avaient une conduite si calme (1).

---

(1) C'est au point qu'étant parvenu à introduire chez nous un espion pour domestique, il s'en alla au bout de quinze jours, disant qu'il n'y avait rien à examiner dans une maison où les maîtres et les domestiques criaient jusque sur les toits qu'ils étaient royalistes.

En 1808, l'enlèvement des princes d'Espagne excita une vive indignation à Bordeaux. M. de Rollac organisa un plan avec MM. Pedesclaux, consul d'Espagne, Taffard de Saint-Germain, Roger et quelques autres, pour enlever Ferdinand VII et le conduire à la station anglaise. Ils envoyèrent M. Dias, maître de langue espagnole à Bordeaux, pour l'en prévenir, et il vint à bout de s'introduire quelques instans dans sa chambre et de lui parler : mais le prince ne prit aucune confiance dans une personne inconnue ; ces messieurs attendirent en vain ses ordres, et le projet manqua.

M. de Rollac fit, peu de temps après, un complot pour livrer Pampelune aux Espagnols : il fut sur le point de réussir ; mais, étant découvert, il fut obligé de fuir. M. Taffard, son ami, le fit embarquer pour l'Angleterre ; il emporta un mot de ma mère pour mon oncle de Lorge, et, par ce moyen, fut accrédité du roi, parla du dévouement des Bordelais, et surtout du courage et du zèle de M. Taffard auquel il devait la vie. Les relations avec Bordeaux se trouvèrent ainsi rétablies. Il n'en résulta rien pendant quelques années ; mais lorsqu'en 1813 la retraite de Moscou eut fait renaître l'espérance, M. Latour arriva à Bordeaux, apportant à M. Taffard une lettre de son ami, pour l'inviter à rallier le parti royaliste : M. Latour l'en chargea de la part du roi. Il était loin de s'attendre à cet honneur; peu riche, ayant une famille nombreuse, sans ambition, M. Taffard n'avait songé, en servant M. Rollac, qu'à remplir les devoirs de l'amitié; et tout attaché qu'il était à la maison de Bourbon, il n'avait pas eu l'idée de former un parti : les ordres du roi lui parurent sacrés.

M. Latour était chargé par S. M. de voir aussi M. de La Rochejaquelein, et de lui dire qu'elle comptait sur lui pour la Vendée. Mon mari se rendit à Bordeaux, et eut, dès le soir, une conférence de quatre heures avec MM. Latour et Taffard.

Dès-lors, M. Taffard reprit avec MM. Queyriaux, Marmajour et autres, les anciens plans de la garde royale. M. de La Rochejaquelein partit pour le Poitou : il parcourut l'Anjou et la Touraine, avec M. de la Ville de Beaugé, celui des anciens chefs qui lui avait toujours montré le plus d'attachement; allant partout voir leurs amis et les anciens Vendéens; sondant tous les esprits.

A Tours, il trouva tous les jeunes gens de la Vendée qui avaient été forcés d'entrer dans les gardes-d'honneur; leur ressentiment était extrême. Il ne leur cacha point ses désirs et ses espérances, et leur recommanda de se réserver avec prudence pour le moment décisif. Il fut question d'enlever à Valençay, Ferdinand VII. M. Thomas de Poix, gentilhomme de Berry, un des meilleurs amis de M. de La Rochejaquelein, devait être le chef de cette entreprise; il est mort au moment où il eût pu agir. Mon mari continua son voyage, passa quinze jours à Nantes chez M. de Barante, son ami, alors préfet; il vit, dans ses courses, le prince de

Laval, venu de Paris dans les mêmes vues que lui ; MM. de Sesmaisons, M. de Suzannet, etc.

Cependant les jeunes gardes d'honneur de Tours ne furent pas aussi discrets qu'on le leur avait recommandé ; ils firent plusieurs coups de tête : quelques-uns furent arrêtés, entre autres M. de Charette, brave jeune homme, digne de son nom (1).

M. de La Rochejaquelein revint en Médoc ; j'accouchai le 30 octobre. Le 6 novembre, M. Lynch, maire de Bordeaux, ancien et respectable ami de ma mère, envoya un exprès à mon mari pour lui apprendre qu'on partait pour l'arrêter. M. Lynch allait en députation à Paris ; il ne se mit en route qu'après avoir eu la certitude que M. de La Rochejaquelein était sauvé. Mon mari me laissa ignorer tout ce qui se passait, et s'en alla à Bordeaux avec MM. Queyriaux ; il avait dîné à Castelnau, et y avait vu arriver les gendarmes qui venaient pour le prendre. M. Bertrand les commandait ; il savait bien ce qu'il venait faire ; mais comme il n'était pas porteur de l'ordre, et qu'il était seulement chargé de prêter main-forte à un commissaire de police, il laissa passer M. de La Rochejaquelein qu'il reconnut parfaitement. Le commissaire de police, qui venait en voiture, s'embourba et fut retardé dans sa marche. Dès la pointe du jour, le château

---

(1) Il a été tué en 1815, emportant les regrets éternels des Vendéens.

fut investi; les domestiques, ne sachant pas le départ de leur maître, répondirent qu'il était dans la maison; eux et les paysans, qui arrivaient en foule pour la messe, étaient plongés dans l'affliction et voulaient tomber sur les gendarmes pour le délivrer, s'il venait à être saisi; plusieurs de nos voisins, que nous connaissions peu, montèrent à cheval dans la même intention. La visite fut longue, brutale et ridiculement minutieuse. Le commissaire de police était furieux d'avoir manqué sa proie. Nous avons su depuis que l'ordre portait, en secret, de prendre M. de La Rochejaquelein mort ou vif; on devait le conduire en poste jour et nuit, et, à quelque heure que ce fût, l'amener au ministre.

Tandis que M. de La Rochejaquelein était caché à Bordeaux, MM. de Tauzia et de Mondenard, attachés à la municipalité, et qui étaient du complot, veillaient à sa sûreté. Pendant ce temps-là, MM. de Monbadon et de Barante faisaient, avec un zèle extrême, des démarches pour faire révoquer cet ordre. Le ministre, après quelques difficultés, répondit que M. de La Rochejaquelein n'avait qu'à venir à Paris pour lui donner des explications nécessaires. Je n'ajoutais pas une foi entière à ces assurances; cependant elles furent répétées si fortement, les moyens d'agir semblaient tellement rendus impossibles par les négociations des alliés avec Bonaparte, et par l'attente journalière de la paix, que je penchais quelquefois, je l'avoue, pour le parti d'aller trouver le ministre ; j'avais d'ailleurs la certitude qu'il n'existait pas une ligne d'écriture de mon mari qui déposât contre lui ; je m'effrayais d'une longue séparation et d'un avenir de persécution. Pour lui, au contraire, il n'hésitait nullement : il prévoyait avec raison que, lors même que le ministre tiendrait sa parole et ne le mettrait point en prison, il se trouverait gêné, soit par un exil, soit par l'offre impérative de quelque place dans l'armée ; il voulait conserver la liberté d'agir ; sa pensée se portait toujours vers le projet de faire soulever la Vendée, quand le moment serait venu. M. de La Rochejaquelein tournait ses regards de ce côté, et il y était appelé naturellement par son nom, par son influence sur les habitans de ce pays dont il avait une connaissance parfaite ; d'ailleurs l'intention du roi le fixait d'une manière invariable à ce projet.

Dès qu'une fois il fut caché à Bordeaux, il devint le moyen de réunion de plusieurs associations secrètes, qui jusqu'alors s'étaient occupées séparément du même but. En effet, la persécution dirigée contre lui l'avait désigné pour chef du parti, et tous les gens dévoués cherchaient à se mettre en relation avec lui ; il en avertissait M. Taffard qui ne pouvait prudemment laisser connaître qu'il fût commissaire du roi (1).

---

(1) MM. de Gombauld, Ligier, vitrier ; Chabaud, instituteur ; Badin, l'abbé Rousseau, Dupony, etc., avaient des réunions par-

Dans le mois de décembre, un des capitaines de la garde royale, M. Gipoulon, maître d'armes, fut arrêté, conduit à Paris, mis aux fers, et resta inébranlable dans quinze interrogatoires : rien ne fut découvert.

Vers le 1er de janvier 1814, M. de La Rochejaquelein vint passer trois jours avec moi à Citran; il parcourut ensuite pendant quelque temps le Bas-Médoc, avec son ami M. Luetkens, l'homme le plus dévoué au roi, et remarquable par sa hardiesse froide et calme. Ils communiquèrent à ceux sur lesquels on pouvait compter, ce que l'on concertait à Bordeaux; ils les mirent en intelligence avec cette ville. Mais l'ardeur de tous avait beau croître chaque jour, la position de l'armée française entre Bordeaux et les Anglais arrêtait toute tentative.

M. de La Rochejaquelein revint s'établir à Citran; nos enfans et tous nos domestiques le voyaient; sans cesse des personnes que nous ne connaissions pas auparavant, venaient conférer avec lui; et cependant jamais sa retraite n'a été troublée, tant il y a eu de discrétion.

La police n'avait point cessé ses recherches; mais elles étaient plus vivement continuées en Poitou et à Nantes, à cause de l'amitié de M. de Barante.

---

ticulières. MM. Ligier et Chabaud, hommes dévoués et entreprenans, avaient déjà organisé huit compagnies : ils y avaient travaillé dès 1809.

Depuis le mois de décembre, quelques mouvemens avaient eu lieu dans la Vendée; des conscrits refusaient d'obéir et se battaient contre les gendarmes : mais le gouvernement, qui craignait la guerre civile, et qui n'aurait pas eu la force de la réprimer, consentait à montrer quelque indulgence, exigeait beaucoup moins de sacrifices du pays, y demandait moins de levées que partout ailleurs, et n'imposait pas ces énormes réquisitions qui accablaient le reste des Français (1). Ce système de prudence, combiné avec la présence d'environ deux mille gendarmes, empêcha la guerre d'éclater pendant l'hiver, bien qu'il y eût des bandes de conscrits insoumis qui se défendaient les armes à la main, et qu'une résistance générale se manifestât de toutes parts (2). D'ailleurs les chefs ne voulaient rien faire d'incomplet, et attendaient, pour se déclarer, le moment où l'insurrection pourrait être générale : l'apparence continuelle de la paix paralysait les plus hardis.

Cependant M. de La Rochejaquelein revenait sans cesse au dessein d'aller se jeter parmi les braves Vendéens : mais c'était se précipiter dans un péril certain; il y était plus exactement recherché qu'à Bordeaux; il ne pouvait entreprendre de suivre les

---

(1) La Vendée insurgée étant composée de parties de quatre départemens, il y eut dans chacune des adoucissemens de différens genres.

(2) Dans le département des Deux-Sèvres, c'était Guyot, paysan de Gourlay, qui les commandait.

grandes routes où il était trop connu; les chemins de traverse, cette année, étaient devenus impraticables par des débordemens extraordinaires. Enfin nous le fîmes, à grand'peine, consentir à ne se décider qu'après que M. Jagault aurait fait une tournée dans l'ouest, pour s'assurer de la position des choses et lui préparer les moyens d'arriver dans la Vendée. Il partit le 26 janvier; il devait parcourir la Saintonge, prévenir M. de Beaucorps, mon beau-frère, conférer avec M. de la Ville de Beaugé, chercher à communiquer avec les anciens chefs, se rendre à Paris, se concerter avec M. de Duras et mes cousins de Lorge, tout mettre d'accord pour un plan vaste et général, et finir par Nantes où il aurait confié le tout à M. de Barante.

C'étaient précisément ces mêmes provinces et ce même ensemble d'insurrection, que MONSIEUR avait indiqués quinze ans auparavant, lorsqu'il avait donné des instructions à M. Jagault.

Arrivé à Thouars, il écrivit, le 5 février, qu'il était impossible à M. de La Rochejaquelein de pénétrer sur-le-champ dans la Vendée, et d'y rien commencer d'important; qu'il allait continuer sa route vers Paris, et qu'à son retour il espérait que tout serait mieux disposé pour l'entreprise. De tels délais ne pouvaient s'accorder avec l'impatience de mon mari.

Depuis quelque temps, la nouvelle de l'arrivée de monseigneur le duc d'Angoulême à l'armée anglaise s'était répandue; et, dans les derniers jours, ce bruit s'étant accrédité, M. de La Rochejaquelein se décida sur-le-champ à se rendre auprès de lui pour recevoir ses ordres et lui rendre compte de ce qui se passait. M. Armand d'Armailhac était venu, trois jours auparavant, lui offrir un bâtiment qui partait pour Saint-Sébastien. Il quitta Citran pour se concerter avec MM. Taffard et de Gombauld.

En rentrant à Bordeaux, M. de La Rochejaquelein pria M. de Mondenard de dire à M. Lynch, revenu depuis deux jours de Paris, qu'il souhaitait lui témoigner sa reconnaissance et lui ouvrir son cœur. Celui-ci vint le trouver. M. de La Rochejaquelein lui dit qu'il croyait ne pouvoir mieux reconnaître le service si grand qu'il en avait reçu, qu'en lui apprenant ce qui avait été préparé à Bordeaux en son absence, les secrets des royalistes, et son départ pour Saint-Jean-de-Luz. M. Lynch, saisi de joie et de surprise, lui dit sans hésiter : « Assurez monseigneur le duc d'Angoulême de » tout mon dévouement ; dites-lui que je serai le » premier à crier *vive le roi*, et à lui rendre les » clefs de la ville. » M. Lynch étant à Paris, et prévoyant la chute de Bonaparte, avait trouvé un prétexte pour entrer dans la maison de santé où étaient détenus MM. de Polignac ; et, après une longue conférence, leur avait donné sa parole d'honneur, que si Bordeaux se soulevait un jour pour le roi, il prendrait le premier la cocarde blanche. Ces messieurs lui recommandèrent de s'entendre avec MM. de La Rochejaquelein et de Gombauld, avec lesquels ils avaient eu des relations depuis long-temps. M. de Gombauld avait déjà prévenu M. le comte Maxime de Puységur, adjoint municipal, tout dévoué au roi.

C'était sur un bâtiment commandé par le capitaine Moreau, qui avait une licence pour l'Espagne, que M. d'Armailhac avait préparé le passage de M. de La Rochejaquelein; mais il était bien difficile d'arriver jusqu'à ce bâtiment. Outre toutes les visites qu'il devait subir avant de sortir de la rivière, des douaniers devaient monter à bord, y rester jusqu'à quatre lieues en mer, et revenir dans un canot.

Je venais de recevoir de M. le sénateur Boissy-d'Anglas, commissaire extraordinaire dans la douzième division, une lettre très-rassurante sur la persécution que nous éprouvions; M. de La Rochejaquelein l'emporta, pour prouver à monseigneur que ce n'était pas la nécessité de fuir qui l'amenait à ses pieds; il nous quitta le 15 février au soir; je n'eus de force que pour demander à Dieu le dernier sacrifice que nous pouvions faire au roi.

M. de La Rochejaquelein et M. François Queyriaux, qui voulut absolument courir les mêmes périls, s'embarquèrent, la nuit du 17, dans la chaloupe de Taudin, pilote côtier de Royan, pour aller joindre le bâtiment du capitaine Moreau; ils se couchèrent dans la tille sans pouvoir changer de position durant quarante-deux heures. On réussit à passer devant *le Régulus,* vaisseau stationnaire, qui visitait la moindre embarcation. Une tempête affreuse se déclara, et fit courir les plus grands dangers à la barque. Le bâtiment du capitaine Moreau perdit son ancre ; on crut un instant qu'il serait forcé de retourner à Bordeaux : on trouva une ancre à Royan. Pendant ce retard, la chaloupe de Taudin était mouillée au milieu de tous les bateaux de ce port, et mille hasards pouvaient, à chaque minute, trahir les deux fugitifs. Le capitaine Moreau mit en mer; il fallait un prétexte pour aller le joindre : Taudin s'avise de demander à un de ses fils, à haute voix et devant tous ceux qui étaient sur le quai, s'il a remis à Moreau les pains qu'il devait lui donner : le fils répond que non; le père s'emporte, lui reproche son oubli; sa colère éloigne toute méfiance; il va chercher les pains dans sa maison à Royan, et en même temps il confie son secret au pilote qui allait rechercher les douaniers; ils conviennent tous deux qu'ils aborderont au même instant le vaisseau par le travers, Taudin du côté de la mer, l'autre du côté de la terre; ainsi, tandis que les douaniers descendent dans la chaloupe, MM. de La Rochejaquelein et Queyriaux se glissent à plat ventre dans le bâtiment, par le bord opposé.

La traversée fut rapide; en vingt-deux heures on arriva devant le port du Passage. Une violente tempête venait de s'élever; elle fit périr, quelques heures après, plusieurs navires à la vue de terre; cependant M. Moreau parvint à aborder. M. de

La Rochejaquelein et son compagnon trouvèrent à Renteria lord Dalhousie, et lui confièrent le motif de leur voyage; il les accueillit avec empressement, leur fit les offres les plus obligeantes, les pressa même d'accepter de l'argent. M. de La Rochejaquelein ne lui demanda qu'à être conduit vers monseigneur le duc d'Angoulême qui était à Saint-Jean-de-Luz. Dans ce moment, lord Dalhousie n'avait point là de chevaux; il donna deux soldats pour guides à ces messieurs qui marchèrent toute la nuit. Ils se rendirent chez le prince : il était arrivé depuis quinze jours seulement, sous le nom de comte de Pradelles, accompagné du comte Étienne de Damas. Lord Wellington lui avait rendu ses hommages. Le maire de Saint-Jean-de-Luz, les habitans de quelques petites paroisses voisines, étaient, jusqu'alors, les seuls Français qui lui eussent secrètement fait connaître leurs sentimens et leurs vœux. Sitôt qu'il sut les plans de Bordeaux, la situation de la Vendée et l'opinion générale, son cœur se rouvrit à l'espérance, et il déclara que rien ne lui ferait quitter le sol de cette France où il retrouvait encore des sujets fidèles, et qu'il y périrait plutôt que de jamais se séparer d'eux. Il apprit à ces messieurs que Monsieur était en Suisse, monseigneur le duc de Berry à l'île de Jersey, et qu'ils cherchaient, comme lui, à se jeter en France.

M. le duc de Guiche fut chargé de conduire les voyageurs au quartier-général de lord Wellington, alors à Garitz. Cet illustre général les reçut fort bien ; il avait, dès le premier instant, montré un grand attachement à la cause de la maison de Bourbon ; mais lorsque les alliés et l'Angleterre consentaient ou semblaient consentir encore à négocier avec Bonaparte, lord Wellington ne pouvait pas se porter à une démarche éclatante en faveur de nos princes ; d'ailleurs, il tombait dans l'erreur commune aux étrangers, et ne croyait pas les esprits en France aussi bien disposés qu'ils l'étaient : il avait devant lui un général habile et l'armée française à combattre; tout devait se rapporter à ce but. Telles étaient les objections que M. de La Rochejaquelein avait à vaincre ; quoique présentées avec de grands égards pour nos princes, et même avec regret, elles n'étaient ni moins fortes ni moins raisonnables. M. de La Rochejaquelein demanda d'abord l'occupation de Bordeaux, promettant que la ville se déclarerait pour le roi ; puis, afin d'opérer en même temps une puissante diversion qui préservât Bordeaux, il insista pour obtenir un ou deux bâtimens et quelques centaines d'hommes seulement, pour débarquer de nuit sur les côtes du Poitou, l'escorter à deux lieues dans les terres, et l'y laisser ; qu'ils se retireraient pour se rembarquer tout de suite et attirer sur eux l'attention des troupes, pendant qu'il poursuivrait sa route. Lord Wellington lui dit positivement qu'il ne pouvait disposer d'aucune troupe pour une expédition que son gouvernement ne lui avait pas désignée. M. de La Rochejaquelein fut donc obligé de renoncer, pour le moment, à se rendre dans la Vendée, dont toutes les côtes étaient gardées avec la plus scrupuleuse exactitude par les douaniers.

Lord Wellington se décida à marcher en avant. M. de La Rochejaquelein le suivit le lendemain au passage du Gave d'Oléron; il retourna ensuite auprès de monseigneur; il y arriva en même temps que MM. Okeli et de Beausset, députés de Toulouse, qui venaient offrir au prince les vœux et les services de cette ville. On apprit au même moment la fameuse bataille d'Orthez. Monseigneur partit pour le quartier-général; M. de La Rochejaquelein le suivit, et M. Queyriaux prit le chemin de Bordeaux pour aller instruire le conseil (1) du succès de leur voyage, et porter la proclamation du prince; il fit sa route au milieu des conscrits et des habitans que la bataille d'Orthez avait mis en fuite.

Il arriva le soir. M. Bontemps–Dubarry était parti le matin, envoyé par M. Taffard, sous prétexte de commerce, pour avertir lord Wellington que la ville de Bordeaux était sans défense, que l'on désirait vivement la présence de monseigneur le duc d'Angoulême. Ce rapport acheva de décider lord Wellington; il ordonna au maréchal Beresford de se diriger, avec trois divisions, sur Bordeaux. M. Bontemps revint sur-le-champ rendre compte

---

(1) Le conseil royal était composé de MM. Taffard, Lynch, de Gombauld, de Budos, Alexandre de Saluces, de Pommiers, Queyriaux aîné et Luetkens.

de sa mission ; il courut de grands risques de Saint-Sever à Bordeaux, et ne s'en tira que par beaucoup de courage et de sang-froid. Le lendemain de son départ, l'armée anglaise se mit en marche, et M. de La Rochejaquelein, qui partait avec l'avant-garde, alla prendre les derniers ordres de S. A. R. : monseigneur lui dit que lord Wellington, qu'il venait de quitter, était toujours persuadé que Bordeaux n'oserait pas se déclarer. Alors M. de La Rochejaquelein affirma que Bordeaux ferait le mouvement ; qu'il en répondait sur sa tête ; qu'il lui demandait seulement la permission de précéder les Anglais de trente-six heures. « Vous êtes donc bien » sûr de votre fait? — Autant qu'on peut l'être d'une » chose humaine. » Monseigneur reprit vivement : « J'ai confiance en vous ; partez. »

M. de La Rochejaquelein se tint avec les troupes légères jusqu'à Langon d'où il alla chez M. Alexandre de Saluces, à Preignac ; de-là, M. de Valens (1) lui servit de guide pour entrer dans la ville, à travers des détachemens de troupes françaises et de gendarmerie, et il arriva à Bordeaux, le 10 mars, à dix heures du soir. Il apprit que le conseil venait d'envoyer prier le maréchal Beresford de retarder son mouvement, afin qu'on eût le temps de mieux préparer les esprits, de prendre des mesures, de réunir les royalistes des environs à ceux

---

(1) Aujourd'hui garde-du-corps de la compagnie du duc de Luxembourg.

de la ville, etc. M. de La Rochejaquelein représenta vivement l'inconvénient de ce délai; qu'il ne fallait pas laisser le temps de la réflexion aux esprits timides; qu'on devait profiter de l'élan des royalistes; que c'était par un mouvement spontané que l'opinion de la ville se manifesterait. On revint à son avis, et successivement MM. Luetkens, François Queyriaux, Valens, d'Estienne et de Canolle, furent envoyés à la rencontre du prince et des Anglais, pour les supplier de hâter leur marche.

Pendant ce temps, toutes les autorités supérieures avaient quitté Bordeaux, ainsi que le peu de troupes qui y étaient. Cette ville n'avait aucune défense du côté des landes. Le gouvernement avait cependant envoyé M. Auguste Baron pour fortifier la rivière de Leyre; mais, tout dévoué au roi, il ne s'occupa qu'à rejoindre Monseigneur le duc d'Angoulême.

Enfin le 12, à huit heures du matin, tout fut prêt pour recevoir Monseigneur le duc d'Angoulême; on se réunit à l'hôtel-de-ville. Les hussards anglais commençaient à entrer dans la ville; on craignit qu'arrivant ainsi, avant que les habitans fussent prévenus de ce qui allait se passer, il n'en résultât quelque inconvénient; M. de La Rochejaquelein monta vite à cheval avec M. de Pontac, et se rendit auprès du maréchal Beresford, pour le prier de faire sortir les hussards, afin que le mouvement royaliste fût fait avant l'entrée des Anglais. Il l'obtint, et demeura avec le maréchal. M. de Puységur resta à l'hôtel-de-ville pour y proclamer le roi en même temps qu'il le serait hors des portes.

La garde royale avait eu ordre de se rendre sur la route avec des armes cachées; les chefs suivaient, sans affectation, le cortége de la municipalité. M. Lynch était en voiture; il descendit hors la ville, et dit en substance au maréchal, que s'il entrait à Bordeaux comme vainqueur, il lui laissait prendre les clefs, n'ayant nul moyen de les défendre; mais que si c'était au nom du roi de France et de son allié le roi d'Angleterre, il les lui remettrait avec joie. Le maréchal répondit qu'il avait l'ordre d'occuper et de protéger la ville; qu'elle était libre de prendre le parti qu'elle voudrait. Aussitôt M. Lynch cria *vive le roi!* et mit la cocarde blanche; toutes les personnes de la garde royale en firent autant : on vit au même instant le drapeau blanc arboré sur le clocher de Saint-Michel par plusieurs royalistes qui l'y avaient apporté la veille et s'y étaient enfermés. Aussitôt on répandit parmi les royalistes et les curieux qui avaient suivi M. Lynch, que Monseigneur le duc d'Angoulême arriverait dans la journée. Alors les cris de *vive le roi!* furent universels; chacun se faisait des cocardes de papier blanc, et courait dans les rues en annonçant cette nouvelle imprévue. Quand, une heure après, M. le duc de Guiche annonça Monseigneur le duc d'Angoulême, la joie anima tous les cœurs; et oubliant tout danger, on peut dire que la ville entière sortit avec M. Lynch et son cortége. Presque tout le monde se jetait à genoux; des gens du peuple criaient :

« Celui-là est de notre sang ! » Tous voulaient toucher ses habits et son cheval; on le porta, pour ainsi dire, dans la cathédrale où l'attendait Monseigneur l'archevêque; il fut pendant quelques momens séparé de sa suite, et pensa être étouffé par la foule.

Cependant, le premier des vœux, comme le premier des besoins, était de faire parvenir, en Angleterre, au roi de France, une si importante nouvelle. Cette honorable mission fut confiée, au nom de la ville, à M. Both de Tauzia, adjoint du maire, qui, ami de M. Luetkens, et confident des projets des chefs royalistes, avait, par son zèle et ses soins vigilans, si utilement contribué à préparer le 12 mars. Monseigneur le duc d'Angoulême lui adjoignit M. de la Barthe, qui l'avait accompagné à Bordeaux.

Leur traversée fut si heureuse, que, partis de cette ville le 14 mars, et obligés d'aller s'embarquer au port du Passage en Espagne, ils arrivèrent à Hartwell le 25 (1).

---

(1) C'était le jour de l'Annonciation. On célébrait la messe. Le roi et *Madame* n'interrompirent pas leurs prières, malgré les cris de *vive le roi!* qui retentissaient dans les cours, et la vue de la cocarde blanche. La piété de *Madame*, duchesse d'Angoulême, ne manqua pas d'observer une si remarquable époque. Ainsi, par un de ces singuliers rapprochemens que la Providence semble quelquefois se plaire à ménager pour manifester sa protection, surtout dans les événemens extraordinaires, le même jour de l'Annonciation, on annonça à Bordeaux la nouvelle importante de l'heu-

Je n'avais pas le bonheur de jouir de ce spectacle ; j'étais restée à la campagne. Le souvenir de la guerre de la Vendée, qui avait commencé vingt-un ans auparavant le 12 mars, remplissait mon ame de tant d'émotions, que je restai plus de trente heures anéantie et dans un état de stupeur.

Dès la veille, la petite ville de Bazas cria *vive le roi !* sans savoir si Bordeaux en ferait autant, et cela, dès que le prince y arriva, et malgré lui, car sa bonté lui faisait craindre que les royalistes ne se compromissent par un mouvement partiel.

M. de La Rochejaquelein demanda sur-le-champ à Monseigneur le duc d'Angoulême la permission de lever un corps de cavalerie. Le prince, qui arrivait dans un pays ruiné et accablé de tant de sacrifices, d'où toutes les caisses publiques avaient été emportées, et ne voulant rien demander aux habitans, ne pouvait avoir des fonds pour former des corps soldés ; cette cavalerie se composa donc de volontaires équipés à leurs frais. MM. Roger, François de Gombauld et de la Marthonie obtinrent aussi la permission de former des compagnies ; mais M. de La Rochejaquelein, se regardant toujours comme destiné à combattre dans la Vendée, ne se chargeait que provisoirement de ce commandement.

---

reuse entrée de MONSIEUR en France par la Franche-Comté ; à Paris, celle de la rupture des négociations de Châtillon ; et au roi de France, à Hartwell, avec quel courage et quels transports de joie son neveu avait été reçu à Bordeaux.

Un des premiers soins des Anglais devait être de forcer l'entrée de la rivière, pour établir la communication des deux rives, et pour se préserver des attaques d'une flotille assez nombreuse que l'on avait équipée à la hâte, et qui menaçait sans cesse le Médoc et même Bordeaux. On expédia un courrier pour Saint-Jean-de-Luz, afin que de là on envoyât des ordres à l'escadre anglaise; mais on pensa que ces ordres arriveraient plus tôt en faisant partir un aviso du petit port de la Teste. Lord Dalhousie confia ses dépêches à MM. Eugène de Saluces, Paillès et Moreau. La Teste était, le 12 mars, occupée par un poste d'infanterie et trois cents gardes nationaux d'élite. MM. de Mauléon et de Mallet de Roquefort, qui commandaient ces derniers, leur firent prendre la cocarde blanche; ils trouvèrent de la résistance dans les habitans et les soldats de ligne; ils coururent de grands dangers : leur fermeté seule les sauva. Ils arrivèrent à Bordeaux, amenant une grande partie de leurs gardes nationaux et du détachement d'infanterie; le reste alla, de son côté, rejoindre les troupes françaises qui étaient à Blaye. Cependant M. de Saluces et ses compagnons ne purent s'embarquer à la Teste, comme ils l'avaient cru; le maire et quelques habitans s'opposèrent à leur départ : il fallut revenir à Bordeaux. S. A. R. chargea alors M. de La Rochejaquelein de se porter sur la Teste avec deux cent cinquante Anglais, une partie des gardes nationaux de M. de Mallet, et quelques volontaires. Les habitans furent d'abord très-effrayés; mais comme ils connaissaient M. de La Rochejaquelein, et qu'il était chargé par le prince de leur porter des paroles de bonté et d'indulgence, tout se passa à l'amiable ; les trois plus mutins furent seulement mis en prison pour quelques jours. Mon mari en passa huit à la Teste, s'occupant à faire reconnaître l'autorité du roi sur toute la côte, à dissiper les préventions des habitans, et à réunir la poudre et les canons des batteries pour les envoyer à Bordeaux.

Peu de jours après, lord Dalhousie partit pour attaquer Saint-André-de-Cubzac et Blaye : il proposa à M. de La Rochejaquelein de venir avec lui, à cause de la connaissance qu'il avait du pays, et de l'espoir d'établir des relations avec l'intérieur, surtout avec la Vendée ; sa compagnie de volontaires voulait le suivre ; lord Dalhousie la refusa, et voulut qu'il vînt seul. On rencontra les troupes françaises à Etauliers : elles étaient inférieures en nombre, et furent repoussées. M. de La Rochejaquelein courut là de grands dangers, ayant chargé avec le panache et l'uniforme bordelais, au milieu des troupes anglaises.

Mon mari profita du passage des rivières pour faire repartir M. de Ménard, gentilhomme des environs de Luçon, qui était venu, à travers mille périls, prendre les ordres du prince pour la Vendée. M. de Ménard fut arrêté à Saintes, et sauvé par le général Rivaux, qui, au milieu de toutes ces circonstances, fermait les yeux sur les démarches des royalistes, et voulait empêcher d'inutiles rigueurs : il arriva dans la Vendée; il courut sur-le-champ pour faire insurger ce pays ; mais les nouvelles de Paris ne lui en donnèrent pas le temps. M. de La Rochejaquelein n'avait pu réussir, jusque-là, à faire parvenir l'ordre de soulèvement.

Tout de suite après le combat d'Étauliers, M. de La Rochejaquelein vit arriver M. Louis d'Isle. Celui-ci, depuis long-temps dans la conspiration, était venu sur-le-champ près de Monseigneur le duc d'Angoulême, et avait porté ses ordres à M. de Beaucorps, à Saint-Jean-d'Angely, pour faire soulever la Vendée. Il était revenu en traversant les troupes françaises pendant le combat, et avait couru des risques inouis pendant toute sa mission. Il venait annoncer que le soulèvement aurait lieu le lundi de Pâques. Presque en même temps, M. Bascher arriva à Étauliers. Mon mari l'avait vu dans les gardes d'honneur ; il avait déserté de Troyes, et s'était caché chez un de ses parens, près de Nantes, où il avait trouvé M. de Suzannet, qui l'envoyait à M. de La Rochejaquelein. Il venait annoncer que tout était prêt dans l'Ouest, que l'ardeur des paysans était de plus en plus vive; que le tocsin sonnerait dans la semaine après Pâques, et que les paroisses de notre ancienne armée désiraient M. de La Rochejaquelein pour les commander. On demandait quinze mille fusils, et surtout de la poudre dont on manquait absolument : il n'y avait besoin d'aucune troupe pour débarquer ces objets puisque le pays devait se soulever auparavant.

Cette mission de M. Bascher lui avait fait courir beaucoup de risques : il avait été poursuivi. Enfin, à travers le désordre des troupes françaises, il était parvenu jusqu'à Étauliers. Mon mari l'envoya sur-le-champ au prince, que M. d'Isle était allé retrouver.

Lord Dalhousie revint à Bordeaux pour préparer l'attaque de la citadelle de Blaye; l'amiral Penrose la bombardait déjà du côté de la rivière dont il avait forcé le passage. M. Deluc, maître de la ville, avait, dès le 13 mars, fait assurer S. A. R. de son dévouement, et avait fait de vains efforts pour décider la garnison à se rendre.

Cependant on n'était pas sans inquiétude à Bordeaux : une forte division française arrivait par Périgueux; les Anglais n'étaient pas nombreux. On ignorait que le marquis de Buckingham, avec cinq mille hommes de milice anglaise, avait demandé et obtenu de s'embarquer pour défendre Bordeaux, dès qu'on avait su l'insurrection de cette ville; le vent contraire les empêchait d'entrer dans la Gironde. On n'avait pas eu le temps de former assez de corps français; mais les royalistes redoublaient d'ardeur : l'amour pour le prince s'augmentait de la manière la plus vive. Il sortait tous les jours pour visiter les postes militaires, accompagné seulement de deux ou trois personnes, allant au pas dans les rues, et au milieu d'une foule qui, de plus en plus charmée de sa bonté et de sa confiance, ne cessait de crier : *Vive le roi! vive Monseigneur le duc d'Angoulême!* On était électrisé par l'idée qu'il affrontait tous les dangers pour le salut de la France, et chacun aurait donné sa vie pour lui. Le comte Étienne de Damas donnait l'exemple du dévouement : chargé de toutes les affaires de Monseigneur, il sera à jamais cher aux Bordelais, par l'affabilité et le zèle infatigable avec lesquels il y travaillait jour et nuit. On se rassurait aussi en pensant que l'insurrection de l'Ouest allait enfin éclater. Lord Dalhousie, qui montrait autant d'habileté que d'attachement au prince, avait consenti à tout ce qui pouvait faciliter ce mouvement. Le jour était fixé au 13 avril, pour le départ de M. de La Rochejaquelein; sa compagnie de volontaires voulait le suivre; on lui donnait la poudre et les armes demandées, on expédiait un aviso à Jersey pour Monseigneur le duc de Berry qui ne demandait qu'à se jeter dans la Vendée. Nous étions dans toutes ces agitations si vives de crainte et d'espérance, le 10 avril jour de Pâques, quand le courrier arriva à quatre heures. Apprenant que Paris avait reconnu le roi, et que tout était fini, l'ivresse fut générale et impossible à décrire; toute la ville se livra à l'enthousiasme du bonheur. Monseigneur le duc d'Angoulême donna à M. de La Rochejaquelein la récompense la plus flatteuse, en daignant le charger de porter à Paris ses dépêches pour MONSIEUR, et d'aller prendre les ordres du roi. Il arriva un instant avant Sa Majesté à Calais. Quand le duc de Duras le nomma, le roi dit : « C'est à lui que je dois le mouvement de ma bonne ville de Bordeaux, » et tendit la main à M. de La Rochejaquelein qui se jeta à ses pieds.

FIN DU SUPPLÉMENT.

PIÈCES OFFICIELLES.

PLOCLAMATION

Imprimée en Angleterre et distribuée le 16 mai 1815, en débarquant.

DE PAR LE ROI.

Vendéens, honneur de la France! rappelez-vous la gloire que vous avez acquise dans la guerre généreuse que vous avez soutenue pendant plusieurs années; vous êtes destinés à renverser pour jamais l'empire du crime et du mensonge, pour mettre la vertu sur le trône légitime. Le roi vous aime; il n'a pas dépendu de lui de vous mieux traiter : vous le croirez, puisque je vous le dis.

Le roi cherchait à calmer tous les partis; mais il ne vous a jamais oubliés.

Je vous apporte des armes et des munitions en abondance; les nations de l'Europe, pleines d'admiration pour votre courage, vous donnent les moyens nécessaires pour coopérer au rétablissement de l'autel et du trône.

Rappelez-vous combien de fois mon frère vous a conduits à la victoire! Essayant de marcher sur ses traces, je ne ferai que vous répéter ses paroles, qui surent si bien enflammer vos cœurs généreux : *Si j'avance, suivez-moi; si je recule, tuez-moi; si je meurs, vengez-moi.*

Je ne viens point ici pour allumer le flambeau de la guerre civile et attirer sur ma noble patrie les maux qui l'ont rendue si célèbre; je viens par ordre du roi, pour détruire les factieux.

Sachez que Buonaparte affecte de ne pas vous craindre; le monstre n'ignore pas que votre réveil sera le signal de sa destruction. Vendéens! rappelez-vous votre antique valeur; ne perdez pas de vue le titre de peuple de géans : l'usurpateur lui-même vous l'a donné. L'Europe a les yeux fixés sur vous ; elle marche pour vous soutenir. Déjà le crime frissonne, et sa chute est prochaine. Souvenez-vous de ces paroles mémorables du roi : *Je devrai ma couronne aux Vendéens !*

Marchons, et que ce cri de l'honneur français nous guide à la victoire ;

VIVE LE ROI !

Signé le marquis DE LA ROCHEJAQUELEIN,

Maréchal-de-camp.

Extrait des délibérations du Conseil d'administration de l'ancienne compagnie des Grenadiers à cheval de la maison du Roi.

Séance du 1er août 1816.

LE conseil d'administration assemblé, cejourd'hui 1er août 1816, dans le lieu ordinaire de ses séances, pour procéder à la liquidation de ses comptes ;

Présens : M. le comte de Gibon-Kérisouet, président ; M. le baron Perrot, M. le comte de Termes et M. le comte de Reynaud ;

Considérant que son travail va bientôt être terminé, et que par conséquent les registres de ses délibérations vont cesser d'être à sa disposition,

ARRÊTE :

Que la résolution prise par les officiers de la compagnie, la veille de son licenciement, et dont la teneur suit, sera consignée sur les registres de ses délibérations.

« Les officiers de la compagnie, profondément affectés de toucher au terme où ils vont cesser de faire partie de la maison de Sa Majesté :

» Plusieurs d'entre eux ayant de plus la douleur de ne pouvoir même faire partie du 1er régiment de grenadiers à cheval de la garde royale, où va être incorporée la compagnie ;

» Et tous joignant aux bien vifs regrets de se voir ainsi séparés de leurs compagnons d'armes, ceux inexprimables d'avoir perdu leur intrépide chef, qui, comme feu son frère, de si héroïque mémoire, est allé combattre et mourir pour son roi à la tête de ses braves compatriotes de la Vendée ;

» Voulant consacrer à la fois les sentimens de fidélité, d'amour et de vénération dont ils ne cesseront jamais d'être animés pour Sa Majesté, et les souvenirs douloureux qu'ils conserveront aussi toujours de la perte de leur ancien capitaine-lieutenant,

» Ont unanimement résolu,

» Qu'il sera fait des anneaux portant en dessus, en conformité des anciens étendards de la compagnie des grenadiers à cheval, une grenade éclatante, avec la devise : *Undiquè terror, undiquè lethum;* d'un côté de cette grenade, le mot *Honneur*, et de l'autre celui de *Fidélité;* en dedans, deux mains réunies, et d'un côté écrit, *le marquis de La Rochejaquelein;* de l'autre, le nom de l'officier, sous-officier ou grenadier qui devra porter ledit anneau ; et que ces anneaux seront distribués par le digne frère de feu leur brave capitaine-lieutenant, M. le comte Auguste de La Rochejaquelein, colonel du premier régiment des grenadiers à cheval de la garde royale. »

Le conseil, considérant ensuite que les anneaux adoptés ont été distribués, conformément à la résolution ci-dessus, aux officiers, sous-officiers et grenadiers de l'ancienne compagnie, et que tous ont de nouveau juré, en les recevant, de verser tout leur sang pour le service du roi, à l'exemple de leur valeureux chef, dont les hautes qualités et le religieux dévouement ne s'effaceront jamais de leur mémoire,

Arrête de plus,

Que son président, M. le général comte de Gibon, sera chargé de faire parvenir au pied du trône copie de la présente délibération, comme un nouvel hommage de l'entier dévouement de toute la compagnie des grenadiers pour le service de Sa Majesté et son auguste dynastie.

Fait et clos en séance, les jour, mois et an susdits, et ont signé : le comte de Gibon, le baron Perrot, le comte de Termes, le comte de Reynaud.

PIÈCES OFFICIELLES.

Séance du 29 août 1816.

Le conseil d'administration assemblé, cejourd'hui 29 août 1816;

Présens : M. le comte de Gibon, président ; M. le baron Perrot, M. le comte de Termes et M. le comte de Reynaud.

M. le président a déposé sur le bureau la lettre du 28 de ce mois, que M. le duc de Gramont, capitaine des gardes, lui a adressée, et relative à la délibération précédente.

Le conseil, considérant que cette lettre est la preuve que son président a fait toutes les diligences nécessaires pour que la délibération du conseil soit mise sous les yeux du roi,

Arrête :

Que la lettre de M. le duc de Gramont sera entièrement et littéralement transcrite ci-après :

Paris, le 28 août 1816.

« Monsieur le Comte,

» J'ai eu l'honneur de mettre sous les yeux du roi la délibération du conseil d'administration de l'ex-compagnie des grenadiers à cheval de sa maison militaire, que vous m'avez fait l'honneur de m'adresser.

» Sa Majesté a lu cette délibération avec intérêt; elle m'a chargé de témoigner au conseil que vous présidez, combien elle est satisfaite des sentimens qui y sont exprimés, et qu'elle compte toujours sur le dévouement et la fidélité de ses braves grenadiers à cheval.

» Je me félicite, Monsieur le Comte, d'avoir à vous communiquer les sentimens du roi pour l'objet de la délibération dont il s'agit ; je saisis avec empressement cette occasion de vous témoigner l'assurance de la haute considération avec laquelle j'ai l'honneur d'être,

» Monsieur le comte,

» Votre très-humble et très-obéissant serviteur,

» *Le capitaine des gardes de service,*

» *Signé* le duc DE GRAMONT. »

PIÈCES OFFICIELLES. 463

Le conseil, considérant de plus que sa délibération de 1er août, qui a été mise sous les yeux de Sa Majesté, et la réponse de M. le duc de Gramont, en date du 28 dudit, contiennent l'expression des sentimens dont il est pénétré pour la mémoire de feu son capitaine-lieutenant, et l'approbation flatteuse que le roi a bien voulu y donner,

Arrête :

Que les copies de la délibération et de la lettre de M. le duc de Gramont seront adressées, par son président, à madame la marquise de La Rochejaquelein.

Fait et clos les jours, mois et an susdits, et ont signé : le comte DE GIBON, le baron PERROT, le comte de TERMES, le comte DE REYNAUD.

« MADAME LA MARQUISE,

» Le conseil d'administration de l'ancienne compagnie des grenadiers à cheval, qui a subsisté jusqu'à ce jour pour la liquidation de ses comptes, a cru devoir consigner sur ses registres les témoignages de ses éternels regrets pour le héros que nous pleurons avec vous, et désirer qu'il fussent mis sous les yeux de Sa Majesté.

» M. le duc de Gramont, capitaine des gardes de service, par lequel j'ai dû lui faire présenter la délibération qui les contient, m'a fait, de sa part, une réponse si flatteuse, que le conseil d'administration a pareillement jugé la devoir consigner sur ses registres ; mais, de plus, Madame, il m'a chargé de vous adresser des copies de cette délibération et de cette réponse.

» Quoiqu'il nous en coûte sûrement beaucoup de vous rappeler des souvenirs si déchirans, et qui feront de nouveau couler vos larmes, nous n'avons pu résister au désir de vous témoigner que nous ne cesserons jamais d'y mêler aussi les nôtres, et que tous ceux qui ont fait partie de la compagnie des grenadiers à cheval, ne cesseront jamais d'être animés des sentimens de la plus grande vénération et du plus vif attachement pour tout ce qui porte le nom de La Rochejaquelein.

» Veuillez être persuadée qu'aucun ne peut être plus pénétré que moi de ces sentimens.

» Je suis avec respect,

» Madame la Marquise,

» Votre très-humble et très-obéissant serviteur,

» *Signé* le comte DE GIBON. »

Paris, le 1ᵉʳ août 1816.

« SIRE,

» Le conseil d'administration de l'ancienne compagnie des grenadiers à cheval, que j'ai eu l'honneur de présider jusqu'à ce jour, en remplacement de notre si digne chef feu M. le marquis de La Rochejaquelein, vient de terminer la liquidation de ses comptes; et comme il n'aurait plus à se rassembler que dans le cas où, par suite de leur examen, il lui serait demandé quelques éclaircissemens, c'est probablement pour la dernière fois que je serai chargé par lui de solliciter une grâce de VOTRE MAJESTÉ, en mettant à ses pieds l'hommage de nos respects, de notre fidélité et de notre dévouement.

» La compagnie des grenadiers à cheval, conformément à l'ordonnance de son rétablissement, du 15 juillet 1814, avait deux étendards semblables à celui de l'ancienne compagnie : ils portaient, d'un côté, les armes de VOTRE MAJESTÉ; de l'autre, une grenade éclatante, avec la devise, *Undiquè terror, undiquè lethum.*

» Ils nous rappelaient à la fois et notre amour et nos devoirs. Si ces étendards avaient été bénis, sans doute ils devraient être déposés dans un des temples de la religion; mais comme ils ne l'avaient point encore été, nous osons demander à VOTRE MAJESTÉ qu'ils soient déposés dans un temple de l'honneur, en étant, par ses ordres, confiés à l'illustre famille de La Rochejaquelein. Nous disons confiés, car ne nous serait-il pas permis encore d'espérer qu'il pourrait, par la suite, convenir à VOTRE MAJESTÉ, qui a conservé ses fidèles gardes-du-corps, de rétablir de nouveau sa compagnie de grenadiers à cheval, qui lui a donné aussi de si grandes preuves de dévouement et de fidélité, et dont la principale destination avait toujours été de leur servir d'avant-garde?

» Alors quel serait le bonheur de tous ceux qui auraient celui d'être rappelés pour en faire partie, de retrouver à la fois dans la maison du héros qui les avait commandés, et leurs étendards, et un autre La Rochejaquelein pour les guider dans le chemin de la gloire et de l'honneur!

» Je suis, etc.

» *Signé* le comte DE GIBON,

» *Maréchal-de-camp, Commandeur de l'ordre royal et militaire de Saint-Louis, Chef d'escadron de l'ancienne compagnie des Grenadiers à cheval.* »

Paris, le 25 octobre 1816.

MINISTÈRE DE LA MAISON DU ROI.

Paris, le 12 novembre 1816.

« Le Roi, Monsieur le Comte, vous autorise à remettre les étendards de l'ancienne compagnie des grenadiers à cheval à la famille de feu M. le marquis de La Rochejaquelein. Ils ne peuvent être confiés à des mains plus dignes de garder les enseignes qui devaient servir de guides au courage et à la fidélité.

» Recevez, Monsieur le Comte, l'assurance de ma considération distinguée, etc.

» *Signé* comte DE PRADEL. »

Paris, le 10 mars 1816.

MADAME LA MARQUISE,

J'attendais votre arrivée avec impatience, pour avoir l'honneur de vous adresser la lettre que j'ai reçue de M. le comte de Pradel, et qu'il m'a écrite en réponse à celle que je l'avais prié de mettre sous les yeux de Sa Majesté.

J'en joins ici la copie.

Vous verrez que le roi a daigné favorablement accueillir ma demande, dictée par le vœu de tous ceux qui ont eu l'honneur de faire partie de la compagnie des grenadiers à cheval.

Je ne saurais assez vous exprimer combien je me trouve heureux d'avoir à vous transmettre cette grâce de Sa Majesté.

Je remettrai donc à votre volonté, Madame, les étendards de ce corps, et nous verrons tous avec une vive satisfaction la famille de l'incomparable chef qui nous était si cher, en devenir dépositaire.

Vous ne les trouverez pas tout-à-fait semblables à la description que j'en avais faite dans ma lettre au roi.

Comme ils n'avaient encore été ni bénis, ni reçus; comme ce n'était pas d'ailleurs la compagnie qui avait été chargée de leur confection, nous ne les avions pas encore vus, et nous les croyions, d'après des rapports un peu inexacts, tels que je les avais dépeints.

Mais quand ils nous ont été remis, nous avons remarqué que les deux côtés représentaient une explosion de grenades avec la devise: *Undiquè terror, undiquè lethum*, et que les armes du roi étaient seulement rappelées par des fleurs de lis d'or brodées sur les cravates.

Nous nous sommes de plus assurés, par des recherches positives au dépôt de la guerre, qu'ils étaient absolument conformes à celui qui fut donné par Louis XIV à l'ancienne compagnie des grenadiers à cheval, qui a été supprimée le 1er janvier 1776.

J'ai l'honneur, etc.

Lettre à M. le comte de Gibon, lieutenant-commandant d'escadron de l'ancienne compagnie des Grenadiers à cheval de la garde-du-corps du roi, maréchal-de-camp, commandeur de l'ordre royal et militaire de Saint-Louis.

18 décembre 1816.

Nous avons reçu, Monsieur le Comte, avec une bien vive reconnaissance, les étendards de l'ancienne compagnie des grenadiers à cheval de la garde du roi, dont Sa Majesté daigne nous confier la conservation. C'est et ce sera à jamais pour nous un témoignage bien honorable et une preuve touchante que Sa Majesté apprécie les services de celui que nous pleurons.

La France a vu avec admiration un corps si nouvellement formé et composé des vétérans de l'usurpateur, conserver une fidélité inébranlable au roi. Combien il a fallu que celui qui en avait le commandement fût bien secondé par ceux qui lui étaient associés! Nous savons, Monsieur le Comte, tout le zèle que vous avez montré; M. de La Rochejaquelein vous regardait comme un autre lui-même. Nous n'oublierons jamais que c'est à votre demande que nous devons l'honorable dépôt de ces étendards. Puisse ce corps, qui a fini au moment où il venait de se couvrir de gloire, être rétabli et confié encore à ses anciens chefs! avec quel empressement nous remettrions ces étendards en leurs mains!

Agréez, Monsieur le Comte, l'assurance de notre vive reconnaissance, et les sentimens de la considération avec laquelle nous avons l'honneur d'être, etc.

Donnissan, marquise de La Rochejaquelein.

Auguste, comte de La Rochejaquelein.

Lettre à M. le comte de Pradel, directeur-général du ministère de la maison du roi, ayant le portefeuille.

19 décembre 1816.

Il m'est impossible de vous dire, Monsieur le Comte, tous les sentimens dont je suis pénétrée. Je viens de recevoir une lettre de M. le comte de Gibon qui me transmet celle par laquelle vous lui annoncez que Sa Majesté daigne confier à la famille de La Rochejaquelein la conservation des étendards de l'ancienne compagnie des grenadiers à cheval de sa garde.

Hélas! dans ma douleur profonde, je ne me croyais susceptible d'aucune consolation. J'ai perdu, pour la cause du roi, tant d'êtres qui m'étaient chers, que je me trouve, pour ainsi dire, isolée dans le monde avec mes huit enfans; mais cette marque de bonté de Sa Majesté remet quelque sentiment de calme dans mon ame flétrie par tant de pertes cruelles, et je sens que je puis jouir encore des témoignages d'estime et de confiance que Sa Majesté veut bien accorder à la famille de mon mari.

Ces étendards, nous les conserverons avec orgueil. Veuillez donc, Monsieur le Comte, déposer aux pieds de Sa Majesté l'hommage de notre profonde reconnaissance. Je voudrais même, s'il était possible, la consacrer en quelque sorte, en changeant le support de nos armes, et en prenant les deux étendards à la place des deux lions; on les réunirait par une bande, sur laquelle seraient ces mots : *Vendée, Bordeaux, Vendée*. Cela indiquerait à la fois les différens temps et les différens théâtres sur lesquels la famille a versé son sang pour son roi. Je vous prie, Monsieur le Comte, de vouloir bien demander l'autorisation de Sa Majesté, et lui dire en même temps que tout ce qui peut rappeler à mes enfans les nobles exemples du dévouement de leur père et de leur famille, m'occupera jusqu'à mes derniers momens.

J'ai l'honneur d'être, etc.

DONNISSAN DE LA ROCHEJAQUELEIN.

MINISTERE DE LA MAISON DU ROI.

Paris, le 17 avril 1817.

Madame la Marquise,

Vous avez désiré obtenir du Roi de pouvoir joindre aux armes de la famille de La Rochejaquelein des supports représentant les deux étendards de l'ancienne compagnie des grenadiers à cheval de sa garde, en les réunissant par une bande portant ces mots : *Vendée*, *Bordeaux*, *Vendée*. Sa Majesté veut bien me permettre de vous annoncer que s'il était besoin d'une autorisation pour cet objet, elle la donnerait volontiers comme une marque du souvenir qu'elle conserve des actes de dévouement et de fidélité que ces supports et cette devise sont destinés à rappeler. Vous pouvez donc, Madame la Marquise, profiter, dès qu'il vous conviendra, du droit que vous donnent les intentions du roi, dans une circonstance où je me félicite d'en être l'organe auprès de vous.

Agréez, je vous prie, la nouvelle assurance des sentimens respectueux avec lesquels j'ai l'honneur d'être, Madame la Marquise, votre très-humble et très-obéissant serviteur,

Le Directeur général du Ministère, ayant le porte-feuille,

Comte de Pradel.

Extraits des lettres de pairie délivrées, le 18 février 1818, en faveur de Henri-Auguste-George, marquis de La Rochejaquelein, créé pair le 17 août 1815.

. . . .
. . . . Prenant en considération les services signalés de feu le marquis de La Rochejaquelein, la fidélité et le dévouement à notre personne de sa famille, à laquelle il nous a plu de confier la garde des étendards de l'ancienne compagnie des grenadiers à cheval de notre garde, nous autorisons notredit très-cher, amé et

féal marquis de La Rochejaquelein, son fils, à joindre à ses armoiries, qui sont, savoir, de sinople, à la croix d'argent, chargée en abyme d'une coquille de gueule et cantonnée de quatre coquilles d'argent, les supports représentant lesdits étendards réunis par une bande portant ces mots : *Vendée*, *Bordeaux*, *Vendée*. Et nous concédons à lui et à ses successeurs le droit de placer ces armoiries et ces supports sur un manteau d'azur, doublé d'hermine, etc. . . .

. . . .

Lettre de Son Exc. M. le général comte de Goltz, ambassadeur de Sa Majesté le roi de Prusse, à madame la marquise de La Rochejaquelein.

Paris, le 8 novembre 1817.

MADAME,

Les officiers de l'armée prussienne, qui, en 1815, ont contribué pour la seconde fois au rétablissement du trône légitime en France, éprouvèrent, après la lecture des Mémoires intéressans que vous avez publiés, Madame, sur la guerre de la Vendée, le besoin de rendre un hommage public à la vertu malheureuse, et d'exprimer par un monument durable l'admiration dont les avait pénétrés le caractère éminemment loyal et chevaleresque que MM. de Lescure et de La Rochejaquelein ont déployé dans cette lutte sanglante. Ils résolurent d'offrir un présent au fils du général de ce nom qui, ainsi que son frère, trouva une mort glorieuse sur le champ de bataille, et un second à vous, Madame, l'inséparable compagne de deux chefs qui se sont illustrés par leurs sentimens et leurs exploits. Mais, sentant que ce n'était pas le prix de la matière qui devait faire celui d'un pareil présent; que ce n'était ni de l'or, ni des diamans, dont des soldats devaient faire hommage au descendant et à la veuve des guerriers de la Vendée, ils conçurent l'idée d'offrir à M. Henri de La Rochejaquelein une épée dont les emblêmes feraient tout le prix, et de vous faire remettre, Madame la marquise, deux candélabres de marbre, dans le genre de ceux qui ornent le tombeau que la piété conjugale a érigé, à Charlottenbourg, à celle qui fut à la fois la plus parfaite des épouses et des mères, et la plus chérie des reines : monument de deuil sur cette terre et de triomphe dans le ciel.

Je m'estime heureux, Madame, que mes camarades m'aient choisi pour leur organe, en me chargeant de remettre à M. de La Rochejaquelein l'épée qui atteste à la fois leur respect pour les vertus guerrières, et la loyauté des sentimens dont ils sont pénétrés. Je vous prie, Madame, de vouloir bien me fixer le jour et l'heure où je pourrai remettre cette épée entre les mains de M. votre fils, en présence des membres de votre famille et de vos amis.

Les deux candélabres, qui ont été sculptés à Carare, doivent arriver incessamment à Paris, et je vous demanderai alors la permission, Madame la Marquise, de vous en faire également hommage.

Veuillez agréer, Madame la Marquise, l'assurance de la haute considération avec laquelle j'ai l'honneur d'être,

Madame la Marquise,

Votre très-humble et très-obéissant serviteur,
Signé le comte DE GOLTZ.

Réponse de madame la marquise de La Rochejaquelein à M. le général comte de Goltz, ambassadeur de Sa Majesté le roi de Prusse.

Paris, le 10 novembre 1817.

MONSIEUR LE COMTE,

C'est avec un profond attendrissement, et j'ose ajouter avec un noble et juste orgueil, que mon fils et moi recevrons les glorieux présens par lesquels l'armée prussienne se plaît à signaler son estime pour le généreux dévouement de MM. de Lescure et de La Rochejaquelein à la cause de leur roi. Certes, il doit être permis à des cœurs français qui n'ont jamais battu que pour l'honneur et la gloire, de tressaillir en recevant de tels témoignages de la part de tels guerriers.

Quand vous m'avez annoncé, Monsieur le Comte, les dons que l'armée prussienne daigne me faire, j'ai cru ma reconnaissance à son comble; il me semblait que cette marque de bienveillance épuisait toute ma sensibilité : mais vous m'avez appris que de plus vives émotions pouvaient encore s'élever dans mon ame, en ajoutant que les candélabres dont je vais être honorée ont quelque rapport avec ceux qui ornent la tombe auguste d'une reine dont le monde gardera l'héroïque souvenir, dont la Prusse pleurera à jamais la perte.

L'histoire, qui racontera tout ce qu'a fait de grand l'armée prussienne pour affranchir la Prusse, la France et l'Europe, dira aussi que cette armée, juste appréciatrice de la loyauté, de l'honneur et de la fidélité, a voulu honorer ces vertus dans la mémoire de ceux qui en furent les victimes. Il appartenait à des guerriers qui ont fait triompher la cause sacrée pour laquelle MM. de Lescure et de La Rochejaquelein ont combattu jusqu'à la mort, d'enrichir leur famille d'un monument de gloire qui s'y conservera de génération en génération. Tout le sang des miens est consacré à leur roi ; l'épée que vous allez confier aux mains de mon fils, encore enfant, en lui rappelant vos exploits et les actions de son père, m'est un sûr garant qu'il se rendra digne de la porter.

Ces nobles dons, Monsieur le Comte, reçoivent encore plus de prix de la main qui a bien voulu se charger de nous les offrir : ce sera un nouvel honneur pour nous de les tenir de votre excellence même. Je voudrais pouvoir hâter un si beau moment; mais vous avez la bonté de me demander le jour où je pourrai avoir l'honneur de vous recevoir : c'est avec un grand regret que je me vois forcée de vous prier d'attendre jusqu'au jeudi 20 novembre, à cause de l'éloignement de mon fils que je vais faire venir.

Les hautes leçons que lui donnent de tels gages d'une estime qu'il n'a pu encore mériter, se joindront aux grands exemples que lui ont laissés ses parens. Hélas ! pourquoi faut-il que sa mère infortunée ait acheté tant de gloire par d'inconcevables douleurs !

J'ai l'honneur d'être, avec la plus haute considération,

    Monsieur le Comte,

        Votre très-humble et très-obéissante servante,
Signé DONNISSAN, marquise DE LA ROCHEJAQUELEIN.

MAIRIE DE LA VILLE DE BORDEAUX.

Extrait du registre des délibérations du conseil municipal de la ville de Bordeaux.

Séance du 27 avril 1821.

Le 27 avril 1821, à sept heures du soir, le conseil municipal de la ville de Bordeaux s'est réuni sous la présidence de M. E. Labroue, premier adjoint, remplissant les fonctions de maire de Bordeaux.

Étaient présens : MM. Balguerie junior, Nairac, Albespy, Mathieu, de Marbotin, Billate de Faugère, Maillères fils, Desfourniel, de Ganduque, de Villeneuve Durfort, Chalu, Courau et Balguerie Stuttemberg, membres du conseil municipal.

La séance ouverte,
. . . .

M. Labroue, premier adjoint, remplissant les fonctions de maire, fait le rapport suivant :

Messieurs,

« Par votre délibération du 11 septembre 1818, approuvée par la lettre de M. le préfet en date du 26 septembre 1818, vous avez nommé les rues, les cours et les places indiquées dans le plan de distribution des terrains du Château-Trompette, approuvé, le 8 septembre 1817, par M. le sous-secrétaire d'État au département de l'intérieur.

» Après avoir décoré ces principales voies publiques des nobles noms fournis par l'auguste famille de nos rois, vous avez placé en seconde ligne les noms de quelques-uns de nos habitans qui se sont illustrés par de notables services rendus à la monarchie ou à la ville ; mais qu'il s'en faut, Messieurs, que nous ayons épuisé tous les noms auxquels notre reconnaissante mémoire voudrait pouvoir réserver un pareil hommage !

» Toutefois, parmi ces noms brille du plus grand éclat celui de de *La Rochejaquelein*, à jamais consacré dans les fastes de la fidélité, et dont l'illustration s'est si bien montrée dans notre heureuse journée du 12 mars.

» C'est de ce nom, révéré dans toute la France, et plus particulièrement dans la Vendée et dans nos contrées, que j'ai l'honneur de vous proposer d'enrichir la nouvelle rue autorisée dans l'îlot n° 1 du plan précité, par l'ordonnance du roi, en date du 19 janvier 1820.

» Cette nouvelle rue, vous le savez, doit être ouverte dans le prolongement de la ligne formée par les façades des maisons situées sur la place Richelieu, depuis l'hôtel de Fumel jusqu'à la Bourse.

» J'ajouterai, Messieurs, que cette rue, déjà pratiquée, mais d'une manière informe, reçut dans nos temps de troubles et de malheurs l'abominable nom de *Quiberon*. Hé! quel autre nom que celui de *de La Rochejaquelein*, pourrait mieux effacer les impressions de honte et de douleur que ce nom de Quiberon, si marquant dans nos sanglantes annales, rappelle à tous les Français généreux et fidèles! »

Sur quoi,

Le conseil municipal, accueillant avec enthousiasme le vœu que vient d'exprimer son honorable président, et désirant transmettre à la postérité, par une inscription publique, le nom si cher à la religion et aux vertus monarchiques des de La Rochejaquelein,

Délibère à l'unanimité :

Art. 1ᵉʳ. La rue ouverte dans l'îlot n° 1 au plan général de la distribution des terrains du Château-Trompette, en exécution de l'ordonnance royale du 19 janvier 1820, et perpendiculaire à la rue *Esprit des lois*, portera le nom des *de La Rochejaquelein*.

2. Expédition de la présente délibération sera adressée à madame la marquise veuve de La Rochejaquelein et à M. le préfet.

Fait et délibéré à Bordeaux, les jour, mois et an que dessus. Signé par le président et les membres du conseil municipal ci-dessus dénommés.

Pour extrait :

En l'absence du maire de Bordeaux,

Le premier adjoint, chevalier de l'ordre royal de la Légion-d'Honneur,

Labroue.

AVERTISSEMENT

DES ÉDITEURS.

CHARETTE, qui commandait dans le Bas-Poitou, prit rarement part aux opérations des grandes armées vendéennes. Madame la marquise de La Rochejaquelein n'a pu donner que des renseignemens peu détaillés sur ses troupes, sur sa conduite, sur ses faits d'armes et son caractère. Les Mémoires qu'on vient de lire, et qui sont si remplis d'intérêt, se terminent avant l'époque où ce chef habile, resté seul de tant de guerriers, fut encore long-temps l'appui et l'espérance des royalistes. On nous a remis des notes fort précieuses qui furent écrites par une personne attachée à son armée. L'auteur de ces notes ne les a point tracées de suite et dans un ordre méthodique; ce sont de simples fragmens, mais qui, rapprochés des faits que rapporte madame de La Rochejaquelein dans ses Mémoires, complètent l'histoire de Charette par le récit de ses derniers exploits, de sa détresse, de ses périls et de sa mort courageuse.

ÉCLAIRCISSEMENS HISTORIQUES.

I.

La troupe d'insurgés, que M. Charette commanda dans le principe, appartenait à un territoire peu étendu. Ce ne fut que successivement et à l'aide de circonstances, ou fortuites ou amenées par son habileté, qu'il parvint à réunir une armée assez nombreuse. Son rôle ne devint brillant que lorsque les armées d'Anjou et du centre eurent effectué le passage de la Loire.

Le pays, dans lequel il organisa sa première bande, ne comprenait que le district de Machecoul et une très-faible partie de celui de Challans. On ne pense pas que sa population guerrière, en la formant de tous les individus, depuis vingt ans jusqu'à cinquante, fournît au-delà de 4,000 hommes, et encore étaient-ce de bien mauvais soldats. Lorsque, dans la suite, ce pays ne fit plus qu'une division de l'armée de Charette, c'était celle sur laquelle il comptait le moins.

Le surplus du district de Machecoul et la partie insurgée de celui de Paimbœuf, connu sous le nom de *Pays de Retz*, obéissaient à M. le chevalier de La Cathelinière qui, pendant toute sa vie, entretint plutôt des relations d'amitié que de dépendance avec M. Charette. Ce dernier canton, découvert, accessible et entouré de villes et de postes qui étaient restés fidèles au parti républicain, ne tarda pas à être accablé ; le chevalier de La Cathelinière, poursuivi à outrance, malade, fut pris à la fin de 1793, et les soldats de sa bande, commandés par Guérin l'aîné, ne pouvant plus tenir dans un pays que traversaient journellement les colonnes ennemies, vinrent se joindre à l'armée de M. Charette dont elle composait l'avant-garde. C'était là son meilleur corps, celui à qui il a dû la meilleure partie de ses succès dans la campagne de 1794. On pouvait envisager les paysans qui le composaient comme des soldats enrégimentés. Chassés par la force de leurs foyers, et n'y pouvant rentrer qu'à travers les plus grands périls, ils n'avaient d'asile et de ressource que dans les camps ; et si cette position désespérée dut enflammer leur courage, il était encore exalté par le désir de venger le massacre de leurs familles et l'incendie de leurs maisons.

L'autre portion du district de Paimbœuf, les cantons actuels de Saint-Jean-Demont, Beauvoir, Saint-Gilles (le chef-lieu excepté), donnèrent naissance à une autre bande que commanda M. Guerres de la Fortinière, demeurant aujourd'hui à Chavane. Cette troupe, appelée *Troupe du Marais*, prit Noirmoutier dès le commencement de l'insurrection et ne la garda pas long-temps. La reprise de cette place indisposa les soldats de M. Guerres, comme celle de Pornic avait exaspéré ceux de M. de La Roche-Saint-André. La fuite du chef amena encore ce territoire sous l'obéissance de M. Charette.

Les sieurs Jolly et Savin furent deux autres chefs indépendans qui commandaient le territoire situé entre la route de Legé aux Sables et celle de La Roche-sur-Yon au même endroit, du moins leur pouvoir s'étendait peu au-delà de ces limites. Leurs troupes étaient séparées, mais agirent souvent de concert. Elles tentèrent deux fois le siége des Sables et furent repoussées.

Savin se plia de bonne heure aux volontés de M. Charette, aussitôt que celui-ci, chassé de Machecoul par le général Beysser, eut établi son quartier à Legé : il était d'un caractère assez flexible. Jolly, ancien soldat, homme emporté et sans éducation, doué d'une valeur qui allait à la témérité, n'avait pas une ame aussi docile que Savin. Aussi cette humeur impétueuse engendra-t-elle avec M. Charette des démêlés violens qui se terminèrent par la catastrophe sanglante du rival imprudent. La mort de cet homme courageux a été imputée au général Charette qui devint ensuite maître absolu de la bande qu'il commandait.

Vieillevigne et les communes environnantes avaient levé un autre corps qui ne reconnut l'autorité immédiate de M. Charette qu'à la reprise de Machecoul, où le commandant Vrignaud fut tué.

La Roche-sur-Yon et tout le pays qui existe entre cette ville et le Lay, avaient pour chefs MM. de Bukley et de Saint-Pol, qui ne coopérèrent activement avec M. Charette, qu'au moment où l'armée de Mayenne entra dans la Vendée et poussa devant elle les bandes de ce département sur l'armée d'Anjou. M. de Bukley passa la Loire, et M. de Saint-Pol, chef peu brave et peu considéré, céda à l'influence et à l'ascendant de M. Charette.

L'armée de Royrand suivit l'impulsion de l'armée d'Anjou et passa la Loire; le pays qu'elle occupa resta donc sans chef, et une partie se rangea alors sous les drapeaux de M. Charette; aussi, dès les premiers mois de 1793, l'autorité de ce chef embrassait tout le territoire compris entre la mer et la grande route de Nantes à Luçon.

Elle s'étendit encore plus loin en 1794. Par la mort de M. Lyrot de la Pasouillère, M. Charette acquit le pays situé entre la grande route de Nantes et la Sèvre, et celui renfermé entre cette rivière et la Loire, depuis Nantes jusqu'aux confins de l'Anjou. Ce territoire nourrissait trois divisions ou bandes qui ne se réunirent, il est vrai, à l'armée de Charette, que dans une ou deux occasions. Leur position difficile les obligeait constamment de se tenir sur la défensive.

L'on voit, dans les détails qui précèdent, combien les commencemens de M. Charette ont été faibles; le pays, qu'il a fini par commander seul, était donc, dans l'origine, partagé entre plusieurs chefs indépendans et jaloux les uns des autres. Aucun d'eux n'était assez marquant, n'avait occupé dans l'armée des emplois assez considérables pour faire taire l'envie, réunir tous les suffrages et couper court à ces rivalités dangereuses. Deux ou trois gentilshommes, dont le plus élevé n'avait pas dépassé le grade de capitaine, quelques hommes du peuple qui n'avaient d'autre recommandation que d'avoir vieilli dans l'emploi de caporal ou de sergent : tels furent les chefs de l'insurrection dans tout le territoire qui formait à la fin l'armée du général Charette.

Aussi est-ce à ce défaut de talens et surtout d'ensemble que l'on doit attribuer tous les mauvais succès que ces chefs éprouvèrent partiellement, et l'inaction désastreuse dans laquelle ils se tinrent quand ils n'étaient pas attaqués. Si toutes ces bandes eussent été organisées sous un seul chef dans les deux premiers mois de l'insurrection, la côte, depuis Luçon jusqu'à Paimbœuf, qui n'était pas défendue, dans cet intervalle de temps, par plus de trois à quatre mille hommes, aurait été entièrement balayée. Alors, n'ayant plus d'ennemis derrière eux, n'étant plus obligés de garder la défensive, état qui ne pouvait que décréditer les affaires du parti, les Vendéens auraient pu faire de gros détachemens et prêter la main aux armées d'Anjou qui se seraient alors avancées dans l'intérieur, seul plan militaire qui fût capable de mettre la république en danger.

II.

Les nuances que l'insurrection établit entre les paysans de l'armée de Charette et ceux des armées d'Anjou et du centre, étaient moins dues à des causes naturelles et locales qu'à des causes accidentelles. L'on ne peut disconvenir que les insurgés, quoique poussés à la révolte par des vexations de plus d'un genre, ne se seraient pas spontanément levés en masse; ils y ont été entraînés par des suggestions; ce sont des mécontens appartenant aux classes élevées, des émissaires cachés qui soufflaient dans la Vendée le feu de la sédition, et quoiqu'une populace déchaînée soit assez difficile à contenir dans les premiers momens d'effervescence, celle-ci connut des chefs immédiatement dans le Bas-Poitou, comme ailleurs, et ces chefs auraient eu assez de pouvoir pour empêcher les massacres dans tous les lieux, s'ils l'avaient fortement voulu. Cette vérité serait appuyée au besoin sur des exemples frappans.

Il est encore certain que les paysans qui composaient l'armée de Royrand n'étaient pas moins grossiers que ceux de l'armée de Charette. Le premier corps s'était recruté en partie dans l'ancien district de Montaigu

Ainsi ce furent ces massacres eux-mêmes, ces assassinats réfléchis qui ensanglantèrent les communes de Machecoul, de Legé et de Rochecervières, qui altérèrent les ames des paysans qui les commirent; qui les changèrent en bêtes féroces; qui les enivrèrent, pour ainsi dire, de fureur et de vengeance. Il faut avoir été témoin oculaire de ces horribles scènes pour savoir jusqu'à quel degré elles portèrent dans les esprits des campagnards le fanatisme et la cruauté; et ce qui justifierait la justesse de l'observation, c'est que ces impressions atroces furent privatives aux communes qui avaient pris part à ces actes de barbarie, ou du moins elles y étaient infiniment plus sensibles.

Ces affreux événemens firent un tort incalculable au parti royaliste ; ils glacèrent d'effroi les villes voisines, et surtout celle de Nantes dont la défection eût peut-être été décisive ; et les circonstances étaient bien propres à l'attirer dans le système des insurgés. Nantes, soumise alors à un gouvernement aussi absurde que tyrannique ; administrée par des énergumènes tirés pour la plupart des classes inférieures ; Nantes, si florissante par le commerce des colonies, et qui voyait ce commerce près d'être anéanti, et par les excès d'une liberté insensée proclamée au sein des noirs, et par la guerre maritime que la mort de Louis XVI venait d'allumer ; Nantes, détrompée de ses illusions, voyait chaque jour refroidir la chaleur révolutionnaire de ses citoyens : nul doute donc qu'un grand nombre de ceux-ci ne fussent entrés dans les rangs des royalistes, si leur ville eût hésité à embrasser ouvertement leur parti. C'est là un fait qu'on a vu attester par des témoignages nombreux.

De-là vint aussi la différente composition des armées, et que celles d'Anjou montrèrent toujours plus de tactique et de résistance ; les désertions y affluèrent ; ce qui provient d'avoir des corps mieux disciplinés, ce qui fournit des soldats plus intrépides, parce qu'ils étaient dégagés des affections et des soins domestiques, et que leur salut, leurs espérances étaient désormais attachés aux succès du parti qu'ils avaient embrassé ; tandis que cette précieuse ressource fut ôtée à l'armée de Charette par les actes sanguinaires de Machecoul et autres endroits. Celui qui aurait tenté de déserter n'avait que la mort en perspective, et il eût fallu une force d'ame bien prononcée pour braver ainsi les dangers des deux partis : aussi le nombre des transfuges ne s'éleva pas peut-être à dix, et encore ceux-ci tenaient ou à une caste proscrite dans les temps malheureux, ou s'étaient fait remarquer par des étourderies qui alors étaient réputées pour des crimes.

Les massacres de Machecoul durèrent pendant plus de cinq semaines ; chaque soir on égorgeait un certain nombre de prisonniers, après les avoir attachés, en avoir formé une espèce de chaîne. Les assassins, ne rougissant point d'attacher une idée de religion à ces épouvantables forfaits, appelaient cette tragédie *le Chapelet;* et dans le fait on récitait cette prière au moment où l'on répandait le sang de ces malheureux. L'imagination frémit en rappelant des horreurs aussi long-temps prolongées ; près de six cents victimes furent ainsi massacrées de sang-froid, et c'étaient des hommes de toutes les classes qui avaient été gagnés par les opinions nouvelles, et que les insurgés avaient ramassés dans la ville de Machecoul et autres communes environnantes.

III.

Les premières défaites donnent une idée du genre de courage qui signala ensuite l'armée Charette, et du terrain convenable pour s'y déployer. Jamais cette armée n'a eu de succès en plaine et dans un pays découvert, à moins d'offrir un nombre infiniment supérieur à celui de l'ennemi. Pour être redoutable, il fallait qu'elle pût se retrancher derrière des buissons ou des fossés, c'est-à-dire dans des endroits où la cavalerie et le canon de l'ennemi étaient sans effet.

Le mécontentement qui éclata pendant quelque temps entre la bande de Vrignaud et celle de M. Charette, ne fut point produit par le désir de supplanter ce dernier, mais par son insouciance habituelle. Cette première troupe, réunie aux insurgés des communes qui avoisinent Nantes, formait un corps avancé qu'on avait porté aux Sorrinières, à l'embranchement des deux routes qui conduisent de cette dernière à Legé et Montaigu. Elle avait à soutenir des combats fréquens, parce que les Nantais, assiégés pour ainsi dire sur ce point, faisaient des sorties journalières. Il était donc fort intéressant de maintenir ce camp qui couvrait ceux de Legé et de Chantonnay, et de fournir au moins des vivres à ceux qui le composaient. Et sous le rapport des subsistances, le canton de Vieillevigne, alors fort peuplé, et principalement de fabricans, à une époque peu éloignée de la récolte, se trouvait dans une position difficile; il lui était impossible de nourrir des soldats; et M. Charette, pour qui ceux-ci étaient un rempart précieux, s'était engagé à le faire.

Mais jamais obligation ne fut plus mal remplie. Cette malheureuse division manquait de tout; elle passait des journées entières sans pain; les officiers, qu'on envoyait au quartier-général de Charette pour en demander et se plaindre de cet affreux dénuement, trouvaient ce général entouré de femmes et de jeunes gens, ou mollement assis sur un sopha, prenant part à des conversations frivoles, ou se livrant à des danses folâtres avec cette cour efféminée. Un pareil spectacle n'était pas fait pour concilier l'affection et l'estime de jeunes officiers bouillans, d'une humeur altière et indépendante, qui venaient de laisser leurs soldats en proie à la faim, murmurant contre leurs chefs, et menaçant de regagner leurs foyers. Des propos violens se tenaient de part et d'autre; ils circulaient ensuite dans les rangs de la division avec les détails de la vie riante et commode qu'on menait à Légé, et le mécontentement était porté à son comble.

Voilà exactement les causes des dissensions et de l'aigreur qui régnaient à cette époque entre les deux bandes. Celle de Vrignaud se regardait comme indépendante, et ne devant conserver avec Charette qu'une harmonie d'opinion et de mesures; mais son chef n'a point prétendu au commandement général.

Charette n'éprouva point de sédition dans sa propre armée, quoique sa conduite dissipée, son existence oisive et ses deux promenades de Montaigu le décréditassent beaucoup dans le parti. Il ne fut entièrement rétabli dans l'opinion que par la reprise de Machecoul qui fut emporté de vive force, quoique défendu par une garnison de quinze cents hommes et dix-huit pièces de canon.

Il serait néanmoins possible que la marquise de Joulami, femme d'un esprit très-délié et très-intrigant, ait eu le projet de faire ôter le commandement à Charette : elle avait beaucoup d'influence à Vieillevigne, et si elle avait pu porter l'une de ses créatures à la place de celui-ci, elle eût été l'ame des opérations militaires, ou du moins elle a pu se l'imaginer. Charette et cette femme ont eu des démêlés, et l'on assure que, dans une réponse que lui fit le général, pour la rappeler ironiquement à un genre d'occupations plus convenable à son sexe, il joignit une quenouille à sa lettre. On doit penser qu'un pareil cadeau aura été mal reçu.

IV.

Charette vint se réfugier deux fois à Montaigu. Sa première fuite fut causée par une terreur panique, parce que les républicains, sortis des Sables, s'étaient avancés jusqu'à Palluau, et que l'armée de Beysser occupait en même temps Machecoul. M. de Royrand le reçut très-mal, et lui observa assez rudement que du moins il fallait voir l'ennemi avant de décamper.

Le courroux de M. de Royrand tenait aussi à des causes personnelles ; le poste de Légé évacué, il se trouvait à découvert de sa droite, et il pouvait être pris entre deux feux.

D'un autre côté, et c'était là le principal motif, l'armée de Charette, si elle fût demeurée sur son territoire (celui de l'armée Royrand), pouvait l'affamer dans quelques jours. Ce dernier chef, homme délicat et probe, était très-avare de réquisitions et nourrissait son armée au moyen des excursions qu'il faisait sur le pays ennemi, ou avec des grains qu'on payait en partie avec la caisse prise sur le district de Montaigu. L'armée Charette eût donc dérangé le système d'ordre et d'économie, et elle eût même pu amener la disette dans les communes où elle se serait répandue. D'ailleurs, stationnée à Montaigu, quel service pouvait-elle rendre au parti ? Et elle laissait à la merci des républicains les bandes de Savin et de Jolly, qui pouvaient être facilement coupées.

Le poste de Saint-Colombin était gardé par quatre cents hommes environ, tirés d'anciens régimens de ligne ; celui de Rohan en avait fourni la meilleure partie. Ce poste fut surpris et fit peu de résistance. La moitié fut faite prisonnière.

Charette soutint vers ce temps-là un autre combat contre une colonne sortie de Machecoul, forte de cinq à six cents hommes, et qui vint l'attaquer à Légé ; il la battit complétement et prit les deux pièces de canon qu'elle avait amenées avec elle. Ce détachement était en partie composé de Nantais.

V.

L'attaque de Nantes ne fut faite activement que par la grande armée. Celle de Charette n'y pouvait faire qu'une parade inutile. Comment en effet aurait-elle tenté avec succès de pénétrer à travers une demi-lieue d'une espèce de défilé, d'une gorge étroite, formée par les ponts de la Loire et de la Sèvre, sans pontons et sans bateaux ? Aussi ne s'avança-t-elle que jusqu'au pont Rousseau, et elle dressa en cet endroit des batteries avec lesquelles on tira sur la ville à boulets rouges; une batterie voisine des républicains ripostait et tua une cinquantaine d'hommes. Les patriotes ne pouvaient r en craindre de ce côté; ils le défendirent avec un faible poste et quelques canonniers.

Les paysans accourus à ce siége s'élevaient, à ce que l'on prétend, au moins à vingt mille. On remarquait dans cette armée des vieillards et des femmes qui s'étaient pourvus de sacs, afin de profiter plus amplement du butin qu'aurait procuré une ville aussi opulente; on annonçait hautement l'intention de la piller; et si toute cette populace eût réussi à s'y introduire, il eût été malaisé d'empêcher ce brigandage. De pareilles dispositions, connues des assiégés, étaient bien propres à enflammer leur courage et à augmenter la résistance.

On a dit dans le temps que si l'armée d'Anjou eût forcé la ville, le dessein des chefs qui la commandaient était de garder aussitôt les ponts, afin de s'opposer à l'entrée de l'armée Charette dont les principaux officiers seuls eussent été exceptés de cette défense.

Il n'est pas présumable que Charette ait montré des prétentions ouvertes au poste de généralissime. Il ne pouvait pas raisonnablement conserver le moindre espoir d'être nommé; il était peu connu dans les armées d'Anjou et du centre; il n'avait eu aucune relation directe avec elles, à l'exception de M. Royrand; l'on ne pense pas qu'il eût envisagé les autres chefs à cette époque; il députa deux ou trois officiers à l'assemblée qui devait faire l'élection, et il aura été mécontent, comme beaucoup d'autres, de la promotion de M. d'Elbée qui, à la vérité, ne méritait pas la préférence. On aura peut-être envisagé les réflexions qu'il aura faites sur ce choix, comme le dépit de l'amour-propre offensé.

Il serait plus exact de croire que Charette s'imaginait qu'on devait, dans cette assemblée de chefs, s'occuper non-seulement du chef principal mais de l'organisation de toutes les armées, opération qui, dans le fait, aurait été bien sage. Charette eût voulu, dans ce cas, être élevé au commandement de l'armée du Bas-Poitou, c'est-à-dire de tout le territoire insurgé qu'il gouverna après le passage de la Loire. Tout le pays eût ainsi été divisé en trois armées principales, et relativement au nombre, à l'importance et aux ressources territoriales, Charette eût commandé incontestablement la seconde.

Il aura donc été très-piqué d'une omission qui le laissait à la tête d'une bande assez médiocre, et toujours en butte aux tiraillemens, aux intrigues et l'insubordination des autres chefs. Si son projet eût réussi, la nomination d'un généralissime l'eût peu gêné, tant parce que le commandement du centre de celui-ci eût été éloigné, que parce que l'obéissance de chef à chef était dans ce temps-là très-imparfaite.

VI.

Charette avait commis une faute grossière dans l'établissement de son camp de Légé, et qui lui ôtait absolument toute facilité de résister à l'invasion des républicains et aux attaques qu'ils auraient dirigées contre lui dans cet endroit. Légé était couvert de tous côtés par des arbres et des haies touffues, retranchemens naturels qui s'adaptaient merveilleusement au génie militaire des insurgés. Charette détruisit cet avantage de fond en comble; il fit abattre tous les arbres, raser les buissons, et convertit Légé en une vaste plaine. Son armée travailla pendant tout l'été de 1793 à cette imprudente opération. Dès ce moment le poste ne fut plus tenable pour des paysans qui l'abandonnaient aussitôt qu'ils apercevaient l'ennemi; et il devint pour celui-ci un poste de prédilection qu'il occupa constamment dans la suite, et qui le plaçait au centre du pays insurgé. On ne conçoit pas comment les expériences malheureuses, faites par Charette dans les endroits trop découverts, ne lui avaient pas fait rejeter ce projet insensé; mais c'est encore dans cette occasion qu'on remarque une des principales nuances de son caractère, la suffisance et la présomption. En traçant à Légé un camp retranché, il singeait le général d'une armée régulière.

VII.

Charette montra dans sa première lutte contre le général Haxo une autre nuance de son caractère, la légèreté et l'imprévoyance unies à beaucoup de bravoure et de fermeté. C'est bien dans cette occasion qu'on remarque qu'il n'adoptait aucun plan militaire, mais qu'il vivait au jour le jour, bravant le danger lorsqu'il se présentait, mais ne sachant ni le calculer, ni faire naître ou préparer des circonstances avantageuses. Après la prise de Noirmoutier, Charette n'y demeura que quelques jours ; il les employa à faire entrer quelques vivres dans la place et à expédier un aviso en Angleterre. Ce fut La Roberie aîné, officier de mérite, qu'il y envoya. La garnison qu'il laissa à Noirmoutiers était d'environ huit cents hommes, et ce poste fut médiocrement envié par les soldats de son armée, qui avaient une répugnance invincible pour toute position où l'on n'avait point de retraite. Le gouverneur était un M. de Tinguy, officier peu connu, et qui, parmi plusieurs autres officiers restés aussi dans la place, ne devait pas jouir d'une grande autorité.

Charette ramena donc incontinent son armée à Touvois, à une lieue de Légé, apparemment parce que cela le rapprochait de sa nouvelle conquête, et qu'il avait éprouvé devant une division de l'armée de Mayence, qu'il n'y avait aucune résistance à tenter dans son ancien poste qui équivalait à une rase campagne : il y campa pendant plus de trois semaines. Enfin, vers le milieu de novembre 1793, Haxo sortit de Nantes et entra par plusieurs points sur le pays insurgé. La division des Sables pénétra aussi, et Charette vit qu'il allait être enveloppé à Touvois, pendant que la division de l'armée de Haxo, qui avait débouché par Machecoul, lui couperait la retraite de Noirmoutiers. Dans une position aussi épineuse, Charette devait prendre un parti décisif, et il n'en prit point ; il décampa de Touvois, s'avança vers la Garnache et Saint-Gervais : Haxo le suivait rapidement à la tête de quatre à cinq mille hommes et de l'artillerie.

Charette essaya un instant de lui résister dans ce dernier endroit, mais il fut chassé à coups de canon et acculé dans Bouin, dont il ne se tira avec sa troupe qu'en franchissant ou traversant les fossés. Il laissa là une belle artillerie, ses caissons, ses équipages. Son armée ne sauva qu'un seul cheval, celui de La Roberie ; mais l'on ne sache pas qu'elle ait tué les autres ni encloué ses canons. Elle effectuait une retraite ou plutôt une déroute précipitée, accompagnée du plus grand désordre, et, certainement, elle n'eut pas le temps, ni peut-être la pensée de détruire les ressources qu'elle était forcée d'abandonner à l'ennemi.

Ce désastre n'avait point été prévu, et il était bien facile de l'éviter. Charette devait examiner, en sortant de Touvois, s'il avait une force suffisante pour défendre Noirmoutiers et pour en empêcher le siége ; il ne pouvait s'agir de s'y enterrer, car alors tout le parti se serait trouvé concentré dans un seul point, et il était irrévocablement abattu par la chute de ce lieu de refuge. Pour prendre une pareille résolution, il eût fallu attendre à une époque déterminée un secours que l'Angleterre aurait envoyé, et qui eût été capable de faire lever le siége. Ce plan était donc impraticable, quand même on admettrait, ce qui eût éprouvé une grande difficulté, que l'armée eût consenti à l'exécuter.

Et si l'armée de Charette était trop faible pour tenir tête à l'ennemi, il fallait donc se garder soigneusement de se laisser engager avec tous ses moyens militaires sur un terrain désavantageux, et qui ne laissait aux insurgés, en cas de défaite, que la perspective d'une destruction totale.

Bien plus, un semblable échec devait décourager entièrement la garnison de Noirmoutiers : il était propre à lui enlever l'espoir d'être jamais secourue, et par suite cette énergie morale et ces illusions du courage, qui sont toujours les meilleurs garans d'une défense opiniâtre. La facilité avec laquelle elle se rendit atteste assez l'abattement et la consternation que produisit la victoire de Haxo dans l'ame des assiégés.

Ce malheureux événement prouve donc l'hésitation, l'incertitude et l'absence de tout plan fixe de la part de Charette. C'était plutôt un sentiment confus que des réflexions éclairées qui le portait ainsi dans la direction de Noirmoutiers. Peut-être avait-il l'idée vague de s'y jeter et d'y cantonner une partie de son armée, sauf à la rejeter, si d'autres motifs paraissaient ensuite peu favorables. C'était toujours l'événement actuel qui déterminait sa conduite, et la mobilité des circonstances n'était pas plus rapide et plus variée que celle de ses pensées et de ses résolutions. Si celle que l'on analyse ici eût reçu le moindre degré de maturité, s'il eût pesé un seul moment les résultats que pouvait amener, au milieu d'un marais, une lutte inégale, il aurait porté son armée dans le sein du Bocage, sur un terrain où il devait bientôt recueillir tant de succès : et, comme Haxo voulait reprendre Noirmoutiers, et comme, pour achever ce dessein, il avait besoin de protéger ses derrières par un corps d'observation, que les munitions et les subsistances nécessaires à sa troupe devaient arriver librement, et que, pour assurer ces approvisionnemens, il lui fallait tenir une chaîne de postes depuis Noirmoutiers jusqu'à Nantes, les événemens de la mer étant trop hasardeux ; il eût été bien difficile que Charette n'eût pas trouvé jour à entraver des dispositions si multipliées, et à gagner peut-être sur son ennemi des avantages importans.

Aussi faut-il dire que cette défaite de Bouin terrassa le parti. Elle fut à l'armée de Charette ce que la défaite de Luçon avait été aux armées réunies. Dans les deux endroits on perdit son artillerie et ses munitions, et cette dernière perte surtout était incalculable pour des gens qui n'avaient point de postes fortifiés, qui étaient obligés de traîner tous leurs moyens après eux. Charette n'était plus, à proprement parler, un général d'armée, parce que tout ce qui constitue une armée avait échappé de ses mains ; il devenait un simple partisan, occupé à fuir habituellement devant l'ennemi lorsqu'il déployait une force supérieure, et à épier les occasions dans lesquelles ce même ennemi se serait négligé ou affaibli par excès de confiance.

Charette essaya ce genre de combattre en sortant de Bouin. Il surprit à Bois-de-Cene un détachement républicain de quatre cents hommes à peu près, qui fut presque entièrement égorgé. Cet avantage lui procura quarante chevaux. Il se porta le lendemain sur Légé que gardait une troupe plus nombreuse et pourvue de canons ; il l'attaqua valeureusement, et il fut repoussé après un combat de quelques heures.

C'est de cette époque que date toute la campagne faite par Charette, pendant l'hiver de 1794, et dans laquelle les revers de ce chef restèrent bien au-dessous de ses avantages. Plusieurs causes contribuèrent à ses succès.

La première et la plus considérable fut la proscription générale des Vendéens, l'interdit qui fut jeté sur leur malheureuse contrée, et les horreurs inouïes dont elle devint le théâtre journalier ; une soldatesque effrénée n'y connaissait ni amis ni neutres ; les femmes et les enfans furent enveloppés dans ce carnage impitoyable ; des communes qui avaient livré les armes furent ensuite livrées à la dévastation, au fer et à la flamme ; des hommes revêtus des fonctions et des livrées républicaines furent fusillés; il n'y eut donc alors d'asile que dans les camps et les forêts, de sûreté et de garantie que sous les armes, de protection efficace que dans des réunions nombreuses. La crainte du péril et le sentiment de sa conservation formèrent l'armée, et la terreur générale produisit le courage le plus exalté, le courage du désespoir.

A ce mobile aussi puissant que les républicains avaient exercé contre eux, il faut ajouter le défaut absolu de renseignemens et de lumières dont ils auraient eu besoin pour guider leurs opérations, et dont ils étaient privés. Ils avaient, par leur conduite atroce et cruelle, élevé un mur d'airain entre les Vendéens et leurs soldats. Les deux partis n'étaient plus composés que d'ennemis acharnés : ainsi les armées patriotes n'ayant aucune espèce de relation dans le pays où elles combattaient, ne pouvaient marcher qu'à l'aventure ; leurs généraux ne pouvaient former, pour ainsi dire, que des combinaisons divinatoires. Ils poursuivaient les insurgés à la piste; ils ne reconnaissaient que par la trace des lieux, par les routes qu'ils tenaient, semblables au chasseur qui rembûche des bêtes féroces ; et comme cette manière de découvrir n'était praticable que pendant le jour, il s'ensuivait que les Vendéens étaient toujours en sûreté pendant la nuit, et qu'ils avaient une grande facilité pour cacher leur marche et échapper à l'ennemi. Cette considération explique pourquoi, dans cet hiver, ils furent si rarement surpris, et ils ne l'auraient même jamais été, si cette sécurité habituelle ne les eût fait relâcher quelquefois de toute espèce de précaution.

Ensuite la nature du terrain du Bocage de la Vendée était inestimable pour des révoltés pendant le cours de l'hiver. Couvert de bois et de buissons, n'ayant que peu de chemins et des chemins impraticables, il était presque impossible à une troupe d'y conduire de l'artillerie : le transport des vivres et des bagages y était de la dernière difficulté. La cavalerie la mieux montée y était ruinée en quinze jours ; tous les obstacles enfin se pressaient autour des opérations militaires, et si les colonnes républicaines n'eussent été éclairées par des réfugiés du pays, elles auraient probablement été réduites à une inaction complète. Une attitude active ne leur était pas plus favorable, puisqu'en agissant avec des corps nombreux, les républicains étaient affamés, et ils couraient risque d'être écrasés dès qu'ils se montraient en petites masses. Ils en firent une rude épreuve dans la campagne que l'on rappelle. Rassemblés en grande force, ils ne trouvaient personne et ils étaient assaillis de privations. Éparpillés en petits détachemens, ils étaient battus. L'on fera remarquer dans la suite que le général Hoche termina facilement la guerre civile, parce qu'il sut prévoir et parer à tous ces inconvéniens. La Vendée eût été pacifiée dix fois avant la dernière, si l'on eût remplacé les trois quarts des soldats républicains qui y sont péris, par de la modération et du bon sens.

VIII.

Le pays insurgé se trouva le plus souvent débarrassé des troupes républicaines pendant l'été de 1794. Des colonnes le traversèrent trois ou quatre fois, mais sans s'y arrêter. Ce plan de l'ennemi était motivé, ou sur les courses infructueuses faites pendant l'hiver et qui leur avaient coûté tant de monde et tant de fatigues, ou sur la nécessité de renforcer les armées des frontières moins exposées pendant les mauvaises saisons, ou principalement pour border et défendre les côtes sur lesquelles on craignait toujours quelques débarquemens d'Anglais qui auraient coopéré avec les insurgés. Charette eut donc le temps de respirer à son aise et d'entreprendre lui-même des attaques, au lieu de repousser ou d'esquiver celles des républicains. Sans doute ce repos qu'il aura présenté à ses soldats sous des couleurs adroites, comme étant la suite de l'abattement ou de l'impuissance de l'ennemi, releva le courage des siens, leur donna une haute idée de leur force, et augmentait leur confiance dans le général qui les avait guidés à travers tant de dangers. En envisageant dans leur ensemble tous ceux qui les avaient assaillis, les Vendéens le regardaient comme le libérateur de leur pays, le sauveur de leur existence, et la guerre qu'ils avaient soutenue sous ses ordres, comme ayant été le seul moyen d'échapper à cette terrible catastrophe ; les esprits reçurent donc de ces considérations des impressions d'enthousiasme et d'énergie, qui préparèrent les succès que les Vendéens obtinrent contre les camps retranchés des patriotes.

Le camp dont l'attaque, est sans contredit, un des plus beaux faits d'armes du général vendéen, n'était point assis à Saint-Christophe, mais à Freligné, auprès d'une chapelle de ce nom, à un quart de lieue de Touvois. Les républicains avaient un détachement dans le premier endroit, et c'est sur ce point que la troupe battue effectua une retraite bien difficile ; la garnison de ce camp était de quinze cents hommes, et plus de la moitié fut tuée. Les Vendéens montrèrent dans cette occasion une valeur et une fermeté que l'on ne pouvait pas raisonnablement attendre ; l'événement seul justifia l'attaque d'un poste que l'on regardait comme imprenable par des troupes irrégulières.

Le camp des Chrimières, que Charette força quelques jours après, n'était pas aussi fort et aussi nombreux : celui-ci fut surpris dans un moment où l'ennemi était mal préparé. Les soldats avaient lavé et nettoyé leurs armes ce jour-là, et un grand nombre était répandu dans les vignes dont la maturité approchait. Cette attaque imprévue était la suite de la défaveur qui entourait les républicains et de l'impossibilité dans laquelle ils s'étaient placés, par leurs cruautés, de recevoir aucun renseignement. Les localistes, avec qui ils vivaient sans défiance, étaient les premiers à les trahir ; ainsi les Vendéens étaient prévenus à temps de toutes les occasions favorables qui se présentaient, et les républicains ne l'étaient jamais. On ne peut se faire une idée de la haine profonde, de l'horreur que ceux-ci avaient excitées dans le pays insurgé ; les femmes, les enfans en étaient envenimés ; ces sentimens étaient comme mêlés dans leur substance, et portés au dernier degré d'exaltation.

IX.

On ne peut néanmoins dissimuler que la fureur des soldats républicains s'était grandement ralentie pendant cet été de 1794, et avant l'événement du 9 thermidor qui l'adoucit encore bien davantage. Le retour aux maximes de modération qui fit sourire l'humanité désolée, commença d'affaiblir le parti des insurgés : il brisait ou du moins relâchait son principal ressort, le désespoir du malheur, la nécessité toujours présente de vaincre ou de périr : aussi peut-on remarquer que, depuis cette amélioration dans l'opinion, les Vendées ne donnèrent plus le spectacle d'actions aussi brillantes et aussi courageuses que pendant la période de la terreur.

Ce camp de Freligné, dont on parlait à l'instant, et qui resta plusieurs semaines sans être menacé, déploya constamment une manière opposée à la marche dévastatrice des colonnes qui avaient fait les campagnes d'hiver : il avait été établi en cet endroit, quelque temps avant la récolte, et couvrant un pays fertile et découvert, entretenant des communications journalières avec Machecoul et Challans, il inspirait des craintes bien vives à tous les cultivateurs qui voyaient mûrir leurs moissons sur cette partie du territoire. Ces malheureux n'avaient d'autre perspective que la mort donnée par l'ennemi ou par la famine plus cruelle encore ; une position aussi critique enhardit quelques-uns d'entre eux ; ils se hasardèrent à couper leurs grains, quelque chose qui leur en pût arriver. Les cavaliers républicains les aperçurent et ne les inquiétèrent point ; ils rassurèrent même les fuyards, et cette épreuve, bientôt connue, rappela de toutes parts les moissonneurs effrayés, en ne guérissant partout qu'une bien faible partie de leur défiance.

La position de ces pauvres laboureurs était difficile ; une expérience affreuse leur avait prouvé que ces intervalles d'une douceur apparente n'avaient été précédemment que le sommeil du tigre ; que l'ennemi avait quelquefois endormi leur vigilance et leur précaution, et recommencé tout-à-coup ses actes de barbarie. Freligné était précisément situé dans cette paroisse de Falleron, dont la plupart des hommes avaient été égorgés, l'hiver passé, au camp de Légé où les républicains les avaient attirés sous l'espoir de la paix après la leur avoir jurée dans un banquet, après leur avoir présenté la coupe de la réconciliation : une catastrophe aussi récente avait gravé dans les ames de terribles souvenirs.

Les paysans de ce canton, pressés de ramasser leur subsistance et celle de leurs enfans, devaient éprouver de grandes craintes ; d'un autre côté, ils devaient la cacher aux républicains qui les environnaient à tout instant ; et il leur fallait encore, par la démonstration d'un dévouement bien prononcé, empêcher que les chefs vendéens ne prissent ombrage de ces relations équivoques, toute communication prétendue volontaire avec les républicains étant punie de la peine de mort ; et les délateurs ne manquaient pas plus dans ce parti que dans le parti patriote : la même espèce d'hommes jouait ce rôle infâme ; les mêmes motifs les animaient ; c'était également des sans-culottes royalistes que peignaient la prospérité de leurs voisins et la soif de leurs dépouilles ; et la crédulité, exagérée par la peur, assassinait, sur ces rapports, des hommes qui n'avaient d'autres torts que d'avoir allumé les désirs de quelques misérables.

Ainsi le même mobile tyrannisait pareillement les deux partis les plus opposés ; la terreur avait peuplé les armées républicaines, elle entretint aussi les réunions des insurgés. Ces bandes s'affaiblirent en nombre et en audace dès que le paysan, lassé de cette lutte sanglante, et désespérant d'atteindre le but de ses premiers efforts, acquit la certitude qu'il pourrait désormais respirer sous son toit, et cultiver en paix le champ de ses pères : sa répugnance à combattre de nouveau éclata d'une manière bien sensible, lorsque Charette rompit la paix de Jacmaye.

Lorsqu'on fit à Charette les premières ouvertures de paix, et que l'on fit entrevoir à ses officiers que l'état critique des insurgés pourrait se terminer par un dénoûment qu'on n'eût jamais dû prévoir, ces propositions conciliatrices arrivèrent dans un moment très-propre à les faire accueillir ; la résistance était devenue, pour ainsi dire, impossible.

Les Vendéens étaient alors à peu près sans munitions. Je vis poser en fait, dans un conseil de guerre où la plupart des chefs étaient réunis pour réfuter l'opiniâtreté de quelques-uns d'entre eux qui votaient pour la continuation de la guerre, qu'en exceptant les cartouches que chaque soldat pouvait avoir à sa disposition, l'on n'avait pas en magasin trente livres de poudre. Ce fait était précisé devant Charette, les généraux de l'armée du centre, et les principaux officiers des deux corps, et il ne fut démenti par personne.

En effet, depuis bien du temps l'on n'avait emporté aucune place qui eût servi d'entrepôt pour des munitions de guerre. Les républicains ne menaient plus d'artillerie avec eux. Le soldat portait toutes ses cartouches avec lui. Les insurgés ne profitaient donc que de celles trouvées sur les ennemis morts ou prisonniers. Les camps retranchés dont ils s'étaient emparés étaient dépourvus de caissons ; les cartouches manquaient, assure-t-on, aux républicains de Freligné : ainsi il devait arriver un instant, et cet instant était tout proche, où les insurgés auraient été dans l'impossibilité de brûler une seule amorce.

Aussi, pendant l'intervalle de la pacification, tous les soins des chefs se portèrent sur cet objet intéressant. Les communications les plus actives furent entretenues avec Nantes par des Vendéens affidés qui s'y procuraient de la poudre, et reformaient peu à peu le matériel de chaque division : ces approvisionnemens n'étaient pas difficiles. Nantes était alors peuplée de mécontens, d'hommes qui soupiraient après le retour de la royauté et qui favorisèrent de tout leur pouvoir les manœuvres des insurgés.

Mais, en définitive, on ne pense pas que ces manœuvres eussent été favorables au parti vendéen : si elles lui procurèrent quelques munitions, elles livrèrent aussi à l'ennemi le secret de ses forces et du mode sous lequel elles avaient été employées, parce que, de la part de ces hommes simples et grossiers, le récit détaillé de leurs succès passés était toujours le langage de l'indiscrétion. Ainsi la Vendée se vit enlever son rempart principal, le prestige qui avait couvert jusque-là ses opérations militaires et avait fasciné les yeux de ses ennemis sur sa puissance réelle : le mystère d'illusion fut dévoilé, et les patriotes purent appliquer à ce pays l'apologue des bâtons flottans sur l'onde.

En second lieu, depuis que les mœurs des soldats républicains s'étaient adoucies, les habitans qui environnaient leurs postes avaient pu se procurer les papiers publics; les patriotes cherchaient même à répandre ceux qui contenaient des nouvelles avantageuses à leur cause; et à l'époque que l'on rappelle, quelques-unes des puissances coalisées avaient ou subi le joug de la république, ou fait la paix avec elle. Cette circonstance était connue des chefs qui la cachaient sans doute à leurs soldats, mais qui ne pouvaient se dissimuler combien les chances étaient inégales à combattre un parti que l'Europe entière désespérait d'abattre : ils devaient donc pencher vers la pacification offerte.

En troisième lieu, le parti vendéen, malgré ses succès de 1794, avait été cruellement affaibli. Toute la partie du marais de Beauvoir et Soullones avait été soumise dans l'été de cette dernière année; ses canaux, pendant les inondations, rendaient le pays impénétrable; mais les chaleurs, le retour de la belle saison, lui ôtaient ce moyen de défense, et alors des républicains y entrèrent sans peine. Le parti vendéen ne perdait pas sans doute des auxiliaires bien courageux, mais il perdait la portion la plus intéressante de son territoire, sous le rapport des subsistances.

Enfin, le repos laissé aux insurgés depuis la récolte, pendant trois ou quatre mois ; le loisir de calculer et d'apprécier l'étendue des calamités passées ; le souvenir des privations, des besoins en tout genre qu'ils avaient éprouvés ; la crainte de voir ou brûler ou ravir encore les fruits de la récolte qu'on avait été si heureux de ramasser, et l'idée si pénible que tant de périls et de désastres n'avaient point changé la face des choses : toutes ces considérations réunies glaçaient l'ame du soldat, et il eût désiré hautement la paix, si les craintes dont on l'entourait lui avaient permis de croire à une paix solide.

Il est certain toutefois que cette pacification fut accompagnée de grandes précautions et d'un appareil extraordinaire : Charette avait été logé avec les autres généraux vendéens et huit principaux officiers au château de la Jaunaye ; la cavalerie qui leur servait d'escorte était stationnée dans un château voisin.

Le local des conférences avait été établi, au milieu d'une lande située à quelque distance du premier château, sous une tente ou pavillon dressé à cette fin ; chaque jour, à une heure convenue, les représentans du peuple et les chefs insurgés s'y rendaient respectivement avec une escorte déterminée qui se rangeait en bataille des deux côtés du pavillon, à la distance de quelques centaines de pas.

Les négociations durèrent plusieurs jours : les négociateurs de chaque parti étaient en nombre égal ; d'un côté figuraient neuf représentans membres de la Convention ; les insurgés étaient représentés par trois généraux, un chef de division, et quatre employés civils.

La manie de la déclamation et l'enthousiasme de la tribune étaient tellement épidémiques dans ces temps de délire, que la tente de la Jaunaye ne put être à l'abri de cette fureur oratoire ; les représentans y prononçaient de longs discours avec l'accent et le geste le plus animés ; très-souvent ils ne s'entendaient pas entre eux, et cette contrariété donnait à la discussion un nouveau degré de véhémence.

Les négociateurs vendéens éprouvaient dans cette lutte une grande infériorité. Retranchés dans leurs forêts, au milieu d'un peuple grossier, demeurés étrangers pendant près de deux ans à toutes les discussions politiques qui avaient ébranlé l'État, et amené tant d'événemens et de catastrophes, ils étaient peu capables d'improviser et d'imiter le langage de leurs adversaires : aussi, pour ne pas rester au dépourvu, rédigeaient-ils, dans l'intervalle de chaque conférence, des *factum* en réponse aux objections de la veille; et comme leur opinion était toujours énoncée avec franchise et une certaine rudesse, ces notes ouvraient un vaste champ à l'éloquence révolutionnaire des députés, et devenaient pour eux une source intarissable de babil.

Du reste, ce qui prouve à quel degré de barbarie cette guerre civile avait amené le peuple, et que le droit des gens n'y était pas plus respecté qu'au milieu des nations les plus sauvages, c'est que M. Rueau, qui fut le premier et le principal entremetteur de la négociation, courut les plus grands dangers en abordant dans la Vendée, quoiqu'il s'annonçât comme porteur de paroles de paix ; il eut toutes les peines imaginables à désarmer la défiance des paysans qui le rencontrèrent, et à se faire conduire au quartier-général le plus voisin, celui de La Roberie qui occupait Saint-Philibert de Grand-Lieu ; celui-ci le mena sur-le-champ à l'armée de Charette, qui était alors rassemblée dans l'intérieur du Bocage.

X.

Charette ne témoigna point de répugnance à faire la paix : il en démontra lui-même la nécessité dans tous les conseils de guerre qui furent tenus pendant les conférences. La rébellion de Delaunay le refroidit, parce qu'il craignit que les intrigues de ce chef audacieux et de quelques autres officiers ne tournassent contre lui l'esprit du peuple, et ne lui fissent perdre son ascendant, peut-être même son autorité : il avait le premier frayé le chemin à cette fatale défection par les catastrophes assez récentes de Jolly et de Marigny. L'on pouvait donc rétorquer contre lui les motifs et les exemples qu'il avait donnés dans ces deux occasions.

Mais il est vrai de dire que la paix était désirée par l'immense majorité de tous les insurgés qui avaient des propriétés et reçu quelque éducation. Parmi les généraux qui avaient assisté aux négociations (ils étaient quatre en y comprenant Charette), trois en étaient les partisans zélés, MM. de Couëtier, Fleuriot et Sapinaud : leur ame honnête et sensible ne pouvait supporter la pensée des malheurs que l'on pouvait finir, et cette manière de voir était partagée par le plus grand nombre de leurs officiers.

Les antagonistes de la pacification n'étaient que des déserteurs, des transfuges, et ceux qui s'étaient élevés à un commandement quelconque des derniers rangs de la société. La paix remettait ceux-ci dans leur ancienne condition, et les autres n'avaient en perspective que le mépris d'un parti qu'ils avaient trahi, et peut-être des dangers réels : et il faut le dire ici; par suite d'une politique qui dévoilait bien la sombre défiance et le despotisme de Charette, ses principaux officiers, ses chefs de division avaient tous été choisis dans la classe populaire ou parmi les déserteurs. La Roberie faisait seul exception dans ces nominations indiscrètes. Charette ne craignait point d'en exprimer le motif qui était d'obtenir une obéissance aveugle et d'écarter jusqu'à l'idée de la résistance : il a dit qu'un chef ne devait pas se croire à l'abri du bâton : on l'a vu poursuivre à grands coups de pied, autour d'une troupe rangée en bataille et faisant l'exercice, des officiers qui lui paraissaient commettre quelques fautes dans les manœuvres.

Bien plus, ce que l'on ne croirait pas, si dix mille témoins ne rendaient hommage à la vérité du fait, Charette, en introduisant le châtiment du bâton parmi ses soldats, était lui-même l'exécuteur de la punition des coupables. Le *minimum* était vingt-cinq coups qu'il leur appliquait sur les épaules avec la plus grande vigueur. Le battu était ordinairement si maltraité, qu'il lui était malaisé de finir la campagne, et qu'il lui fallait des soins et du repos pour le rétablir de ses blessures. Cet exemple odieux était suivi par les chefs de division; ils réprimaient les écarts de leur troupe de la même manière, et toujours de leur propre main. Il semblait même que cette indécente brutalité fût une prérogative, puisqu'elle n'était pas exercée par les officiers subalternes. Le droit de bastonnade n'était attaché qu'aux grades élevés : c'étaient les droits de *haute justice*.

XI.

L'on ne saurait dire si Charette entra à Nantes de plein gré, ou s'il ne fut amené à cette démarche que par une condescendance pénible; mais ses partisans blâmèrent le séjour qu'il y fit, et surtout le plus grand nombre de ceux qui l'accompagnaient : il ne devait y rester, disaient-ils, que pendant quelques heures, et faire, avec discernement, le choix de ceux qui auraient composé son escorte. Cette opinion était assez réfléchie ; et sous le dernier rapport, l'on peut assurer qu'il découvrait, aux yeux d'une grande cité, la faiblesse de ses moyens, ainsi que l'ineptie et la nullité de la plupart de ses officiers. Ceux-ci se répandirent partout, dans les cercles du bon ton comme dans les cabarets; ils y étalèrent autant d'ignorance que de forfanterie, y débitèrent les histoires les plus ridicules et les plus maladroites; quelques-uns donnaient le spectacle public de la crapule et de l'ivrognerie ; d'autres y prirent des querelles sérieuses avec les militaires de la garnison; le plus grand nombre enfin n'y montra que des mœurs grossières et y porta l'oubli de toutes les convenances. L'illusion du parti perdit donc de sa force, dans cette rencontre, et c'était celle où il fallait la maintenir et même y ajouter de nouveaux prestiges : on cherchait dans cette troupe indisciplinée ce qui avait pu exciter tant de terreurs et nourrir tant d'espérances, et l'on pourrait assurer que, dans le calme de la réflexion, les républicains et les royalistes ne regrettèrent point leurs hôtes.

Charette, en rentrant dans son quartier de Belleville, y annonça par des signes bien évidens qu'il n'avait signé qu'une paix plâtrée. La cocarde blanche fut arborée, comme auparavant, dès qu'on rentra dans le pays insurgé; le drapeau blanc fut promené aux exercices et aux cérémonies ; l'ancien état de choses subsista dans son entier; les insurgés acquirent de plus, par leur prétendue soumission, la sécurité qu'ils n'avaient pas avant la trève.

Leur départ du château voisin, de celui de la Jaunaye, où l'on a dit que l'escorte de Charette avait été casernée, fut marqué par des actes qui ne laissaient que trop de prise aux récriminations des patriotes. Le pillage y fut commis par les cavaliers de l'armée, gens avides de butin comme les Cosaques. Ils emportèrent les rideaux des lits qu'on avait eu l'attention de leur fournir.

Quelques-uns des chefs ne furent pas plus délicats; ils profitèrent de leur séjour à Nantes, et de la liberté des communications qui s'en suivit, pour se procurer des habillemens et des harnais de toute espèce; ils leur furent fournis à crédit, et sur la garantie de personnes qui professaient leurs principes. Le renouvellement des hostilités eut lieu avant que les engagemens eussent été remplis, et l'on ne saurait dire lesquels ont perdu des fournisseurs ou des cautions. Les insurgés suivirent l'exemple des Hébreux, lorsqu'ils empruntèrent les vases de l'Égypte.

XII.

Le repos, l'insouciance de Charette, dans son camp de Belleville, pendant la pacification, n'étaient troublés que par la correspondance qu'il lui fallait entretenir avec les princes ou les émigrés, et les généraux et représentans républicains. Ceux-ci se plaignaient journellement de quelques infractions faites à l'amnistie; et les autres n'épiaient que l'occasion favorable pour lui faire reprendre les armes; mais le nombre des émigrés qui vinrent le joindre fut assez petit. On ne croit pas qu'on pût en compter plus d'une douzaine, et Charette ne se souciait pas qu'il fût plus multiplié.

XIII.

Ce chef présomptueux et défiant, craignant toujours que quelques officiers-généraux de l'ancien régime ne vinssent lui ravir, ou même partager son autorité, s'il désirait des auxiliaires, ne voulait que des subalternes, des sous-officiers incapables de lui porter aucun ombrage. Ils auraient discipliné les bandes, ils leur auraient donné de la consistance et de l'à-plomb, et la gloire de ses succès lui serait demeurée à lui seul. Aussi manifesta-t-il cette impolitique jalousie, en communiquant une lettre que lui écrivait un royaliste d'un rang élevé, pour lui offrir un certain nombre d'officiers émigrés : il observa que cette recrue pourrait semer la division dans l'armée par les sentimens d'ambition qu'elle ne manquerait pas de manifester ; et qu'il valait bien mieux recevoir un secours de sergens et de caporaux.

S'il faut parler avec impartialité des infractions que commirent les deux partis relativement à la pacification, l'on peut affirmer hardiment que les insurgés furent les moins scrupuleux. Cette affligeante version va reposer sur des éclaircissemens et des faits positifs.

L'on a déjà remarqué que Charette ne s'inquiéta même pas de sauver les apparences, en supprimant du moins les signes publics du royalisme, puisque cette feinte momentanée n'eût point changé le dévouement et les principes de ses soldats, et les communications étant libres avec les villes républicaines, les insurgés y allant tous les jours, et des patriotes traversant aussi quelquefois le pays insurgé, ces démonstrations maladroites étaient notoires ; les républicains en étaient informés avec exactitude, et ils étaient en droit de penser que les négociations de paix n'avaient été entées que sur l'hypocrisie et la mauvaise foi.

En second lieu les républicains ne témoignèrent point l'intention de resserrer davantage le général royaliste, ni de menacer ses positions ; et, si quelques postes furent établis sur les grandes routes, à Palluau, par exemple, c'est que les villes étaient dépourvues de subsistances, qu'on y mourait de faim, que la ration même du soldat était extrêmement réduite, et que la Vendée avait été représentée comme renfermant encore beaucoup de ressources dont l'excédent pouvait être reversé sur des militaires qui manquaient de pain, et avec qui l'on venait de se réconcilier. Aussi les chefs de ces postes s'efforcèrent-ils de vivre dans la meilleure intelligence avec les commandans royalistes dont ils suspectèrent probablement la sincérité, lorsqu'ils virent qu'on ne subviendrait en aucune manière à leurs besoins.

Les patriotes n'envoyèrent point un détachement à Belleville pour enlever Charette ; ce fut tout simplement un mouvement ordonné par le général Canclaux, pour faire passer huit cents hommes de Chantonnay, ou endroit voisin, à Palluau ; et pour écarter de Charette tout soupçon de surprise et de perfidie, le général Canclaux lui-même se trouvait à la tête du détachement. Charette, informé subitement de ce passage, en conçut de vives inquiétudes, et entra dans une étrange colère : il prit néanmoins une résolution courageuse et digne de sa fermeté ; il monta à cheval, accompagné seulement de quelques officiers, et il s'avança au-devant de la troupe républicaine. Les deux généraux se rencontrèrent à une médiocre distance de Belleville, au milieu d'une lande. Charette témoigna son étonnement au général Canclaux, et celui-ci lui prouva l'innocence de sa démarche. Il la justifia sur le bien-être du soldat qui ne pouvait gagner le point sur lequel il le portait, que par une route quatre fois plus longue et trop pénible pour des hommes exténués de besoin. Il représentait en outre que ce n'était pas violer la paix que de traverser paisiblement un pays rentré au sein de la patrie, et qui venait de se soumettre à la République.

Les généraux se séparèrent après cette explication, et le détachement continua sa marche ; mais ce corps était tellement affaibli par le besoin de nourriture, qu'il laissa derrière lui plus de cent traînards qui furent impitoyablement massacrés en détail dans les endroits écartés et pendant la nuit qui survint. Des relations de ces horreurs furent envoyées au quartier-général et n'y furent pas désapprouvées.

M. Allard avait succédé à M. Delaunay dont il était le major ; c'était un homme honnête, mais dont l'autorité était contre-balancée par quelques-uns de ses officiers beaucoup moins humains que lui. Son arrestation fut causée par la découverte d'un crime dont il était innocent. Deux hussards républicains avaient été égorgés sur la grande route de Palluau à Lamotte par des cavaliers de sa division ; les harnais avaient été déposés à son quartier-général ; ils y furent trouvés par les camarades des victimes qui s'étaient mis à leur recherche ; les apparences étaient contre le chef royaliste ; il avait armé les assassins, ou du moins il approuvait cette atrocité : ils l'emmenèrent aux Sables, où sans doute il se lava de cette odieuse imputation, puisqu'il n'a pas été mis en jugement. M. Allard est plein de vie, il attesterait ce fait.

Toujours est-il vrai qu'on ne réclama point la liberté du détenu qui fut remplacé dans le commandement par le frère aîné de M. Charette.

Des assassinats furent commis sur différens points du territoire insurgé sur des militaires isolés et principalement sur des réfugiés. Des plaintes journalières et très-vives en étaient faites par les représentans du peuple et par les commandans républicains; des informations juridiques, des procédures criminelles furent adressées à M. Charette pour lui signaler les coupables et provoquer leur punition. Quelques hommes de son parti osèrent lui représenter combien ces réclamations étaient justes ; qu'il était même politique pour lui de ne pas tolérer de pareils crimes, et que les scélérats qui les commettaient n'étaient pas dignes de combattre pour une bonne cause : ces remontrances restèrent sans effet, et n'étaient même accueillies que par le silence.

Enfin, l'on ne pourrait pas citer un Vendéen estimable et circonspect qui, pendant cette période de paix, ait été dupe de sa confiance et menacé dans sa liberté. L'on entrait en toute sécurité dans les villes qu'occupaient les républicains ; l'on y revoyait ses parens et ses amis, l'on y faisait tranquillement ses affaires, et l'on ne pouvait se plaindre que des manières rébarbatives des réfugiés, dont la plupart, délirant d'un faux patriotisme, haineux, exaspérés, sanguinaires, ont précédemment ajouté aux calamités qui ont désolé le pays : ceux-ci désiraient la continuation de la guerre civile aussi vivement que les fanatiques de l'autre parti, et des deux côtés leurs vues étaient bien moins pures qu'intéressées.

Les républicains se plaignaient de toutes ces infractions ; les royalistes se plaignaient aussi et alléguaient des représailles ; les murmures réciproques exigeaient une explication ; et ils donnèrent matière à de nouvelles conférences qui furent tenues dans les environs de la Jaunaye. Les représentans du peuple n'y vinrent point. L'horizon politique s'obscurcissait ; des deux parts on était en défiance et sur ses gardes. Les généraux républicains et royalistes s'entrevirent, mais d'une manière peu franche et très-fugitive. Stofflet était pour lors rallié à Charette; cependant ces deux chefs se haïssaient mutuellement; mais Stofflet ne recommença sa levée de boucliers que lorsque son rival fut accablé. Le fameux Bernier était présent à cette entrevue : il fut chargé de la rédaction de la note que les Vendéens opposaient aux demandes des patriotes. C'était une espèce de déclaration ambiguë et équivoque, témoignage d'un mécontentement caché et d'une rupture prochaine. On se sépara le jour même fort peu contens les uns des autres.

XIV.

La pacification fut rompue par Charette sans dénoncer la trêve, et de la manière la plus brusque. Il tomba à l'improviste sur le poste des Essarts qui était dans une telle confiance, qu'un grand nombre fut surpris jouant à la boule. Ce détachement n'eut pas le temps de se mettre en défense ; il fut taillé en pièces avant d'avoir le temps de se reconnaître. Charette y fit des prisonniers, ainsi que dans un autre poste qui fut attaqué le lendemain avec la même brusquerie sur la route de Palluau à la Motte-Achard · ces prisonniers dépassaient le nombre de deux cents.

On arrêta à la même époque une escouade de cavalerie qui passait près de Belleville et se rendait à Palluau. Elle était composée d'une trentaine d'hommes et d'un officier.

Cette reprise des hostilités était évidemment concertée avec la descente de Quiberon. Les instigations pressantes des princes avaient rejeté Charette dans les chances de la guerre ; la trahison exercée sur les prisonniers émigrés faits dans cette fatale expédition détermina sans doute l'affreuse représaille qu'il exerça sur les siens. Ces malheureux, au nombre de plus de cent, furent emmenés dans un bois peu distant de Belleville et assommés à coups de bâtons et de pieux par les soldats qui formaient la garde de Charette. Ces cannibales revinrent de cette sanglante exécution en portant comme un trophée les dépouilles sanglantes de leurs victimes : le reste fut fusillé dans la cour de la prison, et ces deux horribles scènes se passèrent un dimanche, au moment où Charette, accompagné d'une partie de sa troupe, entendait la messe. La fusillade avait lieu dans le château de Belleville, et ainsi les cris des mourans et des assassins se mêlaient aux chants que l'on entonnait à la louange de la Divinité.

Depuis ce moment, la guerre civile reprit son ancien caractère de fureur et d'acharnement ; mais elle se fit sans succès par les insurgés. Ceux-ci allèrent chercher les munitions et les effets d'équipement que les Anglais débarquèrent sur la côte de Saint-Jean-de-Mont ; Ce secours était peu considérable ; le présent, de la part d'une puissance, était plus que mesquin ; l'on disait que c'étaient quelques débris sauvés de la catastrophe de Quiberon ; les munitions et objets débarqués ne valaient peut-être pas vingt mille écus.

Cette expédition eut lieu vers la fin de l'été ; et loin que quelques mois s'écoulassent entre cet événement et la reprise des opérations militaires, Charette ne jouit que d'un repos fort court : dès la mi-septembre, les colonnes républicaines, conduites par le général Hoche en personne, s'avançaient de plusieurs points sur Belleville ; il voulut dissiper les illusions de son armée, en lui faisant toucher, pour ainsi dire, ce boulevard du royalisme, qu'elle s'imaginait être un lieu fortifié par l'art et la nature. Peut-être croyait-il lui-même que Charette l'y attendrait, et terminer la guerre dans une seule bataille. Il ne se présentait point avec des forces considérables ; il n'avait avec lui que cinq à six mille hommes ; mais Charette décampa à son approche ; et il n'eût point accepté le combat, quand même son ennemi eût été deux fois moins nombreux.

L'armée insurgée avait perdu tout son ressort, l'enthousiasme que lui avaient donné ses succès inespérés, et le sentiment de désespoir qui lui avait fait obtenir. Les propriétaires, les simples cultivateurs avaient goûté les douceurs de la paix ; ils avaient repris pendant quelque temps leurs travaux et leurs paisibles habitudes ; cet état de tranquillité leur avait offert de nouveaux charmes, lorsqu'ils songeaient aux périls de leur condition passée ; leur répugnance et leur chagrin à se voir engagés dans une lutte aussi périlleuse, avaient éclaté dès les premiers momens qu'ils avaient été contraints de rejoindre leurs drapeaux ; ces sentimens étaient fortement gravés sur leurs visages, et la terreur seule en avait comprimé l'essor.

XV.

Le général Hoche ne fit qu'une promenade militaire. Ayant manqué son ennemi à Belleville, il revint précipitamment sur ses pas, et il mit aussitôt à exécution le plan de campagne qu'il avait médité, et dont le succès était infaillible pour soumettre la Vendée sans résistance et sans effusion de sang. Il revint à la limite du pays insurgé, en débouchant de Nantes, et il établit une ligne de postes assez serrés pour contenir le canton qu'ils occupaient, et empêcher que Charette n'inquiétât ses derrières assez nombreux, en même temps pour ne pas craindre qu'ils fussent délogés à force ouverte. Des ouvertures pacifiques étaient faites à tous les habitans indistinctement ; des proclamations conciliantes étaient répandues avec profusion ; les principaux propriétaires étaient reçus avec cordialité par les commandans ; on leur donnait toutes les sauve-gardes qu'ils pouvaient désirer ; les prêtres témoignaient-ils quelque méfiance sur la sincérité de nos promesses et sur le maintien de la liberté du culte, le général Hoche répondait *qu'ils pouvaient venir célébrer la messe dans sa chambre.*

Chaque poste procédait ensuite, dans le rayon qu'il occupait, au désarmement des gens suspects ou qui ne présentaient pas une garantie suffisante; des permis de port-d'armes étaient délivrés aux propriétaires honnêtes et sur lesquels on pouvait compter. Cette opération achevée sur toute la ligne, les postes étaient établis en avant sur une autre ligne, et à une distance de la première qui permettait l'exécution des mêmes mesures. Par ce moyen Charette était resserré chaque jour de plus en plus, le nombre de ses soldats diminuait, et sa faiblesse réelle sautait aux yeux de ses partisans.

Le général républicain avait surtout recommandé à ses généraux de ne pas risquer le moindre engagement où l'avantage pût être balancé; il voulait prévenir l'engouement et les reviremens qu'auraient entraînés quelques succès. Ces incidens pouvaient encore séduire les esprits, et retarder l'œuvre de la pacification. Aussi le général Gratien fut-il fortement blâmé pour avoir exposé à quelque distance de Rochesaviré un détachement qui fut défait une première fois, et qu'il rétablit au même endroit, en bravant un second échec. Ce fut là le dernier avantage que Charette remporta sur une poignée d'hommes, et il y perdit un de ses meilleurs officiers, le jeune La Roberie, dont la bravoure téméraire était merveilleuse pour ranimer les courages refroidis et rebutés à cette époque.

Quelque temps auparavant, immédiatement après sa sortie de Belleville devant Hoche, au combat de Saint-Cyr, et en voulant forcer un faible détachement retranché dans une église, Charette avait perdu Guérin l'aîné, son meilleur chef de division, celui qui connaissait le mieux la tactique de cette nature de guerre.

Les républicains suivirent sans interruption celle prescrite par le général Hoche qui dirigeait toutes les opérations de son quartier-général de Nantes ou de Montaigu où il se trouvait quelquefois. On ne poursuivait point Charette avec vivacité, le pays était seulement traversé par de petits corps de cavalerie pour empêcher la réunion des Vendéens. On pacifiait successivement ; on enlevait les armes, et chaque jour le cercle où Charette végétait était resserré. Ce ne fut que lorsqu'il fut très-étroit, même lorsque presque toutes les communes furent soumises, que ce chef royaliste fut suivi sans relâche et à la piste ; et encore eût-il facilement échappé à ces recherches, si son grand cœur eût pu le résoudre à se cacher.

XVI.

Il y eut réellement une négociation entamée entre Charette et le général Gratien, pour qu'il fût permis au premier de sortir de France et de se retirer chez l'étranger. L'entremetteur de cette affaire était le sieur Guesdon, curé de la Rabetelière. On ne dira point si le général républicain lui offrait, avec la liberté de ce passage, une somme considérable ; mais il lui était accordé d'emmener avec lui tous les officiers de son parti qui auraient suspecté la sincérité de la pacification, et préféré de partager sa fortune ; la défiance empêcha que cette négociation fût conduite à sa fin ; on appréhenda que ces propositions ne fussent qu'un leurre employé pour saisir les restes du parti insurgé. Charette était d'un caractère fort soupçonneux, et dans un moment aussi critique les individus qui l'entouraient n'étaient pas moins ombrageux que lui ; on croit même que cette liberté de sortir n'était pas illimitée, et qu'on refusait d'y comprendre les déserteurs républicains qui faisaient la principale force du dernier noyau royaliste. Cette restriction eût donc été suffisante pour faire rompre la négociation et ne laisser à Charette que des résolutions désespérées.

Cette affaire délicate fut terminée d'une manière atroce, et peut-être ce dénoûment affreux contribua à aggraver les périls de Charette, et à augmenter autour de sa personne le nombre de ceux qui le trahirent. Quelques jours après la rupture de la négociation, le malheureux curé de la Rabetelière et ses deux domestiques furent arrachés, au milieu de la nuit, de leurs lits, et égorgés à quelque distance du presbytère : cette catastrophe glaça tous les esprits que la pacification, qui s'avançait, ramenait insensiblement aux principes d'humanité; elle fut uniquement imputée aux royalistes : on y reconnut les traits d'une horrible vengeance dans la supposition ombrageuse que les patriotes voulaient tromper les chefs insurgés par la promesse d'un passage en Angleterre, et que le bon curé n'était que l'instrument odieux de cette supercherie.

Ce crime fut le prélude de quelques autres plus obscurs, mais non moins détestables. Charette poursuivi à outrance, ne pouvant plus dérober le secret de sa fuite, s'imaginait être trahi à chaque pas; ses soupçons n'étaient pas chimériques, mais il était malaisé de les fixer avec raison sur tel ou tel individu; cette obscurité qu'un homme équitable devait percer, n'empêcha pas que quelques victimes fussent sacrifiées à la fureur de son escorte; dès-lors il n'y eut plus de sûreté pour lui, et de véritables traîtres naquirent du danger imminent qu'il y avait d'être désigné pour tel.

D'un autre côté, les patriotes purent recourir à des travestissemens impraticables, lorsque le pays était franchement insurgé. Quelques-uns se déguisèrent à cette époque sous des habits de paysan, et parcourant le canton où l'on était persuadé que Charette rôdait, ils s'informaient des enfans qui gardaient les troupeaux et même des cultivateurs qui travaillaient dans leurs champs, de l'endroit où ce général pouvait s'être réfugié; ils feignaient le plus grand dévouement pour lui et annonçaient qu'ils allaient le rejoindre; ces sentimens avaient l'apparence de la bonne foi, le vêtement de ces espions le confirmait, et ils parvenaient ainsi à connaître la retraite de leur ennemi : c'est de cette manière perfide, dit-on, qu'on découvrit son dernier gîte et qu'il tomba aux mains des patriotes.

Mais il est certain qu'aucun de ses officiers n'accompagnait le général Travot, lorsqu'il se saisit du chef royaliste. Il n'y eut que la Roberie qui a eu la faiblesse, pour ne pas dire l'indignité de se rendre aux instances des républicains et de marcher *une fois* avec eux, en arborant un panache tricolore; mais ce fut aussitôt après sa soumission, quelques mois avant la prise de Charette, qu'il se souilla de cette action qui excita l'indignation des royalistes pacifiés et le mépris des républicains même qui la provoquèrent. Travot était simplement accompagné et guidé par un certain nombre de réfugiés, et ce furent ceux-ci qui employèrent la ressource peu noble des travertissemens et de l'espionnage.

XVII.

Charette fut admirable dans ses derniers momens et dans les circonstances difficiles qui précédèrent sa dernière défaite : ceux de ses officiers qui échappèrent à cette catastrophe et qui l'avaient accompagné au milieu de tous les périls, n'en parlaient que dans les termes les plus pompeux et les plus touchans. Calme dans le danger, résigné dans la mauvaise fortune, il savait dans les situations les plus critiques relever les espérances de son parti, soutenir le courage de ses soldats, et leur faire supporter gaiement toutes les privations auxquelles il se soumettait le premier; il était sobre et tempérant; on ne pouvait que lui reprocher son amour pour les femmes, et encore n'avaient-elles pas su triompher pleinement de son insouciance habituelle; c'était plutôt chez lui un penchant qu'une passion : il déploya dans les derniers instans de sa vie, comme dans le cours de ses revers, une constance, une fermeté et une patience à toute épreuve; et sans doute il mériterait de s'asseoir a côté des preux chevaliers qui ont ennobli nos annales, si une arrogante fatuité dans la prospérité, une légèreté et une insouciance qui lui firent manquer de belles occasions, et surtout un penchant à la vengeance et à la cruauté, n'avaient terni d'aussi belles qualités.

Charette était d'une haute stature, mais un peu grêle; il avait les traits et la physionomie délicats et peut-être même efféminés, le son de sa voix n'était pas mâle, et sa prononciation était maniérée; mais un regard vif et perçant et une expression de noblesse et de fierté répandue sur sa figure témoignaient qu'il était né pour commander.

Son insouciance parut dans tout son jour pendant l'armistice. On ne le voyait plus alors avec le prestige de ses opérations militaires; il pouvait profiter de la liberté des communications que cet événement avait rouvertes pour ménager des intelligences avec les chefs royalistes de la Bretagne et de la Normandie, et combiner des plans qui eussent embrassé une grande étendue de territoire; il devait surtout former un parti au sein de la capitale, afin de seconder et tourner à l'avantage de son parti les événemens importans qui se passèrent depuis la pacification jusqu'au 13 vendémiaire. La faiblesse et l'ineptie du gouvernement d'alors laissaient une vaste carrière à ses projets et à son ambition, et l'on ne saurait calculer à quel degré il lui était permis de les élever, lorsqu'on songe qu'il avait paru assez redoutable pour qu'on traitât avec lui de puissance à puissance. C'est cette considération et cet ascendant inconcevable qu'il lui aurait fallu soutenir, et qui étaient de nature à lui préparer le rôle le plus brillant dans les destinées de sa patrie.

FIN DES ÉCLAIRCISSEMENS HISTORIQUES.

TABLE.

                                                                                Pages.

Chapitre Ier. — Ma naissance. — Coalition du Poitou. — Mon mariage. — Ordre de rester à Paris. — Époque qui précéda le 10 août 1792. 1

Chap. II. — Le 10 août. — Fuite de Paris. 16

Chap. III. — Description du Bocage. — Mœurs des habitans. — Premiers effets de la révolution. — Insurrection du mois d'août 1792. — Époque qui précéda la guerre de la Vendée. 29

Chap. IV. — Commencement de la guerre. — Départ de M. de La Rochejaquelein. — Notre arrestation. . . . 46

Chap. V. — Retraite de l'armée d'Anjou. — Avantage remporté aux Aubiers par M. de La Rochejaquelein. — L'armée d'Anjou répare ses pertes. — Massacres à Bressuire. — Les républicains abandonnent la ville. — Arrivée de M. de La Rochejaquelein à Clisson. 64

Chap. VI. — Les Vendéens occupent Bressuire. — Tableau de l'armée royaliste. 85

Chap. VII. — Prise de Thouars, de Parthenay et de la Châtaigneraye. — Défaite de Fontenay. — Prise de Fontenay. 107

Chap. VIII. — Formation du conseil supérieur. — Victoires de Vihiers, de Doué, de Montreuil. — Prise de Saumur. 129

Chap. IX. — Occupation d'Angers. — Attaque de Nantes. — Retraite de Parthenay. — Combat du bois du Moulin-aux-Chèvres. 148

Chap. X. — Reprise de Châtillon. — Combats de Martigné et de Vihiers. — Élection de M. d'Elbée. — Attaque de Luçon. 166

Chap. XI. — Arrivée de M. Tinténiac. — Seconde bataille de Luçon. — Victoire de Chantonnay. 182

Chap. XII. — Combats de la Roche-d'Érigné, de Martigné, de Doué, de Thouars, de Coron, de Beaulieu, de Torfou,

	Pages.
de Montaigu, de Saint-Fulgent. — Attaque du convoi de Clisson.	200
Chap. XIII. — Combat du Moulin-aux-Chèvres. — Reprise de Châtillon. — Batailles de la Tremblaye et de Chollet.	223
Chap. XIV. — Passage de la Loire. — Marche par Ingrande, Candé, Château-Gonthier et Laval.	238
Chap. XV. — Combats entre Laval et Château-Gonthier. — Route par Mayenne, Ernée et Fougères. — Mort de M. de Lescure.	259
Chap. XVI. — Arrivée de deux émigrés envoyés d'Angleterre. — Route par Pontorson et Avranches. — Siége de Granville. — Retour par Avranches, Pontorson et Dol.	279
Chap. XVII. — Bataille de Dol. — Marche par Antrain, Fougères et la Flèche. — Siége d'Angers.	296
Chap. XVIII. — Retour à la Flèche. — Déroute du Mans.	315
Chap. XIX. — Tentative pour repasser la Loire. — Déroute de Savenay. — Dispersion de l'armée.	330
Chap. XX. — Hospitalité courageuse des Bretons. — Hiver de 1793 et 1794.	350
Chap. XXI. — Séjour au château du Dréneuf.	366
Chap. XXII. — L'amnistie. — Détails sur les Vendéens fugitifs.	384
Chap. XXIII. — Détails sur les Vendéens qui avaient continué la guerre. — Retour à Bordeaux.	397
Supplément.	423
Pièces officielles.	459

Avertissement de l'éditeur.	475
Éclaircissemens historiques.	477

FIN DE LA TABLE.

www.ingramcontent.com/pod-product-compliance
Lightning Source LLC
Chambersburg PA
CBHW071616230426
43669CB00012B/1954